民國文化與文學研究文叢

六 編

李 怡 主編

第4冊

性別視閾中的現代文學

喬以鋼 著

國家圖書館出版品預行編目資料

性別視閾中的現代文學／喬以鋼 著 -- 初版 -- 新北市：花木
蘭文化出版社，2016〔民 105〕

目 2+256 面；19×26 公分

（民國文化與文學研究文叢 六編：第 4 冊）

ISBN 978-986-404-680-5（精裝）

1. 中國當代文學 2. 文學評論

541.26208　　　　　　　　　　　　　105012785

特邀編委（以姓氏筆畫為序）：

丁　帆　　　王德威　　　宋如珊

岩佐昌暲　　奚　密　　　張中良

張堂錡　　　張福貴　　　須文蔚

馮　鐵　　　劉秀美

民國文化與文學研究文叢

六　編　第四冊　　　　　ISBN：978-986-404-680-5

性別視閾中的現代文學

作　　者	喬以鋼
主　　編	李　怡
企　　劃	四川大學現代中國文化與文學研究中心
	北京師範大學民國歷史文化與文學研究中心
總 編 輯	杜潔祥
副總編輯	楊嘉樂
編　　輯	許郁翎、王　筑　美術編輯　陳逸婷
出　　版	花木蘭文化出版社
社　　長	高小娟
聯絡地址	235 新北市中和區中安街七二號十三樓
	電話：02-2923-1455／傳真：02-2923-1452
網　　址	http://www.huamulan.tw 信箱 hml 810518@gmail.com
印　　刷	普羅文化出版廣告事業
初　　版	2016 年 9 月
全書字數	239168 字
定　　價	六編 24 冊（精裝）新台幣 44,000 元

性別視閾中的現代文學

喬以鋼　著

作者簡介

喬以鋼，女，南開大學文學院教授、中文系主任。主要從事中國文學文化與性別研究，著有《中國女性的文學世界》《二十世紀中國女性文學史》（合著）《低吟高歌——20 世紀中國女性文學論》《多彩的旋律：中國女性文學主題研究》《中國女性與文學——喬以鋼自選集》《中國當代女性文學的文化探析》等，在《中國社會科學》《文學遺產》等期刊發表論文百餘篇，主持完成教育部重大課題、國家社科基金項目等項目，多次獲教育部、天津市社會科學優秀成果獎。

提　　要

　　本書在性別視閾下深入研究中國現代文學文化現象。第一章結合文學活動中的性別問題，從特定角度揭示現代文學的歷史文化土壤。涉及古代婦女文學感傷傳統的形成及其特徵，晚清的女性教化與女性想像，翻譯中的女性形象及其文化內涵以及「女國民」的興起與文學實踐等。在此背景下，第二章將「五四」女性文學作為現代文學進程中性別意味獨具的重要現象，從秋瑾的創作看婦女文學傳統的重構，從民族國家的角度審視「五四」時代「女學生」所承載的新婦女想像，結合新文學期刊發揮的作用考察現代女作家的出現，進而對「五四」女作家的創作做出總體把握。第三章和第四章對現代作家創作中性別觀念的滲透展開具體分析，討論了一系列文學現象：現代文學中的家庭衝突書寫，早期新海派文本的題旨轉換，新感覺派文本的「尤物敘事」，延安文學中的「革命婚戀」，戰爭年代女性創作主潮的嬗變，「革命減愛情」的女性創作，「拒絕母職」的女作家書寫以及張愛玲的女性觀及其前期創作等。第五章為個案分析與文本闡釋，包括重新解讀《傷逝》中的性別問題，分析老舍早期作品中的家庭書寫與家庭觀念以及《父親》和《打出幽靈塔》中的亂倫敘事，探討《生死場》中女性對「家庭」的恐懼與顛覆等。

作爲方法的「民國」
——第六輯引言

李　怡

　　「作爲方法」的命題首先來自日本著名漢學家竹內好，從竹內好 1961 年「作爲方法的亞洲」到溝口雄三 1989 年「作爲方法的中國」，其中展示的當然不僅僅是有關學術「方法」的技術性問題，重要的是學術思想的主體性追求。日本學人通過中國這樣一個「他者」的參照進行自我的反省和批判，實現從「西方」話語突圍，重新確立自己的主體性，這對同樣深陷「西方」話語圍困的中國學界而言也無疑具有特殊的刺激和啓發。1990 年代中期以後，中國（華人）學人如孫歌、李冬木、汪暉、陳光興、葛兆光等陸續介紹和評述了他們的學說，[註1] 特別是最近 10 年的中國思想文化與文學批評界，可以說出現了一股竹內——溝口的「作爲方法」熱，「作爲方法的日本」、「作爲方法的竹內好」、「亞洲」作爲方法，[註2] 以及「作爲方法的 80 年代」等等

〔註 1〕如 Kuang-ming Wu and Chun-chieh Huang （吳光明、黃俊傑）：〈關於《方法としての中國》的英文書評〉（《清華學報》新 20 卷第 2 期，1990 年），溝口雄三、汪暉：〈沒有中國的中國學〉（《讀書》第 4 期，1994 年），孫歌：〈作爲方法的日本〉（《讀書》第 3 期，1995 年），李長莉：〈溝口雄三的中國思想史研究〉（《國外社會科學》第 1 期，1998 年），葛兆光：〈重評九十年代日本中國學的新觀念——讀溝口雄三《方法としての中國》〉（《二十一世紀》12 月號，2002 年），吳震：〈十六世紀中國儒學思想的近代意涵——以日本學者島田虔次、溝口雄三的相關討論爲中心〉（《東亞文明研究學刊》第 1 卷第 2 期，2004 年）等。

〔註 2〕刊發於《臺灣社會研究季刊》12 月號，總第 56 期，2004 年。2005 年 6 月，陳光興參加了在華東師範大學舉行的「全球化與東亞現代性——中國現代文學的視角」暑期高級研討班，將論文〈「亞洲」作爲方法〉提交會議，引起了與會者的濃厚興趣。

在我們學術話語中流行開來，體現了一種難能可貴的自我反思、重建學術主體性的努力。竹內好借鏡中國的重要對象是文學家魯迅，近年來，對這一反思投入最多的也是從事中國現當代文學研究的學者，因此，對這一反思本身做出反思，進而探索眞正作爲中國現代文學的「方法」的可能，便顯得必不可少。

在「亞洲」、「中國」先後成爲確立中國學術主體性的話語選擇之後，我覺得，更能夠反映中國現代文學立場和問題意識的話語是「民國」。作爲方法的民國，具體貼切地揭示了中國現代文學的生存發展語境，較之於抽象的「亞洲」或者籠統的「中國」，更能體現我們返回中國文學歷史情境，探尋學術主體性的努力。

一

日本戰敗，促成了一批日本知識分子的自我反省，竹內好（1908～1977）就是其中之一。在他看來，「脫亞入歐」的日本「什麼也不是」，反倒是曾經不斷失敗的中國在抵抗中產生了非西方的、超越近代的「東洋」。通常我們是說魯迅等現代中國知識分子從「東洋」日本發現了現代文明的啓示，竹內好卻反過來從中國這個「東洋」發現了一條區別於西歐現代化的獨特之路：借助日本所沒有的社會革命完成了自我更新，如果說日本文化是「轉向型」的，那麼中國文化則可以被稱作是「迴心型」，而魯迅的姿態和精神氣質就是這一「迴心型」的極具創造價值的體現。「他不退讓，也不追從。首先讓自己和新時代對陣，以『掙扎』來滌蕩自己，滌蕩之後，再把自己從裏邊拉將出來。這種態度，給人留下一個強韌的生活者的印象。像魯迅那樣強韌的生活者，在日本恐怕是找不到的。」「在他身上沒有思想進步這種東西。他當初是作爲進化論宇宙觀的信奉者登場的，後來卻告白頓悟到了進化論的謬誤；他晚年反悔早期作品中的虛無傾向。這些都被人解釋爲魯迅的思想進步。但相對於他頑強地恪守自我來說，思想進步實在僅僅是第二義的。」〔註3〕就此，他認爲自己發現了與西方視角相區別的「作爲方法的亞洲」，這裡的「亞洲」主要指中國。溝口雄三（1932～2010）是當代中國思想史學家，他並不同意竹內好將日本的近代描述爲「什麼也不是」，試圖在一種更加平等而平和的文化觀

〔註3〕（日）竹內好：《近代的超克》，11、12頁，李冬木、趙京華、孫歌譯，三聯書店，2005年。

念中讀解中國近代的獨特性:「事實上,中國的近代既沒有超越歐洲,也沒有落後於歐洲,中國的近代從一開始走的就是一條和歐洲、日本不同的獨自的歷史道路,一直到今天。」〔註4〕作爲方法的中國,意味著對「中國學」現狀的深入的反省,這就是要根本改變那種「沒有中國的中國學」,「把世界作爲方法來研究中國,這是試圖向世界主張中國的地位所帶來的必然結果……這樣的『世界』歸根結底就是歐洲」。「以中國爲方法的世界,就是把中國作爲構成要素之一,把歐洲也作爲構成要素之一的多元的世界」。〔註5〕

　　海外漢學(中國學)長期生存於強勢的歐美文明的邊緣地帶,因而難以改變作爲歐美文化思想附庸的地位,這一局面在海外華人的中國研究中更加明顯。而日本知識分子的反省卻將近現代中國作爲了反觀自身的「他者」,第一次將中國問題與自我的重建、主體性的尋找緊密聯繫,強調一種與歐美文明相平等的文化意識,這無疑是「中國學」研究的重要破局,具有重要的學術啓示意義,同時,對中國自己的學術研究也產生了極大的衝擊效應。

　　在逐步走出傳統的感悟式文學批評,建立現代知識的理性框架的過程中,中國的學術研究顯然從西方獲益甚多,當然也受制甚多,甚至被後者裹挾了我們的基本思維與立場,於是質疑之聲繼之而起,對所謂「中國化」和保留「傳統」的訴求一直連綿不絕,至最近20餘年,更在國內清算「西化」的主流意識形態及西方後現代主義、西方馬克思主義的自我批判的雙重鼓勵下,進一步明確提出了諸如中國立場、中國問題、中國話語等系統性的要求。來自日本學者的這一類概括——在中國發現「亞洲」近代化的獨特性,回歸中國自己的方法——顯然對我們當下的學術訴求有明晰準確的描繪,予我們的「中國道路」莫大的鼓勵,我們難以確定這樣的判斷究竟會對海外的「中國學」研究產生多大的改變,但是它對中國學術界本身的啓示和作用卻早已經一目了然。

　　我高度評價中國學界「回歸中國」的努力與亞洲——中國「作爲方法」的啓示意義。但是,與此同時,我也想提醒大家注意一個重要的現實,所謂的「作爲方法」如果不經過嚴格的勘定和區分,其實並不容易明瞭其中的含義,而無論是「亞洲」還是「中國」,作爲一個區域的指稱原本也有不少的遊

〔註4〕　(日)溝口雄三:《作爲方法的中國》,12頁,孫軍悅譯,三聯書店,2011年。
〔註5〕　(日)溝口雄三:《作爲方法的中國》,130、131頁,孫軍悅譯,三聯書店,2011年。

移性與隨意性。比如竹內好將「亞洲」簡化爲「中國」，將「東洋」轉稱爲「中國」，臺灣學人陳光興也在這樣的「亞洲」論述中加入了印度與臺灣地區，這都與論述人自己的關注、興趣和理解相互聯繫，換句話說，僅僅有「作爲方法」的「亞洲」概念與「中國」概念遠遠不夠，甚至，有了竹內與溝口的充滿智慧的「以中國爲方法」的種種判斷也還不夠，因爲這究竟還是「中國之外」的「他者」從他們自己的需要出發提出的觀察，這裡的「中國」不過是「日本內部的中國」，而非「中國人的中國」，正如溝口雄三對竹內好評述的那樣：「這種憧憬的對象並不是客觀的中國，而是在自身內部主觀成像的『我們內部的中國』。」〔註6〕那麼，溝口雄三本人的「中國方法」又如何呢？另一位深受竹內好影響的日本學者子安宣邦認爲，溝口雄三「以中國爲方法，以世界爲目的」的「超越中國的中國學」與日本戰前「沒有中國的中國學」依然具有親近性，難以眞正展示自己的「作爲方法」的中國視點。〔註7〕所以葛兆光就提醒我們，對於這樣「超越中國的中國學」，我們也不能直接平移到中國自己的中國學之中，一切都應當三思而行。〔註8〕

問題是，中國學界在尋找「中國獨特性」的時候格外需要那麼一些支撐性的論述與證據，而來自域外的論述與證據就更顯珍貴了。在這個時候，域外學說的「方法」本身也就無暇追問和反思了。例如竹內好與溝口雄三都將近現代中國的獨特性描述爲社會革命：「中國的近代化走的是自下而上的反帝反封建社會革命、即人民共和主義的道路。」〔註9〕在他們看來，太平天國至社會主義中國的「革命史」呈現的就是中國自力更生的道路。這的確道出了現代中國的重要事實，因而得到許多中國現代文學研究者的認同，當然，一些中國學者對現代中國革命的重新認同還深刻地聯繫著西方後現代主義對西方文化的自我批判，聯繫著西方馬克思主義及其它左派對資本主義的嚴厲批判，在這裡，「西洋」的自我批判和「東洋」的自我尋找共同加強了中國學者對「中國現代史＝革命史」的認識，如下話語所表述的學術理念以及這一理念的形成過程無疑具有某種典型意義：

〔註6〕（日）溝口雄三：《作爲方法的中國》，6頁，孫軍悅譯，三聯書店，2011年。

〔註7〕參看張崑將：〈關於東亞的思考「方法」：以竹內好、溝口雄三、子安宣邦爲中心〉，《臺灣東亞文明研究學刊》第1卷第2期，2004年。

〔註8〕葛兆光：〈重評九十年代日本中國學的新觀念──讀溝口雄三《方法としての中國》〉，《二十一世紀》12月號，2002年。

〔註9〕（日）溝口雄三：《作爲方法的中國》，11頁，孫軍悅譯，三聯書店，2011年。

從 1993 年起，我逐步地對以往的研究做了兩點調整：第一是將自己的歷史研究放置在「反思現代性」的理論框架中進行綜合的分析和思考；第二是力圖將社會史的視野與思想史研究結合起來。在中國 1980 年代的文化運動和 1990 年代的思想潮流之中，對於近代革命和社會主義歷史的批判和拒絕經常被放置在對資本主義的全面的肯定之上；我試圖將近代革命和社會主義歷史的悲劇放置在對現代性的批判性反思的視野中，動機之一是爲了將這一過程與當代的現實進程一道納入批判性反思的範圍。……而溝口雄三教授對日本中國研究的批判性的看法和對明清思想的解釋都給我以啓發。也是在上述閱讀、交往和研究的過程中，我逐漸地形成了自己的一個研究視野，即將思想的內在視野與歷史社會學的方法有機地結合起來。〔註10〕

東洋與西洋的有機結合，鼓勵我們對現代性的西方傳統展開質疑和批判，同時對我們自身的現代價值加以發掘和肯定，在中國現代文學研究領域中，這些「我們的現代價值」常常也指向革命文學、左翼文學、延安文學與新中國建立至新時期以前的文學，有學者將之概括爲新左派的現代文學史觀。姑且不論「新左派」之說是否準確，但是其描述出來的學術事實卻是有目共睹的：「以現代性反思的名義將左翼文學納入現代性範疇，並稱之爲『反現代的現代主義文學』、『反現代的現代先鋒派文學』，高度肯定其歷史合理性，並認爲改革前的毛澤東時代可以定位爲『反現代的現代性』，其合法性來自於對西方資本主義現代性的批判。」〔註11〕爲了肯定這些中國現代文化追求的合理性，人們有意忽略其中的種種失誤，包括眾所周知的極左政治對現代文學發展的傷害和扭曲，甚至「文革」的思維也一再被美化。

理性而論，前述的「反思現代性」論述顯然問題重重：「那種忽略了具體歷史語境中強大的以封建專制主義文化意識爲主體的特殊性，忽略了那時文學作品巨大的政治社會屬性與人文精神被顛覆、現代化追求被阻斷的歷史內涵，而只把文本當作一個脫離了社會時空的、僅僅只有自然意義的單細胞來

〔註10〕 汪暉、張曦：〈在歷史中思考──汪暉教授訪談〉，《學術月刊》第 7 期，2005年。

〔註11〕 鄭潤良：〈「反現代的現代性」：新左派文學史觀萌發的語境及其問題〉，《福建論壇》第 4 期，2010 年。

進行所謂審美解剖。這顯然不是歷史主義的客觀審美態度。」〔註12〕

　　值得注意的現實是，爲了急於標示中國也可以有自己的「現代性」，我們學界急切尋找著能夠支持自己的他人的結論和觀點，至於對方究竟把什麼「作爲方法」倒不是特別重要了。

　　「悖論」是中國學者對竹內好等學者處境與思維的理解，有意思的是，當我們不再追問「作爲方法」的緣由和形式之時，自己也可能最終陷入某種「悖論」。比如，在肯定我們自己的現代價值之際，誕生了一個影響甚大的觀點：反現代的現代性。中國革命史被稱作是「反現代的現代性」，中國的左翼文學史也被描述爲「反現代性的現代性」，姑且不問這種表述來源於西方現代性話語的繁複關係，使用者至少沒有推敲：「反」的思維其實還是以西方現代性爲「正方」的，也就是說，是以它的「現代」爲基本內容來決定我們「反」的目標和形式，這是眞正的多元世界觀呢？還是繼續延續了我們所熟悉的「二元對立」的格局呢？這樣一種正／反模式與他們所要克服的思維中國／西方的二元模式如出一轍：把世界認定爲某兩種力量對立鬥爭的結果，肯定不是對眞正的多元文化的認可，依舊屬於對歷史事實的簡化式的理解。

二

　　「中國作爲方法」不是學術研究大功告成之際的自得的總結，甚至也還不是理所當然的研究的開始，更準確地說，它可能還是學術思想調整的準備活動。在這個意義上，眞正的「中國」問題在哪裏，「中國」視角是什麼，「中國」的方法有哪些，都亟待中國自己的學人在自己的歷史文化語境中開展新的探討。對於中國現代文學研究而言，我覺得，與其追隨「他者」的眼界，取法籠統的「中國」，還不如眞正返回歷史的現場加以勘察，進入「民國」的視野。「作爲方法的中國」是來自他者的啓示，它提醒我們尋找學術主體性的必要，「作爲方法的民國」，則是我們重拾自我體驗的開始，是我們自我認識、自我表達的眞正的需要。

　　海外中國學研究，在進入「作爲方法的中國」之後，無疑產生了不少啓發性的成果，即便如此，其結論也有別於自「民國」歷史走來的中國人，只有我們自己的「民國」感受能夠校正他者的異見，完成自我的表述。包括竹

〔註12〕董健、丁帆、王彬彬：〈我們應該怎樣重寫當代文學史〉，《江蘇行政學院學報》第 1 期，2003 年。

內好與溝口雄三這樣的智慧之論也是如此。對此，溝口雄三自己就有過真誠的反思，他說包括竹內好在內他們對中國的觀察都充滿了憧憬式的誤讀，包括對「文革」的禮贊等等。〔註13〕因為研究「所使用的基本範疇完全來自中國思想內部」，而且「對思想的研究不是純粹的觀念史的研究，而是考慮整個中國社會歷史」，溝口雄三的中國研究曾經為中國學者所認同，〔註14〕例如他借助中國思想傳統的內部資源解釋孫中山開始的現代革命，的確就令人耳目一新，跳出了西方現代性東移的固有解說：

> 實際上大同思想不僅影響了孫文，而且還構成了中國共和思想的核心。

> 就民權來看，中國的這種大同式近代的特徵也體現在民權所主張的與其說是個人權利，不如說國民、人民的全體權利這一點上。

> 大同式的近代不是通過「個」而是通過「共」把民生和民權聯結在一起，構成一個同心圓，所以從一開始便是中國獨特的、帶有社會主義性質的近代。〔註15〕

雖然這道出了中國現代歷史的重要事實，但卻只是一部分事實，很明顯，「民國」的共和與憲政理想本身是一個豐富而複雜的思想系統，而且還可以說是一個動態的有許多政治家、思想家和知識分子共同參與共同推進的系統。例如在五四新文化運動前夕，出於對民初政治的失望，《甲寅》的知識分子群體就展開了「國權」與「民權」的討論辨析，並且關注「民權」也從「公權」轉向「私權」，至《新青年》更是大張個人自由，個人情感與欲望，這才有了五四新文學運動，有了郁達夫的切身感受：「五四運動的最大成功，第一要算『個人』的發現。從前的人是為君而存在，為道而存在，為父母而存在的，現在的人才曉得為自我而存在了。」〔註16〕不僅是五四新文學思潮，後來的自由主義者也一直以「個人權利」、「個人自由」與左右兩種政治主張相抗衡，雖然這些「個人」與「自由」的內涵嚴格說來與西方文化有所區別，但也不

〔註13〕 （日）溝口雄三：《作為方法的中國》，12頁，孫軍悅譯，三聯書店，2011年。
〔註14〕 （日）溝口雄三、汪暉：〈沒有中國的中國學〉，《讀書》第4期，1994年。
〔註15〕 （日）溝口雄三：《作為方法的中國》，12、16、18頁，孫軍悅譯，三聯書店，2011年。
〔註16〕 郁達夫：《〈中國新文學大系·散文二集〉導言》，上海良友圖書印刷公司，1935年。

是「大同」理想與「社會主義性質」能夠涵蓋的，它們的發展在不同的歷史
時期各有限制，但依然一路坎坷向前，並在 20 世紀 80 年代的海峽兩岸各有
成效，成爲現代中國文化建設所不能忽略的一種重要元素，不回到民國重新
梳理、重新談論，我們歷史的獨特性如何能夠呈現呢？

　　治中國社會歷史研究多年的秦暉曾經提出了一個耐人尋味的觀點：當前
中國學術一方面在反對西方的所謂「文化殖民」，另外一方面卻又常常陷入到
外來的「問題」圈套之中，形成有趣的「問題殖民」現象。〔註 17〕我理解，
這裡的「問題殖民」就是脫離開我們自己的歷史文化環境，將他者研討中國
提出來的問題（包括某些讚賞中國「特殊價值」的問題）當作我們自己的問
題，從而在竭力掙脫西方話語的過程中再一次落入到他者思維的窠臼。如何
才能打破這種反反覆復、層層疊疊的他者的圈套呢？我以爲唯一的出路便是
敢於拋開一些令人眼花繚亂的解釋框架，面對我們自己的歷史處境，感受我
們自己的問題，對中國現代文學的研究而言，就是要在「民國」的社會歷史
框架中醞釀和提煉我們的學術感覺，這當然不是說從此固步自封，拒絕外來
的思想和方法，而是說所有的思想和方法都必須在民國歷史的事實中接受檢
驗，只有最豐富地對應於民國歷史事實的理論和方法才足以成爲我們研究的
路徑，才能最後爲我所用。在中國現代文學研究領域，並沒有異域學者所總
結完成的「中國方法」，而只有在民國「作爲方法」取得成傚之後的具體的認
知，也就是說，是「作爲方法的民國」眞正保證了「作爲方法的中國」。下述
幾個中國現代文學研究中影響較大、也爭論較大的理論框架，莫不如此。

　　例如，在描述中國歷史從封建帝國轉入現代國家的時候，人們常常使用
「民族國家」這一概念，中國現代文學也因此被視作「現代民族國家文學」，
不斷放大「民族國家」主題之於中國現代文學的意義：「在抗戰文學中，由於
抗日民族統一戰線的建立，民族國家成爲了一個集中表達的核心的、甚至唯
一的主題。」〔註 18〕甚至稱：「『五四』以來被稱之爲『現代文學』的東西其
實是一種民族國家文學。」〔註 19〕這顯然都不符合中國現代文學在「民國」

〔註 17〕http：//www.360doc.com/content/10/0626/01/875791_35273755.shtml
〔註 18〕曠新年：〈民族國家想像與中國現代文學〉，《文學評論》第 1 期，2003 年。
〔註 19〕劉禾：《文本、批評與民族國家文學——〈生死場〉的啓示》，1 頁，北京大學
　　　　出版社，2007 年。對中國現代文學研究中民族國家理論的檢討，已有學者提
　　　　出過重要的論述，如張中良《中國現代文學的「民族國家」問題》，臺灣花木
　　　　蘭文化出版社，2012 年。

的歷史事實，不必說五四新文學運動恰恰質疑了無條件的「國家認同」，民國
時期文學前十年「國家主題」並不占主導地位，出現了所謂「民族國家意識
的延宕與缺席」現象，〔註20〕第二個十年間的「民族主義」觀念也一再受到
左翼文學陣營的抨擊，就是抗日戰爭時期的文學，也不像過去文學史所描繪
的那麼主題單一，相反，多主題的出現，文學在豐富中走向成熟才是基本的
事實。不充分重視「民國」的豐富意義就會用外來概念直接「認定」歷史的
性質，從而形成對我們自身歷史的誤讀。

　　文學的「民國」不僅含義豐富，也不適合於被稱作是「想像的共同體」。近
年來，美國著名學者本尼狄克特‧安德森關於民族國家的概括──「想像的共
同體」廣獲運用，借助於這一思路，我們描繪出了這樣一個國家認同的圖景：
中國知識分子從晚清開始，利用報紙、雜誌、小說等媒體空間展開政治的文化
的批判，通過這一空間，中國人展開了對「民族國家」的建構，使國民獲得了
最初的民族國家認同。誠然，這道出了「帝國」式微，「民國」塑形過程之中，
民眾與國家觀念形成的某些狀況，但卻既不是中華民族歷史演變的真相，〔註21〕
也不是現實意義的民國的主要的實情，當然更不是「文學民國」的重要事實。
現實意義的民國，在一個相當長的時間裏，依然處於殘留的「帝國」意識與新
生的「民國」意識的矛盾鬥爭之中，專制集權與民主自由此漲彼消，黨國觀念
與公民社會相互博弈，也就是說，「國家與民族」經常成為統治者鞏固自身權利
的重要的意識形態選擇，與知識分子所要展開的公眾想像既相關又矛盾。在現
實世界上，我們的國家民族觀念常常來自於政治強權的強勢推行，這也造成了

〔註20〕李道新在剖析民國電影文化時指出：「南京國民政府成立以前，亦即從電影傳
　　　　入中國至 1927 年之間，中國電影傳播主要訴諸道德與風化，基本無關民族與
　　　　國家。民族國家意識的延宕與缺席，與落後保守的價值導向及混亂無序的官
　　　　方介入結合在一起，使這一時期的中國電影幾乎處在一種特殊的無政府狀
　　　　態，並導致中國電影從一開始就陷入目標／效果的錯位與傳者／受眾的分裂
　　　　之境。」（李道新：〈民族國家意識的延宕與缺席：南京國民政府成立前中國
　　　　電影的傳播制度及其空間拓展〉，《上海大學學報》第 3 期，2011 年。）這樣
　　　　的觀察其實同樣可以啟發我們的文學研究。
〔註21〕關於中華民族及統一國家的形成如何超越「想像」，進入「實踐」等情形，近
　　　　來已有多位學者加以論證，如楊義、邵寧寧：〈描繪中國文學地圖──楊義訪
　　　　談錄〉（《甘肅社會科學》第 5 期，2004 年）、郝慶軍：〈反思兩個熱門話題：「公
　　　　共領域」與「想像的共同體」〉（《中國現代文學研究叢刊》第 5 期，2005 年）、
　　　　吳曉東：〈「想像的共同體」理論與中國理論創新問題〉（《學術月刊》第 2 期，
　　　　2007 年）等。

知識分子國家民族認同的諸多矛盾與尷尬，他們不時陷落於個人理想與政治強權的對立之中，既不能接受強權的思想干預，又無法完全另立門戶，總之，「想像」並不足以獨立自主，「共同體」的形成步履艱難，「文學的民國」對此表述生動。這裡既有胡適「只指望快快亡國」的情緒性決絕，〔註22〕有魯迅對於民族國家自我壓迫的理性認識：「用筆和舌，將淪為異族的奴隸之苦告訴大家，自然是不錯的，但要十分小心，不可使大家得著這樣的結論：『那麼，到底還不如我們似的做自己人的奴隸好。』」〔註23〕也有聞一多輾轉反側，難以抉擇的苦痛：「我來了，我喊一聲，迸著血淚，／『這不是我的中華，不對，不對！』」「我來了，不知道是一場空喜。／我會見的是噩夢，那裡是你？／那是恐怖，是噩夢掛著懸崖，／那不是你，那不是我的心愛！」〔註24〕

　　總之，進入文學的民國，概念的迷信就土崩瓦解了。

　　也有學者試圖對外來概念進行改造式的使用，這顯然有別於那種不加選擇的盲目，不過，作為「民國」實際的深入的檢驗工作也並沒有完成，例如近年來同樣在現代文學研究界流行的「公共空間」（「公共領域」）理論。在西歐歷史的近現代發展中，先後出現了貴族文藝沙龍、咖啡館、俱樂部一類公共聚落，然後推延至整個社會，最終形成了不隸屬於國家官僚機構的民間的新型公共社區，這對理解西方近代社會歷史與精神生產環境都是重要的視角。不過，真正「公共空間」的形成必須有賴於比較堅實的市民社會的基礎，尚未形成真正的市民社會的民國，當然也就沒有真正的公共空間。〔註25〕可能正是考慮到了民國歷史的特殊性，李歐梵先生試圖對這一概念加以改造，他以「批判空間」替換之，試圖說明中國近現代知識分子也正在形成自己的「公共性」的輿論環境，他以《申報·自由談》為例，說明：「這個半公開的園地更屬開創的新空間，它

〔註22〕胡適〈你莫忘記〉有云：「你莫忘記：／你老子臨死時只指望快快亡國：／亡給『哥薩克』，／亡給『普魯士』／都可以」。

〔註23〕魯迅：《且介亭雜文末編·半夏小集》，《魯迅全集》6卷，617頁，人民文學出版社，2005年。

〔註24〕聞一多詩歌：〈發現〉。

〔註25〕對此，哈貝馬斯具有清醒的認識，他認為，不能把「公共領域」這個概念與歐洲中世紀市民社會的特殊性隔離開，也不能隨意將其運用到其它具有相似形態的歷史語境中。（參見哈貝馬斯：《公共領域的結構轉型》初版序言，曹衛東譯，學林出版社，1999年。）中國學者關於「公共領域」理論在中國運用的反思可以參見張鴻聲：〈中國的「公共領域」及其它——兼論現代城市文學研究的本土化〉，《首都師範大學學報》第6期，2006年。

至少爲社會提供了一塊可以用滑稽的形式發表言論的地方。」魯迅爲《自由談》欄目所撰文稿也成爲李歐梵先生考辨的對象，並有精彩的分析，然而，論者突然話鋒一轉：「因爲當年的上海文壇上個人恩怨太多，而魯迅花在這方面的筆墨也太重，罵人有時也太過刻薄。問題是：罵完國民黨文人之後，是否能在其壓制下爭取到多一點言論的空間？就《僞自由書》中的文章而言，我覺得魯迅在這方面反而沒有太大的貢獻。如果從負面的角度而論，這些雜文顯得有些『小氣』。我從文中所見到的魯迅形象是一個心眼狹窄的老文人，他拿了一把剪刀，在報紙上找尋『作論』的材料，然後『以小窺大』，把拼湊以後的材料作爲他立論的根據。事實上他並不珍惜──也不注意──報紙本身的社會文化功用和價值，而且對於言論自由這個問題，他認爲根本不存在。」「《僞自由書》中沒有仔細論到自由的問題，對於國民黨政府的對日本妥協政策雖諸多非議，但又和新聞報導的失實連在一起。也許，他覺得眞實也是道德上的眞理，但是他從報屁股看到的眞實，是否能夠足以負荷道德眞理的眞相？」〔註26〕其實，魯迅對「自由」的一些理論和他是否參與了現代中國「批判空間」的言論自由的開拓完全是兩碼事。實際的情況是，在民國時代的專制統治下，任何自由空間的開拓都不可能完全是「輿論」本身的功效，輿論的背後，是民國政治的高壓力量，魯迅的敏感，魯迅的多疑，魯迅雜文的曲筆和隱晦，乃至與現實人事的種種糾纏，莫不與對這高壓環境的見縫插針般的戳擊有關。當生存的不自由已經轉化成爲「日常生活」的一部分（所謂「報屁股看到的眞實」），成爲各色人等的「無意識」，點滴行爲的反抗可能比長篇大論的自由討論更具有「自由」的意味。這就是現代中國的基本現實，這就是民國輿論環境與文學空間所具有的歷史特徵。對比晚清和北洋軍閥時代，李歐梵先生認爲，1930年代雖然「在物質上較晚清民初發達，都市中的中產階級讀者可能也更多，咖啡館、戲院等公共場所也都具備」，但公共空間的言論自由卻反而更小了。原因何在呢？他認爲在於像魯迅這樣的左翼「把語言不作爲『中介』性的媒體而作爲政治宣傳或個人攻擊的武器和工具，逐漸導致政治上的偏激文化（radicalization），而偏激之後也只有革命一途」。〔註27〕這裡涉及對左翼文化的反思，自有其準確深刻之處，但是，

〔註26〕李歐梵：〈「批評空間」的開創──從《申報》「自由談」談起〉，見《現代性的追求》，19、20頁，三聯書店，2000年。

〔註27〕李歐梵：〈「批評空間」的開創──從《申報》「自由談」談起〉，見《現代性的追求》，21頁，三聯書店，2000年。

就像現代中國社會的諸多「公共」從來都不是完全的民間力量所打造一樣，言論空間的存廢也與政府的強力介入直接關聯，左翼文化的鋒芒所指首先是專制政府，而對政府專制的攻擊，本身不也是一種擴大言論自由的有效方式？

作為方法的民國，意味著持續不斷地返回中國歷史的過程，意味著對我們自身問題和思維方式的永遠的反省和批判，只有這樣，我們的中國現代文學研究才是真正屬於自己的。

三

「民國作為方法」既然是在自覺尋找中國現代文學研究「自己的方法」的意義上提出來的，那麼，它究竟如何才能成為一種與眾不同的「方法」呢？或者說，它對中國現代文學研究具體有哪些著力點與可能開拓之處呢？我認為至少有這樣幾個方面的工作可以開展：

首先是為「中國」的學術研究設立具體的「時間軸」。也就是說，所謂學術研究的「中國問題」不應該是籠統的，它必須置放在具體的時間維度中加以追問，是「民國」時期的中國問題還是「人民共和國」時期的中國問題？當然，我們曾經試圖以「現代化」、「現代性」這樣的概念來統一描述，但事實是，兩個不同的歷史階段有著相當多的差異性，特別是作為精神現象的文學，在生產方式、傳播接受方式及作家的生存環境、寫作環境、文學制度等等方面都更適合分段討論。新時期文學曾經被類比為五四新文學，這雖然一度喚起了人們的「新啟蒙」的熱情，但是新時期究竟不是「五四」，新時期的中國知識分子也不是「五四」一代的陳獨秀、胡適與周氏兄弟，到後來，人們質疑 1980 年代，質疑「新啟蒙」，連帶五四新文化運動一起質疑，問題是經過一系列風起雲湧的體制變革和社會演變，「五四」怎麼能夠為新時期背書？就像民國不可能與人民共和國相提並論一樣；也有將「文革」追溯到「五四」的，這同樣是完全混淆了兩個根本不同的歷史文化情境。在我看來，今天的中國現當代文學研究，尚需要在已有的「新文學一體化」格局中（包括影響巨大的「20 世紀中國文學」）重新區隔，讓所謂的「現代」和「當代」各自歸位，回到自己的歷史情境中去，這不是要否認它們的歷史聯繫，而是要重新釐清究竟什麼才是它們真正的歷史聯繫。研究中國現代文學，就必須首先回到民國歷史，將中國現代文學作為民國時期的精神現象。晚清盡頭是民國，民國盡頭是人民共和國，各自的歷史場景講述著不同的文學故事。

其次是「中國」的學術研究也必須落實到具體的「空間場景」。「空間和時間是一切實在與之相關聯的架構。我們只有在空間和時間的條件下才能設想任何眞實的事物。」〔註 28〕民國及其複雜的空間分佈恰恰爲我們重新認識中國問題的複雜性提供了基礎。在過去一個相當長的時期內，我們習慣將中國的問題置放在種種巨大的背景之上，諸如「文藝復興」、「啓蒙與救亡」、「中外文化衝撞與融合」、「中國傳統文化」、「現代化」、「走向世界文學」、「全球化」、「現代民族國家進程」等等，這固然確有其事，但來自同樣背景的衝擊，卻在不同的區域產生了並不相同的效果，甚至有些區域性的文學現象未必就與這些宏大主題相關。詩人何其芳在四川萬縣的偏遠山區成長，直到 1930 年代「還不知道五四運動，還不知道新文化，新文學，連白話文也還被視爲異端」。〔註 29〕這對我們文學史上的五四敘述無疑是一大挑戰：中國的現代文化進程是不是同一個知識系統的不斷演繹？另外一個例證也可謂典型：我們一般都把白話新文學的產生歸結到外來文化深深的衝擊，歸結到一批留美留日學生的新式教育與人生體驗，所以「走異路，逃異地」的魯迅於 1918 年完成了〈狂人日記〉，留下了中國現代文學史上第一篇白話小說，但跳出這樣的中／西大敘事，我們卻可以發現，遠在內部腹地的成都作家李劼人早在尚未跨出國門的 1915 年就完成了多篇新式白話小說，這裡的文化資源又是什麼？

中國的學術問題並不產生自抽象籠統的大中國，它本身就來自各個具體的生活場景，具體的生存地域。有學者對民國文學研究不無疑慮，因爲民國不同於「一體化」的人民共和國，各個不同的政治派別、各個不同的區域差異比較明顯，更不要說如抗戰時期的巨大的政權分割（國統區、解放區及淪陷區）了，這樣一個「破碎的國家」能否方便於我們的研究呢？在我看來，破碎正是民國的特點，是這一歷史時期生存其間的中國人（包括中國知識分子）的體驗空間，只要我們不預設一些先驗的結論，那麼針對不同地域、不同生存環境的文學敘述加以考察，恰恰可以豐富我們的歷史認識。一個生存共同體，它的魅力並不是它對外來衝擊的傳播速度，而是內部範式的多樣性和豐富性，這就是我們所謂的「地方性知識」。民國時期的「山河破碎」，正好爲各種地方性知識的生長創造了條件，如果能夠充分尊重和發掘這些地方性知識視野中的精神活動與文學創造，那麼中國的現代文學研究也將再添不少新的話題、新的意趣。

〔註28〕（德）恩斯特・卡西爾：《人論》，73 頁，甘陽譯，西苑出版社，2003 年。
〔註29〕方敬、何頻伽：《何其芳散記》，22 頁，四川教育出版社，1990 年。

　　「破碎」的民國給我們的進一步的啓發可能還在於：區域的破碎同時也表現爲個人體驗的分離與精神趣味的多樣化。當代中國的大眾文化曾經出現了所謂的「民國熱」，在我看來，這種以時尚爲誘導、以大眾消費爲旨歸，充滿誇張和想像的「熱」需要我們深加警惕，絕不能與嚴肅的歷史探詢相混淆。其中唯一值得肯定的便是某種不滿於頹靡現狀，試圖在過去發掘精神資源的願望。今天的人們也或多或少地感佩於民國時代知識分子精神狀態的多樣性，如魯迅、陳獨秀、胡適一代新文化創造者般的不完全受縛於某種體制的壓力或公眾的流俗的精神風貌。〔註30〕的確，中國現代作家精神風貌的多姿多彩與文學作品意義的多樣化迄今堪稱典範，還包括新／舊、雅／俗文學的多元並存。對應於這樣的文學形態，我們也需要調整我們固有的思維模式，未來，如果可能完成一部新的文學發展史的話，其內容、關注點和敘述方式都可能與當今的文學史大爲不同。

　　第三，「作爲方法的民國」的研究並不同於過去一般的歷史文化與文學關係的研究，有著自己獨立的歷史觀與文學觀。中國現代文學研究不乏從歷史背景入手的學術傳統，包括傳統文學批評中所謂的「知人論世」，包括中國式馬克思主義的社會歷史批評，也包括新時期以後的文化視角的文學研究。應該說，這三種批評都是有前提的，也就是說，都有比較明確、清晰的對歷史性質的認定，而文學現象在某種意義上都必須經過這一歷史認識的篩選。「知人論世」往往轉化爲某種形式的道德批評，倫理道德觀是它篩選歷史現象的工具；中國式馬克思主義的社會歷史批評在新中國建立後相當長的時間中表現爲馬克思主義普遍原理的運用，有時難免以論帶史的弊端；文化視角的文學研究曾經爲我們的研究打開了許多扇門與窗，但是這樣的文化研究常常是用文學現象來證明「文化」的特點，有時候是「犧牲」了文學的獨特性來遷就文化的整體屬性，有時候是忽略了作家的主觀複雜性來遷就社會文化的歷史客觀性——總之，在這個時候，作爲歷史現象的文學本身往往並不是我們呈現的對象，我們的工作不過是借助文學說明其它「文化」理念，如通過不同地域的文學創作證明中國區域文化的特點，從現代作家的宗教情趣中展示各大宗教文化在中國的傳播，利用文學作品的政治傾向挖掘現代政治文化在文學中的深刻印記等等。

〔註30〕丁帆先生另有「民國文學風範」一說可以參考，他說：「我所指的『民國文學風範』就是五四新文學傳統，特指五四前後包括俗文學在內的『人的文學』內涵。」見丁帆：〈「民國文學風範」的再思考〉，《文藝爭鳴》第7期，2011年。

「作爲方法的民國」就是要尊重民國歷史現象自身的完整性、豐富性、複雜性，提倡文學研究的歷史化態度。既往的中國現代文學研究充斥了一系列的預設性判斷，從最早的「中國新文學是反帝反封建的文學」、「五四新文學運動實施了對舊文學摧枯拉朽般的打擊」、「中國現代文學的發展與歷史的進步方向相一致」，到新時期以後「中國現代文學是走向世界的文學」、「中國現代文學是現代性的文學」、「20 世紀中國文學的總主題是改造民族靈魂，審美風格的核心是悲涼」等等。在特定的時代，這些判斷都實現過它們的學術價值，但是，對歷史細節的進一步追問卻讓我們的研究不能再停留於此，比如回到民國語境，我們就會發現，所謂「封建」一說根本就存在「名實不符」的巨大尷尬，文學批評界對「封建」的界定與歷史學界的「封建」含義大相徑庭，「反封建」在不同階段的眞實意義可能各各不同；已經習用多年的「進步作家」、「進步文學」究竟指的是什麼，越來越不清楚，在包括抗戰這樣的時期，左右作家是否涇渭分明？所謂「右翼文學」包括接近國民黨的知識分子的寫作是不是一切都以左翼爲敵，它有沒有自己獨立的文學理想？國民黨專制文化是否鐵板一塊，其內部（例如對文學的控制與管理）有無矛盾與裂痕？共產黨的革命文學是否就是爲反對國民黨和「舊社會」而存在，它和國民黨的文學觀念有無某些聯通之處？被新文學「橫掃」之後的舊派文學是不是一蹶不振，漸趨消歇？因爲，事實恰恰相反，它們在民國時代獲得了長足的發展，並演化出更爲豐富的形態，這是不是都告訴我們，我們先前設定的文學格局與文學道路都充滿了太多的主觀性，不回到民國歷史的語境，心平氣和地重新觀察，文學中國（文學民國）的實際狀況依然混沌。

這就是我們主張文學研究「歷史化」，反對觀念「預設」的意義。當然，反對「預設」理念並不等於我們自己不需要任何理論視角，而是強調新的研究應該比以往任何時候都尊重民國社會歷史本身的實際情形，研究必須以充分的歷史材料爲基礎，而不應當讓後來的歷史判斷（特別是極左年代的民國批判概念）先入爲主，同時，時刻保持一種自我反思、自我警醒的姿態。回到民國，我們的研究將繼續在歷史中關注文學，政治、經濟、法律、教育等等議題都應當再次提出，但是與既往的研究相比，新的研究不是對過去的拾遺補缺，不是如先前那樣將文學當作種種社會文化現象的例證，相反，是爲了呈現文學與文化的複雜糾葛，不再執著於概念轉而注重細節的挖掘與展示。例如「經濟」不是一般的政治經濟學原理，而是具體的經濟政策、經濟

模式與影響文學文化活動的經濟行為，如出版業的運作、經濟結算方式；「政治」也不僅僅是整體的政治氛圍概括，而是民國時期具體的政治形態與政治行為，憲政、政黨組織形式，官方的社會控制政策等等；在文學一方面，也不是抽取其中的例證附著於相應的文化現象，而是新的創作細節、文本細節的全新發現。回到文學民國的現場，不僅是重新理解了民國的文化現象，也是深入把握了文學的細節，這是一種「雙向互犁」的研究，而非比附性的論證說明。例如茅盾創作《子夜》，就絕非一個簡單的「中國道路」的文學說明，它是 1930 年代中國經濟危機、社會思想衝突與茅盾個人的複雜情懷的綜合結果。解析《子夜》決不能單憑小說中的理性表述與茅盾後來的自我說明，也不能套用新民主主義論的現成歷史判斷，而必須回到「民國歷史情境」。在這裡，國家的基本經濟狀況究竟如何，世界經濟危機與民國政府的應對措施，各種經濟形態（外資經濟、民營經濟、買辦經濟等）的真實運行情況是什麼，社會階層的生存狀況與關係究竟怎樣，中國現實與知識界思想討論的關係是什麼，文學家茅盾與思想界、政治界的交往，茅盾的深層心理有哪些，他的創作經歷了怎樣的複雜過程，接受了什麼外來信息和干預，而這些干預又在多大程度上改變了茅盾，茅盾是否完全接受這些干預，或者說在哪一個層次上接受了、又在哪一個層次上抵制了轉化了，作家的意識與無意識在文本中構成怎樣的關係等等，這樣的「矛盾綜合體」才是《子夜》，「回到民國歷史」才能完整呈現《子夜》的複雜意義。

　　民國作為方法，當然不會拒絕外來的其它文學理論與批評視角，但是，正如前文所說，這些新的理論與批評不能理所當然就進入中國現代文學研究之中，它必須能夠與文學中國——民國時期的文學狀況相適應，並不斷接受研究者的質疑和調整。例如，就我們闡述的歷史與文學互通、互證的方法而言，似乎與歐美的近半個世紀以來的「文化研究」頗多相近，因此不妨從中有所借鑒，但是，在另外一方面，我們必須認識到，歐美的「文化研究」的具體問題——如階級研究、亞文化研究、種族研究、性別研究、大眾傳媒研究等——都來自與中國不同的環境，自然不能簡單移用。對於我們而言，更重要的可能就是一種態度的啟示：打破了文學與各種社會文化之間的間隔，在社會文化關係版圖中把握文學的意義，文學的審美個性與其中的「文化意義」交相輝映。

　　作為方法的民國，昭示的是中國現代文學研究「學術自主」的新可能，

它不是漂亮的口號，而是迫切的學術願望，不是招搖的旗幟，而是治學的態度，不是排斥性的宣示，而是自我反思的眞誠邀請，一句話，還期待更多的研究者投入其中，以自己尊重歷史的精神。

目

次

前　言

　　本書借鑒性別視角，對中國現代文學進行考察。

　　性別批評作為廣義的性別文化研究的一部分，立足社會文化構成，以社會分析範疇取代生理決定論，超越傳統性別內涵，打破傳統女性主義批評的二元對立思維，重繪了人類深層性別結構的文化圖景。從這一意義上講，性別批評指向的是一種新歷史，它「需要用新的視野來考察舊問題，用新的術語重新確定舊概念」〔註1〕。性別批評與女性主義批評既有聯繫又有區別，既交叉互補又面貌各異。

一、

　　作為一種帶有強烈政治色彩的文化思潮，女性主義受到啟蒙主義、馬克思主義、精神分析學、語言學、後現代主義等各種思潮的影響，它「不是一個能清楚界定的實體，而是一個各種差別相互衝突而又攜手並進的場所」〔註2〕。伴隨著人類社會政治和歷史文化的變遷，女性主義大體經歷了自由主義女性主義、激進女性主義、社會主義女性主義、後現代主義女性主義等若干發展階段。但其間所貫穿的，並不是簡單的以後者取代前者的歷時性更迭，而往往是「你中有我，我中有你」的共時性複雜狀況。

〔註1〕　（美）瓊・Ｗ・斯科特：《性別：歷史分析的一個有效範疇》，劉夢譯，李銀河主編：《婦女：最漫長的革命》，生活・讀書・新知三聯書店，1997年，第175頁。

〔註2〕　（美）瓊・Ｗ・斯科特：《女性主義與歷史》，鮑曉蘭譯，王政、杜芳琴主編：《社會性別研究選譯》，生活・讀書・新知三聯書店，1998年，第376頁。

　　應該看到，無論是一般意義上的自由主義女性主義、激進女性主義和社會主義女性主義，還是心理分析女性主義、語言學女性主義等眾多分支，抑或是基於地域特色命名的「法國學派」、「英國學派」和「北美學派」等，儘管思想背景、理論來源和方法論存在諸多差別，但在根本問題上還是大體一致的。首先，她們都清醒地意識到，基於傳統和現實，女性作為群體或個人，在社會各個領域都面臨著以男權制為代表的社會體制的束縛乃至壓迫，婦女解放是一場「最漫長的革命」。因此，「男權制」一直是女性主義批判的主要對象。它們在認知上將女性受壓迫的現實加以制度化和歷史化，「試圖以性別壓迫的基本概念解釋許多不同形式的社會壓迫現象」〔註 3〕，揭示男權制籠罩下「性的政治」的真實面目。其次，它們大都將女性設定為男權宰制下的性別統一體，強調婦女作為弱勢群體遭受壓迫；為挑戰男性中心傳統，試圖通過社會思想文化的改造（包括清算男權制壓迫，重塑「新女性」形象，更新性別觀念等），改變女性的歷史境遇。再次，為了「單純地利用或適應性別等級」〔註 4〕，女性主義著意凸顯以「權力」為核心的二元論的理論框架，據此考察男/女、男人/女人、男性/女性之間的對立乃至對抗。無論是西蒙娜・德・波伏瓦提出的「對稱交流」，還是貝蒂・弗里丹宣稱的「婦女的自我危機」；無論是艾莉森・賈格爾的以生物家庭來解釋階級社會的發展，還是蓋爾・盧賓對性/社會性別制度的界定等，女性主義大體是以男權/男性為反面參照系，在二元對峙的理論格局中凸顯女性自我特徵，尋找女性獨立的生存空間。

　　伴隨著女權主義第一波的興起，女性主義文學批評得以萌生。西蒙娜・德・波伏瓦的《第二性》和弗吉尼亞・伍爾夫的《一間自己的屋子》揭示了在男性創作的文學文本中隱含的性別不平等，同時開始關注女性文學的自身價值。而演成規模、漸成系統的女性主義文學批評出現在 20 世紀 60 年代第二次女權運動勃興之際。它大致經歷了兩個階段。60 年代末至 70 年代中期是第一階段，以凱特・米利特的《性的政治》為代表，主要通過分析男性文學創作中塑造的女性形象，揭示滲透其中的男權意識形態。第二階段在 70 年代

〔註 3〕（美）阿莉森・賈格爾：《婦女解放的政治哲學》，王昌濱譯，李銀河主編：《婦女：最漫長的革命》，生・生活・讀書・新知三聯書店，1997 年，第 289 頁。

〔註 4〕（美）艾里斯・揚：《超越不幸的婚姻——對二元制理論的批判》，王昌濱譯，李銀河主編：《婦女：最漫長的革命》，生活・讀書・新知三聯書店，1997 年，第 96 頁。

中期以後，以埃倫・莫爾斯的《文學婦女》、伊萊恩・肖瓦爾特《她們自己的文學》、桑德拉・吉爾伯特和蘇姍・格巴《閣樓上的瘋女人》爲代表，或從主流文學出發，勾畫英、法、美婦女文學傳統；或在文學史中尋找「斷裂」，塡補文學史空白，樹立女性文學的里程碑；或以「身份焦慮說」發掘女性文學創作中的「微言大義」。與第一階段相比，她們更傾心於文學語言批評。最突出的是以朱莉亞・克里斯多娃的符號學、埃萊娜・西蘇的「女性寫作」、露絲・伊利格瑞的「性別差異」爲代表的法國女性文學批評。她們受德里達和拉康的影響，借用男性話語，通過概念轉換反過來解構文本中的男權意識，賦予婦女文學新的審美內涵。由此，女性主義文學批評呈現出與政治理論彼此互融的審美風範和文學特質。

　　在這一發展過程中，女性主義文學批評形成了如下基本內涵：首先是對男權文學傳統的質疑和批判。這是女性主義文學批評一直關注的核心命題。米利特、肖瓦爾特、莫爾斯和西蘇等人，都從不同的角度清晰地勾勒出文學傳統中的男權「形象」，動搖了男權制意識形態下的文學根基。値得注意的是，其間一些女性主義批評者如米利特等，開始嘗試從社會各個領域批判看似平常、合理的現象，打破一體化觀念，尋求婦女文學的「眞相」，建設新型的多向互補的文化範式。這與後來性別批評中的「建構論」不無相通之處。其次，對女性文學系譜的開掘和建構。主要有兩種方式：一是解讀女性作家作品，尋找女性文學傳統，將其視爲「與主流不沾邊」的文學「潛流」；二是塑造新的女性主體形象。在文學實踐中，一批女作家如簡・奧斯丁、喬治・艾略特、夏綠蒂・勃朗特、薇拉・凱瑟等，與優秀的男作家並立。而類似「閣樓裏的瘋女人」的婦女形象，則被視爲承載男權壓迫和婦女反抗的雙重意味的「重像」。這種具有雙重蘊涵的文學婦女形象，與性別批評凸顯的深受多重壓制的性別主體有內在的相通之處。其三是對女性文學批評體系的建設。從早期的以伍爾夫、米利特等人爲代表的宏觀政治批評，到後來以克里斯多娃、伊利格瑞等爲代表的包括語言學、心理學在內的微觀批評，女性主義文學批評在關注婦女文學主題、意象、風格的過程中，不斷建設自身的文學批評體系。這種與社會文化思潮互動意義上的方法論建設，體現了女性主義批評者在謀求社會認同與自我認同方面做出的努力。它作爲自覺的文學行動，在性別批評中得到繼承。

　　女性主義以其自身的探索、流變及鮮明而豐富的特徵，為「性別批評」帶來諸多啟示。從理論來源看，西方性別批評對婦女問題的關注，對男權制主宰下異性父親關係的分析和批判以及以政治解放尋求文化平等的思路等，都顯現出與女性主義批評深刻的內在聯繫。它對傳統性別觀念和性別秩序的挑戰姿態，並不像有些女權主義者所想像的有可能取消現實的解放鬥爭實踐，而是依然保留了政治批判與社會實踐相結合的女性主義傳統。

　　從批評對象來看，性別批評與女性主義批評一樣，以否定男性中心的文學觀念作為批評尺度，主張結合不同的批評對象進行具體分析。在一些批評實踐中，保留了女性主義批評中文本細讀的理念和方法。像芭芭拉對莫里森《蘇拉》中兩個同性戀女孩蘇拉和內爾的「微笑」、「眼神」的解讀等，絲絲入扣，堪稱經典〔註5〕。

　　從批評方法來看，兩者都廣泛吸收借鑒語言學、心理學、社會學、歷史學乃至自然科學等方面的豐富研究成果，充實自己的批評實踐。20世紀80年代的女性主義文學批評，尤其是法國女性主義文學批評，明顯受到解構主義思潮的影響，與後現代女性主義的解構論不謀而合，帶有性別批評的某些質素，呈現出「理論文本」與「文學批評文本」並行不悖、彼此確證的「互文性」特徵。

　　凡此種種，使我們沒有理由也不可能將「女性主義批評」與「性別批評」兩者截然分開。然而，早期女性主義批評在實踐過程中，面對複雜的社會歷史，通常運用的是男/女二元對立、相對單一的批評模式和基於性別本質主義的價值判斷，事實上，它很難有機把握性別群體的內在結構和流動性特徵。進入後工業社會以後，女性主義在堅守爭取婦女解放這一目標的同時，也在反思中清楚地意識到自身的理論局限。於是，在這一背景下生成的性別批評在某些方面對女性主義批評既有所包容又有所超越。

二、

　　作為一種新的理論建構，性別批評的出現與20世紀60年代以來的後現代主義思潮有密切關係。後現代主義以「元敘事」的解體來質疑「宏大敘事」，「漸次擺脫掉合法化的盲動性偏執」〔註6〕，否定以道德、理性為標示的現代

〔註5〕（美）芭芭拉・史密斯：《黑人女性主義評論的萌芽》，張耘譯，張京媛主編：《當代女性主義文學批評》，北京大學出版社，1992年，第113頁。

〔註6〕（法）讓-弗朗索瓦・利奧塔：《後現代狀況——關於知識的報告》，島子譯，湖南美術出版社，1996年，第30頁。

知識系譜。受其影響，後現代女性主義〔註7〕也徹底拆解傳統二元論結構及其普泛主義，堅持邊緣性與異質性結合的多元主義。德里達、利奧塔、福柯、拉康等後現代主要代表人物都對女性主義產生了深刻影響，由此，「女性主義分裂爲各式各樣的話語，這種現象也反映出了後現代狀況的差異性、片段性和多元性」〔註8〕。

　　正是這種分裂性「話語」，使後現代女性主義內部衍生出不同的理論分支。一般認爲有本質主義和建構主義兩種大體不同的取向。前者以蓋爾・盧賓、凱瑟琳・A.麥金農爲代表，主張借助解構主義發展女性主義批評，尋求女性自我解放；後者以丹尼斯・賴利、朱迪斯・巴特勒、唐納・哈拉威爲代表，主張用解構主義徹底搗毀「男/女」、「男性/女性」的二元結構及其觀念，尋求全新的帶有交互立場和超性別視角的性別道路。儘管盧賓力圖以「性/社會性別制度」消解生物決定論和馬克思主義的經濟決定論，強調性別的文化之維，宣稱「性就是性，但什麼算性則同樣由文化所決定和獲取」〔註9〕，但在後者看來，這些觀點無法超越男權思維的「老套」，依然不能從根本上認識和解決女性受壓迫的問題。

　　事實上，建構論區別於本質論的一個核心問題就是對「社會性別」的理解。儘管兩者都反對性別兩分，否定建立在生物決定論基礎上的本質主義，「強調女人和男人的身份認同都是不連貫的、多面的、在不同的情境中變化的」〔註10〕。但是，本質論並未脫離「男人統治女人的制度」的框框，而建構論則始終堅持將「社會性別」看成是多種關係和變量交織在一起形成的一

〔註7〕學界對「後現代女性主義」這一概念多有爭論。有的觀點認爲後現代主義消解政治性，而女性主義作爲一種社會歷史思潮，具有鮮明的政治性，兩者不能混爲一談；更有人激烈地宣稱「你不可能同時是一個女權主義者又是後現代主義者」（王逢振主編《性別政治》，第2頁）。在此主張從文化立場上理解女性主義，因此，暫借用「後現代女性主義」指代從20世紀60年代尤其是80年代以來以後現代主義爲背景的女性主義思潮。

〔註8〕（美）貝斯特，凱爾納：《後現代理論——批判性的質疑》，張志斌譯，中央編譯出版社，1999年，第270頁。

〔註9〕（美）蓋爾・盧賓：《女人交易——性的「政治經濟學」初探》，王政譯，王政、杜芳琴主編：《社會性別研究選譯》，生活・讀書・新知三聯書店，1998年，第30頁。

〔註10〕（美）費儀・金絲伯格等：《〈不確定的詞語概念——美國文化中社會性別的磋商較量〉序言》，伍呷譯，王政、杜芳琴主編：《社會性別研究選譯》，生活・讀書・新知三聯書店，1998年，第255頁。

種社會文化建構，這些變量包括種族、階級、階層、年齡、國籍、性取向等等。正是循著這一思路，產生了西方文化界的性別批評。

簡而言之，性別批評實際上是一種從後現代主義建構論出發的，要求在認識和判斷文學中的社會性別時取消男女兩極，以承認性別具有交互與越界的可能的社會文化立場，考察性別建構的開放性話語方式。

福柯關於話語權力特別是性權力的論述，給予性別批評者以有益的提示。福柯在《性史》中認為，性和性欲是不斷變化的人類行為概念的產物。比如 19 世紀之前很多不為人所齒的「反生殖目的的欺騙行為」，到了 19 世紀之後卻被給予了新的定性。這說明有關性和性行為的很多概念都是隨著歷史的變遷而變遷的。賽治維科在《閣樓中的認識論》中發展了福柯有關性和性行為得到「機構化」認同的觀點，而此前她於 1985 年出版的《男性之間——英國文學與男同性欲》，則成為性別批評的里程碑。該書正視男同性戀，並運用女性主義方法論進行研究，使男女同性戀研究並行不悖，從而充實了性別批評。事實上，同性戀研究（早期主要是女性同性戀研究）並不是一個全新的話題。後期激進女性主義者如賈格爾等人已經對此有所關注，只是還不曾將其作為獨立的性別標本來看待，因為批評者無法判定它「在何種程度上代表新的意識形態創造，在何種程度上只是現存意識形態的延伸」〔註11〕。在福柯性別文化建構立場的指引下，部分研究者逐漸擺脫二元論範式，突破異性戀邊界，在男女同性戀、雙性戀以及跨性別等多樣差異中，對身體性感設置進行重新分配。性別批評所針對的是所有帶有「性別」內涵的話語方式尤其是寫作方式，這就大大超越了傳統女性主義批評範疇，成為一種開放性的、具有多重指涉功能的本文批評，在西方又被一些人稱為「中性」、「非性」或「無性」批評。正如海納西所言，「同性戀理論中的後現代認同觀念，作為不穩定的多樣立場的一個集合體……是根據真實的化身的標準來界定的」〔註12〕。

當我們嘗試將性別批評運用於文學批評領域時，既要看到它與以往女性主義文學批評具有內在一致性的一面，也要認識到其間的差異。

〔註11〕 （美）阿莉森·賈格爾：《婦女解放的政治哲學》，王昌濱譯，李銀河主編：《婦女：最漫長的革命》，生活·讀書·新知三聯書店，1997 年，第 296 頁。

〔註12〕 Rosrmary, Hennesssy. Queer theory: a review of the Difference special issue and Wittig's the Straight Mind. Signs, 18（4）,1993.

第一，兩者產生的社會語境和思想文化背景不同。傳統女性主義批評是在以啓蒙、理性、自由爲核心價值理念的現代主義思潮推動下出現的。無論是莫爾斯的《文學婦女》將女性生活史與文學傳統相結合，還是肖瓦爾特的《她們自己的文學》對被遺忘、被忽略的女性作家的挖掘；無論是吉爾伯特和格巴的《閣樓上的瘋女人》對女性被妖魔化的文學想像的糾正，還是米利特的《性的政治》對以諾曼・梅勒爲代表的男性作家的激烈批判，女性主義文學批評都或隱或顯地以男權制及其代表的社會體制爲批判對象，尋求女性作爲一個獨立群體的文學審美的自我解放。而性別批評是在後現代主義思潮影響下出現的。後現代主義不僅拆解了自柏拉圖以來的邏格斯中心主義傳統，而且以不確定、無中心、多元化的方式，給性別批評以多樣差異的啓示，使其「從根本上質疑那些迄今爲止一直被女性主義者採用的、已經成爲其理論基石的各種範疇」〔註 13〕。像斯蒂芬・H.克拉克根據盧比・里奇對男性特點的批判對艾略特的詩歌進行性別批評，發現了男性性恐慌，而肖瓦爾特則在《姐妹的選擇：美國婦女書寫的傳統與改變》中肯定了沃克等黑人女作家及其創作在美國白人婦女文學史上的地位等。由於二者產生的社會語境和思想文化背景不同，其內在的性別訴求便有了重要的差異。

第二，兩者關注的聚焦點不盡相同。女性主義批評尤其是法國女性主義批評之前的女性批評，往往是在二元對立的框架中側重婦女問題，主要關注婦女不同於男人的心理體驗和內在情思，意在高揚婦女主體意識，顛覆男性話語權威和象徵秩序，追求婦女的審美解放。一些女性主義批評者宣稱：「建立在讀者經驗與女性經驗之間連續性的假定之上和在對婦女形象的關注之上的批評，很可能將變成一種非常有利的對控制文學作品的男性中心主義的批評。」〔註 14〕而性別批評不同於傳統女性本質論中的「『女性』意指」（肖瓦爾特語），不再把「性別」作爲「婦女」的同義詞。它關注廣義的性別問題，因而並不單純以婦女問題爲聚焦點。例如，朱迪斯・巴特勒就從文學心理學入手，認爲「女性」不是一個確定的概念，從而否定了傳統女性主義所描繪的男權制。在性別批評家看來，「性別」在不同的歷史背景和文化場域中有不

〔註 13〕（加）巴巴拉・阿內爾：《政治學與女性主義》，郭夏娟譯，東方出版社，2005年，第 278 頁。

〔註 14〕（美）喬納森・卡勒：《作爲婦女的閱讀》，黃學軍譯，張京媛主編：《當代女性主義文學批評》，北京大學出版社，1992 年，第 47 頁。

同的主體和定義。比如黑人婦女文學批評以其多重身份可以進行多元對話：在婦女文學批評中，可以與白人婦女文學比較，尋求性別文學版圖的重建；在同性戀文學批評中，可以與白人男同性戀文學並置，兩者都站在主流文學的邊緣；在異性戀文學批評中，可以與黑人男性文學同論，兩者育成了黑人文學的蔚為大觀。芭芭拉‧史密斯在分析白人女性評論家艾倫‧莫爾斯的《文學婦女》和帕特里夏‧斯帕克斯的《女性的創造力》兩本書時，就認為兩者完全忽視了「在黑人女作家這個群體中，這種雙重身份更為突出」〔註15〕。通過批評對象的文化身份對比，被女性主義批評忽視的諸如種族、階級等政治差異問題暴露出來。從這個角度講，有些女性主義批評者關於性別批評的政治性可能被消解的擔心似乎是一種多慮。

第三，兩者在方法論上有所不同。如前所述，由於擴大了性別的範疇，性別批評實際上突破了二元對立的女性主義批評模式，引進了具有多元色彩的文化批評。傳統的女性主義批評在重視生理差異的基礎上認識性別，性別批評則從文化立場上理解性別，強調性是後天文化所造成的，不存在天然的本質差異。前者在邏輯推演上趨向於屬性論（生物決定論），即將男性／女性的差異視為客觀／主觀、理智／情感、邏輯／直覺、堅毅／柔弱、強壯／纖細等二項對立，將其作為界定一個生物學「人」的社會身份和自我人格的基礎，由此衍生出「女性風格」、「女性閱讀」、「女性寫作」以及伊利格瑞的「女人腔」等。她們雖然夢想「兩性差異應當體現為一種完美的關係」，但是，從其對「我寫婦女：婦女必須寫婦女。男人則寫男人」〔註16〕的強調、對男人和女人「一方永遠也不可能完全替代另一方——他們不具有互換性」〔註17〕的認識，以及關於「女性文學傳統」的概念和主張來看，「男人」的影子仍然揮之不去。因而，她們的文學批評只是男／女二元論內部的自我調整。而後者則主張關係論（文化決定論），認為應當擺脫生理、基因、遺傳等因素的束縛，將性別看作各種關係的交互體系，而不是個人屬性；同時，借助人類學、哲學、心理學、社會學等領域關於「性別」考察的成果，進一步「把解釋的重點從個人

〔註15〕 （美）芭芭拉‧史密斯：《黑人女性主義評論的萌芽》，張耘譯，張京媛主編：《當代女性主義文學批評》，北京大學出版社，1992年，第105頁。

〔註16〕 （法）埃萊娜‧西蘇：《美杜莎的笑聲》，黃曉紅譯，張京媛主編：《當代女性主義文學批評》，北京大學出版社，1992年，第190頁。

〔註17〕 （法）露絲‧伊利格瑞：《性別差異》，朱安譯，張京媛主編：《當代女性主義文學批評》，北京大學出版社，1992年，第379頁。

轉移到結構」〔註18〕，「歡迎和讚賞一幅更寬廣的性與社會多樣性的圖景中的差異」〔註19〕，從而跨越種族、階級、血統以及性取向的界線，使性別批評成爲一種「越界」理論。

三、

在文學實踐中，性別批評的特徵主要表現在以下幾方面。

首先，性別批評是對性別問題上二元思維批評模式的超越。傳統女性主義文學批評主要致力於在男/女的二元框架內，通過女性創作與男性文學傳統的對比，呈現女性文學的審美意識和寫作風格。而以簡・魯爾、愛麗・布爾金等爲代表的女性主義批評家，則更爲關注女性文學的內部認同，她們對同性戀文學尤其是女同性戀文學傳統的尋找與回歸，在很大程度上超越了以往二元批評模式，通過對女性文學主體性的強調來確立性別批評的本體地位，逐步樹立女性文學的自我批評範式。魯爾的《女同性戀者形象》率先作出嘗試，布爾金的《女同性戀小說》、《女同性戀詩歌》則力圖從 19 世紀 80 年代的奧克塔夫・桑內特出發尋找同性戀寫作傳統。這些批評從主題、意象、風格及文體研究的角度開始注重性別批評的某些特質並爲其樹立標準。比如朱莉婭・彭特洛泊・斯坦利和蘇珊・沃爾夫曾在《論女性主義美學》一文中，把格楚德・斯坦等同性戀女作家筆下的那種非線性的、流動性的語言風格視爲普遍的「婦女風格」。還有不少人從早期女性主義者如沃斯通克拉夫特、伍爾夫、波伏瓦等人那裡發掘女同性戀文學傳統。她們標舉這些文學成就，拂去覆蓋其上的歷史塵埃，力圖擺脫二元論下的批評模式。需要說明的是，爲同性戀辯護，並不是性別批評的最終目的，而只是其革命性的批評策略，即以同性戀現象反駁異性戀傳統，來顯現一種新的有關人類社會構成的分類方法、一種基於社會特定現實的深層表達方式的產生。

其次，性別批評融入了復合式的批評視角。所謂「復合」，即不再以單一的女性視角作爲批評標準，而是在超越異性批評的基礎上，將以往常爲女性主義批評所忽略的男性視角納入其中。1975 年，納塔利・戴維斯表達了相同觀點：

〔註18〕（美）周顏玲：《有關婦女、性和社會性別的話語》，鮑曉蘭等譯校，王政、杜芳琴主編：《社會性別研究選譯》，生活・讀書・新知三聯書店，1998 年，第 386 頁。

〔註19〕 D.Heller（ed.），*Cross Purposes: Lesbians, Feminists, and the Limits of Alliance*, Bloomington and Indianapolis: Indiana University Press, 1997. P.46.

「我認為，我們應該重視研究男女兩性各自的歷史，只重視對第二性的研究是遠遠不夠的。我們的目的在於解釋歷史上兩性及性別群體的含義」〔註20〕。在傳統女性主義批評那裡，為了浮現被遮蔽的女性文學「真相」，男性文學傳統往往以「負面形象」出現。但是，在性別批評看來，男性的存在作為社會文化建制中不可缺少的部分，應該獲得和女性的存在同等的知性地位；對男性文學創作的性別審視包括男同性戀批評同樣是一個有待挖掘和深入建構的領域。於是，從女同性戀文學批評開始，針對男性創作的文學批評也時現其間。

當然，一個顯而易見的事實是，在性別批評內部，女性批評一直努力區別於男性批評。因為前者聯繫著深切的女性經歷，而後者仍屬於異性戀批評範疇。寫過女同性戀詩作《二十一首愛情詩》的詩人評論家艾德里安娜‧里奇明確指出，如果將兩者等同，「實際上是對女性存在的又一次否定和抹煞」〔註21〕。但是也有女性文學批評者表達了相反的見解。費爾斯克認為，男性，作為一個逃避社會壓抑的群體，自身也有「相對完整的文化傳統」〔註22〕。這一傳統已經被很多男同性戀批評家注意到了。除了對一些有爭議的男性作家，像赫曼‧麥爾維爾、沃里斯‧斯蒂文斯等進行性別研究外，性別批評家還採用類似新批評的細讀方式發掘文本中的性取向。例如，羅伯特‧K.馬丁從麥爾維爾的《大白鯊》中看出了性倒置、性壓制中的男性自我書寫和表達的可能。事實上，對男性文學創作的性別觀照，是性別批評對社會文化思考角度的一次調整，也是在廣義性別範疇基礎上對性別文化重建進行的一種嘗試。它不僅關係到書寫新的女性文學歷史，同時也意味著將重新認識和撰寫整個人類文化史的意圖納入其中。

再次，性別批評在女性文學身份疆界和敘述疆界〔註23〕方面有所開拓。隨著性別研究的深入，批評者逐漸意識到，不同社會階段中的性別角色及其

〔註20〕　（美）瓊‧W.斯科特：《性別：歷史分析的一個有效範疇》，劉夢譯，李銀河主編：《婦女：最漫長的革命》，生活‧讀書‧新知三聯書店，1997年，第153頁。

〔註21〕　（美）艾德里安娜‧里奇：《強迫的異性愛和女同性戀的存在》，胡敏等譯，瑪麗‧伊格爾頓主編：《女權主義文學理論》，湖南文藝出版社，1989年，第40頁。

〔註22〕　Rita Felski, *Beyond Feminist Aesthetics*, Hutchinson Radius, 1989, P.119～120.

〔註23〕　「疆界」一詞借用蘇珊‧S.弗里德曼關於「社會身份疆界」的說法，弗里德曼用其意指對婦女作家批評和女性文學批評的超越，認為這樣一種女性文學批評觀念應是未來女性文學批評發展的方向（參見王政、杜芳琴主編：《社會性別研究選譯》，生活‧讀書‧新知三聯書店，1998年，第423～424頁）。

象徵意義是不斷發展變化的。因此，所謂性別問題，最根本的還應從社會文化立場上去闡釋，揭示其內在機制和運作方式。這裡，不能不考慮文化指涉的多樣性。簡單地說，性別問題無論是個體的還是群體的，總是與階層、血統、出身、閱歷等多種因素相交織，性別自身「疆界」的突破實際上是還原著作爲多種現實之綜合體的人類生存本相。

正是基於這樣的認知，一些性別批評家（如芭芭拉・史密斯、瑪麗・海倫・華盛頓等）不滿傳統女性批評無視性別群體、尤其是女性群體內部多樣差異的傾向，開始關注有色人種、少數族裔、第三世界婦女（包括東亞、中東、非洲等），尤其是黑人婦女的性別體驗和文學審美表現，力圖將文學批評對象放置到更廣闊的社會文化背景中，將「性別」一詞視爲與「階級」、「種族」等具有內在關聯的分析範疇，實現身份疆界、敘述疆界和寫作疆界的擴張。她們宣稱：「一種黑人女性主義的文學評論是完全必要的」〔註24〕。事實上，在黑人婦女的文學作品中，性政治往往和種族及階級政治糾纏在一起，很多黑人婦女作家無形中承受著三重（種族、性別、階級）乃至更多重的身份壓迫，這不僅妨礙了她們的創作，也遮蔽了她們在文學史尤其是婦女文學史中的地位。與此相類，中國女性創作和女性批評也遇到同樣的問題。比如在階級場域和革命話語中，批評到底應該如何去認識和揭示階級生存、民族生存與性別生存相交織的現實，顯然值得進一步商榷。

由此可見，性別批評不再僅僅關注男/女二元論下的以男權制爲標誌的性別宰制，它具有更爲宏觀的學術視野，研究對象已從傳統意義上的女性和女性文學拓展到整個社會歷史文化場域中的「亞文學性別」問題。其批評風貌，總體上呈現出流動、復合、多向延展的特徵。

綜上所述，作爲一種富於新意的性別文化建構，性別批評突破了傳統性別界限，關注潛在的、甚至是非常態的社會性別範疇和性別規範，以邊緣化姿態在多元文化格局中顯示出「越界」的理論氣魄和不恪守一隅的旺盛生命力，爲全球化背景下的女性主義運動提供了可資借鑒的理論資源，同時也爲中國本土的性別研究開拓了新的學術視閾。

由於性別批評與後現代主義之間有著密切的關聯，從後現代主義的理論邏輯出發，勢必導致消解女性主義運動的政治內涵和意義，使其自身喪失政

〔註24〕　（美）芭芭拉・史密斯：《黑人女性主義評論的萌芽》，張耘譯，張京媛主編：
　　　　《當代女性主義文學批評》，北京大學出版社，1992年，第103頁。

治批判能力，因而引起西方女性主義內部的質疑。其間，「你不可能同時是一個女性主義者又是後現代主義者」的觀點頗具代表性。相比之下，中國本土的研究者目前更多的是在實踐的層面上嘗試對這一困惑做出回應。這就是，立足中華文化傳統和文學的實際，尋求不同學術資源之間的互補共存，在批判中建設和發展性別視角下的文學批評。這樣的思路承認男女兩性存在差異，但不將其本質化、絕對化；不放棄對男性中心文學／文化傳統的指認和批判，但其出發點及歸宿不是強調男／女性別在文化中的分立，而是試圖體現對有性別的「人」的反思與關懷；重視文學中的性別因素，但不將其過於誇大，更不視作唯一。

　　總的來說，性別批評的視閾迄今還只是初步展開，作為一種與女性主義批評既有聯繫又有區別的理論方法，其獨特性和有效性有待於在文學批評的實踐中加以檢驗。在這個意義上，本書所做的只是初步的探索。

第一章　歷史背景和文化土壤

進入父系社會以後，婦女的地位隨著她們在經濟生活中所起作用的減弱而驟然跌落。物質生產活動的現實反映到意識形態上，自然而然形成了社會對婦女人生角色的認識與規範。這種規範在儒家經典中很早就有著明確的表述：

> 父者子之天也，夫者妻之天也。(《儀禮》)

> 婦者，服也；服於家事，事人者也。(《大戴禮·本命》)

> 婦人無專制之義，御眾之任，交接辭讓之禮。職在供養饋食之間。(《白虎通·論婦人之贄》)

類似的言論在高度重視倫常關係的儒家著作中不勝枚舉。它很大程度上也代表了一種社會意識。男尊女卑、夫為妻綱、三從四德、貞節觀念等構成了中國宗法社會所特有的壓迫和禁錮女子的完整的思想體系。這些倫理觀念雖有一個產生、發展、演變的過程，但總的趨勢不是綱紀鬆弛，而是越箍越緊，經宋代到明清，一步步登峰造極。特定的文化土壤，對傳統女子的創作面貌產生了深刻影響。

第一節　古代婦女創作的感傷傳統

中國古代從事文學創作的女性身份各異，其中有后妃宮人、貴族婦女，也有娼尼婢妾、士人妻女或是其它家庭的女子。但在依附於男權社會這一點上，她們的命運是相通的，其文化背景也大致相近。

一、男女有別的文化背景

舊時婦女所受教育有很大的局限性，教育的宗旨是培養合乎禮教標準的所謂賢妻良母。從漢代《女誡》、唐代《女論語》、明代《內訓》到清代《女範捷錄》等，歷代一系列女教著作無不帶有濃厚的儒學倫理色彩。清代雖然女子入塾讀書的機會漸多，但所受教誨依然不出這一範圍。例如《訓學良規》言及當時教學內容云：「有女弟子從學者，識字，讀《弟子規》與男子同。更讀《小學》一部，《女四書》一部，看《呂氏閨範》一部。勤與講說，使明大義。」舊時代女子生活天地本來就十分狹窄，不像男性文人那樣時或可以離家遠足，廣爲交遊，博聞多探，更加之以婦道閨範的束縛，她們如同生來就關在籠中的鳥兒，漸漸地連思飛之心都泯滅了。正是由於現實生活對婦女的壓迫及其滲透於社會意識和婦女教育之中的倫理性、宗法性的嚴格規範，男女作家在從事創作的文化背景方面顯示了某種差異。

在中國這個綿延千載的古老國度，文學創作的文化土壤深厚複雜，儒道釋三者的分立與融合構成了重要組成部分。儒家思想在其發展、演變過程中更能與封建統治階級的需要相適應，長時間在社會思想領域居於主導地位。但另一方面，道家思想、禪宗意識等對知識階層乃至整個社會的影響也是十分深刻的。老莊崇尚自然、反對扼殺生命靈性的思想主張孕育了歷代一部分作家有悖於儒學正統觀念的創作主體意識。佛學傳入中國以後，亦常成爲作家衝破儒教、反叛正統的精神武器。西漢賈誼謫居時據老莊哲學以自遣的《鵩鳥賦》，正始時期阮籍、嵇康任性使氣憤世嫉俗的詩文，晉宋之際陶淵明對返樸歸眞藝術哲學的妙會，唐代李白追求個性自由，藐視權貴、笑傲王侯的氣概和浮生若夢的情緒，王維後期沖淡玄遠的審美境界，宋代蘇軾部分作品中所流露的「逍遙齊物追莊周」的曠達情懷，明清時代李贄「童心說」以及湯顯祖、袁宏道、曹雪芹、龔自珍等人的文學思想等等，都與道學或佛學主張特別是禪宗思想有著或深或淺的內在聯繫。

然而，這種情況在女作者方面卻有所不同。相比之下，她們受儒家以外思想的影響要微弱得多。在歷代女子的創作中，很少見到背離正統觀念的明顯的異端，倒是不難發現她們同宗法思想、尤其是儒家倫理觀念的密切聯繫，諸如「爲失三從泣淚頻」（徐月英《敘懷》）的悲歎，「糟糠不棄得相親」（盛氏《贈別詩》）的囑望等。可以說，就整體而言，古代女性作者的生活和創作呈現出主要受儒家思想（特別是其倫理觀念）影響、層次不十分深厚豐富的文化色彩。

　　宗法制度下，知識婦女的處境與構成男性文學創作隊伍主體的士大夫文人有明顯差別。她們不屬於得志入青雲、失意處窮巷的士人階層，而是從社會到家庭概被當作男子的附屬品。在士大夫文人那裡，道家「法自然」的學說和對宗法制度、正統觀念的強烈批判精神，禪宗那種對自然清淨的心境、進退淡然的生活方式的追求，常常成為他們政治上遭遇挫折之時賴以擺脫現實的困擾、鄙履功名的武器，或是尋求慰安的盾牌。而一般說來，女作者們既沒有參與社稷政治、體驗仕途坎坷的機會，自然也很少可能體味政事變遷、宦海浮沉所帶來的心理波瀾，她們的生命本身又是貶值的，於是，較少需要像許多士大夫那樣從道家、佛家學說中尋求心理平衡（這一點不是絕對的，因為生活中失去心理平衡顯然並非只緣於政治因素，但是，在與士大夫文人關係甚大的政治生活方面，絕大多數女性所面對的畢竟只是一片空白），也較少生出追求縱慾、享樂，渴求長生不老之心。同時，又缺乏從非正統思想中找尋否定現實的批判武器的膽識。作為宗法社會秩序的理論表述，儒家倫理思想與她們的實際生活處境具有最為明顯的相關性。舊時代的女子不自覺地紛紛拜倒在儒家倫理思想之下，顯示出認知方面的共同傾向，並不是出於偶然。而特定的倫理模式越是嚴密，越是強化，女作者們就越不容易衝破它的束縛去吸收其它思想文化成分。人身依附、奴隸地位的經濟政治關係現實與反躬自省、自我抑制的道德要求相結合，使女子個性的壓抑達到最大程度。

　　與此相聯繫，男女文人之間顯示出更為深刻的差異，那就是對我們民族在長期物質生活、精神生活中所形成的傳統思想內涵的吸收之不同。僅以儒家思想而論，士大夫文人從中汲取的往往既有克己自抑、保守拘謹的一面，也有剛烈奮發、積極進取的一面，女作者則更多地吸取了前者。更進一步，即使是同一側面的吸收，在男女身上也往往產生大不相同的效應。溫順平和、謹慎謙恭在男人那裡有時可以衍化為以屈求伸、以柔克剛、寧靜致遠的人格特點和行為方式，而在女性方面則幾乎沒有這樣的內在意味，卻是基本導向隱忍妥協、自卑自賤的人生姿態。宗法社會背景下中國人所形成的強烈的從屬意識，在士大夫身上有時既表現為對君臣關係、名位本分的謹守，又表現為對國家社稷的忠誠。而在女子身上，從屬意識的發達則主要只表現為對個別的、具體的男子的忠貞、順服。「三從」的道德規範切實融進女性的意識，成為她們處理人際關係的指南。在一些女子所寫的涉及兩性關係的作

品中，這種附庸意識常有所表現，但又多與女子對某一男性的思戀愛慕糅合在一起。至於那種彌漫在統治者及士大夫意識中的華夏中心的傳統文化氛圍以及對外族以尊臨卑的運思方式，在女作者心理上的反映則是十分微弱和模糊的。

總之，中國歷史給婦女文學的創作者們所提供的思想文化背景有異於男性，而她們在對傳統思想文化的接受方面也有自己的某些特點，這裡儒家思想起了重要作用。當然，也應看到，歷代文學作品及其它典籍也會進入女子書齋，使她們有可能從中汲取各種思想、藝術的營養；加之各朝女作者所面臨的具體生活環境並不完全相同，她們的天性也有差別，所以，知識女性雖然受儒家思想影響很深，但並不能夠簡單化地一概而論。

二、古代女子的創作傾向

特定的思想文化背景對古代女性的文學創作無疑會帶來某些影響，從宏觀的角度來看，比較突出地表現在這樣幾個方面。

首先是觀照人生的現世性。儒家藝術精神貫穿著為人生的哲學，在這種藝術精神指導下，中國文學很早便形成了文以載道、重教化、重實用的傳統，這一傳統在位卑身賤、本無資格干預政事的知識婦女的創作中也有一定表現。從漢至清，出自才女之手宣揚婦道閨範的文字屢見不鮮，班昭、宋若華等都是其中頗有名氣的作者，詩歌中亦有宋景衛《修身正倫歌》一類充滿封建道德說教之作。但這些東西很難說得上是真正的文學作品。我們還是來看傑出女作家李清照的創作。在《浯溪中興頌詩和張文潛》、《上樞密韓肖冑詩》等作品中，她大膽地詠史論政，發表自己對歷史和時局的政治見解，以詩載道、以詩言志的含義十分明顯。有名的《夏日絕句》一詩更是氣度非凡：「生當作人傑，死亦為鬼雄。至今思項羽，不肯過江東。」作者談生論死，借古喻今，既在詩中蘊含了對南宋統治集團投降派的尖銳諷刺，又表明了自己所崇尚的人生準則。

當然，就大多數女性作者來說，是缺乏李清照那樣的政治眼光和過人識見的，她們寫詩填詞主要是抒發比較狹隘的個人情懷，而無政治方面的考慮，但從這些作品中同樣可以看到儒家藝術精神的影響，只不過它更多地體現著這種精神的另一個層面，即對現實人倫情感的重視。她們的作品常有比較濃重的人情味和現世感，作者思維主要朝向自身、現世，關注的是與此直

接相聯繫的人和事、情與景。某些男作家基於比較豐厚的思想文化土壤在作品中表現出來的那種縱深的歷史感、恢宏的宇宙意識通常為女性作者所不具備。她們的筆墨始終圍繞著現時現世的人倫情感，而不是過去、現在或未來的大千世界。瀏覽古代女性的作品，很容易發現這樣一些跨時代的共同主題：閨中相思、棄婦憂愁、感物傷懷等等。她們的視點往往如此接近，心境又常是那麼相通。朝代的更迭、世事的變遷在多數女子的創作中留下的只是淡淡的痕跡，以致我們可以縱跨千年，將這些作品的內容大體概括為「身邊文學」。

儒家藝術精神導源於它入世的人生態度，這種人生態度也影響到古代女性創作的「現世」眼光。例如，儒生在重視道德方面自我提升、「獨善其身」的同時，又注重在社會活動中獵取功名，「兼濟天下」。身為女人，生於舊世，有志亦不得伸，有才也不為用，分明極少有步入仕途的可能，然而女作家中同樣有人表達了對科舉入仕的嚮往之情，儘管只能是「自恨羅衣掩詩句，舉頭空羨榜中名」（魚玄機《遊崇真觀南樓睹新及第題名處》）。又如，女子的天性一般來說是較愛幻想、多情易感的，但在她們的創作中卻很少能看到莊子、李白那樣天馬行空的驚人想像、棄世絕俗的思想飛騰。雖然她們也曾生發出許多奇思妙想，但大都偏於情愛的實現而缺乏對現實的否定性的高度超越。即使哀怨深重也依然魂繫大地，這恐怕很難說是為表現手法所局限，而主要源於某種內在的思維定勢的制約。

建安時代，蔡琰在五言《悲憤詩》中沉痛訴說的是現世的苦難和不幸，它與志深筆長、梗概多氣的「建安風骨」並非那麼渾然一體。即使在《胡笳十八拍》的浪漫之聲中，作者也依然恨世而不離世。「怨兮欲問天，天蒼蒼兮上無緣」，每節每拍都維繫著人生現實。同是憤世嫉俗，屈原可以上叩天閽下求佚女，追尋理想境界，李白可以夢遊天姥幻入仙境，釋放自己苦悶的靈魂，女作者卻往往只是面對現實發幾聲感慨，道幾分無奈，哀而不怨或怨而不怒。朱淑真「磨穿鐵硯成何事，繡折金針卻有功」（《自責》）的牢騷在女作者中已屬少有之音。李清照的《漁家傲》（天接雲濤連曉霧）詞和她的《曉夢》詩寫到了神境鬼界，頗有些上天入地的氣魄。但這樣的作品在女子創作中終究是偶一見之，且其中否定現實的意味也不是十分濃厚。女性文學創作往往更執著於現世，這一特點與其思想文化背景所提供的儒家人生哲學或多或少有一定的內在聯繫。

　　不過，應當看到，女子的「入世」同那些信奉儒教的士大夫文人並不完全相同。士大夫知識分子身上存在的仕與隱的矛盾，在女子身上是不存在的。她們無「仕」的資格，也便少些「隱」的欲念。作為女性降生人世，一切都命中注定，很難改變。因而，就總體而言，女作者處世的主導傾向是安時處順，缺乏那種早熟者的壓抑、厭世者的超然以及孤獨者的覺醒。古代婦女文學創作中所體現的觀照人生的現世性，也正是建立在這樣的基礎之上。

　　其次是情感表現上的壓抑迂迴。婉轉曲達，本是中國傳統文學藝術表現上的特徵之一，但在女性作者筆下，這種手法的運用很多時候是與感情上的壓抑聯繫在一起的。禮教束縛下的女子言行處處受到限制，婦道要求她們「專心正色」、「清閒貞靜」，「喜莫大笑，怒莫高聲」，命運遭際給她們的人生蒙上一層黯淡的色彩。一些比較接近民間的女子尚能少些顧忌，時或大膽爽快地傾訴心曲，而那些居於高宅深院的閨秀、受婦道規範薰染甚深的才女，則很少能脫開自身所受教養的約束。於是，迴環吞吐、半遮半掩成為許多女作者情感表達上的共同特點。

　　從她們口中，很少聽到暢懷的高歌，而多是委婉低回的吟唱。「玉枕經年對離別」（姚月華《古怨》）的相思之苦，與丈夫「恩情中道絕」（班婕妤《怨詩》）的遭棄之憂，深閨獨處的惆悵，紅顏易老的感慨，生活給予她們的多種苦痛，在作品裏都化為哀婉憂戚的歌。一種節制，同時也是一種壓抑，給這些作品抹上了舊時代女子情感生活所特有的色調。對於她們所要抒發的內心感受來說，蘊藉委婉的表達方式常常更為相宜，而客觀社會條件也促使她們選擇這樣的方式，於是，中國文學講究比興象徵的傳統在女作家的創作中得到了較為充分的體現。宮女不直抒對自然人生的渴望而寄情紅葉，思婦不直言別夫苦情而轉敘春景，類似的情感表達方式在作品中俯拾即是。

　　當然，男性文人同樣有許多含蓄宛轉之作，但若細細體味，二者的性質常是並不完全一樣的。一方面，男作家這類作品許多時候並不含有壓抑的意味；另一方面，他們有時還是「寓剛健於婀娜之中，行遒勁於婉媚之內」，或所謂「斂雄心，抗高調，變溫婉，成悲涼」。雖以婉約出之，實則是一種力的頓挫。高遠的志向，難酬的抱負，對政事的態度等等，有時就蘊於其中。而且，這種迂迴又常是同直抒胸臆結合在一起的，或可將之稱作一種「以退為進」的迂迴。而在女作者，這樣的情況很少見。生活上的重壓，心理上的重負，使她們曲折道出的通常是個人心頭的抑鬱愁思。逝去的歡愛，朦朧的戀

情，淒然的離別，孤苦的心境，她們的迂迴所通向的常常不是未來而只是過去和現在。

　　毋庸置疑，深致細婉、一唱三歎也是一種富於美感的藝術風采，它與慷慨激昂、淋漓酣暢的藝術表現並無高下之分，但當它在眾多女子筆下比較突出地伴隨一種壓抑感出現時，或許存在著某種潛藏於深處的動因，即儒家思想傳統要求人們、特別是要求女性自抑自制在她們創作心理上潛移默化發生的作用。很多女子在特定的生活環境中，性情本就偏於內向，儒學的教誨、婦道的束縛使這方面的特性愈加強化，從而給創作帶來一定影響，這應該說是難免的。當然，這裡也存在明顯的異端，即封建社會中一個特殊階層——娼妓、女冠的文學創作。歷代常有一些通曉詩書文字的女子，因家道中衰、世風浸染等種種原因，淪落為娼或投身寺院。這些女子既失「人倫」，無可顧忌，反倒常能在創作中縱情恣意，吐露心聲，表達上率直真切，憂喜之情溢於言表。比如唐代薛濤、李冶和魚玄機等人的詩歌，贈友遣懷，時有可觀之作，與宮庭、閨閣中的女子文學相比，有其獨特的風貌和價值。

　　再一點是審美情趣上的趨同傾向。從古代女作家的作品來看，一般而言，她們在審美情趣上多傾向於柔美淒婉，筆下絕少氣勢雄渾、壯懷激烈之作。無論感物詠懷還是寫人記事，字裏行間迴蕩著的幾乎總是一縷陰柔之氣，極少有作品出乎其外。鏗鏘之聲、豪放之音雖然也並非絕無僅有，但在整個古代婦女文學創作中所佔比重極小。這樣一種狀況，是否也有特定的思想文化背景上的依據呢？回答是肯定的。

　　從先秦時代開始，溫柔敦厚的詩教不僅在思想內容上，而且在藝術形式和審美情趣等方面對中國傳統藝術發生了重要影響。並且，無論儒家、道家還是中國化的佛教，都具有「尚柔」的素質，這與溫和厚重、堅韌頑強的民族性格相聯繫。作為一種哲學思想，柔之內涵十分深邃；作為一種藝術精神，它也有多方面的含義，這裡僅言其一端。

　　中國古人素來的觀念是「陰陽殊性，男女異行。陽以剛為德，陰以柔為用。男以強為貴，女以弱為美」（《女誡》）。柔，對女子尤為緊要，可以說關乎其立身之本，故有所謂「婦德尚柔」（《女史箴》）之說。封建時代，統治階級和衛道士們在倡導女子謙卑柔順方面可謂不遺餘力，他們要求女性從精神氣質到言語行動徹底柔化。而在特定情況下，這種「柔」又應當出之以「烈」，其實質是完全一樣的，即主張女子對自己所從屬的男性主人無條件的忠順。

與此同時，士大夫文人筆下的女子也常是柔弱嫵媚，溫靜嫻雅，從外貌到內心柔味十足。女子受著天性的驅使，再加上奴性教育的薰陶以及男性文人創作上的示範，漸漸生成尚柔的審美眼光、寫出溫厚柔婉的作品也就不足爲奇了，而這與她們的社會地位也是頗爲協調的。纏綿悱惻的情思，孤寂難遣的憂愁，宛如緩緩流淌的小溪，雖也有一波三折，終不同於撞擊岩壁礁石飛迸而起的浪花。多愁善感，柔情似水，成爲絕大多數古代女作家作品中所映襯出的抒情主人公形象，這也從一個側面反映出她們相近的審美情趣。較之男性作家的創作，顯然缺乏更爲色彩斑斕的風貌。

僅以唐代文人詩而論，李白的雄奇飄逸，杜甫的沉鬱頓挫，韓、孟的尚奇求險，元、白的淺俗平易，李商隱的富豔綿密，杜牧的風流俊爽……不同的創作風格反映出審美趣味的明顯差異，而這樣的差異在女性作者那裡則往往不甚鮮明或比較細微。若僅從不同性別的生理、心理特點上來解釋這種現象顯然是缺乏說服力的。應該說，這與男女作者人數及其流傳下來的作品數量所存在的巨差可能有一定的關係，但這很難說是問題的實質。恐怕還是需要追溯到古代女作者思想文化背景的較爲單薄的色彩。也就是說，與男作家相比，女作者們的審美意識與正統倫理觀念往往結合得更爲緊密，她們的心靈受束縛更深，更多地沉積著儒家的倫理道德要求，因而妨礙了審美情趣的多元發展。

總之，深層文化心理的建構對創作產生了不容忽視的影響，特定的生活狀態和歷史文化土壤塑造了古代知識女性的人生意識、心理素質和審美趣味，也培育了婦女文學的藝術品格。

三、感傷的藝術特質

古代婦女創作的感傷傳統源遠流長，貫穿歷代創作。在最早的詩歌總集《詩經》裏，有相當數量的作品從內容和情調上可以基本斷定出自女性之手（口），它們涉及戰爭、征戍、家庭生活、集體勞動等多方面內容，而以婚姻戀情爲數最多，其中不少作品發出的是閨中懷人、棄婦哀怨的痛苦之聲。漢魏六朝，是文人文學誕生以後有主名的女性作者開始嶄露風采的時代。此時從事文學創作的主要是宮庭女子和少數官宦人家的婦女。她們的作品大都流傳甚少，作者名下往往僅存一兩篇。然而，就從這爲數不多的創作中已可約略見出，婦女文學在初興之時便呈現出特有的情感基調——幽怨感傷。兩漢

四百年，辭賦爲一代之盛，特別是西漢武帝到成帝時代最爲突出，司馬相如等人以長於辭賦而名揚四海，賦壇成爲當時文人競顯身手之地。他們紛紛以鋪張揚厲的文字謳歌封建王朝的強大，頌揚漢家天子的威嚴，同時對統治者貪圖享樂、揮霍資財進行一點委婉的諷諫。可是，這種文學風潮在女作者那裡幾乎不曾引起什麼反響。此時在她們筆下，有宮中失寵妃嬪的泣訴：「新裂齊紈素，皎潔如霜雪。裁成合歡扇，團團似明月。出入君懷袖，動搖微風發。常恐秋節至，涼飆奪炎熱。棄捐篋笥中，恩情中道絕。（班婕妤《怨歌行》）有遠嫁異域的公主的悲傷：「吾家嫁我兮天一方，遠託異國兮烏孫王。穹廬爲室兮旃爲牆，以肉爲食兮酪爲漿。常思漢王兮心內傷，願爲黃鵠兮歸故鄉。」（劉細君《悲愁歌》）有官吏之妻的離愁：「悠悠兮離別，無因兮敘懷。瞻望兮踊躍，佇立兮徘徊。思君兮感結，夢想兮容輝。……長吟兮永歎，淚下兮沾衣。」（徐淑《答秦嘉詩》）有被棄之婦的怨歎：「煢煢白兔，東走西顧。衣不如新，人不如故。」（竇玄妻《古怨恨》）一派愁苦哀怨在女子詩作中流淌。這樣的格調與同時代男性文人的創作情趣相比，可謂相去甚遠。

漢末魏初，曹氏父子及其周圍的文人掀起詩歌創作的高潮，寫下許多「志深筆長」、「梗概多氣」的篇章。世積亂離，風衰俗怨，群雄並起，鐵馬金戈。建安文學的「風骨」，呈現的是陽剛之美。而同時代女子的詩章依然充盈著淚水。蔡琰爲戰亂中的不幸際遇而哀（《悲憤詩》），魏文帝夫人甄氏因失寵而泣（《塘上行》），丁廙的妻子在丈夫亡靈前痛哭（《寡婦賦》）……內在精神上的疏離在延續。魏晉六朝是中國思想史和文學史上一個具有重要意義的歷史時期。社會的巨大動盪帶來思想上的急劇變化，魏晉名士以自己的狂放向傳統倫常挑戰。受這股社會風習的影響，部分婦女的生活方式發生改變，中上層人家的婦女亦備受濡染。然而，儘管此時參與文學寫作的女子人數稍多，但除謝道韞等顯示了一點不同凡俗的意趣之外，婦女創作大體上仍然沿襲了兩漢以來的格調，吟唱著哀婉低回的心曲。

唐宋之時，詩詞領域綻放出空前絢麗的花朵，也正是在這一時期，婦女文學創作第一次出現比較活躍的局面，女皇后妃、女官宮娥、名媛閨秀、市井釵鬟、娼妓道姑等各種身份的女子紛紛參與詩歌創作。然而，迴蕩其間的主旋律仍是悲苦愁怨：「一入深宮裏，年年不見春」——宮人怨，這是生活在帝王宮中的女子的傾訴。「莫作商人婦，金釵當卜錢」——商婦怨，這是託身於商人的婦女佇立江邊的哀吟。「從此不歸成萬古，空留賤妾怨黃昏」——征

婦怨，這是征人的妻子在夕陽下的痛哭。「良人何處事功名，十載相思不相見」——離婦怨。這是士人妻子在空閨中的悲啼。「偶然成一醉，此外更何之」——青樓怨，這是娼妓、女冠在青樓道觀中的悵歡。此外，唐代婦女文學中還可以聽到在社會動亂、經濟窘困的現實下婦人的呻吟（如張窈窕《成都即事》），可以看到由於官僚昏庸造成冤案給女子帶來的心靈重創（如程長文《獄中書情上使君》）等等。盛唐文學氣勢壯大、崇尚風骨的時代追求，中唐文學尚實、尚俗或尚怪奇的藝術傾向，晚唐幽奧隱約的創作途徑等與社會政治局面、士人遭際及其心理狀況緊密聯繫的創作風潮的轉換，在女作者那裡不曾留下明顯痕跡。她們的創作主要循著自前代延伸下來的感傷傳統表現個人私情，於其間注入無盡的苦澀。

宋代婦女文學的一個顯著特色是相當數量的女詞人的湧現。詞，作為較之詩歌出現為後的一種文學樣式，有其獨特的文體特點。它融合音樂、詩歌藝術，委曲倚聲，打開了文學抒情功能的新層面。文人詞發展到晚唐五代，已逐步形成「香而弱」的纖美風格。以深婉的筆致抒寫柔豔之情，成為許多詞作的共同藝術風貌。詞這種文學樣式，也幾乎成為古代文學中最適於表現兒女之情的藝術體裁。而眾多女作者所欲抒發的，主要也正是兒女之情。比起詩歌來，詞體給了她們更多的便利，與她們的精神素質更為契合，加之侑酒侍宴的需要、社會風尚的薰染，她們之中許多人自然地選擇了這種文體藉以言情。李清照、魏夫人、朱淑真、吳淑姬以及孫道絢等均是宋代有名的女作者。她們的創作內容大部分仍囿於傳統的圈子，多是吟詠婚姻戀情以及由此而生的憂戚情懷。不過，由於作者善於汲取前代豐富的文學營養，並能較好地發揮詞體長於言情的特點，因而在表情達意、展示人物內心世界方面往往深婉細膩，取得了相當高的成就。如果說唐以前少數女子的零星創作尚不足以構成一種文學態勢的話，那麼，此期的婦女創作則以其作者之多、篇什之豐以及若干優秀作家及其代表性的出現，具備了特定的情感生活內容，確立了淒美柔婉的總體風格和以詩、詞兩種文學體裁為主的藝術樣式，相當清晰地展現出婦女文學感傷傳統的基本建構。

經元到明清，舊有的格局尚未被徹底打破，但已在延續中顯現出僵化、板滯，缺乏藝術魅力的一面。與此同時，一些新的因素開始生長。清代婦女文學空前繁榮，據胡文楷《歷代婦女著作考》統計，此期僅有集行世的女作者即達三千餘人。婦女吟詠活動相當頻繁，有的母女唱和一門聯吟，有的雅

集詩社以詩會友，也有的投拜在進士、舉人門下，成為「隨園女弟子」、「碧城諸閨秀」。不過，其中有相當一部分是朝廷命婦、縣郡淑人或富貴人家的名媛閨秀，風花雪月、逸致閒情成為反覆吟詠的對象，儘管作品常是辭采豐富、格律工穩，但常缺乏深刻的情感衝動和富於生命活力的精神內核。此期一部分與社會生活發生了較密切關係的女作者奉獻出略具新意的創作，體現了感傷傳統在新的歷史條件下的蛻變。這些作品包括身經易世之痛的女子愴懷故國的哀思，也有表現勞動人民生活苦況並對其寄予深切同情的作品。一些人格意識有了初步覺醒的女子，在創作中對男尊女卑的社會現實和婦女才能抱負不得施展表達了不平之情。與前代個別女子懷才不遇的歎息相比，這些女作者情感更為濃鬱，呼聲更為強烈。

古代婦女文學傾於感傷的藝術特質在以下幾個方面得到鮮明的體現：

第一，以憂傷的情思為審美思維的形象脈絡

古代婦女文學作品出自不同時代不同作者之手，所運用的具體表現手法也有種種差別，但就其藝術構成的基本方式而言，大體上是以憂傷的情思作為貫穿整個作品審美思維的中心線索。可以看到，在她們的許多文學創作中，抒情主體形象以及整體藝術氛圍都是圍繞這一線索建立起來的。

古代婦女作品對抒情主人公形體的描繪大都比較簡略，遠不如一些男性文人對女子形體外貌的刻畫那麼細密。但在這方面，女作家們用筆有一共同的特點，即寫「瘦」多，寫「病」多。從李清照這樣的詞壇大家到一般女作者往往均是如此。李清照寫到人物之「瘦」的句子就有「新來瘦」、「人比黃花瘦」、「憔悴更凋零」、「如今憔悴損」等等。她們作品中隨處可見這樣的句子：「年年來對梨花月，瘦不勝衣怯牡丹。」（朱淑真《春霽》）「憔悴衛佳人，年年愁獨歸。」（張玉娘《雙燕雛》）「偷照菱花，清瘦自羞覷。」（吳淑姬《祝英臺近》「歎無端心緒，臺城柳色，難禁許多消瘦。」（沈宜修《水龍吟》）；與「瘦」相關，寫「病」亦十分常見：「相逢仍臥病，欲語淚先垂。」（李冶《湖上臥病喜陸鴻漸至》）「愁病相仍，剔盡寒燈夢不成。」（朱淑真《減字木蘭花》）「幾日病淹煎，昨夜遲眠，強移心緒鏡臺前。」（王朗《浪淘沙》）。在她們筆下，被加以突出描畫的往往是清臞消瘦的身影、玉減容衰的病姿。這種外部形象的描寫包含著相當豐富的心理內容，就其進入作品的情感脈絡來說，顯然是與愁苦之情聯繫一起的。因憂而瘦、而病，瘦、病復亦更增其憂，這是許多女作者所共有的心理—生理過程。一方面，帶消極色彩的生命活動

信息在作用於她們精神世界的同時，對其生命本體的生物性存在發生著微妙的影響；另一方面，這種受到微妙影響的生物性存在又促使她們更進一步加深了對特定生命活動信息的心理體驗。所以，她們作品中有關「瘦」、「病」的描寫，不僅是對外部生命存在狀況的表述，更是女作者內心愁緒的象徵，是她們傳統憂思的載體。以李清照的詞作名篇《醉花陰》為例。雖然在這首詞中，「瘦」字到詞尾才最後一個出現，但它與全詞所表現的離情別緒有著十分密切的聯繫。而「人比黃花瘦」這一句之所以歷來為人稱道，其妙處也正在於，它不僅生動、形象地勾勒出女主人公的體貌，而且於含蓄蘊藉之中表現了她的相思愁情。

與此類似，女作者筆下的「病」也總是與愁相連，寫病痛之苦其實是在強調愁之凝重。例如吳藻的詞作《清平樂》：「彎彎月子，偏照深閨裏。病骨闌珊扶不起，只把紗窗深閉。　　幾家銀燭金荷，幾人檀板笙歌？一樣黃昏院落，傷心誰似儂多？」在這曲抑鬱淒清的悲歌中，「病」顯然不是作者主要的吟詠對象，它所重點表現的是主人公的孤寂心境。以瘦襯愁，更顯愁苦；以病訴怨，愈現怨深。在憂傷之情的支配下，形體的瘦弱多病成為女作家特殊的審美對象和情感抒發的憑藉物。一種自憐自惜之情流露在字裏行間，而將瘦、病、愁集於一身的抒情主人公形象也便往往具有一種特殊的美。這美的基調是寒涼哀楚的，構成它的元素既有女子深摯的感情，又有她們生命的銷損、心靈的創痛。可以說，以瘦病之體寫愁苦之心，已成為歷代文學女性言愁述怨之作所常採用的抒情模式之一。

圍繞創作主體憂傷情思這一中心線索的，還有作品通過人物與景物的關係所創造出的憂鬱氛圍的悲淒色調。人與自然發生審美關係的過程，也即心與物、主觀與客觀相互作用的過程。這種相互作用使文學創作中的客觀景物披上主觀色彩，同時又賦予主觀心理活動形象鮮明的物質外殼。講求寓情於景、情景交融，是中國文學源遠流長的傳統，歷代男性文人曾寫下許多體現這一傳統的優秀篇章，其中蘊含作者極為豐富的審美感受。有時，它展開的是俯仰宇宙的壯士襟懷；有時，它體現的是靜觀自然的隱士情趣。既有情景合一的涵渾，又有物我兩忘的超然。審美主體投射於客觀景物的情緒色彩相當複雜：或激越狂放，或恬淡平和，或奔突跳躍，或消沉頹喪……女作者方面的情況卻頗有不同，正像謝榛《四溟詩話》中所說：「觀者同於外，感則異於內」。從女作家的景物描寫中可以看到，他們的審美感受有一個相當普遍的

傾向，就是將景物描寫納入人物的悲情之中，以愁籠物，以物凝愁。換句話說，她們對自然景物的審美感受明顯偏於寒涼悽楚。大致來說，她們對人物與景物關係的處理主要採取兩種表現方式。

一是以哀情外射，集注於景，借助物化的形式表現人物內心傷痛。此時，女作者們又可能運用多種不同的藝術手法。比如以寫實性白描含蘊情感，在貌似客觀的景物描寫中貫穿憂思。李清照於此最爲擅長，其它女作者也常有佳篇，像魏夫人的《菩薩蜜·春景》：「溪山掩映斜陽裏，樓臺影動鴛鴦起。隔岸兩三家，出牆紅杏花。　綠楊堤下路，早晚溪邊去。三見柳綿飛，離人猶未歸。」詞的上闋以細膩寫實的筆觸展現出穠麗的春色，主人公的情思含而不露。下闋用筆依然客觀。全詞無一句直接言情，卻將春日懷人的主題表達得神完意足。

女作者們又常在情景相融的雙向交流中突出憂傷之情。當此之際，外部景物不僅成爲富於悲涼色調的客觀描寫對象，而是本身便具有一定的主體性，彷彿眞的能夠通人意，解人語，爲人事生哀。如以下兩例：「一寸柔腸萬疊縈，那堪更値此春情。黃鸝知我無情緒，飛過花梢禁不聲。」（陳梅莊《述懷》）「山亭水榭秋方半，鳳幃寂寞無人伴。愁悶一番新，雙蛾只舊鬟。　起來臨繡戶，時有流螢度。多謝月相伴，今宵不忍圓。」（朱淑眞《菩薩蠻·秋》）這裡，有生命的鳥和無生命的月都成爲與抒情主人公心心相印之物。飛鳥含情，皓月同孤，作者不僅將自己的苦情對象化，使自然景物以清冷蕭索的面貌出現，而且進一步賦予外物濃厚的人情味，讓它與抒情主體一道爲悲愁之情所籠罩。由此，主人公從自然界中得到了在現實生活裏難以覓得的同情、理解和哀憐。

二是將哀情內斂，通過主客體之間的不相協調乃至相互對立，突出強調抒情主人公的苦悶感傷。此時，外在景物非但不是主人公的朋友，反而成爲一種具有排斥哀情性質的自在之物。主人公不但不能在同它的溝通和交流中獲得安慰，反而因它而備受刺激、倍增感傷。於是，主人公只能獨守於痛苦之境，將融入了外來刺激從而變得更爲濃重的憂傷之情收束、沉積在自己心中。比如表現清宵懷人的詞作：「簾外一輪明月，凄切！空自照秦樓。　玉簫吹斷碧雲秋，愁麼愁！愁麼愁！」（趙家璧《荷葉杯》）秋日的夜空明月高懸，詞人在孤樓之中滿懷憂愁。作品中「空自」二字點明物我之間的了不相干，處於傷感之境的主人公顯然無法從自然界的美景中獲取愉悅，反而因之

更加體驗到愁苦之凝重。另一種情況則是更進一步，描寫歡樂之景為悲傷之情所厭憎，通過內情與外物之間的矛盾凸顯憂愁。如徐月英的《送人》詩：「惆悵人間萬事違，兩人同去一人歸。生憎平望亭前水，忍照鴛鴦相背飛。」又如孟淑聊所作《春歸》：「落盡棠梨水柏堤，萋萋芳草望中迷。無情最是枝頭鳥，不管愁人只管啼。」這類作品中，人物與景物之間的關係由於審美主體的情感作用而發生變異，以兩相對立的方式聯結在一起，而抒情主人公的憂傷之情也便在它們之間的不和諧中顯得分外突出和鮮明。與此類似的作品很多。

正由於在塑造抒情形象、結構情景關繫時，女作者們所圍繞的往往是憂思愁緒這一審美的中心線索，所以，倚樓望遠、夜深剪燭、花前拭淚、對鏡自憐等體驗著人生苦情的女子形象，孤月夕陽、朝露晚霜、敗荷疏雨、弱柳殘紅等在傳統文學表現模式中易於與悲愁之情相交融的客觀景物，便很自然地常常出現在她們的創作之中。

第二，內在情韻的溫潤柔和

女子感傷文學藝術品格的另一重要標誌是內在情韻的溫潤柔和，這主要是指創作中情感內質的平和及其文學表達上的頗有節制。女子感傷之作產生於不遂人願的生活狀況和鬱悶憂煩的情緒心態之中，其間時或還可能蘊含著人生的大悲大慟。然而，她們筆下極少噴湧出激蕩的情感，而多是輕柔溫潤的惋歎。例如，被君王打入冷宮的女子發出如此低吟：「團圓手中扇，昔為君所持。今日君棄捐，復值秋風時。悲將如篋司，自歎知何為。」（田娥《長信宮》）；被丈夫拋棄的婦人道出這般癡情：「君如收覆水，妾罪甘辮箠。不然死君前，終勝生棄捐。死亦無別語，願葬君家土。倘化斷腸花，猶得生君家。」（季芳樹《刺血詩》）在全然沒有獨立人格、只是作為男性的奴隸而生存的可悲狀態裏，她們的情緒哀苦卻又和緩，伴著憂傷的淚水，總有縷縷柔情。那些表現女子離愁別恨的作品也是如此：「一呷春醪萬里情，斷腸芳草斷腸鶯。願得雙淚啼為雨，明日留君不出城。」（齊景雲《贈別傅生》）「春風送雨過窗東，忽憶良人在客中。安得妾身今似雨，也隨風去與郎同。」（晁采《雨中憶夫》）「朝朝送別泣花鈿，折盡春風楊柳煙。願得西山無樹木，免教人作淚懸懸。」（魚玄機《折揚柳》）這幾篇作品均是在奇特的想像中表達主人公相思之情。第一篇幻想以淚化雨留住心上人，第二篇渴望以身化雨追隨夫君，後一首則運用審美上的錯覺感知表現詩人的深切依戀，彷彿沒有了楊柳也便不

會再有別愁。三首詩均以新鮮生動的手法表現了戀極而生的癡情，情意不可謂不濃。然而，細品起來，這情感又都是比較舒緩、平和的，不僅與民間情歌相比是這樣，而且與一些男性文人代言閨情之作（如李益《江南曲》、金昌緒《春怨》、孟郊《怨詩》等）相比，也顯得沈穩得多。作者似乎在豐富的想像中「異想天開」，其實卻相當冷靜地駐足於現實。「願得」、「安得」一類的字眼既是她們對夢想與現實之間距離的確認，又是她們在二者之間尋得某種心理緩衝的橋梁。這並不只是關係到具體表現手法的運用，也不僅是個別作品中所具有的情感流程，事實上，很多女子創作中均有類似的處理，只不過未必都有明確的字句加以標示，而往往是在運思用情的過程中無形地完成了自我心理的調節和自我情感的平衡。

　　溫潤柔和的內在情韻另一表現特徵是情感的「適度」、「有節」。在對痛苦的心靈體驗加以表現時，女作者的哀思愁情很少趨於極端。儘管她們有時也會發出一些怨憤之辭，表達對「負心漢」的指責或對具體生存狀況的不滿，但大體上總是在一定的限度內「適可而止」，不致變「怨」為「怒」。例如南宋易袚之妻所作的《一翦梅》詞：「染淚修書寄彥章，貪做前廊，忘卻迴廊。功名成就不還鄉，鐵做心腸，石做心腸。　紅日三竿未理妝，虛度韶光，瘦損容光。相思何日得成雙，羞對鴛鴦，懶對鴛鴦。」易袚字彥章，據《古杭雜記》載，他是寧宗朝狀元，「初以優校為前廊，久不歸。其妻作《一翦梅》詞寄之」。詞之發端，流露出較明顯的責備之意，然而最終還是以「怨」始而以「傷」結，不滿化為相思，溫情包融了怨艾。又如南宋林子建之妻韓玉真的《題漠口鋪》詩：「南行逾萬山，復入武陽路。黎明與雞興，理髮漠口鋪。盱江在何所？極目煙水暮。生平良自珍，羞為浪子婦。知君為秋胡，強顏且西去。」林子建原為太學生，得官以後隻身赴閩，行前許諾秋冬之際遣人前來迎妻團聚。可是，事後卻爽約不至。韓玉真上路前往閩地尋夫，行至漠口鋪，卻又聞丈夫已官盱江（在今江西東部）。她便在壁上題下此詩。詩中先述客旅艱辛，復言丈夫易地難尋，幽怨之情含而不露。末幾句雖以「浪子」「秋胡」稱夫，但情感基調不違封建社會的婦道，用語也未傷大雅。這首詩不僅當時為人所傳，後來還受到封建文人「筆有餘閒」的稱道，這與它情感的節制顯然是分不開的。悲哀而又溫柔，怨懣卻又不失敦厚，女子感傷之作時常塗抹著一層彌蓋全篇的柔潤之色。她們總是相當自覺而有分寸地把握著「傷」與「責」、「怨」與「怒」的界限，故而在作品內在情感的建構上，往往出現

頗爲相近之處。比如劉彤的《臨江仙》詞：「千里長安名利客，輕離輕散尋常。難禁三月好風光，滿堦芳草綠，一片杏花香。　記得年時臨上馬，看人眼淚汪汪。如今不忍更思量，恨無千日酒，空斷九迴腸。」丈夫追名逐利而去，妻子獨守空閨抑鬱傷懷。詞一開始稍露怨尤之意，但隨即轉爲傾吐離愁，完全是一片溫情了。拋開作品字面上所取物象的不同，這首詞與易袯妻的《一翦梅》在情感內質上幾乎沒有什麼區別。

內在情韻的溫潤柔和體現出女作者們一種共同的審美傾向，即注重情理的中和。這也是華夏民族在長期生產勞動和社會實踐中形成的一種普遍心理——「中和爲貴」的反映。春秋以前人們論「和」，主要是從樸素的宇宙觀出發，由推崇自然界事物的和諧相處演進爲對審美客體和諧會引起審美主體心理和諧的認識。後來，在此基礎上，儒家的一些思想家進一步賦予中和觀念鮮明的政治、倫理色彩，其中一個重要內容即是要控制情感的抒發並使之合乎正道。特別是強調不能與禮教相悖，而應當「發乎情，止乎禮義」（《毛詩序》）。這種觀念滲透到人們審美觀念中，形成了對寬和、適度的情感的推重。然而另一方面，中和觀念又並非儒家所獨有。早在春秋戰國時期，就存在著道家思想對儒家中和觀的衝擊和修正。道家不是像儒家那樣，把審美、藝術範疇中的「和」與政治教化上的「和」統一起來，而是從物性自然的角度追求「與天和」，主張擯棄法度，無爲、自然而和。與儒家「以道制欲」、用禮義持人性以臻中和的觀念不同，道家強調「任其性命之情」（《莊子·駢指》），發以眞心，達到自然之和。文學史上，這樣的性情觀對相當一部分文人產生過重要影響。他們任情而發，率性而作，在文學創作中體現出比較鮮明的主體意識和個性精神，其中不乏對儒家正統中和觀的反叛。但是，基於傳統社會婦女低下的生活地位和深受禮教束縛的精神現實，女作者們的情感被拘限在一個無形的框架之中，受著某種「質」的規範。在這樣的背景下，溫潤柔和，很自然地成爲婦女文學內在情韻的主要特徵。

第三，藝術手法的細膩婉約

與溫潤柔和的內在情韻聯繫在一起的，是以細膩婉約爲特色的藝術表現形態。女作者們大都有一顆敏感的心靈。狹小的生活空間局限了她們的視野，卻又促使她們無形中培養起對身邊事物的敏感，使之長於捕捉各種信息並向細處、深處生發。有時，她們從風雨中傾聽青春消逝的足步，感受孤身獨棲的悲涼；有時，她們面對凋花衰柳、曉星淡月發出人生多難的悵歎。被人捐

棄的秋扇，飄浮天邊的白雲，一行雁影，幾聲鶯啼，都會使她們心有所動，黯然傷情。從審美上說，女作者們此時追求的不是以小見大，而是以細見深，即在細微之處傳達出主人公的心緒情感。例如明代沈氏女所作《春日即事》詩：「金針雕破窗兒紙，引入梅花一線香。螻蟻也知春色好，倒拖花瓣上東牆。」詩中所寫景物極細小，平素絕少有人對它加以注意。但在一個身閉閨中的女子那裡，卻引發了獨特的感受。作者就憑藉這十分細微的景物表達了自己不能享受美麗春光的苦悶之情。與此同時，女作者細膩的筆致又常與含蓄婉約的傳統藝術表現方式相結合。有時，二者的高度和諧會創出動人的藝術境界。試看朱淑真的詞作《蝶戀花》：「樓外垂楊千萬縷，欲繫青春，少住春還去。猶自風前飄柳絮，隨春且看歸何處？綠滿山川聞杜宇，便做無情，莫也愁人苦。把酒送青春不語，黃昏卻下瀟瀟雨。」宋代有不少以惜春為題材的詞作，柳絮紛飛，杜鵑哀鳴，暮雨淅瀝是這類作品中經常可以見到的幾組景物形象，然而，它們在一位多愁善感的女性筆下彷彿獨具魅力。作者在對春景的描繪中融入了自己複雜微妙的心理感受，寫來分外曲折細膩。詞的上片首先由垂楊柔條縷縷這一自然景觀落筆，生發出「欲繫青春」的聯想，繼之又將漫天飄舞的柳絮想像為一心要追隨春天步履的有情之物，進一步暗示主人公戀春癡情以及欲喚春回之意，這就比相對常見的飛絮送春的構思更為迂曲深婉。下片，以搖曳生姿之筆點出人情的愁苦：即令杜鵑無情，也在為惜春的人們深感憂慮而發出聲聲哀啼。從垂柳繫春、飛絮隨春到主人公把酒送春，人物心緒的起伏表現得細膩蘊藉而又富於層次。作者依戀春光的深情、惜別春光的憂傷以及對青春、生命的內心感受，全都包含在其中了。李清照更是一位善於在創作中體現思深情濃、細膩婉約的藝術特質的優秀作家。在寫實性白描中含蘊深厚情思，是她詞作的一個突出特點。《鳳凰臺上憶吹簫》等不少表現離愁別緒的篇章為人們所熟知。當然，女子之作有時也採取直接發露的方式，但從總體來看，婉約致情、委曲達意的藝術表現更具有普遍性。

綜上，以憂傷之思為中心脈絡，用細膩委婉之筆寫溫潤柔和之情，構成了古代婦女創作特質的一個重要方面。溫婉婦人語，憂傷女兒心，鎔鑄了古代婦女文學偏於柔婉的質地和品格。

第二節　晚清的女性教化與女性想像

　　1904 年 8 月 29 日的《萬國公報》上，刊載了一篇討論文明教化與女性關係的文章，作者是美國傳教士林樂知〔註1〕，他提出一種評判文明的標準，「凡國不先將女人釋放、提拔，而教養之以成其材者，絕不能有振興之盼望」，也就不能算一個文明國家。林氏的「女性教化決定論」很快成爲流行於晚清的一種文明觀，梁啓超是這種文明觀的贊同與宣傳者之一，他認爲晚清國勢之衰微，與原本發達的女學傳統之衰落互爲印證。古代中國家國同構，「家」爲「國」之根基，而「女」爲「家」之內主，女性的道德教化則意味著「家——國——天下」這一統治秩序的堅強礎石。所以，梁啓超主張重振女學，只有對女性重新加以教化，才能重新整飭和穩定政治秩序，並使晚清中國躋身於文明國家〔註2〕。

一、「才女」批判與女學新義

　　在梁啓超著名的政論《變法通議》〔註3〕中，梁啓超專門拿出一章討論「女學」，關於女性到底應該學習什麼樣的學問、具備什麼樣的才能，梁啓超是通過否定傳統「才女」的方式來提出問題的：

　　　　古之號稱才女者，則批風抹月，拈花弄草，能爲傷春惜別之語，

　　成詩詞集數卷，斯爲至也！若此等事，本不能目之爲學。〔註4〕

在拒絕承認「才女」的學問之後，梁啓超繼續把現代的女學定義爲具有兩種特別的性質，所謂「內之以拓其心胸，外之以助其生計」。首先，婦學的知識結構已經由傳統的經史小學、詩詞歌賦置換爲西方的「格致諸學」；其次，由

〔註 1〕　林樂知（Young J.Allen, 1836～1907）是《萬國公報》的總編輯，也同樣是位　　　　　多產的作家和譯者。林樂知編輯了十卷本的《全地五大洲女俗通考》，這篇文　　　　　章就是此書的序言。

〔註 2〕　見《倡設女學堂啓》，《時務報》1897 年 11 月 15 日。

〔註 3〕　《變法通議》是梁啓超擔任上海《時務報》主筆時發表的早期政論文章的結　　　　　集，發表的起止日期爲 1896 年至 1899 年。《變法通議》共有 14 篇，其中，《自　　　　　序》、《論不變法之害》、《論變法不知本原之害》、《學校總論》、《論科舉》、《論　　　　　學會》、《論師範》、《論女學》、《論幼學》、《學校餘論》、《論譯書》、《論金銀　　　　　漲落》12 篇，刊於 1896 年至 1898 年的《時務報》，《論變法必自平滿漢之界　　　　　始》、《論變法後安置守舊大臣之法》兩篇，刊於 1898 年底至 1899 年初的《清　　　　　議報》。

〔註 4〕　梁啓超：《變法通議・論女學》，《飲冰室合集》（文集之一），中華書局，1989　　　　　年，第 38 頁。

於當時輿論對婦女的普遍抱怨之一，就是她們缺乏教育進而導致不能生產財富、經濟上依賴男性、成為男子和國家的負擔，於是新學的一部分被設計為針對婦女的職業訓練，以便她們能夠成為國家財富的生產者。在具體的教學規劃中，梁啓超引用一位西方人的觀點，所謂「言算學格致等虛理，婦人恒不如男子；由此等虛理而施諸實事，以成為醫學製造等專門之業，則男子恒不如婦人」，基於這種並不可考的「科學」觀點，新的婦學把女性教育局限於一個明確的範圍，即以普及初等知識和培養實用技能為主，而不包括更深層的智力教育和學術研究。但他也認為，男性對智力/學術活動的壟斷是一個客觀事實，雖然從根本上違背「聖人之教，男女平等」〔註5〕的古訓，但由於「去聖彌遠，古義浸墜」，女性沒有被（按照古義）很好地教育和引導，所以才產生了智力上的性別差異。

在梁啓超看來，這一客觀事實的產生是歷史「由盛而衰」的必然性例證，而能夠作為理想國度與現代「泰西」相提並論的，只能是古代的中國，所謂「男女平權，美國斯盛，女學布濩，日本以強，……三代女學之盛，寧必遜於美日哉？」然而，當梁啓超試圖在西方的婦女教育和古典儒家的聖人教導之間建立聯繫時，他把女性完全等同於「母親」——替丈夫的家族延續了子嗣的家內女性，才是家國結構中女性的合法身份，也是名至實歸的倫常之「始」，而「正始」的核心內容，就是「母儀胎教」：

> 胎教之道，《大戴禮》、《論衡》，詳哉言之，後世此義不講蓋久，
> 今之西人則斷斷留意矣，故西人言種族學者，以胎教為第一義。……
> 今與人言此義，……而不知此蓋古先哲王與泰西通儒所講之極熟，
> 推之至盡，而汲汲焉以為要圖也。〔註6〕

梁啓超的女學規劃在「勤勤於母儀，眷眷於胎教」的傳統女訓與西方現代生物學/種族學之間找到了一個契合點，但其後果是婦女被等同於母親、被設想為改良未來國民的生物性工具而非「國民」本身，從而為我們揭示出晚清女性教育的意識形態——這是一種明確以養成「賢妻良母」為目標的教育，它強調女性教育的倫理性質而非智力性質，強調女性為服務家庭而學習而非為個人獨立和發展而學習。

〔註5〕《倡設女學堂啓》，《時務報》1897年11月15日。

〔註6〕梁啓超：《變法通議·論女學》，《飲冰室合集·文集之一》，中華書局，1989年，第40頁。

　　隨著甲午戰敗和主權危機的加深，一種冀盼民眾從身體和精神上強壯、勇武起來乃至全面「軍事化」的思潮出現了〔註7〕，於是晚清女學議程也增加了一個新的面向，即主張女性以一種「英雌女傑」〔註8〕的人格氣質與身份角色直接服務於民族國家的救亡，這一主張具有明顯的政治傾向，同時「愛國」被逐漸塑造成爲一種新的女性道德原則。例如一篇新聞評論把歷史上的愛國女性視爲女學校的培養目標：

> 昭君猶在，吾將移其愛君之心使愛國；緹縈復生，吾將易其愛
> 父之心使愛同胞，務令其宗旨與志士相等，其熱誠與志士相等，其
> 氣焰與志士相等，咸能執干戈以衛祖國。〔註9〕

就女學的宗旨目標而言，無論是爲了富國強種而強調「母儀胎教」，還是動員女性「執干戈以衛祖國」，都是一種站在民族國家立場對於女性的道德訓育，而非智力教育——雖然道德在傳統的教育中一直是一個與學問不可分割的重要組成部分，但以梁啓超爲代表的晚清改革者卻主張把針對男性的德育和智育分開，所謂「修身養性」與「讀書窮理」並重〔註10〕，然而這個區分併未體現於女性教育。

二、衰朽的儒生與男性身份危機

　　與女學一起陷入危機的，是傳統儒學教育在政治上的合法性以及男性在「學問——仕途」之間所建立起來的身份認同。1902 年，梁啓超在《論學術之勢力左右世界》〔註11〕一文中，思考「天地初闢以迄今日，凡我人類所棲息之世界，於其中求一勢力最廣被而最經久者，何物乎？」他以亞歷山大、

〔註 7〕這個思潮的標誌是 1902 年發表於《新民叢報》的一篇文章：蔡鍔（奮翮生）
　　　　《軍國民篇》。其時正留學日本軍校的蔡鍔，有感於日本軍隊與國民軍事素質
　　　　的強大，提出要在中國推行「軍國民主義」，文章希望通過軍事化國民身體、
　　　　精神與生活方式的組織與規訓，鎔鑄「國魂」而使「全民皆兵」，從而達到捍
　　　　衛國家主權與軍事安全的目的。這一主張很快得到了梁啓超、蔣百里、張騫、
　　　　蔡元培等重要知識分子的呼應。
〔註 8〕關於這種思想傾向與相應的文學形象，參見劉慧英《女權啓蒙中塑造的救國
　　　　女子形象》，《中國現代文學研究叢刊》，2002 年第 2 期。
〔註 9〕憶琴：《論中國女子之前途》，《江蘇》第四期、第五期，李又寧、張玉法編：
　　　　《近代中國女權運動史料》，上冊，（臺北）傳記文學出版社，1975 年，第 408
　　　　頁。
〔註10〕參見（美）張灝《梁啓超與中國思想的過渡（1890～1907），崔誌海、葛夫平
　　　　譯，江蘇人民出版社，1995 年，第 45～51 頁。
〔註11〕見《飲冰室合集‧文集之六》，中華書局，1989 年，第 110～116 頁。

梅特涅、拿破崙爲例，指出武力、權術都會隨身死而滅，而眞正不朽的，則「曰智慧而已矣，學術而已矣」。智慧與學術，被提升爲一種「勢力」，一種推進歷史演變的原動力。在梁氏看來，歐洲學術的成就、傳播與發展，是近世文明進步的全部原因。當然，此時傳統學術所遁之「世」，已經不再是王道天下的治亂之世，而是列強爭霸、優勝劣汰的叢林般的「世界」。在這個新的世界面前，儒家「政統／道統／學統」三位一體的思想體系已經無法對其提供合理解釋並承擔運轉動力。在梁啓超這一代知識分子看來，中國被排除在這個「世界」之外，甚至成爲這個「世界」的對立面，究其根源，還是在於思想學術的陳腐僵化，在於未能發生近代西方科學、法學、哲學領域那樣的重大思想變革。

中國急於納入「世界」並與之共競共存的身份焦慮，由知識分子代爲表達，與其自身在新舊時代轉換之際的認同危機表裏爲一，也和把政治經濟的一切癥結都歸因於思想學術、以思想學術爲「元解釋」這樣一種獨特的知識論和價值觀緊密結合在一起，構成了晚清一部分先進知識分子所特有的心態：不能忘卻「修齊治平」理想的他們，一邊面對國家的頹勢而自責不能力挽狂瀾，一邊挾自己所擁有的知識身份以自重，認爲拯救國家必須依靠思想學術。然而，這個所謂的「思想學術」到底包括什麼樣的知識、思想與見解，到底需要經過何種途徑才能獲得，而獲得了之後如何用它來經世濟用，在晚清讀書人那裡引起了各種困惑與討論。

晚清最暢銷的通俗小說作者曾樸（1872～1935）就是那一代人的一個典型。以下就以他的代表作《孽海花》〔註12〕爲中心加以探討。

作爲一位接受了傳統學術訓練並在科舉制度中取得了一定成功的學者（中過舉人），曾樸「目睹外侮之日急，這時候就覺悟到中國文化需要一次除舊更新的大改革，更看透了固步自封不足以救國，而研究西洋文化實爲匡時救國的要圖……決心學習外國語言，致力於西洋文化的研討，並認定外交官是爲國宣勞的唯一捷徑」〔註13〕。這種觀念頗代表了一批胸懷抱負的年輕士人的想法，他們認定在國家遭遇外來威脅的時刻，國與國的交界，即外交領

〔註12〕這裡所依據的版本是《中國近代小說大系・孽海花》，百花洲文藝出版社，1996年，下文標注頁碼的引文均出自此版本。

〔註13〕曾虛白《曾孟樸年譜》，見《孽海花資料》（增訂本），魏紹昌編，上海古籍出版社，1982年，第158頁。

域，才是真正施展才華、報效帝國的廣闊舞臺。1895 年，曾樸進入清廷專辦對外交涉的總理衙門所設立的同文館學習外語，而他在語種上做了審慎的選擇：「英文只足為通商貿易之用，而法文卻是外交折衝必要的文字，故決意捨英取法」。雖然當時的同學都以學習外語作為考取總理衙門、做外交官的敲門磚，但曾樸卻在考取總理衙門失敗，放棄仕途之想之後，在外交官和翻譯家陳季同〔註 14〕的影響下逐漸被法國文學所吸引，不僅廣泛涉獵，而且成為同代人中罕有的能夠根據外國原著進行翻譯的人之一。這一轉折固然與仕途上的挫折和與陳季同的相遇〔註 15〕有關，但也不能不說是他「性格上的一個特點」，「憑著一股熱情，凡是他愛好的，他可以捨棄一切，犧牲一切，非得到他自己的滿足，不肯罷休」〔註 16〕，這一判斷出自於他最欣賞、同時也最瞭解他的長子曾虛白之口，顯然道出了曾樸身上某些傳統學者的特質。

　　這一特質在小說《孽海花》的主人公金雯青身上同樣體現出來。這是一位紀實多於虛構的人物，他的原型洪鈞（字文卿，1840～1893），是曾樸父親的義兄，也是他闈師之師，即「太老師」。洪鈞於 1868 年考中狀元，1888 年至 1891 年出任清廷外交官，出使俄德等國。與他一起出國履職的小妾，即晚清名妓賽金花（1874～1936），亦即小說中的傅彩雲。《孽海花》的故事開始於 1868 年，金雯青在科舉中奪魁，成了新科狀元，他旅行來到新學的中心上海，拜會了倍受尊崇的洋務領袖馮桂芬。在小說中，馮桂芬向金雯青描述了一種不同於以往的世界概念，即「五洲萬國交通時代」；同時界定了適應於這一嶄新世界之需求的知識分子所扮演的角色，即通外語，學西學，「周知四國，通達實務」。但金雯青沒有按照馮桂芬所建議的去學習外語和西學，他作為傳統文人/學者的自我心像是如此強烈和清晰，以至於他一生的興趣，都在於編

〔註14〕陳季同（1851～1907）清末外交官，字敬如，一作鏡如，號三乘槎客，福建侯官（今屬福州）人。畢業於福州船政學堂，後去法國學習法學、政治學，歷任中國駐法、德、意公使館參贊。他法語造詣很深，並通曉歐洲多國語言，除外交工作外致力於文化輸入與輸出，譯有多種法國小說及法律文獻，同時不僅把《聊齋誌異》等中國小說戲曲譯為法文，還著有《中國人自畫像》、《中國人的快樂》等向世界介紹中國，在當時的西方影響很大。

〔註15〕曾樸在一封給胡適的信中（1928 年 3 月 16 日，原刊《真美善》雜誌第一卷第十二期）詳述了自己和陳季同的相識經過，並說經過了陳希同的指點，自己才入了法國文學的門徑，從此「發了文學狂」。

〔註16〕曾虛白《曾孟樸年譜》，見《孽海花資料》（增訂本），魏紹昌編，上海古籍出版社，1982 年，第 163 頁。

輯一部有關元史的補正，爲了精確他的研究，他從一個俄國人那裡買來三十五張中俄邊界地圖——除了實現他的學術抱負，地圖的現實效用則是爲阻止俄國人的領土侵犯提供依據。但這些地圖後來被證明是僞造的，當金雯青把地圖作爲解決領土紛爭的官方依據呈獻給清廷時，朝廷險些吃了大虧，他的外交事業就此宣告失敗。經歷了重大挫折的金雯青從此更加專注於學術，他一頭紮進有關元史的歷史書籍之中，外交使館幾乎變成了一個純粹的書齋。

　　金雯青所遇到的挑戰，在於他必須在傳統的知識/學問（儒學）與新學（西學）之間、傳統仕途（內政）與國家當務之急（外交）之間、傳統思維方式（儒家學術及倫理）與詭詐殘酷的現實規則（政治、外交權謀）之間，進行一系列的選擇和轉換，而由於個人思想上的無所準備和性情上的迂腐，這些選擇與轉換注定是悲劇性的。這樣的讀書人只是晚清中國「三千年未有之大變局」的滄海一粟，擁有相似經歷與困境的曾樸感同身受地，理解了這一悲劇的內涵，而他理解的方式，則是傾注於文學的巨大熱情與野心：

> 我看著這三十年，是我中國由舊到新的一個大轉關，一方面文化的推移，一方面政治的變動，可驚可喜的現象，都在這一時期內飛也似的進行。我就想把這些現象，合攏了它的側影或遠景和相連繫的一些細事，收攝在我筆頭的攝影機上，叫他自然地一幕一幕的展現，印象上不啻目擊了大事的全景一般。〔註17〕

當時以及後來的許多讀者都欣賞、欽佩這種全景式的歷史敘事美學，他們所不理解和質疑之處在於，曾樸爲什麼要用傅彩雲（賽金花）這樣一個兼具「美貌」和「色情狂」的妓女來作爲全書連綴的線索，以至於胡適直接批評《孽海花》「布局太牽強，材料太多，但適於札記之體，而不得爲佳小說也」〔註18〕，而曾樸自己則辯解稱，「我的確把數十年來所見所聞的零星掌故，集中了拉扯著穿在女主人公一條線上，……但他說我的結構和《儒林外史》等一樣，這句話我卻不敢承認，……譬如穿珠，《儒林外史》等是直穿的，拿著一根線，穿一顆算一顆，一直穿到底，是一根珠練；我是蟠曲迴旋著穿的，時收時放，

〔註17〕 曾樸《修改後要說的幾句話》，刊於 1928 年眞美善書店出版的《孽海花》修改本卷首，見《孽海花資料》（增訂本），魏紹昌編，上海古籍出版社，1982年，第 131 頁。

〔註18〕 胡適和錢玄同曾在《新青年》雜誌上討論《孽海花》的優劣得失，胡適此語出自他對錢玄同高度評價《孽海花》的回應，刊於《新青年》三卷四期（1917年 5 月 10 日）。

東西交錯，不離中心，是一朵珠花」〔註 19〕。他並未把描寫一位「奇突的妓女」作爲最重要的寫作目的，更不想再創作一部類似於《桃花扇》、《滄桑豔》那樣的描寫名妓的作品，而是希望用傅彩雲的人生沉浮來「容納近三十年的歷史」，所以他認同林紓的評價：「彩雲是此書主中之賓，但將彩雲定爲書中主人翁，誤矣」〔註 20〕。然而，書中除了對晚清政要名士的軼事與狂態加以靡無鉅細的描述——「皆有所本」這一點吸引了蔡元培以及諸多富有考據癖的讀者——之外，最令人難忘的就是傅彩雲這位「主中之賓」，她從三十年晚清歷史的長卷中浮現出來，大大迥異於時髦的女學生或者女豪傑，成爲一個獨立的視像。

三、越界的妓女：「文化」作爲關鍵詞

通過對《孽海花》文本的細讀，我們可以發現，彩雲作爲一個妓女的身份與生活場域，並沒有被排除在晚清「由舊到新，可驚可喜」的動態之外，恰恰是這個半新不舊、既時髦又落伍的個性女子，在曾樸的想像鋪陳中，不僅成爲晚清三十年歷史的折光，更爲晚清小說史上的女性形象增添了別樣的一枝——如果說「國民之母」與「英雌女傑」是以啓蒙者自居的男性知識分子對女性進行有意識教育引導的想像結果，那麼，傅彩雲這樣的女性形象，則象徵著女性教化的潛在「危險」：那些「由舊到新」的女性，並不一定就會按照男性所期待和規定的方向，成長爲與男性一起拯救民族國家的有機力量，相反，她們會旁逸斜出，變換出各種「新」的姿態，蘊藏著未知的可能性。

與金雯青食古不化、退守書齋形成鮮明對比，彩雲在外國完成了一系列轉變。她最初只是一個妓女，成爲金雯青的小妾後也需要避人耳目，尤其要躲避正室。但當金雯青被朝廷指派爲大使，彩雲的身份發生了戲劇性的變化：金的正室夫人宣稱自己因爲身體荏弱而放棄伴隨大使出洋的使命，同意彩雲「冒名頂替」（金夫人的原話是把「誥命補服」這一身份的象徵「暫時借她」）——這一正一側兩位女人無疑獲得了雙贏：金夫人恪守傳統婦道，不僅不嫉妒丈夫的新婦，而且大方地讓渡了自己的身份（官服）；不僅讓丈夫高興，而

〔註 19〕曾樸《修改後要說的幾句話》，刊於 1928 年眞美善書店出版的《孽海花》修改本卷首，見《孽海花資料》（增訂本），魏紹昌編，上海古籍出版社，1982年，第 130 頁。

〔註 20〕同上，第 131 頁。

且維護了丈夫身邊的女人所代表的「國之觀瞻」的體面。除了展現婦德，金夫人也同樣表現出了自己的民族大義。彩雲則一舉實現了多重界限的跨越：在社會等級上，她從低賤的妓妾一躍而爲「誥命夫人」；在行動範圍上，她從藏嬌於「金」屋之「內」的禁錮狀態一下子跨越了家門與國界；在禮儀規範上，她不像金夫人那樣畏忌中國傳統禮儀對女性的約束，而是很快入鄉隨俗，從衣裝到日常禮儀都如外國人一般。關於最後一點，金夫人和丈夫私下裏表明，她之所以不願意出國，主要顧忌的是「文化差異」：

　　　「聞得外國風俗，公使夫人，一樣要見客赴會，握手接吻，妾身繫名門，萬萬弄不慣這種腔調……」〔註21〕

一位出身名門的誥命夫人，無論如何不能想像違背「內/外」之分、拋頭露面甚至要與異性有身體接觸的行爲，而彩雲本來「倫常之外」〔註22〕的妓女身份，恰恰「適合」這樣的行爲，她也因而成爲公使夫人的唯一適合人選。如果說彩雲通過借取正室的官服所獲取的身份權力還要拜金夫人的慷慨大度所賜的話，那麼她在外國主動尋求「入境隨俗」的新身份的行動，則迅速轉化爲超越其身份的更大權力。

　　彩雲最主要的行動是學習並掌握了外語：在開往德國的薩克森號輪船上，她遇到了一位十分投契的俄國女郎夏雅麗，而夏氏在金雯青的邀請下成爲了她的德文教師。彩雲在夏雅麗的指導下很快掌握了基本的德文，接著便積極地參與到這位老師對金雯青的勒索當中——夏雅麗作爲一個正在籌集活動經費的俄國虛無黨人，以金雯青對她的調戲爲藉口索要一萬馬克，否則就要開槍殺了金雯青。彩雲利用金雯青聽不懂德語這一點，把夏雅麗支開後，用漢語向金翻譯夏的要求，罰金的數目卻說了一萬五千，轉眼就從中大賺一票〔註23〕。除了獲取經濟利益，語言能力還爲彩雲的紅杏出牆起到了「合法化」的掩護作用。這一次是在他們的歸途中，同樣乘的是薩克森號，金雯青幾乎當場捉到彩雲與船長偷情，而她又一次仗著語言的優勢反敗爲勝：

〔註21〕《孽海花》第八回，第74頁。
〔註22〕譚嗣同在《仁學》中提出「通」爲「仁」之第一義，所謂「上下通，男女內外通」，但是娼妓在倫常之外，「然世有娼妓者，非倫常，非非倫常。」無論「仁」所能貫通的範圍多麼廣大，總還是有「良民」和非良民的區別，仁政可以限定其澤被的範圍。妓女顯然不在這個範圍之內，同時也就不受「仁」之規範的約束。《譚嗣同全集》，《仁學之二》，蔡尚思、方行編，中華書局，1981年，第368頁。
〔註23〕《孽海花》第十回，第87頁。

（彩雲哭道）：「這都是老爺害我的！學什麼勞什子的外國話！學了話，不叫給外國人應酬也還罷了，偏偏這回老爺卸了任，把好一點的翻譯，都奏留給後任了。一下船，逼著我做通事……。」〔註24〕

仗著金雯青不懂德語，她聲稱自己來找船長只是為了請他給自己在柏林的女性朋友寫封回信。金大人被她啼哭的嬌態所軟化，又被她理直氣壯的態度所安撫，更重要的是他沒有考究事實真相的語言能力，於是一場鬧劇草草收場。

「外國語言」賦予彩雲的象徵性意義，包括經濟獨立（儘管是不光彩的欺詐性盈利）、公共領域的參與（做「通事」、隨同出訪）、甚至還有性自由（偷情的勇氣和更廣泛的性對象），這些議題在晚清來看都相當「進步」。然而，彩雲所不夠進步的，是她缺乏一個合法化的行動目標，她的努力學習外語，不是像馮桂芬要求洪鈞的那樣，用來學習西方的現代學問並以此服務於國家的現代化進程，也沒有像她的外語教師夏雅麗那樣，做一個「救國女子」，為了「理想國家」的政治目標而獻身〔註25〕。——她從來沒有為一個「崇高」的目的而努力過、也不曾昇華為一個「愛國女傑」或者「巾幗英雄」，她一切行為的唯一宗旨就是物質和身體的享樂以及享樂的自由——當金雯青病死，她使用了一個金蟬脫殼的計策，輕而易舉地脫離了金家，繼而重張豔幟，恰似「好鳥離籠」，在欲海情天之中自由翻飛了。

與彩雲的「個人享樂主義」形成對照的，是其所本、歷史人物賽金花（1872～1936）的演繹傳說。賽金花在 1900 年夏天八國聯軍入侵北京的危機中扮演了傳奇性角色：為了報復義和團，八國聯軍在北京燒殺淫掠，其德國統帥瓦德西也因此臭名昭著。而在傳說中，賽金花在隨洪鈞使德時就與瓦德西有染，此刻又重逢於北京，她借著鴛夢重溫的機會勸阻聯軍的野蠻行徑，收到了切實的效果，甚至還在清廷與八國聯軍的議和中起了關鍵作用。但就《孽海花》這一未完成的小說而言，彩雲在女性的經濟與性方面的自由，與民族國家對女性身體的實際／象徵性徵用之間的矛盾，作者曾樸還沒有來得及面對和處理，而在晚清另一部被譽為「歡場指南、嫖界百科」的狹邪小說《九尾龜》裏面，賽金花僅僅是一個年老色衰的平凡妓女，她一遍遍地向寥寥無幾的恩

〔註24〕《孽海花》第十八回，第 175 頁。

〔註25〕夏雅麗的原型是俄國虛無黨人索菲亞‧彼洛夫斯卡婭（Sophia Perovskaia，晚清的漢譯多為「蘇菲亞」），她因為暗殺沙皇亞歷山大二世而被處死。索菲亞在晚清是社會知名度最高的外國女性之一。

客講述 1900 年的傳奇，只是爲了給自己增添一點吸引力，她的顧客對她過往經歷的好奇和興趣，也明顯勝於對她早已不再的青春美色。因「救國」而顯得崇高神聖的風流傳奇，在此消解了神聖色彩，還原爲講故事的俚俗消遣，可以附著於身體一起出賣〔註26〕。

　　從 1901 年拳亂結束到 1937 年抗戰全面爆發這三十六年之間，不少小說、戲劇、雜文、傳記和回憶錄都以賽金花爲主角，曾樸所描繪的彩雲給讀者最深刻的印象就是她在私生活方面沒有任何眞正忠誠的對象，但以夏衍所創作於 1936 年的話劇《賽金花》爲代表，1930 年代末的賽金花爲「國防文學」這一旗幟下的作家提供了合適的象徵符號——地位低下的妓女秉持著一種崇高的忠誠，這種愛國妓女的形象在中國歷史悠久，其中最著名的，便是戲曲《桃花扇》中的晚明名妓李香君。

　　然而，曾樸明確拒絕了這種想像模式。令人感興趣的是，曾樸爲什麼不以傳彩雲爲契機，聯結起一個源遠流長的「愛國妓女」傳統和一個時髦的「女子救國」想像，就像 30 年代抗戰時期的愛國作家所做的那樣。或者說，彩雲作爲晚晴小說史上最後一位「名妓」，爲什麼恰恰終結了「名妓」這一女性形象的文學書寫傳統？結合曾樸對於金雯青的描摹，我們不難做出某種推測：在曾樸的心目中，對於傳統文化的執著與眷戀，使他同情金雯青這個在政治風雲中的退守者和失敗者，也使他鄙薄彩雲「愛國」的能力，在他看來，也許只有那些具備詩情才學並對其愛國的士人伴侶忠貞不二的名妓，才有分享「愛國」道德美譽的資格。

　　事實上，從晚明至清初有關名妓的敘述中，她們與文人士子往來酬唱所必須具備的詩歌修養與文化水平，亦即「文化」是一個「關鍵詞」，它也正是梁啓超所批判的「才女文化」的重要組成部分。這個「才女文化」在盛清時期的江南達到興盛的頂點，然後與清朝的國運一起走向衰微，到了曾樸生活的時代，即便是傳彩雲這樣聲名大噪的高級妓女，也沒有留下任何文名。同時，彩雲作爲一個名妓的沒落更在於她沒有歷史上那些名妓對於士人伴侶的忠貞——儘管王德威指出，曾樸設定彩雲是金雯青曾經始亂終棄並含恨自殺的另一位妓女的轉世、她的淫蕩是對金雯青的因果報應〔註27〕，這對彩雲的

〔註26〕對《九尾龜》的詳細分析見（美）王德威《被壓抑的現代性——晚清小說新論》第二章，宋偉傑譯，北京大學出版社，2005 年。

〔註27〕同上。

個性和行為是個合理的解釋，但並不代表曾樸可以原諒她的不忠，當他把彩雲從「名妓」的想像傳統中放逐出去的時候，也隱隱寄寓著一個既失去癡情紅顏、又無力重整河山的舊式文人的悵然與落寞〔註28〕。然而，曾樸對傅彩雲的「放逐」，無意中開啓了女性想像的另一別樣譜系，即逸出「教化」與「家國」之外的女性，這一譜系在20世紀中國小說中將在毀譽和爭議中延續倔強的生命力。

綜上，晚清男性啓蒙者所發起的重新定義女學和倡導女性教化，事實上投射著他們的家國憂患和認同危機。如果說梁啓超爲代表的知識分子提出「才女批判」是對晚清整體性文化危機的局部回應的話，那麼以《孽海花》爲標誌的晚清小說對「名妓想像」的終結，就是斷開了「名妓──名士」這一想像體系與其情感、道德的特殊表現方式之間的有機聯結；如果說前者在思想史上是重要的，那麼後者則在女性形象書寫史上佔據了一個關鍵的位置，它促使我們深入思考晚清女性的文化/道德/人格的合法性問題及其所投射的複雜歷史。

第三節　翻譯中的女性形象及其文化內涵

自「西學東漸」以來，「翻譯的現代性」已成「現代中國」應有之義。翻譯參與構建中國現代文學亦是一個不爭的事實。晚清翻譯小說的繁榮、民初通俗翻譯小說的流行、《新青年》雜誌文學翻譯的實踐和「五四」時期文學翻譯的多元選擇，無不體現著翻譯文學與社會思想文化轉型之間的內在因應關係。另一方面，我們並不能因此把中國現代文學視爲西方史學界「衝擊──反應論」〔註29〕的文化驗證，而應看到晚清以來中國文學以「文本外譯」或

〔註28〕關於名妓與士人的相互影響與自我投射，（美）孫康宜（Kang-I Sun Chang）的著作《晚明詩人陳子龍：愛情與遺民意識的危機》（The Late Ming Poet Ch'en Tzu-lung: Crisis of Love and Loyalism, New Haven: Yale UP,1991）有比較深入的研究，作者認爲，晚明及清初具有遺民意識的文人之所以流連於名妓，與之詩歌往還，是因爲身遭家國淪難，在潛意識中把自我投射到淪落風塵但精神高潔的名妓身上，而相對地，名妓也投入到她們所倚附的文人的理想中，一方面扮演文人紅粉知己的角色，一方面自己也聲名大噪，躋身士林。

〔註29〕美國學者費正清於本世紀50年代提出的「衝擊──反應論」，其理論核心，是把東亞社會尤其是中國社會看成是一個基本處於停滯狀態，長期在低水平上循環往復，缺乏內部動力突破傳統框架的社會，認爲只有19世紀中葉西方資本主義的衝擊，才打破了這種停滯不前的狀態，使中國社會發生巨大變化，

者「雙語寫作」的方式向西方輸出中國傳統文化形態和價值觀的種種努力。這種雙向互譯的文學活動儘管不能在傳播效能上等量齊觀，但也形成了某種潛在的對話關係，既展示出異質文化彼此吸引、互為社會文化改良援手的「合目的性」，又催生出一系列具有參照意味的文學形象。例如，「娜拉」與「芸娘」就是在中西文學互譯過程中的兩個影響深遠的女性形象。本節擬以「娜拉」與「芸娘」形象的文學翻譯及其改寫、傳播為研究對象，分析這兩個形象在 20 世紀前半期中國風雲際會的時代語境下不斷演變的文化內涵。

一、「娜拉」在中國：思想啓蒙與婦女解放運動之鏡像

在《新青年》雜誌（第 4 卷第 6 號）的「易卜生專號」裏，胡適與學生羅家倫翻譯的《娜拉》（即《玩偶之家》）只能用「不脛而走，膾炙人口」來評價，此後的 30 年間，僅《玩偶之家》的中文譯本就有 9 種之多，同時這齣話劇在劇院和學校劇團也經演不衰。劇中女主人公娜拉（Nora）成為五四時期翻譯過來的、最為著名的文學形象之一，在多個文本中被不斷轉寫和轉譯。

胡適是中國最早全面系統評論易卜生的學者。據《胡適留學日記》載，他在「易卜生專號」上發表的《易卜生主義》，早在其留學期間即用英文撰寫成，並在康奈爾大學哲學會上宣讀過。在《易卜生主義》一文中，胡適通過對易卜生的《玩偶之家》、《國民公敵》、《群鬼》等作品內容的介紹和運用，宣揚了他所闡釋的「易卜生主義」（即健全的個人主義）。1919 年，胡適又在《新青年》（第 6 卷第 3 號）上發表了第一部中國「娜拉劇」《終身大事》。劇中女主角田亞梅女士和她的戀人陳先生私奔了。田女士/娜拉所體現的是胡適心目中的現代理想人格，即「人人都覺得自己是堂堂地一個『人』，有該盡的義務，有可做的事業」〔註 30〕。有學者認為，劇中陳先生開來的汽車是一個醒目的符號，意味著接受了西式教育、崇尚西方近代物質文明與價值觀、並擁有一定的經濟政治資本的資產階級青年一代的反抗。這輛車是「載著自由

向近代社會演變。因而 19 世紀西方的衝擊，也就成為激發中國和亞洲發生變化的決定性的動力和活力。無疑，這種衝擊──反應論是「西方中心論」在學術領域中的某種反映。從 70 年代後期開始，這種理論越來越受到東西方學者的質疑和挑戰。費正清也部分地糾正了自己對中國歷史的觀點，承認自己的中國史觀並非無懈可擊，並在《中國新史》和再版的《美國與中國》中對自己以前的觀點進行了修正。

〔註30〕 胡適：《美國的婦人》，《新青年》第 5 卷第 3 號，1918 年 9 月。

戀愛和國民國家的夢輕快地開走的」〔註31〕。田女士與陳先生私奔意味著「新
價值」對「舊倫理」的勝利,「女主人公要出走的父親之家,與要建立的新家,
在胡適文本的潛在話語中,分別代表了兩種不同的文化形態和價值取向:前
者代表傳統宗法制度以及專制、迷信等舊文化;後者代表新文化,被無條件
地想像為反抗專制的個性主義者勝利的歸宿」〔註32〕。可以說,胡適借易卜
生主義來宣傳健全的個人主義思想,代表了新文化運動時期知識分子的典型
啟蒙模式,即「以思想革命為一切改造的基礎」〔註33〕,一面以雷霆萬鈞之
勢攻擊傳統文化,一面大量綿密地引進當時流行於歐洲的各種思想學說,並
通過翻譯介紹西方文學來達到啟蒙民眾、呼喚現代民族國家主體的目的。

　　「五四」運動爆發後,「易卜生主義」的影響進一步擴大,現實中也湧現
出來許多「娜拉」式的女性〔註34〕,1923 年,北京女子高等師範學校的女生
排演了《終身大事》,產生了極大的影響,以至於隨後出現了一系列以「娜拉
出走」為主題的社會問題劇〔註35〕。與此同時,冰心、丁玲、蕭紅、張愛玲、
蘇青等女性作家的作品,從全新的視角展示了「五四」新女性的個性解放要求,
這也是對「易卜生主義」所激起的個性主義浪潮的一個有力回應。1923 年,魯
迅在北京女子高等師範學校做了題為《娜拉走後怎樣》的著名講演〔註36〕,這

〔註31〕　（日）清水賢一郎《ノーラ、自動車に乗る──胡適「終身大事」を読む》(《娜
拉坐汽車──讀胡適〈終身大事〉》,《東洋文化》第 77 號,1997 年 3 月。
〔註32〕　楊聯芬:《新倫理與舊角色:五四新女性身份認同的困境》,《中國社會科學》
2010 年第 5 期。
〔註33〕　羅家倫:《一年來我們學生運動地成功失敗和將來應取的方針》,《新潮》,第 2
卷第 4 號,1920 年 5 月。
〔註34〕　最著名的例子是「李超事件」。李超原籍廣西,是北京國立高等女子師範學校
學生。李超為逃婚而求學,先到廣州,後到北京,但是她的家人反對這一選
擇,並斷絕了她的經濟來源。李超最終於 1919 年 8 月貧病交加而亡,年僅二
十四歲。此事在當時受到知識界的極大關注。11 月 19 日至 26 日,北京《晨
報》連續刊發《李超女士追悼大會啟事》,為之宣傳。11 月 30 日,北京學界
在女高師為李超舉辦了隆重的追悼會。蔡元培、胡適、陳獨秀、蔣夢麟、李
大釗五位新文化運動主將均發表了演講,會上散發了胡適所撰的《李超傳》,
此文在《晨報》上連載三天。
〔註35〕　如熊佛西的《新人的生活》、侯曜的《棄婦》、郭沫若的《卓文君》、張聞天的
《青春的夢》、余上沅的《兵變》、歐陽予倩的《潑婦》等。
〔註36〕　《娜拉走後怎樣》是魯迅於 1923 年 12 月 26 日在北京女子高等師範學校文藝
會上的一篇演講稿。後來收入他的雜文集《墳》。魯迅在演講中指出,娜拉出
走以後「或者也實在只有兩條路:不是墮落,就是回來」。同時提醒女學生們
「自由固不是錢所能買到的,但能夠為錢而賣掉」。

篇演講的核心與其說是論述經濟權與婦女解放的關係，不如說是對「娜拉」形象的兩個層面進行了區分：對於寫實的「娜拉」即當時眾多通過求學脫離父家和包辦婚姻的青年女性而言，「出走」的行動將面臨經濟現實與倫理道德的諸多困境，魯迅在其小說《傷逝》（1925）中塑造了子君這一出走的女學生形象，通過男主人公涓生獨白懺悔的形式，把「娜拉出走」的現實困境昇華爲美學範疇的悲劇；另一層面則是象喻意義上的，即五四時期的青年，在精神上普遍經歷的脫離舊制的集體出走，娜拉形象在此「精神出走」中發揮了最大的刺激作用，以至於「娜拉超越了倫理的意義而成爲中國現代的象徵」〔註37〕。從胡適到魯迅，啓蒙知識分子筆下的娜拉，並不純然是一個女性形象的化身，其所指涉的，實際涵括所有從傀儡般的舊身份出走的青年一代〔註38〕。

　　經由《新青年》「易卜生號」的鼓吹而盛行的「易卜生熱」，在後「五四」的思想文化語境中日漸降溫。胡適後來回顧《易卜生主義》，以爲這篇文章所以能有「最大的興奮作用」，因爲「它所提倡的個人主義在當日確是最新鮮又最需要的一針注射」〔註39〕。從 1920 年代後期開始，民族主義迅速勃興。通過中國社會性質與革命道路的討論，左翼意識形態的影響力不斷擴大。1931年，茅盾從檢討五四運動的角度，把「易卜生主義」與資產階級的弱點聯繫起來：「（中國社會的歷史狀況）使中國新興資產階級感覺到他們的命運的不穩定，使他們無論如何不能有歷史上新興階級的發揚蹲屬的堅決樂觀的精神，他們遲疑審慮，這在他們的文學上的反映就不得不是客觀地觀察而沒有主觀地批評的易卜生的寫實主義。胡適之所以努力鼓吹的易卜生主義——只診病源，不用藥方，就是這樣的心理自嘲而已」〔註 40〕。在另一篇文章裏，茅盾更明確地指出：「個人主義（它的較悅耳的代名詞，就是人的發現，或發展個性），原是資產階級的重要的意識形態之一，故在新興資產階級的意識形態對封建思想開始鬥爭的『五四』期而言，個人主義成爲文藝創作的主要態度和過程，正是理所必然」〔註41〕。

〔註37〕　林賢治：《娜拉：出走或歸來》，百花文藝出版社，1999 年，第 2 頁。
〔註38〕　比如巴金的長篇小說《家》，男主人公覺慧就是一個離家出走的「男性娜拉」。
〔註39〕　胡適：《介紹我自己的思想》，《胡適文集》第 5 卷，歐陽哲生編，北京大學出版社，1998 年，第 510 頁。
〔註40〕　茅盾：《「五四」運動的檢討——馬克思主義文藝理論研究會報告》，原載《文學導報》1 卷 5 期，1931 年 8 月 5 日，收《茅盾文集》第 19 卷「中國文論二集」，人民文學出版社，1991 年，第 240 頁。
〔註41〕　同上，第 266 頁。

　　對於易卜生的再解釋和對於五四的反省，促使「娜拉」的符號意義也發生了偏移和轉變。在茅盾的小說《虹》（1929）中，主人公梅行素不滿於娜拉「全心靈地意識到自己是『女性』」，要努力克制「自己的濃鬱的女性和更濃鬱的母性」，準備獻身給「更偉大的前程」，「準備把身體交給第三個戀人——主義」。在以無產階級為主體的「革命」的召喚下，梅行素完成了「時代女性」的「革命化」過程。不過，相較於梅行素對於「主義」的暢想，1930年代左翼電影裏面的時代「新女性」，則用更加直接的方式回答了「娜拉走後怎樣」的問題。例如電影《新女性》〔註42〕中的女主人公韋明（阮玲玉扮演），與男同學自由戀愛，未婚先孕，離家出走，雖然爭取到了婚姻的自由，但卻被戀人拋棄，她憑藉自己的知識才華教書、寫作，獨立謀生撫養孩子，但最終在經濟壓力下不得不賣身，不堪受辱而自殺。耐人尋味的是，韋明這一形象實現了「五四」女青年所有關於「娜拉出走」的設想，包括接受新式教育和自由戀愛，甚至走得更遠——成為職業婦女和單身母親，但卻仍舊不能生存；讓「娜拉」們擁有個人意志而「出走」是新文化運動的旨歸，但「走後怎樣」才是婦女解放的真正議題，質言之，相對於已經爭取到的個人自由，社會所能提供的發揮這種自由的機會與空間卻並未完全對女性敞開。

　　與韋明相對照的是女工李阿英。導演蔡楚生通過一組巧妙的「對比蒙太奇」鏡頭鮮明地表達了是非褒貶：放縱起舞中男男女女旋轉輕移的皮鞋、辛苦勞作中勞動者艱難邁動的草鞋；舞場上陪男人跳舞的韋明，夜校裏帶著女工唱歌的李阿英，鐘樓上大鐘指針的旋轉……當韋明從舞場的空虛中歸來，李阿英上工去的巨大身影越發映襯出韋明的渺小。蔡楚生對此解釋道：

　　　　我們用這種象徵手法，把對生活抱有崇高理想和革命鬥志的女
　　工李阿英和軟弱彷徨的知識婦女韋明構成一種鮮明強烈的對照……
　　為的是讓許許多多的韋明感悟到只有和勞動人民相結合，才能克服
　　她們的軟弱；只有投身於民族解放鬥爭和階級鬥爭的偉大行列中，
　　才能在這些鬥爭的勝利中同時求得自己的解放。〔註43〕

聶紺弩在《談〈娜拉〉》一文中寫道：「新時代的女性，會以跟娜拉完全不同的姿態而出現。首先，就不一定是或簡直不是地主紳士底小姐；所感到的痛

〔註42〕《新女性》由孫師毅編劇，蔡楚生導演，聯華影片公司出品，1934年。
〔註43〕蔡楚生：《三八節中憶〈新女性〉》，《蔡楚生選集》（下編），中國電影出版社，1988年，第352頁。

苦又不僅是自己個人底生活；採用的戰略，也不會是消極抵抗，更不會單人獨騎就跑上戰線。作爲群集中的一員，邁著英勇的腳步，爲宛轉在現實生活底高壓之下的全體的女性跟男性而戰鬥的，是我們現在的女英雄」〔註44〕。他期待這樣的「英雄」替代「娜拉」，成爲新的時代偶像。聶紺弩的意見，體現出 1930 年代左翼文化陣營在婦女解放問題上的思想傾向。「五四」時期具有個人主義和思想啓蒙內涵的娜拉形象，在 30 年代的左翼文化思潮中被解構，並被建構出一種成長爲無產階級集體主義英雄婦女的可能性〔註45〕。

　　1936 年，夏衍創作三幕話劇《秋瑾傳》，借鑒湖女俠的革命行動來激勵當時的女性。顯然，在夏衍看來，相較於尋求個人獨立的娜拉，把自己投入整個民族解放中的秋瑾，更值得頌揚和仿傚。此後，中國進入到抗戰時期，國內的注意焦點很快從易卜生和娜拉身上轉移到拯救民族的戰爭中。易卜生從此在中國幾乎消失了。到了 1942 年，郭沫若在《〈娜拉〉的答案》一文中，又重新提出「娜拉走後怎樣」的問題。他認爲這個問題的答案：「我們的先烈秋瑾是用生命來替他寫出了」，秋瑾作爲另外一個女性形象符號，一個「俠之大者，爲國爲民」的女英雄，代替了娜拉〔註46〕，「爲中國的新女性，爲中國的新性道德，創立了一個新紀元」〔註47〕。至此，一個翻譯過來的文學形象「娜拉」，以及她所燃起的、在中國長達二十餘年的涉及文學、戲劇、政治的紛爭，基本上淡出了文化政治的舞臺。總之，「娜拉在中國」這並不漫長卻曲折的旅程算是結束了，但是，她在 20 世紀前半期的中國所具有的旗幟般的動員力量和符號學意義，及其在不同話語系統中的文化政治能量，均值得後人深味。

二、「芸娘」崇拜：傳統文化個人主義的「文藝復興」及其世界性

　　在「娜拉型」戲劇上演最盛的 1935 年，林語堂完成了對清人沈復的筆記《浮生六記》的英譯，這一譯本在英文期刊《天下》與《西風》刊載後引起

〔註44〕聶紺弩：《談娜拉》，原載《太白》第 10 期（1935 年 1 月），收入《蛇與塔》，生活・讀書・新知三聯書店，1986 年。

〔註45〕參見張春田：《民族寓言：後「五四」時代的「娜拉」故事》，《粵海風》2008年第 1 期。

〔註46〕關於秋瑾的形象轉寫的分析，參見劉堃《俠女、啓蒙者與母親：秋瑾形象的視覺呈現與主體位置》，《情況》（日本），2012 年 8 月號。

〔註47〕原載重慶《新華日報》1942 年 7 月 19 日，《郭沫若全集・文學編》第 19 卷，人民文學出版社，1992 年，第 215、221 頁。

強烈反響，女主人公芸娘被視為「最美的中國女子」。同一年，他用英語寫作的《吾國與吾民》(*My Country and My People*) 在美國引起轟動，林語堂又繼續用英語寫作了《生活的藝術》(*The Importance of Living*) (1937)、《孔子的智慧》(*The Wisdom of Confucius*) (1938)、《老子的智慧》(*The Wisdom of Laotse*) (1948) 等。從書名上看，林語堂以一種通古達今的文化氣魄，把中國傳統文化置於先進的位置上，而他的美國讀者則需要在古典中國的智慧與藝術面前做一個虛心的小學生。這樣一種對晚清以來中西文明等級階序的顛倒，與1930 年代世界範圍內的政治危機有關。美國經歷了第一次世界大戰、經濟大蕭條及其引發的社會政治危機之後，普遍出現了對資本主義的懷疑情緒，而中國經歷了辛亥革命的失敗、軍閥割據所導致的饑荒戰亂之後，「五四」知識分子們盲目崇拜西方、企圖以西方制度文化改造療救中國的願景也宣告破產。於是，異質於西方現代文化的中國傳統哲學及其生活方式就成為某種潛在的資源，以期對包括中國在內的「現代化進程」加以修正。有趣的是，林語堂在向美國人介紹孔子、老子等思想家的同時，也把一個名不見經傳的中國女性，即《浮生六記》裏的芸娘，介紹給了異國讀者。

「五四」落潮之後，一方面社會現實的混亂黑暗使逃避現實的鴛鴦蝴蝶派小說大受歡迎；另一方面，一些明清文人悼亡憶舊、陳情感傷的回憶錄 [註48] 被重新發現，屢屢翻印，成為大受青年喜愛的熱門書而流行一時，並且引起了知識界的關注和討論。在這類舊籍中刊印版次最多、流傳最廣、影響最大的當首推沈復 [註49] 的《浮生六記》，自 1924 年由俞平伯整理標點首次以單行本印行後，直至 40 年代至少已印行了 50 餘版次，可見該書受讀者歡迎的程度及流傳之廣 [註 50]。沈復只是乾嘉之際一個蘇州無名文

[註48] 包括（明）冒辟疆《影梅庵憶語》、（清）沈復《浮生六記》、（清）陳裴之《香畹樓憶語》、（清）蔣坦《秋燈瑣憶》等，這些明清之際文人寫下的筆記大多描寫閨閣生活瑣事，多不合正統禮教，故皆屬文壇末流，為士林所不屑。然而，在西學湧入、新說迭出的二三十年代，它們卻成了與西書新著並列流行的文字。

[註49] 沈復（1763～1825），字三白，號梅逸，長洲（今江蘇蘇州）人，清代文人，無詳細生平記載，據《浮生六記》中的夫子自道，他出身於幕僚家庭，從未參加科舉，熱愛書畫、園藝，曾習幕、經商、賣畫為生。

[註50] 僅中國國家圖書館注錄收藏的版本所見，1920～1940 年代間印行的《浮生六記》就有 50 餘種版本，有的出版社在短時間內印行多次，如 1924 年北京樸社最早出版了俞平伯校閱本，至 1933 年不到十年間該社就已印行了八版。此外，上海亞光書局至 1944 年也已印行了六版。之前最早的版本應為光緒四年（1878）申報館《獨悟庵叢鈔》版。

人，此六記是他的自傳，分別為「閨房記樂」、「閒情記趣」、「坎坷記愁」、「浪遊記快」、「中山記歷」、「養生記道」，後兩記散佚。《浮生六記》中沈復不斷追憶和妻子芸娘相識相戀的柔情蜜意和坐困窮愁卻充滿閒情逸趣的居家生活，其最大的文學成就是塑造了芸娘這樣一個美好的女性形象：她聰慧好學，熱愛生活，欣賞自然美藝術美，勤儉持家又善於創造情趣，卻由於不諳禮法世故歷經坎坷，貧病而逝。林語堂在英譯本自序中盛讚芸娘是「中國文學上一個最可愛的女人」，甚至突發奇想，要去他們家做客，十分生動地想像自己坐在椅子上打瞌睡時，芸娘會用一條毛毯給他蓋在腿上。他最後深情地總結，在這對夫妻身上他「彷彿看到中國處事哲學的精華」，即「那種愛美愛真的精神，和那中國文化最特色的知足常樂、恬淡自適的天性」〔註51〕。

　　林語堂在基督教背景的家庭和學校中長大，對於典型中國式大家族聚居的生活並不熟悉，因此，沈復夫婦由於不拘禮法而遭到家族排斥所導致的困厄，在林語堂的譯作裏只是一筆帶過，他對沈復夫婦生活方式的肯定，偏重於個人本位主義的、對個人情志的追求。他在多篇談論生活藝術的文章中，引述沈復夫婦對庭院房間的布置、插花的藝術、享受大自然等種種怡情悅性而富於藝術情趣的記事，讚賞「他倆都是富於藝術性的人」〔註52〕。他特別讚美芸娘具有「愛美的天性」，她與丈夫一起賞景聯句，親手製作美食等，使日常生活充滿了藝術情趣。在林語堂看來，這種重視「生活的藝術」的人生哲學，對於中國人來說是「奠定了相當的穩健與安全的基石」〔註53〕。不得不說，林語堂在一種「文化輸出」的心態中把中美兩種文化進行了一種二元對立的簡化，他認為「美國人是聞名的偉大的勞碌者，中國人是聞名的偉大的悠閒者」〔註54〕，希望芸娘作為中國傳統文化和生活態度的完美典範，能夠喚起對美國人對「美」的感受與追求，並對以「忙碌」為象徵的現代工業文明有所補益。

〔註51〕　林語堂：《〈浮生六記〉英譯自序》，蔡根祥《精校詳注〈浮生六記〉》，（臺北）萬卷樓，2008，第17頁。

〔註52〕　林語堂：《生活的藝術》，《林語堂文集》第七卷，作家出版社，1995年，第272頁。

〔註53〕　*My Country and My People*, Introduction .by P*earl Buck*, 外語研究與教育出版社，2009.

〔註54〕　林語堂：《生活的藝術》，《林語堂文集》第七卷，作家出版社，1995年，第149頁。

最初點校此書的俞平伯對《浮生六記》的喜愛並不亞於林語堂，這從他
給不同版本寫了兩篇序言就可以看出來。但其喜愛的出發點又有所不同。首
先，作為周作人的愛徒、五四時期著名的散文作家，俞平伯特別看重《浮生
六記》文字清新眞率，無雕琢藻飾痕跡，其文心之妙「儼如一塊純美的水晶，
只見明瑩，不見襯露明瑩的顏色；只見精微，不見製作精微的痕跡」；其次，
在他看來，此書最值得稱道的是沈復、芸娘夫婦在日常生活中所表現出來的
「個人才性的伸展」。沈復曾慫恿芸娘女扮男裝去水仙廟觀看神誕花照，曾與
她密謀託言歸寧而偷偷遊歷太湖，他們還商定等到芸娘鬢髮斑白後要偕同出
遊，飽覽江南的名山秀水……俞平伯以讚賞的筆調列舉了沈復與芸娘任情隨
性的灑脫行為，如他二人日常生活中不知避人而「同行並坐」的恩愛舉止，
芸娘扮男裝後「攬鏡自照，狂笑不已」等，在俞平伯看來，這些「放浪形骸」
的舉動，充滿了脫離傳統禮法羈絆、個人性情盡情舒展的「新人」的魅力。

不僅如此，與傳統文人恪守「載道」不同，沈復以率眞自然之態度記述
家庭生活，礙於禮教的夫婦昵情也欣然於筆下，因此俞平伯稱讚沈復的文字
「極眞率簡易，向來人所不敢昌言者，今竟昌言之」，他認為，沈復是個生性
率眞的「眞性情的閒人」，因而能「不知避忌，不假妝點，本沒有徇名的心，
得完全眞正的我」，故其字裏行間「處處有個眞我在」〔註55〕。

這一評點至少蘊含著兩層意思：第一，儒家文人傳統的顯在層面是尊經
踐禮、文以載道，但文人在個人/內心生活上始終存在灑脫飄逸、率眞放達、
任情隨性的潛在追求，李白、蘇軾的詩歌和魏晉名士、明末異端們的行狀，
都生動鮮活地呈現著這種追求。在明清以來名士彙聚的江南蘇州，所謂「名
士之風」更是一種根深蒂固的文人的迷信，它就像一個無形的徽章，讓文人
們彼此確認，讓作為沈復同鄉的俞平伯立刻心照不宣，與之惺惺相惜。當「五
四」新文化運動興起，儒家文人傳統冠冕堂皇的政教面向趨於瓦解，其個人
面向的「名士之風」又與新文化運動對「個人」的發現、界定和推崇若合符
節，於是沈復的「眞性情」就被俞平伯拿來作為新時代的一面旗幟而欣然揮
舞著了。第二，沈復的率情任性不僅意味著「眞我」/自我的發現，同時也意
味著女性/他者的發現。換言之，只有具備了放縱和表達「眞我」能力的男性
文人，才有可能發現並尊重女性的個性、才氣與生命，才有可能描摹出「中

〔註55〕俞平伯：《校點重印〈浮生六記〉序》，蔡根祥《精校詳注〈浮生六記〉》，（臺
　　　　北）萬卷樓，2008 年，第 11 頁。

國文學上最可愛的一個女人」，才有可能替女性發現「自我」——《浮生六記》畢竟不是芸娘的作品，她只不過是沈復之眼所觀察、沈復之筆所描畫的對象，是期待被發現和被塑造的「那一個」形象〔註56〕。

正是在這種新觀念的觀照下，俞平伯通過沈復夫婦這一實例，對沈復夫婦追求個性伸展而受大家庭排斥壓制深表同情。這一傾向與胡適他們當初翻譯介紹《娜拉》及易卜生主義的初衷不謀而合。在這個意義上，《浮生六記》實際上已經脫離了原作者沈復的話語系統，而被納入到了一個新的觀念系統和表述系統中，並被賦予了新的時代內涵。一方面，只要打破舊家庭制度，就會使個性得到解放、民族煥發活力的因果邏輯，藉由沈復夫婦率情任性的個人生活及其受到大家庭排斥的悲劇而構成，從而使得《浮生六記》由一個「個人敘事」文本轉變爲一個內在於「新文化」思想脈絡的「宏大敘事」文本。另一方面，沈復夫婦的事例還意味著，作爲啓蒙思潮一個核心概念的「個性解放」，不只是一個由西方引進的外來觀念，它還有著本土傳統的基因和血緣，只是以往被壓抑摧殘而不得彰顯。俞平伯想要強調的是，與「現代散文」這一文類相似，個人主義與其說是從西方舶來，不如說是中國既有的文化基因在歷史契機下「文藝復興」的產物〔註57〕。

總之，芸娘形象所蘊含的「恬淡自適」的美感與「眞我性情」的個人價值，經由林語堂的翻譯和俞平伯的闡釋而加倍放大，分別因應這不同時代、不同社會語境下中美兩國的讀者需求，從而獲得了廣泛的接受。

三、翻譯的主體性：「覺悟」與文化再構

梁啓超在《五十年中國進化概論》（1922）一文中指出，「近五十年來，中國人漸漸知道自己的不足了」，他把這種基於民族危機的不滿足感概括爲三個歷史時期，第一時期爲「器物」上的，第二時期爲「制度」上的，第三時期爲「文化」上的〔註58〕。顯然，晚清洋務派的「師夷長技以制夷」對應於

〔註56〕 參見李長莉：《〈浮生六記〉與「五四」文化人的三種解讀——現代家庭觀念中民間傳統的延續與變異》，《現代中國》第七輯，北京大學出版社，2006 年。

〔註57〕 1926 年 11 月，周作人爲俞平伯點校的《陶庵夢憶》作序，說道：「現代的散文在新文學中受外國的影響最少，這與其說是文學革命的還不如說是文藝復興的產物」；「我們讀明清有些名士派的文章，覺得與現代文的情趣幾乎一致，思想上固然難免有若干距離，但如明人所表示的對於禮法的反動則又很有現代的氣息。」

〔註58〕 梁啓超：《飲冰室文集（第五集）》，雲南教育出版社，2001 年，第 3249～3250 頁。

「器物時期」，維新派知識分子對於國體/政體的論述與想像對應於「制度時期」，而新文化運動以來，不同代際、不同知識結構、不同政治立場的知識分子所關注的問題紛紛從政治轉向文化領域，則對應於「文化時期」。這並不意味著文化可以與器物、制度截然二分，也不意味著文化是循器物、制度之序進化的高級階段，僅從翻譯的角度來看，西方文化的輸入一直貫穿著這三個時期，並且作爲客觀知識體系、技術文明/技術理性的「西學」與作爲上層建築的宗教、政治往往彼此糾纏——但直到中國內部與外部的政治形態與社會生活發生巨大的變化，傳統文化與西方文化之間的衝突才日趨顯影和深入，引人注目的標誌性事件是五四運動前後在知識界爆發了劇烈的「中西文化論戰」〔註59〕，而文化衝突深入化的標誌則是知識分子的爭論從公共領域（國體和政體）拓展到私人領域（家庭和婚姻）。「文化時期」與前二時期相比，發生了一個重要而顯著的變化：知識分子不再糾結於對西方文化的迎拒抑或對中國傳統文化的守成/謀變，而是在經歷了中西方文化的雙重斷裂之後，萌發出一種「再造新文明」的「覺悟」〔註60〕。

促成這一轉折的，正是 1930 年代的中國與西方所共同面臨的文化/政治危機。早在林語堂用中國文化補救西方之不足之前，梁啓超在《歐遊心影錄》（1919）裏所談論的「中國人之自覺」〔註61〕，就不再是借鑒西方文明的自覺，而是從西方文明危機中反觀自身的自覺。他談到，這個自覺，「第一步，要人人存一個尊重愛護本國文化的誠意；第二步，要用那西洋人研究學問的方法去研究他，得他的眞相；第三步，把自己的文化綜合起來，還拿別人的補助他，叫他起一種化合作用，成了一個新文化系統；第四步，把這新系統往外擴充，叫人類全體都得著他好處」。這種「文化化合作用」所形成的「新文化系統」，同時宣告了作爲二元對立概念的現代西方/中國傳統的失效，而這種「新文化系統」的主體，是「我們可愛的青年」，他鼓舞他們「立正，開步走」，「大海對岸那邊有好幾萬萬人，愁著物質文明破

〔註59〕 1918 至 1919 年，杜亞泉主編的《東方雜誌》與陳獨秀主編的《新青年》就「東西文明能否調和」展開了激烈思想論戰，最終杜亞泉去職，《新青年》獲得新的言論領導權。

〔註60〕 參見汪暉：《文化與政治的變奏——戰爭、革命與 1910 年代的思想戰》，《中國社會科學》2009 年第 4 期。

〔註61〕 梁啓超：《歐遊心影錄》，東方出版社，2006 年。其第一章（下篇）的標題即「中國人的自覺」。

產，哀哀欲絕的喊救命，等著你來超拔他哩；我們在天的祖宗三大聖和許多前輩，眼巴巴盼望你完成他的事業，正在拿他的精神來加祐你哩。」梁啓超在清華國學院的學生張蔭麟給這段話加了一個注釋：「及歐戰甫終，西方知識階級經此空前之大破壞後，正心驚目眩，彷徨不知所措。物極必反，乃移其視線於彼等素所鄙夷而實未嘗瞭解之東方，以爲其中或有無限寶藏焉。先生適以此時遊歐，受其說之薰陶，遂確信中國古紙堆中有可醫西方而自醫之藥」〔註62〕。

由此我們看到，在 20 世紀上半期的文化語境裏面，中國知識分子對於東西方文明的反思與重構的願望呈現爲一個整體性的背景，這正是這裏所談論的問題的起點：不論是「中國式娜拉」對於個人權利與自由的價值追求，還是左翼文化對於「娜拉」的揚棄、解構與重寫；不論俞平伯如何給生活在19 世紀的「芸娘」包裹上 20 世紀的新價值外衣，抑或林語堂如何假借「芸娘」之美給美國送去文明調和的心靈雞湯，他們的出發點都是一種強烈的「文明覺悟」，只有在對這一時代特徵充分瞭解的基礎上，我們才能從一個更爲宏觀的角度來觀察和把握 20 世紀中西文學互譯行爲的深層內涵。也是從這一角度，中國現代知識分子對娜拉與芸娘形象的翻譯、改寫與闡釋，具有一種文化主體的意味。酒井直樹（Naoki Sakai）認爲，翻譯直接影響了 20 世紀亞洲的主體形成。在向西方學習的過程中，翻譯是最爲痛苦的學習過程：翻譯召喚了學習者尋求某些東西的主體性，卻又要在異國語言的象徵秩序裏打碎它〔註63〕。但在娜拉與芸娘的翻譯和闡釋者那裡，由於有了「文明覺悟」的內在動力，他們的翻譯行爲沒有導致翻譯理論所說的「譯者的消失」〔註64〕，而是通過對兩個女性形象的不斷重構，在異國的文化資源和語言裏間接地構築起了現代中國的主體，如果說一個多世紀以來的「中國夢」仍然在延續的話，那麼文化主體性就是這個夢想的內核，這也正是我們重新思考這兩個翻譯形象及其背後的文化內涵的意義所在。

〔註62〕張蔭麟：《素癡集》，百花文藝出版社，2005 年，第 142 頁。
〔註63〕Naoki Sakai, *Translation and Subjectivity*. Minneapolis, MN: University of Minnesota Press., 1997, p28.
〔註64〕Venuti, L.（Ed.）.（1992）. Introduction. *Rethinking Translation: Dis-course, Subjectivity, Ideology*（pp. 1-17）. London: Routledge.

第四節　近代中國女性主體身份與文學實踐

　　近代中國與西方列強的交往，迫使知識分子不得不以西方「民族國家」概念來重構「國家」的理念和個人與國家的關係。這一思想界的重大變化，對女性的歷史地位構成巨大衝擊。此前，傳統中國的女性幾乎沒有獨立的個體身份，所謂「在家從父，既嫁從夫，夫死從子」；她們更無法以主體身份與「國家」之間建立聯繫〔註65〕。而近代中國思想界對「國民——國家」關係的建構，個體國民身份在政治話語中的確立，為近代女性謀求新的身份認同開拓了話語空間和政治空間。一些先進女性也正是在這種話語空間和政治空間中確立了獨立的個體身份——女國民〔註66〕。由此，女性以被賦予的國民權利和國民責任為名，重新進入歷史，而這也奠定了此後百年中國女性與民族國家關係的基本模式。

一、責任先於權利：女性被國家「徵召」的前提

　　有關「女國民」身份的內涵，從維新時期到辛亥革命時期，男性精英和女性先覺者們存在著既有一致也有分歧的理解。維新時期，男性思想精英以民族國家為本位，提出戒纏足、興女學的婦女解放思想主張，是為了張女子之用，來實現救亡圖存、強國保種的功利目的。張之洞感歎中華兩萬萬婦女因為纏足而「廢為閒民謬民」，只能坐而衣食，「不能直立，不任負載，不利走趨，所作之工，五不當一」，就是從國權的維護以及國富的角度來審視女性的身體價值〔註67〕。康有為的請禁裹足也是基於「歐美之人，體直氣壯，為其母不裹足，傳種易強也。回觀吾國之民，……為其母裹足，故傳種易弱也」〔註68〕的邏輯推理。黃鵠生指出婦女纏足的弊端，在於「皆成廢疾，不能教子佐夫，而為之夫子者亦只可畢生廝守，宛轉牽連，無復有四方之志……是

〔註65〕似乎可以作為反例的「木蘭從軍」，也是花木蘭因不忍老病的父親再上疆場而「替父出征」，在「孝」的倫理框架之內才得以冒用了父親的身份從而參加戰爭，而古代歷史上后妃參政、主政都被比喻為「牝雞司晨」，因為不符合天理、不符合傳統政治倫理而被主流歷史記載所貶斥。

〔註66〕參見宋少鵬《民族國家觀念的建構與女性個體國民身份確立》，《婦女研究論叢》2005年第6期。

〔註67〕張之洞：《張尚書不纏足會敘》，《近代中國女權運動史料》，張玉法、李又寧編，（臺北）傳記文學出版社，1975年，下冊，第847頁。

〔註68〕康有為：《請禁婦女裹足摺》，《近代中國女權運動史料》，張玉法、李又寧編，（臺北）傳記文學出版社，1975年，上冊，第509頁。

纏足一事，到天下婦女之足者患猶小，喪天下男子志者患無窮也」〔註69〕。他們對纏足的否定不是出於女性本位的人道關懷，而首先是因為纏足使女性成為無用的廢人，不僅不能相夫教子，而且成為男性的拖累。這種憂懼婦女纏足可能導致弱國弱種並拖累妨害男性生產力的發揮的論調，顯然並非從女性的身體權益著眼，也不是出之以美學標準的反省，而是以民族國家的興亡作為唯一的考量尺度，功利目的和政治計算才是這場運動的核心〔註70〕。

女學的倡興反映了同樣的運作邏輯。梁啓超的《論女學》，提出「治天下之大本二：曰正人心，廣人才。而二者之本，必自蒙養始；蒙養之本，必自母教始；母教之本，必自婦學始。故婦學實天下存亡強弱之大原也」。作者對女學的提倡出於「母教」之用，以此「智民」進而「興國」。同時，他還以務實求用的標準區分了兩種不同的女學，認為深藏閨閣、侍弄文字的女性「終身未嘗見一通人，履一都會，獨學無友，孤陋寡聞，以此從事於批風抹月、拈花弄草之學」，「本不能目之為學」；真正可以稱之為「學」的東西，必須能夠「內之以拓其心胸，外之以助其生計」〔註71〕。講求實學、以期致用是這位維新思想家倡興女學的唯一宗旨。這種將國家命運關聯於婦女的實用知識技能及其所具有的生產力的議論，打破了「女子無才便是德」的封建意識的鉗制，同時也使女性的存在價值工具化。這顯然是一個特定歷史情境的產物，它不單反映國際競爭形勢在當時給中國造成的極大壓力，同時也揭示了「國權」逾越「父權」而直接對女性進行詢喚與徵召的歷史進程。

在性別觀念層面，鼓吹社會改革的精英男性把通過廢纏足、興女學來改造傳統女性作為拯救國家危亡的途徑，其深層隱藏著的另一層含義是傳統的「女禍論」：把國家衰弱的責任推給羸弱、愚昧的無用女子。在此，傳統中國女性的形象作為象徵性符號，類比於傳統中國的國家形象：裹著小腳的傳統中國女性不再輕盈美麗，而成為羸弱的象徵；無智無識的傳統女性形象對應於落後的、不開化的國家形象。

這樣的立場，也為當時的女性先覺者所遵循。或者說，女性順應男性的主流話語，甚至通過承認男性對女性的「無用」、「誤國」的指責，發展出女

〔註69〕黃鵠生：《中國纏足一病實阻自強之機並肇將來不測禍說》，載《時務報》第35冊，1897年8月8日。

〔註70〕參見黃金麟《歷史、身體、國家：近代中國的身體形成》第二章，新星出版社，2006年，第40～41頁。

〔註71〕梁啓超：《論女學》，載《時務報》第25冊，1897年5月2日。

性成為國家有用之人以盡國民責任的要求。胡彬在《論中國之衰弱女子不得辭其罪》中呼籲：「夫二萬萬女子，居國民全數之半者，殆殘疾無用，愚陋無知，焉能盡國民之責任，盡國家義務乎？……自今而後，凡我女子，苟人人以中國之患難為己之患難，中國之腐敗為我之腐敗，抱此思想，達其目的，則中國興如反掌耳！」〔註72〕香山女士劉瑞平在《敬告二萬萬同胞姊妹》篇首坦陳：「嗚呼，同胞同胞，中國亡矣，漢種奴矣，……吾不暇責專制之君主，……，吾惟痛哭流涕而責我有責任有義務之國民；……吾今敢為一言告我諸姐妹曰：今日國亡種奴之故，非他人之責，而實我與諸君之罪也。」篇尾「則請與諸君約：誓須獨立，誓盡義務，為國家吐氣，為種族雪恥」〔註73〕。這種把國家積貧積弱的罪責單方面歸於女性一方的論調，一方面體現出男性主流話語對女性思想觀念的宰制，另一方面確也反映了女性希望以承擔國家責任來獲得國民主體身份的急迫心情。在此情境下，以女性為本位思考、較為全面展開「女國民」內涵的思想，恐怕還要等待「女權」概念的傳播與成熟。

二、從「天賦人權」、「男女平權」到「權責並舉」：「女國民」內涵的全面展開

從 1902 年起，「女權」變成了婦女解放論的口號。倡導女權的男性知識分子以馬君武和金天翮為代表。馬君武在譯介西方近代自由平等學說的過程中，較早關注了男女平權思想。1902 至 1903 年，他翻譯了英國社會學家斯賓塞的《女權篇》，並譯述了英國哲學家穆勒（即其所譯彌勒約翰）的《女人壓制論》和西歐社會民主黨《女權宣言書》中關於男女享有平等權力的思想主張。斯賓塞《女權篇》開首即云：「公理固無男女之別也」，認為人類不分男女，均享有平等之自由，「男女同權者，自然之真理」。根據天賦人權的理念，女人當與男人同樣享有參政權，所謂「與婦人以政權，乃自第一感情（指自然——引者注）而生，因人生當依平等自由之天則，以獲人類之最大幸福，故不得不爾，固非第二感情（指習慣——引者注）之所能奪也」〔註74〕。馬君武把男女平權與民主共和相提並論，認為歐洲之所以能夠進入近代文明社

〔註72〕全國婦聯婦女運動歷史研究室編：《中國近代婦女運動歷史資料（1840～1918）》，中國婦女出版社，1991 年，第 223 頁。

〔註73〕同上。

〔註74〕馬君武：《斯賓塞女權篇》，莫世祥編《馬君武集》，華中師範大學出版社，1991年，第 16、17、26 頁。

會，是因為經歷了「君民間之革命」與「男女間之革命」這兩大革命，要改變「人民為君主之奴僕，女人為男人之奴僕」的專制國家狀況，「必自革命始，必自革命以致其國中之人，若男人、若女人，皆有同等之公權始」〔註75〕。這一論點把「天賦人權」邏輯內的「男女平權」與政治文明的程度隱然聯繫起來。

　　稍後，金天翮著《女界鐘》於 1903 年 8 月在上海刊行。這是中國婦女思想史上最早的一本全面系統闡述女權革命理論的著作，一經出版即在知識界引起極大震動，其理論觀點頻頻被以後的婦女解放論者所引用。《女界鐘》引述的西方近代思想資源主要也是斯賓塞、穆勒等人由「天賦人權」引申出「男女平權」的思想主張，但它同時針對本土婦女的現狀提出了很多開創性的見解。首先，作者主張民權〔註76〕與女權密不可分：「十八、十九世紀之世界為君權革命之時代，二十世紀之世界為女權革命之時代」〔註77〕。他明確指出了「民權」和「女權」的延續性：西方國家首先發生民權革命，接著才發生女權運動；中國的民權革命既未實現，遑論女權革命，所以「兩大革命之來龍，交叉以入於中國」〔註78〕。因此，在中國的革命目標中，「民權與女權如蟬聯蚹萼而生，不可遏抑也。吾為此說，非獨為二萬萬同胞姊妹說法也，為中國四萬萬人民普通說法也」〔註79〕。其次，他稱婦女為「國民之母」，身擔養成國民品性的重責；同時，國家興亡，不僅匹夫有責，「匹婦亦有與責」。他把這種責任稱之為女子的道德，而且是「愛國與救世」的「公德」。與「公德」相比，守身如玉、相夫教子的「私德」具有的則是等而下的價值〔註80〕。作為國民的「匹夫」、「匹婦」，在對國家負有救亡責任這一點上是完全平等的。這種觀點既包含男女平權的思想，又對「女國民」概念及其意識的形成具有

〔註75〕馬君武：《彌勒約翰之學說》，莫世祥編《馬君武集》，華中師範大學出版社，1991 年，第 142～145 頁。

〔註76〕據日本學者須藤瑞代考證，在近代啟蒙語境下，「民權」概念是指國民之公權即參與國事的權力，而「人權」概念是指人生來就擁有的權利，包含男女平等、言論自由等含義。參見須藤瑞代《近代中國的女權概念》，《山西師大學報》（社會科學版）2005 年第 1 期。而在時人的論述中，這兩個概念的邊界較為模糊，尤其在論述女權問題時，論者時常把兩者兼而論之，統統納入女權的辯析之中。

〔註77〕金天翮《女界鐘》第六節，上海古籍出版社據大同書局 1903 年刊行本重新標點簡體字版，2003 年，第 46 頁。下引《女界鐘》均出自此版本。

〔註78〕《女界鐘》，第六節，第 46 頁。

〔註79〕《女界鐘》，第一節，第 4 頁。

〔註80〕《女界鐘》，第二節，第 6～12 頁。

奠基性作用，可謂風行一時。《女報》、《神州女報》等均曾屢加引用，在辛亥革命時期，激勵著成百上千的婦女肩負起救國重任。第三，他特別重視女子參政權利，認爲二十世紀女權問題之核心就是女子參預政治。但在滿清專政下，男子尚不能參政，何況女子？所以他鼓勵女子從事革命：「女子亦知中國爲專制君主之國乎？夫專制之國無女權，女子所隱恫也。……夫議政者，固兼有監督政府與組織政府之兩大職任者也。然而希監督政府而不得，何妨退而爲要求；願組織政府而無才，則不妨先之以破壞。要求而紹介，則吾男子應盡之義務也；破壞而建設，乃吾男子與女子共和之義務也。」〔註 81〕金天翮的洞見在於發現女權的對立面並不僅僅是男權，而更是專制主義的政權；女性必須和男性一起革命，打破專制制度，在一個更爲合理的民主共和國家框架下，才有可能謀求政治權利。這種振聾發聵的議論喚醒了很多婦女解放的理論家與實踐者，也催生或呼應了許多秋瑾式的女革命者。

總之，馬、金兩位的論述有共同之處：第一，他們所說的「女權」都包含「天賦人權」和「男女平等」思想；第二，他們主張「民權」與「女權」密不可分，甚至在民主政治的框架下女性參政就是「女權」的應有之義；只有爭取參政權利，女性才能貢獻作爲國民的責任，從而承擔起國家富強的重任。這一女權論述的內在理路是：王朝國家的合法性來自於君權神授，國家屬於神授的君主，民眾只是被統治的客體，對國家權力無所有權、對國家事務無任何發言權，自然無權利可言。而由「國民」組成的國家，其合法性來自於國民，國民對這個國家享有所有權，所以也對國家享有責任和義務。女性在與男性「同擔責任、同盡義務」之後，就獲得了與男性同樣的「國民」身份〔註 82〕。這是近代女權運動一個重要的思想資源和論證女權正當性的基礎。

對於男性啓蒙者的「女權」言說，當時的女性思想家既有贊同呼應的一面，也有基於女性獨立意識和性別自省的別異洞見。《女學報》的創始人和主筆陳擷芬〔註 83〕以國家的「公共性」作爲女權伸張的空間。她在《女界之可

〔註 81〕《女界鐘》，第七節，第 56、65 頁。
〔註 82〕參見宋少鵬《民族國家觀念的建構與女性個體國民身份確立》，《婦女研究論叢》2005 年第 6 期。
〔註 83〕陳擷芬是《蘇報》負責人陳范之女，1899 年在上海編輯隨《蘇報》附送的《女報》，即《蘇報》婦女版，1902 年 5 月她將《女報》改爲獨立月刊，更名《女學報》。馮自由所撰《革命逸史》稱之爲「開吾國革命教育宣傳事業之先河」，參見王緋《空前之迹：中國婦女思想與文學發展史論（1851～1930）》，商務印書館，2004 年，第 215 頁。

危》中稱：「吾中國之人數也，共四萬萬，男女各居其半。國爲公共，地土爲公共，患難爲公共，權利爲公共。……國既爲公共，寧能讓彼男子獨盡義務，而我女界漠不問耶？」〔註84〕然而，當「公共性」〔註85〕還沒有在國家/社會關係這個充滿張力的領域中明確履行政治功能的時候，女權特別是女子參政權的實現，恐怕還不具備充分的現實可能性。儘管男性精英爲此大聲疾呼，但他們往往陶醉於啓蒙主義的思想激情，止步於現實政治的改革與鬥爭。而如果女性僅僅滿足於跟在男性啓蒙者身後揮舞幾下旗幟，對「女權」沒有身體力行的理解與實踐，或者乾脆企望從男性手中接過現成的「女權」，那麼女權的伸張將只能是空想。

　　身爲女性的陳擷芬對男性精英所進行的「女權」動員，有著難能可貴的警惕和反思。她認識到女權主要由男性提倡，女性靠男性贈與權利，則女性永遠無法擺脫依附於男性的命運。在《獨立篇》中，她說：「即有以興女學、復女權爲志者，亦必以提倡望之於男子。無論彼男子之無暇專此也，就其暇焉，恐仍爲便於男子之女學而已，仍爲便於男子之女權而已，未必其爲女子設身也……嗚呼，吾再思之，吾三思之，殆非獨立不可！」〔註86〕她認爲男性對「女權」的設計往往從男性自身的利益和目的出發，不會真正爲女性設身處地著想，因此女性必須提出自己的女權觀，並且不應由男性越俎代庖，而應獨立地爭取權利。這種啓悟使陳擷芬在《女界之可危》中表達了她運思深入的女權觀：「我輩數千年爲彼奴隸，豈至今日時尚昏然不知，再欲隨男子後，而作異族奴隸之奴隸耶？」〔註87〕她眼中的「女權」，包括了女性對男性

〔註84〕陳擷芬：《女界之可危》，《中國日報》1904 年 4 月 26 日。引自全國婦聯婦女運動歷史研究室編《中國近代婦女運動歷史資料（1840～1918）》，中國婦女出版社，1991 年，第 203 頁。

〔註85〕陳擷芬所說的「公共性」顯然不具有哈貝馬斯「公共性/公域/公共空間」概念的理論內涵，但她至少敏感意識到，在國家權力和個人權利的緊張關係之間，存在著一種可以以「公共性」命名的博弈途徑。參見（德）哈貝馬斯《公域的結構性變化》一文，見鄧正來、（英）J.C.亞歷山大編，《國家與市民社會——一種社會理論的研究途徑》，中央編譯出版社，2005 年，第 121～155 頁。

〔註86〕陳擷芬：《獨立篇》，《女學報》第二年第一期，1902 年，引自全國婦聯婦女運動歷史研究室編《中國近代婦女運動歷史資料（1840～1918）》，中國婦女出版社，1991 年，第 245 頁。

〔註87〕陳擷芬：《女界之可危》，《中國日報》1904 年 4 月 26 日。引自全國婦聯婦女運動歷史研究室編《中國近代婦女運動歷史資料 1840～1918》，中國婦女出版社，1991 年，第 203 頁。

要求權利運動、漢人對滿清要求權利運動以及作為「中國」對西方列強要求權利的運動。

　　在女界，更多的討論集中在對男性精英所倡導的「國民之母」觀念進行辨析、并對「國民之母」與「女國民」的關係進行反思方面。詩人兼教育家呂碧城時任天津北洋女子公學總教習。她在《論某督箚幼稚園公文》〔註 88〕中對女子入學後只教其如何做「乳媼及保姆」提出批評：「女子者，國民之母也，安敢辭教子之責任；若謂除此之外，則女子之義務為已盡，則失之過甚矣。殊不知女子亦國家之一分子，即當盡國民義務，擔國家之責任，具政治之思想，享公共之權利」；進而明確表示，「我高尚獨立之女國民」是不會甘心只做服役幼兒的乳媼保姆的，這類「乳媼學堂」絕不是培養國民之學堂，而是「製造奴隸之學堂」。「且為奴隸則亦已耳，何必建一學堂使入學習方出為奴隸耶？」與此同時，她大力倡導「歐美女子之教育」，反對「女子只應治理家政，不宜與外事，故只授以應用之技藝」的女學宗旨，認為這不過是「造成高等奴隸斯已耳」〔註 89〕。秋瑾在《中國女報》上撰文，同樣激烈批判當時的女子教育之結果，「不過養成多數高等之奴隸耳」；她進一步說：「吾亦嘗聞諸侈談女學之言矣，……提倡女學使能自立，無為大好男兒累。咄咄，女界之振興，果盡於是耶？苟若此，則賢內助之資格，於彼男子誠利矣，與吾女界何！與吾祖國何！」〔註 90〕

　　呂碧城、秋瑾敏銳指出：男性對女性提出做受教育、有知識的「國民之母」要求，其目的「強國保種」，只不過是「相夫教子」的傳統女性工具論在近代民族國家框架下的應變性發展。「國民之母」與女性主體意識充分發展、「具政治之思想，享公共之權利」的「女國民」，在內涵上存在很大差異，甚至仍然作為男子「賢內助」的「國民之母」根本就與女性權利和國家福祉無關。苟言之，「國民之母」只是男性的高等奴隸/工具。因此，雖同有「國民」二字，做「國民之母」並不必然導出「女國民」的主體生成，女性只有逾越了自身在生育場域中的性別角色，以主體身份直接服務於國家，在無性別差異的個人與國家之間構建充分的權利和責任空間，才是實現「女國民」身份的唯一正途。秋瑾因而大聲疾呼：「吾之所祝與同胞姊妹者，為我女子關大世

〔註 88〕呂碧城：《論某督箚幼稚園公文》，《女子世界》第 9 期，1904 年 9 月 10 日。
〔註 89〕呂碧城：《興女學議》，《大公報》，1906 年 2 月 18、26 日。
〔註 90〕秋瑾：《大魂篇》，《中國女報》1907 年第 1 期。

界，為我祖國放大光明，為我女界編大歷史，爭已失女權於四千年，造已死國魂於萬萬世」〔註91〕。

值得注意的是，金天翮等男性精英所主張的「女權」，往往把基於「天賦人權」的女性權利伸張與為中國富強效力、做「國民之母」的女性責任要求相結合。而事實上，將沒有性別差異的「天賦人權」與強調性別角色的「國民之母」勉強結合，勢必造成理論上的混亂和實踐上的缺陷。秋瑾在徹底否定「國民之母」的性別角色之後，主張女性對國家「盡與男子一樣的任務」〔註92〕，甚至試圖抹煞客觀存在的性別差異。她與陳擷芬等幾位女性組織「共愛會」，製造炸彈、學習暗殺，並計劃創設女子軍。她的穿著男裝、崇尚鐵血，也是出於同樣的心理。

在性別角色的層面上，另外一些女界精英對「女國民」身份的實現則持有不同見解。比如近代第一位女性西醫張竹君〔註93〕在論述中避免使用「國民之母」的概念，而改用「人群之母」的說法：「夫女子為人群之母，母教之不講，民品所由敗也，女學之不昌，人種所由弱也。大局阽危，任其責者，瘋狂之男居其半，柔曼女性居其半，馴此不變，既無列強瓜分，亦難免於天演之淘汰。」〔註94〕在張竹君看來，中國的頹弱之勢，確與女性作為母親的素質有關，但做母親並不是女權的目的，而是女性應該得到女權的理由；女性在求得經濟獨立和思想獨立之前，是沒有侈談「國民」資格的條件的。在「久久從事工業，以求自強，以求自養，而去其昔日之依賴」之後，進一步謀求政治上的權利和身份不是沒有可能的，因為中國「男子之無政治思想，且略等於女子，則今日吾輩急起直追，不難於實際上與男子獲同等之權利」。〔註95〕張竹君沒有否定女性為人母的性別角色，但她把「國民」之社會身份與「母職」之家庭身份分而論之，把女性的社會性別與生物性別區別看待，在此認識論的基礎上更加強調女性作為「國民」身份所必備的個人與社會條件——女性個體的獨立與社會全體政治思想和制度的完善。這種觀念顯然比

〔註91〕秋瑾：《大魂篇》，《中國女報》1907 年第 1 期。
〔註92〕秋瑾：《敬告中國二萬萬女同胞》，《白話》第 2 期，1904 年 10 月。
〔註93〕張竹君，1879 年出生於廣東，幼患小兒麻痹，因得到美國牧師醫生救治，從此對西醫感興趣，立志學醫，獲得基督教醫院行醫資格，後在廣州開設醫院，在婦女中普及醫學知識，同時把行醫收益用於開辦女子學校，呼籲中國女性覺醒。
〔註94〕張竹君：《女子興學保險會序》，《警鐘日報》1904 年 4 月 23 日。
〔註95〕張竹君：《衛生講習會演說》，《警鐘日報》1904 年 5 月 25 日。

那些充滿理論空想激情的男性啓蒙者說更爲理性客觀，也比秋瑾式的抹煞性別差異具備對女性的關懷。

三、文學實踐：對「女國民」形象的表現與消費

在男性精英和女界先賢對「女國民」議題持續不斷的激烈討論中，他們或許沒有意識到，這些集中在報章、雜誌、譯著、宣傳冊子中的議論文字，已經形成了一個眾聲喧嘩的話語場域；他們更不會意識到，在晚清「詩界革命」、「小說界革命」、文學書寫與思想政治啓蒙聯姻的歷史語境下關於「女國民」的討論，在主體性名義下已經在產生著一個非政治形式的公共領域——在政治領域發生作用的公共領域以外的、以文學形式出現的一種公共性先導〔註96〕。對於「女國民」而言，它的生成過程從一開始就是在兩個方向上展開：一是通過報章之類的議論文章，從抽象概念的層面闡述其內涵與外延；二是通過詩歌、小說等創作，從具體形象和文學想像層面預演其現實生成。

秋瑾的彈詞小說《精衛石》可看作「女國民」文學形象的範本。這是一部未完成之作。雖然現在僅能讀到不足六回的內容，但從作品序中出示的「精衛石目錄」，可以瞭解到秋瑾計劃書寫的，是一部全面寄託自己婦女解放思想政見，完整揭示傳統被壓迫女性向「女國民」蛻變的史詩性大著。秋瑾在作品的序中這樣表白自己的創作目的：「余也譜以彈詞，寫以俗語，欲使人人能解；由黑暗而文明，逐層演出，並盡寫女子社會之惡習及痛苦恥辱，欲使讀者觸目驚心，爽然自失，奮然自振，以爲我女界之普放光明也。今日頂香拜祝女子脫奴隸之範圍，作自由舞臺之女傑……祈余二萬萬女同胞無負此國民責任也。」〔註97〕按秋瑾的寫作計劃，她最終是要讓主人公「拔劍從軍」，「立漢幟胡人齊喪膽，復土地華國大揚眉」，最終「共欣光復，大建共和」的。但這一構想還未及實現，她本人已在反滿革命中殉難，以最徹底的形式實踐了自己的「女國民」抱負，爲理想中的共和國獻出了生命。

作爲近代歷史上第一位爲「國」捐軀的「女國民」，秋瑾的死在當時的輿論界、知識界掀起軒然大波。1907 年 7 月 15 日（農曆六月初六），秋瑾在故鄉浙江紹興以「謀反罪」被斬首殺害。消息傳出，在各界激起強烈反響。作

〔註96〕 （德）哈貝馬斯：《公域的結構性變化》，鄧正來、（英）J.C.亞歷山大編：《國家與市民社會——一種社會理論的研究途徑》，中央編譯出版社，2005 年，第153 頁。

〔註97〕 秋瑾：《精衛石》，《秋瑾集》，上海古籍出版社，1991 年，第 119 頁。

為當時輿論中心的上海，各種不同背景的報紙都迅速做了詳細的報導。《神州日報》連續公佈浙江省發佈的有關通報、函電、文告，並轉錄外電、外報刊出的有關消息。《時報》除了對秋瑾案始末做了連續報導之外，還發表了《哀秋瑾案》、《記秋女士遺事》等幾十篇有關秋案的評論文章以及詩詞、漫畫。《申報》刊登各種體裁的有關報導、評論等 30 多篇，累計達 3 萬多字。其中包括秋瑾被捕與就義的情況報導、秋瑾男裝持手杖照片、秋瑾生前演說稿、秋瑾好友徐自華撰文、吳芝英書寫的秋瑾墓表等，可謂當時輿論報導秋瑾案的集大成者〔註98〕。可以說，秋瑾的「女國民」形象，主要不是藉由她的理論宣告，而是透過當時輿論（民營報刊）對秋瑾案的廣泛反響而建立起來的。然而，這些報導普遍利用了人們同情弱者的心理，把秋瑾描述為被官府任意摧殘殺害而無絲毫反抗能力的悲慘女性，從而沖淡了秋瑾行為背後的思想動因，某種程度上消解了秋瑾形象的政治意義。

另一方面，秋瑾事件中的「女性」、「喋血」要素充分刺激了通俗文學生產。幾乎在秋瑾就義的同時，以秋瑾為原型的小說、戲曲等大量通俗文學作品紛紛出現。蕭山湘靈子的《軒亭冤》傳奇（又名《中華第一女傑軒亭冤傳奇》）寫成於 1907 年 9 月 9 日，距秋瑾遇害僅三個月零三天。1907 年 9 月初，無生的短篇小說《軒亭復活記》在上海《女子世界》增刊本發表（後改題為《秋瑾再生記》，由競存書局出版）。1907 年 9 月下旬，古越嬴宗季女的《六月霜》傳奇，由上海改良小說會社出版單行本。上海《小說林》更是刊出了多種以秋瑾生平為題材創作的小說、戲曲。例如，包天笑的長篇小說《碧血幕》（連載）、吳梅的《軒亭秋》雜劇、龍禪居士的《碧血碑》雜劇、嘯盧的《軒亭血》傳奇等〔註99〕。從上述作品的題目不難看出，秋瑾於舊曆六月被殺，很容易使人聯想到關漢卿筆下因冤屈而死、以致六月飛霜的竇娥。如此比附，突出的是秋瑾作為「弱女子」而非「女英傑」的形象。秋瑾形象由是淪為通俗文學的消費品。其主動選擇犧牲，渴望以「女國民」身份作「死於謀光復者」表率的壯烈情懷和進步意義均無以從中體現。

這些當年名噪一時的「秋瑾文學」很快煙消雲散。真正使秋瑾作為一個文學形象得以流傳的人是魯迅。魯迅在 1919 年 4 月發表的小說《藥》中塑造

〔註98〕 參見夏曉虹《紛紜身後事——晚清人眼中的秋瑾之死》，《晚清女性與近代中國》，北京大學出版社，2004 年，第 286～294 頁。
〔註99〕 參見陳象恭《秋瑾年譜及傳記資料》，中華書局 1983 年，第 93～101 頁。

的人物形象夏瑜，即是秋瑾的隱喻〔註100〕。故事講述夏瑜熱血澎湃地企圖拯救民眾，向人們灌輸反清言論和革命理念，人們卻辱打他，圍觀他被斬首，並把他的鮮血當作治療肺病的「藥」出售。故事凸顯了為辛亥革命而奔走的革命知識分子的「救民」意識與普通庶民樸素的「求生」意志之間的殘酷疏離，從而揭示出先覺先行者與民眾隔絕這一關涉根本的思想命題。正如他在《隨感錄五十九・聖武》中所說：「新主義宣傳者是放火人麼，也須別人有精神的燃料，才會著火；是彈琴人麼，別人的心上也須有絃索，才會出聲；是發聲器麼，別人也須是發聲器，才會共鳴。中國人都有些不很像，所以不會相干」〔註101〕。基於這樣的認識，魯迅對革命者作無謂的犧牲持否定態度。《藥》也因此而成為現代文學史上富有時代思想內涵的重要篇目，秋瑾/夏瑜的自我犧牲作為辛亥革命「歷史局限性」的象徵性佐證也便成為定說。

秋瑾從一個「女國民」的踐行者轉變為被公眾從不同需求角度加以消費的文學形象，喻示著近代關於「女國民」的討論終不免走向變異和消散的命運〔註102〕。

如上所述，到辛亥革命為止，有關「女國民」的討論，始終蘊涵著女性基於「天賦人權」而獲得男女平等的「民權」與奉國家富強為第一要務、要求女性（作為「國民之母」）為「國家」徵用的觀點之間的矛盾。其中對女性性別角色的肯定與拒斥，西方人權思想與「國家主義」的對立等問題更為複雜，導致這場討論無法得出統一的理論思想，也無法在實踐上更加有效地指導女性的行動。然而，在近代中國思想界對「國民——國家」關係的建構中，個體國民身份得以在政治話語中確立，一批近代先進女性在這種話語空間和

〔註100〕周作人在《魯迅的故家・百草園・園的內外》之「秋瑾」條目中說：「秋瑾與魯迅同時在日本留學。……革命成功了六七年之後，魯迅在《新青年》上發表了一篇《藥》，紀念她的事情。夏瑜這名字是很顯明的」。見周作人著、止菴編《關於魯迅》，新疆人民出版社，1997年，第132頁。

〔註101〕見王得后編《魯迅雜文全編》（上冊），陝西師範大學出版社，2006年，第84頁。

〔註102〕辛亥革命爆發後，許多女性自願參加革命活動。1912年中華民國成立後，作為「權責並舉」的「女國民」之最高綱領的「女子參政權」運動興起，女子參政會等團體在各地成立。1912年3月3日，陳擷芬等110名女性向臨時大總統孫中山要求女子參政權，3月19日參議院審議女子參政權問題時，不惜砸玻璃、衝擊警察，但中華民國還是沒有採取男女平等參政的綱領。參見全國婦聯婦女運動歷史研究室編《中國近代婦女運動歷史資料 1840～1918》，中國婦女出版社，1991年，第582頁。

政治空間中確立了作爲「女國民」的獨立的個體身份。她們通過別開生面的文學實踐，一再言說和強化著這一主體身份，形成了聲勢頗爲浩大的「女國民」話語；同時也以其對「女權」、「民權」、「天賦人權」等概念的不同理解，在相關話語場的內部形成了富有意義的張力。

第二章 「五四」女性文學創作的發生

　　「五四」新文化運動催生了第一批現代女作家。她們以鮮明的女性主體意識和體現時代精神的創作，在中國文學史上留下了值得珍視的篇章。本章循著歷史的線索，追尋「五四」女作家「浮出歷史地表」前後的足跡。

第一節　秋瑾的創作：婦女文學傳統的重構

　　秋瑾（1875～1907），原名秋閨瑾，字璿卿，別署鑒湖女俠。留日時改名瑾，易字競雄。在中國近代史上，秋瑾是一位傑出的民主革命鬥士，同時也是一位著名女詩人。她的生命之花開得雖然短暫，卻放射出奪目的光彩。作為一位資產階級民主革命先驅，她贏得無數後人的景仰；作為一位女作家，她的詩歌與龔自珍等優秀作家的詩作一起載入近代文學史冊。在中國古代文學向現代文學的蛻變中，秋瑾做出了重要貢獻。她的創作軌跡不僅映現著個人的成長道路，而且展示出時代風雲對中國知識女性精神素質、心理結構所產生的重大影響。

一、豐富的情感世界

　　多情善感，抑鬱憂傷，是以往婦女文學創作的抒情主體形象最為鮮明的基本性格特徵。歷來的女子之作，多為弱者的悲吟。中國封建社會對婦女的壓迫分外慘烈，那些有機會掌握了一定文化知識、可以舞文弄墨的女性，雖然物質生活方面常較一般下層勞苦婦女為優，但在禮教壓迫下依然只不過是男性中心社會的附庸。卑下的生活地位，狹小的生活天地使她們

極少可能有開闊的視野、舒展的襟懷。反映到文學創作上，才女們大都具有敏於感應而又怯於感應的審美心理特徵，迎風落淚、對月傷懷式的情感抒發在創作中佔了相當比重。而她們的所謂「多情」和「善感」，實際上往往局限於一個特定的圈子，其內涵主要是創作主體在向自我狹隘閉塞的生活空間和思維空間的沉潛中，對個體生命哀感的入微體驗和精細品嘗。在古代文學女性身上近乎定型化的這一性格特徵至秋瑾打開新局面。這位鑒湖女俠同樣稱得上多情善感，然而，其情感的博大、深邃、濃鬱、強烈，為歷代女作家所難以比擬。

愛國之情憂國之思，是秋瑾情感世界的核心，也是最能體現秋瑾情感個性特徵的部分。舊時的才女極少關心自身之外的社會生活，封建禮教將她們的身心一同禁錮在牢籠裏，其情感天地常常顯得相當局促。秋瑾則不同。她生活在一個民族危機日益嚴重，同時也是西方資產階級文明開始滲透的時代，封閉型的閨閣生活受到衝擊，思維觸角有機會伸向較為廣闊的社會，這就為創作者產生較之傳統女性深廣得多的憂患意識提供了可能。

秋家祖籍浙江紹興，祖父和父親都曾做過清朝政府的地方官，母親單氏有一定的文化素養，且深曉大義。秋瑾秉性聰慧，自幼即與其兄在家塾中讀書，十多歲即能吟詠。中國古代文化中愛國主義的優良傳統對她產生了積極影響。還在 1900 年庚子事變期間，年輕的秋瑾便懷著對祖國命運的關切寫下詩歌《杞人憂》；同年，《感事》詩中又有「東侵憂未已，西望計如何？儒士思投筆，閨人欲負戈」之語，愛國激情愈加強烈。1903 年春末，她隨丈夫王子芳北上進京。此時，帝國主義列強正在加緊侵吞中國，清王朝政府的腐敗昏庸，愛國志士拯救祖國危亡的民族意識，給她以極大觸動。秋瑾不願困於紳宦之家過著碌碌無為的貴婦生活，而是渴望尋求自己的生命價值。當時，正值大批青年踴躍出國留學，秋瑾受此熱潮感染，決心前往日本。1904 年 6 月，她東渡扶桑，邁出走向獨立人生的決定性一步。在日本，她廣泛結交仁人志士，參加各種愛國進步活動，並於次年加入光復會，從此成為堅定自覺的資產階級民主主義革命者。

直接參加革命鬥爭以後，秋瑾更寫下大量關心祖國命運，宣傳鼓動群眾奮起挽救時局的詩章。歌詞《同胞苦》共四節，每節開頭都響徹作者動情的呼歎：「同胞苦，同胞之苦苦如苦黃連。」字裏行間充溢著對苦難同胞的真摯感情和對清朝黑暗統治的滿腔義憤。詩中既有強烈的控訴，也有熱切的召喚。

這種召喚被秋瑾以一種大膽、新穎的疊字構句方式表達出來：「願我同胞振精神，勿勿勿勿再醉眠。」「我今必必必興師，掃蕩毒霧見青天。」從中可見作者愛國之情的熱烈，憂國之思的沉重，救國之心的急迫。作於 1905 年底歸國途中的《黃海舟中日人索句並見日俄戰爭地圖》一詩，更將秋瑾面對江山易色的悲憤以及竭忠報國的雄心表達得撼人肺腑：

> 萬里乘風去復來，隻身東海挾春雷。
>
> 忍看圖畫移顏色，肯使江山付劫灰！
>
> 濁酒不銷憂國淚，救時應仗出群才。
>
> 拼將十萬頭顱血，須把乾坤力挽回！

然而，當時的中國，廣大人民群眾尚未普遍覺悟。作為時代的先驅，在只有自己和少數人孤軍奮戰的情況下，秋瑾不免常感悲涼。於是，內心熾烈如火的愛國情感時或以一種對國人不醒、民族不振的「怨恨」之語表現出來。例如，寫於留日時期的詞作《如此江山》中的一節：「日『歸也』，歸何處？猛回頭，祖國鼾眠如故。外侮侵陵，內容腐敗，沒個英雄作主。天乎太瞽！看如此江山，忍歸胡虜？豆剖瓜分，都為吾國土。」眼見得清廷政治腐敗不堪，祖國大好河山任人宰割，詩人悲痛難言，憤然責天，憂國之心躍然紙上。《感時》詩則突出表現了作者對祖國的摯愛以及因為這愛不能為人理解而生的苦悶。可是，儘管秋瑾有時寫下「瓜分慘禍依眉睫，呼告徒勞費齒牙」（《感時》）之類的悲詞怨句，但其實質仍是一種愛極之恨，是對祖國情重意深無以復加而作的苦語。此時的秋瑾，無論雄心還是愁腸，激情還是牢騷，無不與民族命運緊緊相連。她的苦悶、悲觀固然反映出一定的歷史局限性，但我們首先應當肯定的是其中愛國主義的思想內核。南宋陸游曾以「位卑未敢忘憂國」表達愛國士大夫情懷。秋瑾身為女子，在半封建半殖民地中國所處地位自然更為卑微，但她卻同樣時時以民族命運為念，表現出以國為家、以身許天下的高度社會責任感。她的作品所映現出來的抒情主體形象，正是首先以其至誠至烈的愛國之情動人心弦。

　　婚姻苦情以及對同命運廣大婦女的深切同情和關懷，亦是秋瑾感情生活的重要組成部分。秋瑾是封建婚姻制度的受害者，22 歲時由家庭做主嫁給一個湘潭富商的兒子。與王子芳結婚以後，丈夫的紈絝子弟習氣使她頗為反感，兩人感情不諧，沒有共同的生活志趣。秋瑾為之深感苦悶。在她一生的創作中，對婚姻命運的不滿和怨歎是傷感色彩最為濃鬱的部分。她多次在詩詞中

傾訴苦衷：「可憐謝道韞，不嫁鮑參軍。」（《謝道韞》）「閨中無解侶，誰伴數更籌？」（《思親兼柬大兄》）「對影喃喃，書空咄咄，非關病酒與傷別。愁城一座築心頭，此情沒個人堪說。」（《踏莎行》）這些感懷與歷史上一些女作者因丈夫或情人遠遊而生的憂鬱是不同的。秋瑾所苦悶的不是夫妻分離，而是因不遇知音而受的精神折磨。由於她具有比較鮮明的主體意識，不甘於在錦衣玉食中碌碌無爲，而渴望成就一番社會事業，所以格外需要丈夫的理解和支持。然而，王子芳並不贊成秋瑾對自己人生道路的選擇。非但如此，當妻子準備東渡留學時，他百般阻撓，甚至竊走秋瑾陪嫁的財物，欲使之在經濟上陷於困境。這種卑劣行爲自然進一步促使夫妻感情趨於惡化。在婚姻現實面前，秋瑾只有陷於失望。當她以豐富的情懷、敏感的心靈去體驗這種家庭生活時，感到的只有難以忍受的痛苦。

正因爲對封建勢力壓迫下的婦女痛苦有著深切的感受，秋瑾在衝破家庭束縛、順應時代走向自強自立之路以後，對封建禮教始終懷著極大的義憤，對受壓迫的姐妹們一直懷著最深摯的關切同情。留日期間，她著手創作長篇彈詞《精衛石》。彈詞目錄二十回，雖然後來僅寫至第六回而未能全部完成，但僅從已有部分即可感受到作者的鮮明愛憎和反抗禮教壓迫、爭取婦女解放的堅定立場。作品以女主人公黃鞠瑞衝破包辦婚姻留學日本、投身民主革命的經歷爲線索，在激烈抨擊封建禮教的同時指出，要爭取婦女解放，必須像精衛填海一樣具有堅忍不拔、百折不回的毅力和勇氣。彈詞第一回，秋瑾和血含淚寫下一大段痛陳婦女不幸際遇的文學，將禮教束縛下幽閉深閨的女子比作困於地獄的囚徒，對三從四德、女子纏足、包辦婚姻、從一而終等封建惡習發出強烈控訴。彈詞飽含作者身世之感，主人公黃鞠瑞實際上是秋瑾的化身。當她身在異國懷著切膚之痛奮筆疾書時，常禁不住拍案而起，以致捶胸痛哭，痛不欲生。此外，在許多詩詞、雜文中，她亦結合切身體會傾訴被壓迫婦女的悲慘命運及其所蒙受的奇恥大辱，表達對姊妹們掙脫封建枷鎖的殷切囑望。這些文字皆爲嘔心之作，是個人婚姻苦情和解放願望的高度昇華，幾乎篇篇感人至深。

對親情和友情的憶念與珍重，也是秋瑾情感生活中比較突出的一個方面。秋瑾對父母兄妹、親朋好友懷著十分眞摯的感情，由於出嫁後婚姻生活不遂人意，這種感情便更是格外爲她所珍惜。跟隨丈夫離開故鄉後，她在不少作品中傾吐了對親友的感懷思戀之情。與叱吒風雲的篇章相比，這些詩詞

顯然偏於柔婉，呈現出另一番格調，特別是投身革命前的部分作品，情緒相當抑鬱，寫愁、淚、病的詞句幾乎隨處可見。例如：「欲將滿眼汪洋淚，併入湘江一處流。」（《秋日感別》）「惆悵寸懷言不盡，幾回涕淚濕衣裾。」（《寄珵妹》）「年來自笑無他事，纏繞愁魔更病魔。」（《寄季芝》）……孤立地看，這些浸透憂傷的詠歎，同以往千百年間多愁善感、病姿弱質的才女們在文學中的呻吟似乎沒有什麼差異，但若聯繫作者的經歷和個性便可知道，其實並不盡然。一方面，這些情感的抒發從一個側面真實反映了秋瑾前期生活中的孤獨苦悶，確實有著傳統閨閣女性的心理特徵；另一方面，作者此類感傷的深層內涵又並不僅僅是思家念友、依戀故鄉，而是含蘊著對有志難伸、懷才不遇的生活現狀的不滿。其個性生命的社會價值已開始被作者自覺地認識與追求。這一點在 1903 年秋作於北京的《滿江紅》詞中，體現得尤為鮮明：

> 小住京華，早又是中秋佳節。為籬下黃花開遍，秋容如拭。四面歌殘終破楚，八年風味徒思浙。苦將儂強派作蛾眉，殊未屑！
>
> 身不得，男兒列，心卻比，男兒烈。算平生肝膽，因人常熱。
>
> 俗子胸襟誰識我？英雄末路常磨折。莽紅塵、何處覓知音？青衫濕！

詞的上闋表達了中秋佳節之時，思戀家鄉、親人的惆悵，下闋抒發了對「俗子胸襟」的鄙視之情和不讓鬚眉的英雄懷抱，亦寄託了知音難覓的痛楚悲哀。詞中的女主人公無疑是多情的，但其情所含的生活容量顯然較一般女子懷鄉念遠的作品寬廣深厚。秋瑾有不少與友人唱和贈答的詩詞，前期這類作品常寫得細膩纏綿，傳統女性情味較濃，後期則於柔婉之中增添了陽剛之氣。其中與吳芝瑛、徐自華、徐小淑等女友的贈答之作用情尤深。

此外，秋瑾對大自然亦懷著喜愛之情。在她的早期創作中，詠花詩佔有相當數量。儘管這些作品尚有較濃的閨秀生活氣息，但其中也往往透露出作者孤傲高潔、非同凡俗的氣質情操。她寫梅：「冰姿不怕雪霜侵，羞傍瓊樓傍古岑。標格原因獨立好，肯教富貴負初心？」（《梅》）她寫菊：「鐵骨霜姿有傲衷，不逢彭澤志徒雄。夭桃枉自多含妒，爭奈黃花耐晚風？」（《菊》）其中無不滲透作者的人格精神。

在中國婦女文學史上，文學女性的「多情善感」自秋瑾開始包蘊了較為豐富的社會內容和心理內容。其情感指向不再囿於個人生活特別是婚戀際遇的狹小天地，而是同時輻射到廣闊的社會歷史領域。在華夏文學史上，能夠極大限度地推己及人，從封建禮教壓迫的個人體驗中昇華出對廣大受奴役姊

妹的同情和摯愛，能夠將憂國之情真正融入自己的人生並使之與國家主人翁責任感結為一體的女子，秋瑾是第一人。

二、婦女文學思想品格的重建

如果說秋瑾的「多情善感」主要是在其情感內質的取向上卓異於一般舊時代才女的話，那麼，她創作中所展示的抒情主體的英風豪氣則更為直接地顯示出其與眾不同的個性。

此前的女子之作，並非不曾傳出過壯語強音，然而，像李清照「生當作人傑，死亦為鬼雄」（《夏日絕句》）那樣的鏗鏘之聲，不僅在她本人的創作中，而且在千百年間整個女界文壇上，均屬偶一見之。而明清之際出現的一些女子彈詞作品（如《再生緣》、《筆生花》等）又多是讓女主人公「借」一套男兒裝去幻夢一場，表面的雄強下掩著的仍是弱者的靈魂。秋瑾則不然，作為一個同樣生活在男尊女卑社會氛圍中的女性，她不僅在作品裏抒壯志，寫壯詞，而且在行動上大膽向世俗挑戰；她以男子為參系要求社會權利、承擔社會責任，卻又不是僅限於外在的模仿，而是基於女性人格意識覺醒所產生的內在力量，以自己英雄豪俠的性格入詩，十分自然地鑄就剛健遒勁的篇章。

這主要表現在志存高遠、任俠尚武和重義輕生幾個方面。

其一，志存高遠。早在閨閣生活時期，秋瑾就有著非同凡俗的意趣志向。中日甲午戰爭時期，年方十八九歲的秋瑾在閨秀中已有「女才子」之稱。但抱負遠大的秋瑾並不甘於作一個閨閣詩人。在一首為友人詩集所題贈的詩中，她借東晉名將祖逖聞雞起舞、收復失地拯救國難的典故讚頌友人風範，同時寄託了自己建功立業、青史留名的遠大理想。透過「他年書勒燕然石，應有風雲繞筆來」（《題郭調白（宗熙）〈湘上題襟集〉即用集中杜公亭韻》）的詩句，可以看到作者意氣之奮發，情志之激切。秋瑾還曾對一位女友說：「人生處世，當匡濟艱危，以吐抱負，寧能米鹽瑣屑終其身乎？」（見徐自華撰《鑒湖女俠秋君墓表》）

身為女子，在當時的社會裏要實現這樣的高遠志向，無疑面臨極大的障礙，然而秋瑾絕不自卑。與歷史上一些懷才不遇的女性只是發出「自恨羅衣掩詩句，舉頭空羨榜中名」（魚玄機《遊崇真觀南樓睹新及第題名處》）之類無可奈何的怨歎不同，她較多地從正面肯定女子的人格力量，在不少詩文中

多次頌揚秦良玉、沈雲英、梁紅玉以及花木蘭等歷史上或傳說中的巾幗英雄，表達對她們不凡業績的欽慕嚮往。諸如「今古爭傳女狀頭，紅顏誰說不封侯？馬家婦共沈家女，曾有威名振九州」，「肉食朝臣盡素餐，精忠報國賴紅顏。壯哉奇女談軍事，鼎足當年花木蘭」（《題芝龕記》）；「肮髒塵寰，問幾個男兒英哲？算只有蛾眉隊裏，時聞傑出。良玉勳名襟上淚，雲英事業心頭血。醉摩挲長劍作龍吟，聲悲咽⋯⋯」（《滿江紅》）等。其中有的作品中情緒不無偏激，所歌詠的對象也有個別屬於曾參與鎮壓農民起義的女性，但秋瑾從這些人物身上所汲取的，主要是她們在男性中心社會裏的自強精神，其著眼點在於肯定女子的社會價值，批駁重男輕女的社會現象和要求男女平權。

當秋瑾成長為民主革命戰士以後，奮鬥目標愈加堅定明確。她不再注重個人能否青史留名，而是懷著強烈的民族自尊心為洗刷國家的恥辱和重振中華雄風而戰。愛國主義和革命理想主義在作品中閃耀光彩。與此同時，秋瑾還熱情鼓勵廣大婦女掙脫奴隸枷鎖，自強自重，投身民族解放的偉大事業。由她自己作詞譜曲的《勉女權歌》就是一首激越昂揚的女子革命戰歌：「吾輩愛自由，勉勵自由一杯酒。男女平權天賦就，豈甘居牛後？願奮然自拔，一洗從前羞恥垢。若安作同儔，恢復江山勞素手⋯⋯」歌中鼓勵受壓迫的姊妹們從舊日的生活中奮然自拔，在拯救祖國危亡的鬥爭中像著名的法國民族女英雄若安（一譯貞德）那樣建立功勳。在當時的歷史條件下，能夠將爭取婦女解放與爭取民族解放的鬥爭目標結合起來，是十分可貴的，它顯示出秋瑾革命理想所具有的歷史高度，而其創作中所高揚的英風豪氣也正以此為根基。

其二，任俠尚武。秋瑾與舊時一般才女風采迥異之處，在於她不只是手持詩筆，而且是同時高擎著寶刀利劍。秋瑾筆下的自我藝術形象正有著這樣的動人之姿。

少女時代，秋瑾即好習武，從親戚那裡學習過使棒、拳擊、舞劍、騎馬等各種技藝。她對記載和描述古代豪傑的書籍分外傾心，愛不釋手。「尤好劍俠傳，慕朱家、郭解為人」（徐自華《鑒湖女俠秋君墓表》）。秋瑾又好飲酒。酒酣之時，或悲歌擊節，或拂劍起舞，一派豪俠之氣。凡與她有所接觸者，無不感其爽直豪縱。秋瑾在自己的一些詩詞、書信中亦曾談到這種性格特徵，如「身不得，男兒列；心卻比，男兒烈」（《滿江紅》），「喜散奩資誇任俠」（《獨對次清明韻》），「生不逢時，性難諧俗，身無傲骨，而苦乏媚容，於時世而行古道，處冷地而舉熱腸」（《致琴文書》）等。在秋瑾的文學創作中，任俠尚武

精神最爲突出地表現在對武裝鬥爭、暴力革命的大力宣揚和對戰鬥武器寶刀
寶劍的讚頌、歌詠上。

爲了民族解放鬥爭的成功，秋瑾不贊同走改良道路，而激烈主張以武力
推翻清朝統治，實現復興中華的偉業。她在不少作品中直言己志，鼓吹武裝
鬥爭，幾乎凡涉及革命內容的作品都要談到這個觀點。例如：「除卻干將與莫
邪，世界伊誰開暗黑？」（《寶劍歌》）「誓將死裏求生路，世界和平賴武裝。」
（《寶刀歌》）她又常採用託物言志和誇張比喻的手法，通過對寶刀寶劍的讚
美寄託壯士豪情。她寫劍：「夜夜靈光射斗牛，英風豪氣動諸侯。也曾渴飲樓
蘭血，幾度功銘上將樓……」（《寶劍》）她寫刀：「濡血便令骨節解，斷頭不
俟鋒刃交。抽刀出鞘天爲搖，日月星辰芒驟韜。斫地一聲海水立，露鋒三寸
陰風號……」（《紅毛刀歌》）火熱的情懷，磅礴的氣勢，使人從中眞切感受到
這位鑒湖女俠的虎虎生氣。作於留日時期的《鷓鴣天》詞則富於代表性地將
秋瑾的革命理想與尚武精神融爲一體，充分展示了作者的英雄本色：

> 祖國沉淪感不禁，閒來海外覓知音。金甌已缺總須補，爲國犧
> 牲敢惜身。　　嗟險阻，歎飄零，關山萬里作雄行。休言女子非英
> 物，夜夜龍泉壁上鳴！

可以看出，中國傳統文化中任俠尚武的精神在秋瑾身上打下了深深的印記。
她繼承這一傳統，又將新的思想內涵注入其中。因此，她的創作不僅豪情淋
漓，有著漸離擊筑之風、燕趙悲歌之韻，而且躍動著時代的脈搏。愛國主義
和對民族解放的理想追求使秋瑾的任俠尚武獨具光彩，也賦予其作品中的抒
情主體形象以感人的藝術魅力。

其三，重義輕生。秋瑾的革命志向和豪俠性格在她生命後期融入爭取民
族解放的實際革命鬥爭，救國興邦成爲秋瑾心目中至高無尚的民族大義。爲
此，她以大無畏的革命英雄主義氣概將個人生死置之度外。面對強大的黑暗
勢力和極端險惡的處境，她抱定舍生取義的決心，從未有過絲毫的猶豫、膽
怯和動搖。從日本回國以後，秋瑾致力於爭取民族解放的實際革命活動。1907
年春，她回紹興主持徐錫麟創辦的大通學堂，暗中培訓革命骨幹，準備武裝
起義。是年夏，金華等地的義軍接連敗露。7月6日，徐錫麟在安慶發動起義，
亦失敗遇害。消息傳到紹興，秋瑾悲憤交集。局勢險惡之際，她拒絕友人援
救計劃，不肯離開紹興躲避，表示革命要流血才會成功，「要求男女平權，首
先要做到男女平等的義務。我不入地獄，誰入地獄！」並給當時在上海愛國

女校讀書的好友徐小淑寄上絕命辭：「痛同胞之醉夢猶昏，悲祖國之陸沉誰挽？日暮途窮，徒下新亭之淚；殘山剩水，誰招志士之魂？不須三尺孤墳，中國已無乾淨土；好詩一杯魯酒，他年共唱擺崙歌。雖死猶生，犧牲盡我責任；即此永別，風潮取彼頭顱。壯志猶虛，雄心未渝，中原回首腸堪斷！」（《致徐小淑絕命辭》）詞中彌漫著慷慨悲壯的氣氛，清楚地表明秋瑾此時已抱定犧牲自己的決心，決意用自己的熱血去喚醒同胞。7 月 13 日，秋瑾被捕，在嚴刑面前堅貞不屈凜然無畏，兩天後在紹興軒亭口英勇就義。

在秋瑾的戰鬥生涯中，寫下不少表達自己民主革命的鋼鐵意志和獻身祖國解放事業堅定信念的詩作。1905 年 9 月，革命黨人吳樾在北京車站因炸清廷出洋考察五大臣而壯烈犧牲。秋瑾聞之，扼腕痛惜。在《弔吳烈士樾》一詩中，她謳歌烈士「爆血同拼奸賊臣，男女愛國已忘身」，「盧梭文筆波蘭血，拼把頭顱換凱歌」的高尚精神，表示了「前仆後繼人應在，如君不愧軒轅孫」的堅定志向。是年 12 月，同期在日留學的同盟會成員陳天華因反對日本文部省公佈的《取締清國留學生規則》蹈海自殺。秋瑾悲憤賦詩：「莽莽神州歎陸沉，救時無計愧偷生」，「犧牲我愧輸先著，珍重君還負盛名」（見陳象恭編《秋瑾年譜及傳記資料》）。七絕《對酒》尤為感人肺腑：「不惜千金買寶刀，貂裘換酒也堪豪。一腔熱血勤珍重，灑去猶能化碧濤！」千金買馬，貂裘換酒，自古傳為美談。秋瑾詩中則以刀易馬，愈加凸顯了英雄豪俠的逼人氣勢。詩作雖短，但其情之豪、其氣之壯、其文之爽、其筆之健，使人聯想到李白、龔自珍的詩，蘇軾、辛棄疾的詞。作者把為革命而流的熱血看成奔湧不息的碧濤，堅信它將喚醒民眾為祖國命運而戰。組織起義前夕，她在《寶劍歌》中亦曾激情縱橫地寫道：「死生一事付鴻毛，人生到死方英傑。」就在清兵前來圍攻大通學堂之時，秋瑾最後探望了臥病在床的光復會同志許一飛，並留詩述懷：「大好春光一剎過，雄心未遂恨如何？投鞭滄海橫流斷，倚劍雲霄對月磨。函谷無泥封鐵馬，洛陽有淚泣銅駝。粉身碎骨尋常事，但願犧牲報國多。」這是秋瑾生前最後一篇作品。它與秋瑾遇難前的絕筆「秋雨秋風愁煞人」七個字一起，表達了烈士生命最後時刻對革命事業的忠貞、對祖國命運的擔憂以及壯志未酬身先去的感慨。情調雖然悲涼，但字裏行間仍洋溢著一股雄健豪邁、不甘蕭瑟沈寂的浩然之氣。

秋瑾創作的英風豪氣與她的革命生涯相互映照，放射出耀人靈魂的光輝。由於作者人格與文格的高度統一，革命宣言與革命實踐的高度統一，因

而其創作不僅在近代文壇上，而且在當時的民族解放鬥爭中都產生了很大影響。作品中那位拔劍起舞、踔厲奮發的英雄女子形象也深深印在廣大群眾心中。秋瑾之前，在華夏歷史經歷的民族災難中，曾有一些不幸女子撫今傷逝，於詩詞中發出淒婉哀怨之聲。以宋代女作家李清照後期創作為代表，若干女子傷時憂世、感歎家國之難的作品曾在婦女文學史上留下色彩別具的篇章。然而，既往這類作品大都為憂鬱感傷的氣息所籠罩，抒情主人公基本上屬於「淒淒慘慘戚戚」的蒙難者形象。超越這一女子創作的傳統格局，將愛國之心與報國之行緊密聯繫起來，一掃民族災難之被動承受者的軟弱之姿，代之以主動而毫無保留地獻身於救國興邦偉大事業的戰鬥者形象的女性，秋瑾是第一人。

總之，秋瑾是中國婦女文學劃時代蛻變的催生者和鋪路人。在她的自我藝術形象身上，既有中國古代傳統女性的心理因素，更有初步覺醒的近代女性的精神品格。秋瑾的詩詞不是僅僅作為文學家的案頭之作供人欣賞，而是化為召喚和鼓舞民眾的號角催人奮起。在她後半生緊張的革命活動中，沒有條件嘔心瀝血於詩詞創作，她本人也無意於此。秋瑾曾勸勉自己的學生說：「我欲期君為女傑，莫拋心力苦吟詩。」（《贈女弟子徐小淑和韻》）若以文學技巧而言，她的創作在藝術上自然不無可挑剔之處，特別是一些急就之章明顯有著比較粗糙的痕跡，但這並不能掩去其動人的風采。

與作者英雄豪俠的性格相聯繫，她創作風格的主導面是剛健豪放、雄渾悲壯，作品常燃燒烈火一般的激情，席捲風雷一般的氣勢，自抒胸臆，不事雕琢，具有動人心魄的感染力量。一方面，秋瑾從古典文學寶庫中汲取豐富的營養，寫詩填詞思路開闊、用典得當，善於借助想像聯想、比喻誇張等多種手法塑造形象抒發感情；另一方面，她又對古典文學傳統表現出勇於革新的精神。在這一點上，梁啓超等人倡導的「詩界革命」給了她積極的影響。為了能夠深入淺出地宣傳民主革命，提倡婦女解放，秋瑾常在一定程度上打破舊體詩的形式約束，使之服從於表現革命性內容的需要。她的自我藝術形象，也正是在這種對古代文學傳統的繼承和變革中得以完成的。

秋瑾將女性人格意識的覺醒與覺醒了的女性的感情注入創作，為中國婦女文學思想品格的重新建構提供了良好的開端。儘管她的創作就其藝術形式的語言特色而言，與新文學尚有明顯距離，但是她所取得的突出成就，在古代婦女創作與現代女性文學之間架起了一座無形橋梁。

第二節　女學生：民族國家視域下的新婦女想像

　　本節討論的是現代意義上的女學生的出現。19 世紀後期的兩個發現——對民族國家的發現和對婦女問題的發現，構成了本節的敘述背景。實際上，這也是女學生出現必不可少的條件，它使改造家內婦女爲新婦女的想像成爲可能。

　　爲了闡釋婦女在歷史上被集中討論的現象以及女學生出現的意義，論文將這一問題放置於晚清一系列社會背景下討論。在此首先將描述「西方知識生產」—— 這樣的知識既包括西方文明、科學的一整套話語，也包括 19 世紀晚期以來西方婦女形象在晚清的系列塑造——對晚清婦女問題帶來的影響。接著，我們關注的是晚清知識分子在民族國家視域下對婦女問題的認識及策略性討論；西方婦女形象在晚清敘述中的「變形」與「錯位」。最後將講述 1898～1925 年間中國女子教育領域發生的變化，論文對促使女子教育變化的諸種文件和運動保持關注，中國的第一代女性知識分子，大都是這些法律條例和社會運動的直接受益者。某種程度上，晚清知識分子想像中的新婦女形象逐漸在女學生身上得以落實。

一、發現婦女

　　1840 年代，隨著鴉片戰爭的結束，中國的南方城市，比如廈門或廣州，來了一群陌生的金髮碧眼者。這群人大都在本國受過高等教育，他們的行李裏帶著聖經和基督教義，他們的理想是獻身於基督教事業。在漢語中，他們被稱爲「傳教士」。1860 年後，當這些身穿黑袍的傳教士們被允許進入中國內地時，也是他們「侵入」並「影響」中國人生活的開始。

　　傳教士們建立了中國境內的第一所女子學校。從 1844 年到 19 世紀 70 年代，中國土地上所有的女子學校，幾乎都是由教會建立，它們大多分佈在東南沿海開放地區。」〔註 1〕進入 20 世紀後，傳教士們還創辦了著名的教會女子大學：華北協和女子大學、華南女子學院、金陵女子大學。另外，中國最早的「不纏足會」和中國境內最大規模的「不纏足會」，主辦者也都是傳教士。

〔註 1〕Gregg, China and the Educational Autonomy,pp.16-17，轉引自王立新：《美國傳教士與晚清中國現代化》，天津人民出版社，1997 年，第 226 頁。

　　傳教士創辦了許多雜誌，最有影響的要數《萬國公報》〔註2〕；他們發行了幾百種書籍，與婦女問題有關的書籍包括《女學論》、《生利分利說》、《全地五大洲婦女習俗考》等；由他們引發的婦女問題討論，曾波及全國。這些討論大都發表在《萬國公報》上。據一部專門研究《萬國公報》的著作所列，《萬國公報》在 1875 年至 1907 年間，發表「不纏足」、「興女學」、「革陋習」、「介紹國外婦女」等方面的文章近百篇〔註3〕，並且，這份報紙還舉辦過「不纏足」的徵文活動，以引起社會對此問題的高度重視。

　　傳教士對中國婦女問題作出的貢獻，已有許多令人信服的成果。我所做的嘗試，在於從另一個角度觀察此種貢獻。這個角度，以「發現」為關鍵詞。對於熟悉的事物、幾千年來的習慣行為，人們常常習以為常。為什麼「不識廬山真面目」？恐怕是「只緣身在此山中」。

　　有必要想像一下那群傳教士踏上中國土地時的心情。當中國人把他們當作「陌生」者觀察時，他們也在觀察著這個「新大陸」。從地理、氣候到風土人情，這裡所有一切都與他們的國家不同。他們感受到了。尤其注意到婦女——中國婦女們不拋頭露面，因為她們生長在閨閣；陌生男人要與良家婦女交流極其困難，因為中國有男女授受不親的傳統；中國婦女的腳也與外國婦女不同，她們的腳被裹著，是小腳；婦女們不識字，不進學校，因為中國人信奉「女子無才便是德」；中國人的夫妻關係也令人困惑，社會允許一夫多妻……所有這一切，對於傳教士而言，都是令人震驚和不可思議的。因為，這都違反了基督精神。在 1877 年 9 月出版的《益智新錄》第 5 卷中，傳教士艾約瑟最早對中國婦女地位表達了不滿，他認為一夫一妻才是符合基督精神。很快，更多的傳教士開始指出，婦女裹足、無學都違反了教義。

　　也有人認為，傳教士們的不滿是因為婦女處境會影響他們的傳教工作——纏束的雙足不利於布道，不識字還會影響她們對教義的理解與掌握。

〔註2〕《萬國公報》，1868 年創刊，前身為《教會新報》。1874 年改為《萬國公報》。1907 年休刊，中間曾停刊 6 年，實際發行時間為 28 年。1874～1883 年為周刊，1889～1907 年為月刊。周刊 450 卷，月刊出刊 227 冊。數目之大，為同時代刊物所無法比擬。在中國近代史上，《萬國公報》以報導中外時事要聞，介紹西學鼓吹變法為重，對當時包括康有為、梁啟超等人在內的中國知識分子產生過重要影響。

〔註3〕據該書所列表格計算，「不纏足」討論的文章共有 40 篇，「興女學」的文章 40 篇，「革陋習」的文章 28 篇，介紹國外婦女的文章大約有 50 篇。王林：《西學與變法——〈萬國公報〉研究》，齊魯書社，2004 年，第 329～341 頁。

因而，他們號召婦女不纏足、去學堂學習，也未嘗沒有創造傳教條件之目的。

這恐怕也許是婦女們在最初被傳教士當作「問題」討論，卻並沒有眞正打動中國人的原因。無論是違反基督還是不利於布道，中國的知識分子和老百姓完全有理由聽而不聞——因爲他們並不信奉「基督」，那麼「違反」也就無從談起。實際上，晚清以前，中國有過一些知識分子〔註4〕對中國婦女裹足、無學習俗的批評，但這種聲音極其細微，絲毫沒有引起社會的波瀾。情況一直到1890年代才有所改觀。

正如一粒種子的發芽需要適當的土壤、水和氣候一樣，「婦女問題」能在整個中國社會長成「參天大樹」，進而引發社會的變革，除了傳教士們的外來之眼，還需要更多條件的催生。

首先，把婦女看作「問題」，需要一定的知識背景。1880年代之後，這種認識背景日趨成熟——中國知識分子對西學知識的掌握日漸普遍。1887年成立的「廣學會」〔註5〕出版了大量的西學書籍，這些書籍中包括敘述19世紀歐美各國資本主義發展史的《泰西新史攬要》；介紹甲午中日戰爭的《中東戰紀本末》；介紹美國教育制度的《文學興國策》以及介紹各國婦女生活習俗及生存境遇的《全地五大洲婦女習俗考》……另外，廣學會還曾對當時的普通士人進行贈書活動，以便更迅速地傳播西方文明。

當年輕的梁啓超「下第歸，道上海」時，他「從坊間購得《瀛環志略》。「讀之，始知有五大洲各國」〔註6〕這些書籍是梁啓超想像「世界」的開始。後來，梁回憶這一段經歷時認爲，西學的逐漸輸入有如「忽穴一牖外窺，則燦然者皆昔所未睹也。環顧室中則皆沉黑積穢，於是對外求索之欲日熾，對內厭棄之情日烈。」〔註7〕——梁啓超的自述，爲西方書籍對中國知識分子產生重要影響的判斷提供了支持。

〔註4〕對於中國婦女的地位，歷代都有知識分子——李贄、顏元、唐甄、俞正燮、李汝珍、錢泳等人，都批評過中國婦女們的不公平待遇。

〔註5〕廣學會，1887年11月1日建立，初名爲同文書會，1892年後改稱爲廣學會。英文名字初爲 The Society for the Diffusion of Christian and General Knowledge among the Chinese ,1905年改爲 The Christian Literature Society.參加這個學會的主要是英美傳教士，此外還包括不少的在華的外交官和商人。在近代西學東漸和維新思想的傳播中，廣學會發揮了重要作用，對晚清維新運動和社會變革產生了重要影響。——本段介紹參引自王立新：《美國傳教士與晚清中國現代化》，天津人民出版社，1997年，第339頁。

〔註6〕梁啓超：《三十自述》，載：《戊戌變法》（四），第49頁。

〔註7〕梁啓超：《清代學術概論》，載《飲冰室合集》，專集，第32冊，第52頁。

　　與其說這是一場有關西方文明的傳播，不如說是有關西方知識的生產。傳教士們也在改變著敘述策略。例如，《萬國公報》上儘管還在批評婦女處境，但不再明顯出於基督教義。書寫者改變的書寫策略包括對西方婦女教育狀況的介紹、教育制度的分析、西方婦女的處境的描述：婦女們自由交際、出外讀書、運動以及自謀職業的生活情況，以及結合國家實力對婦女入學的重要性進行探討等。例如，在傳教士林樂知翻譯的《美女可貴說》中就描述了一幅美好圖景：美國男女平權、夫婦平等；婦女有自己的職業；美國婦女可以干預國政；她們可以進入學校、還可以男女同校；婦女們的婚姻也是自由的，她們有自由選擇權……〔註8〕

　　對美國婦女生活進行讚美，林樂知也對印度等國婦女的生活習慣表達不滿。在《論印度古今婦女地位》〔註9〕中，他借印度婦女之口，列舉了婦女的生活情狀：男女授受不親、沒有女學、男女結婚須由他人做主等等。這些講述遠勝於枯燥的以基督教義出發進行的講解，並且，這一時期，對國外婦女的介紹還常常配以照片、圖畫的方式，其益處莫過於生動形象，使讀者有「帶入感」。

　　後來，林樂知把文章結集出版，定名為《全地五大洲女俗通考》。書中，林樂知嘗試講述婦女與國家之間的關係，「凡國不先將女人釋放提拔而教養之以成其材，決不能有振興之盼望。」〔註10〕儘管這樣的說法顯然脫胎於法國著名思想家傅立葉的「婦女解放的程度是一個社會解放程度的標誌」。但他的創造性發揮還是應該被記住。即林把婦女問題與國家強盛聯繫了起來。〔註11〕或者說，他利用中國人對於世界的想像，對多國婦女的教化程度進行了排序，這樣的排序，又與當時各國的實力排序相近。一個隱隱的判斷標準（國家強盛與婦女處境的關係）正在生成：中國「教育之尤為缺少而不能與西國教育並衡者，則在於不興女學，女人無學，終不能得真實之興盛，西國教化之成為文明，未始不由於振興女學之功。」〔註12〕沒有比與國家強盛有關的話題更能引起晚清人的注意了。

〔註8〕林樂知：「美女可貴說」，《近代中國女權運動史料（1842～1911）》（上），李又寧、張玉法主編，龍文出版社股份有限公司印行，1995年，第177頁。

〔註9〕林樂知：「論印度古今婦女地位」，同上，第183～187頁。

〔註10〕林樂知：《全地五大洲女俗通考》第1集卷首，林序。

〔註11〕「他並非單純以基督教道德來評判中國婦女的地位，而是認為婦女的地位是衡量一個國家文明程度的標誌，並與國家的興衰息息相關。」引自王立新：《美國傳教士與晚清中國現代化》，天津人民出版社，1997年，第258頁。

〔註12〕林樂知：《全地五大洲女俗通考》，第10集，下卷，第11頁。

　　關注《全地五大洲女俗通考》中國讀者的反映，會約略看到一部西方著作如何對中國讀者產生影響的過程。作為林的助手，任保羅以一個中國知識分子的角度闡述了林樂知寫書的目的。與林自述的著書主旨不同，他的言語更有急切之意：「凡以求人之知，且望人於知之後，即繼以行，不趨歧途，務遵正道，急起直進，勇往不懈，以近法日本維新之大業，遠師歐美文明之教化，安見中國美大之山河，不能與東西各強國抗衡乎？」〔註13〕以一位中國人的身份，他設想了一幅在世界的舞臺上中國人「急起直進」的畫面。這暗示了「婦女/國家等級」想法的初獲認同。

　　范褘對林樂知以「婦女教化定格」的說法也表示認可。他描述了教化悖於道德的危害：「教化之尤悖於道德者，莫若幽閉婦女之一端。使全國之婦女，不讀書，不識字，窒塞其聰明，束縛其能力，鉗制其身體，上焉使為花為鳥，以供人之玩弄，下焉使為牛為馬，以聽人之鞭策，而一切愚魯虛偽、邪妄淫惡諸端，得以乘間而入，積業穢於人人閨門之間……不進步而日退步……」〔註14〕談到讀書感受，范褘說：「讀是書者，誠能憬然於五千年來，中國寢貧寢弱之所以然，又憬然於五千年來各國以風習之不同，而結果因之以異，又憬然自十六七世紀而後，改正教勃興，遂開闢英德美諸新國，執全世界之大權。於是幡然變計，不徒馳騖於政治風俗之空談，急迎受新教化而從之，中國之幸也。」〔註15〕——林樂知有關先進與落後，光明與黑暗，教化與未教化的價值標準，在中國讀者那裡，得到了「意料之中」的反映。

　　對於林樂知的貢獻，有必要從兩個方面認識。第一，他提供了一系列的各國婦女生存景象。這種生存景象——有關「他者」的歷史，因為書寫者本人的多方遊歷經歷及強國國民身份而具有不容質疑的權威性。在這之後的晚清報刊上，中國知識分子們在批評婦女問題時都採用了以西方為鏡的方式。沒有出過國門的作者們，對西方婦女處境的讚美性敘述，其真實根據在哪裏？傳教士們對於西方的介紹，在此刻發揮了「效力」。第二，正如上面已提到的，林樂知引入了一種新的視域：即把從基督教義理解的中國婦女問題轉化為國家問題。這也就引入了一種新的價值判斷：從民族國家角度出發看婦女的價值。

〔註13〕任保羅：「全地五大洲女俗通考序其二」，第828頁。
〔註14〕范褘：「全地五大洲女俗通考書後」，同上，第829頁。
〔註15〕范褘：「全地五大洲女俗通考書後」，同上，第830頁。

　　林樂知的價值判斷慢慢被接受的同時，李提摩太的「生利分利說」也深受認同。李提摩太把社會人群可以分為生利者（生產者）與分利者（即消費者）兩類。而中國婦女——處於深閨的、纏足、無學的婦女，被認為屬於分利者和坐食者。

　　有關生利分利說的認識，其實是西方婦女解放的大歷史背景。這樣的變化歸根於一隻「看不見的手」。〔註16〕在工業革命中，當機械力代替肌肉力，智力代替體力已成不可逆轉的趨勢時，就為婦女大規模地重返社會，參與經濟活動提供了必要和可能。〔註17〕李提摩太的積極作用，是把國外對婦女生產力的關注引入了中國語境，並使之與中國境況發生關係。其後，中國的雜誌上出現了婦女們是國家和家庭的分利者、坐食者的論述，這種論述既出現在梁啟超等大知識分子那裡，也出現在像金天翮這些普通知識分子的敘述中。

　　在中國歷史上，婦女是否真的是分利者和坐食者？即使不是從極端的女權主義角度出發，也能夠知曉：歷代的中國婦女在養蠶、紡織、刺繡等行業上做出過貢獻，另外，「男主外，女主內」的家庭分工法則，也意味著中國婦女雖然是在家中，但並不是終日無所事事者。事實上，在晚清，傳統的「女紅」——紡織、刺繡，還是當時家庭乃至國家的支柱產業。〔註18〕但是，從李提摩太的生利分利法則出發，婦女們曾經的勞動價值被忽視了，因為這個

〔註16〕工業革命首先以其「看不見的手」將經濟生產活動與家務勞動強制性地分離為二，讓男人走上社會參與經濟生產與競爭，把婦女置留於家庭從事單純的家務，使性別角色分工日益分明。但工業革命所帶來的社會化大生產最終勢必要將所有的人都帶上工業化和社會化的戰車，不論男性和女性。此分析引自閔冬潮：《國際婦女運動 1789～1989》，河南人民出版社，1991 年，第 68 頁。

〔註17〕「婦女的解放，只有在婦女可以大量地、社會規模地參加生產，而家務勞動只占她們極少的工夫的時候，才有可能。而這只有依靠現代大工業才能辦到，現代大工業不僅容許大量的婦女勞動，而且是真正要求這樣的勞動，並且它還力求把私人的家務勞動逐漸溶化在公共的事業中。」引自恩格斯《家庭、私有制和國家的起源》，人民出版社，1999 年，第 169 頁。

〔註18〕「在江南，一個成年婦女和她九歲的女兒通過養蠶和織這些蠶吐的絲，能夠使一個相當貧窮的農民家庭每年增加十一點七三兩白銀收入，並且仍然能做好家務；如果這個家庭能夠無需借債即為這種生產提供資金，她們就能夠掙到十三點七三兩白銀。在這一區域一個男性農業工人即使一年能得到十二個月的工作，每年最多掙五兩工資，再加上他本人的部分伙食；如果他是一個長工而不是按日或月受雇，他可能得到全部飲食供給，但只能掙到二至四兩白銀。」引自（美）彭慕蘭：《大分流》（中譯本），江蘇人民出版社，2003 年，第 85～89 頁。

判斷體系是以國家利益爲出發點。如果說作爲一個外國人，李提摩太並不一定眞正瞭解中國婦女的歷史及價值的話，那麼在通曉文史知識的中國知識分子那裡，何以接受這種忽視女性貢獻的敘述？

如果把這種判斷標準看作一粒種子，這一時期的社會氛圍無疑屬於「氣候」因素。此一時期，嚴復的《天演論》受到了國人關注。物競天擇學說的傳播進入重要時期。杜贊奇在《從民族國家拯救歷史》中指出了這種傳播帶來的「陰影」。在他看來，十九世紀末期社會達爾文主義開始衝擊非西方世界時，它代表的是啓蒙理性最陰暗的一面，因爲它在啓蒙文明的名義之下，把人類劃分爲「先進」與「落後」的種族。晚清中國人和非西方的其它國家一樣，都毫不例外地受到了此種思想的影響，進而承認了自己「落後」的一面。

就世界的範圍來看，歐美通過戰爭、殖民、外交以及簽訂不平等條約等方式，把「強勢的民族國家」以及「先進的西方文明」推行到全世界，也推行到了中國的家門口。另一方面，一衣帶水的鄰國日本，卻迅速發展起來。日本在政治上完成了民族國家以及政治文化的建設，並且，在日俄戰爭中也實現了「黃種人」打敗「白種人」的「壯舉」。而中國呢，面臨的卻是 1840 年和 1856 年的兩次鴉片戰爭、1884 年中法越南戰爭、同英國在西藏問題上的衝突、同沙俄在邊界問題上的衝突以及其後簽訂的不平等條約，這使當時的知識分子深感焦慮。當然，1895 年甲午中日戰爭的失敗更令人心痛，晚清人眞切認識到「亡國滅種」的危險。

意識到「亡國滅種」時，也是晚清人的價值判斷開始以國家利益爲重時，於是，婦女們的家內的工作價值「順理成章地」受到了貶低。這是改寫中國婦女史的開始。1890 年代以後的晚清，它獲得了從精英到一般士子的普遍認同。種子，在適當的時節和土壤的配合之下，開始了它的發芽。

中國近代對於婦女問題的發覺，不是自省的，而是由對待對象而得來。──王爾敏在《清季知識分子的自覺》〔註 19〕中對中國知識分子近代人格分析的結論，同樣適用於中國婦女。在提供對待對象方面，傳教士對西方婦女形象的講述，無疑是最初的也是最重要的，它使中國人獲得了重新認識婦女的可能── 一雙特殊的民族國家之眼。正是這雙眼睛的獲得，晚清知識分子對婦女的傳統價值判斷出現了一次重要的、卓有意義的「倒錯」與「顚倒」：曾經的美變成了醜、曾經的有價值變成了無意義、曾經的無足輕重變成了至

〔註 19〕王爾敏：《中國近代思想史論》，社會科學文獻出版社，2003 年，第 94 頁。

關重要、曾經被忽視的群落獲得了前所未有的關注。以前，有關婦女價值的一切都是以「家」作為判斷標準，而此刻，她們的價值將從「國家」的角度重新解釋。「這就是婦女人格的重新估價，也就是婦女地位之重被重視。」〔註20〕婦女價值的重估與改寫，也成為了晚清風雲變化的「總爆發點」——一場近代革命運動的「風眼」。

二、作為生產力的婦女

當外國傳教士來到中國之時，中國人也走出了國門，他們都看到了「外面的婦女」。震驚之感是相互的。在美國加州的聖何塞（San Jose），女主人問她的華人花匠，他到美國之後，感到最奇怪的是什麼。花匠回答：「女人會讀書和寫字。」〔註21〕

另一位來到英國的中國人，在寫給家人的信中說，英國女人與中國女人不一樣——她們不纏足、可以受教育，並且，英國也不允許殺害女嬰。中國人開始注視婦女問題時，僅僅理解為只從西方傳教士獲得視角並不符合事實，「發現」絕不應該簡單地被理解為「衝擊——反應」模式。它們要複雜得多。普通人看到的是兩個國家婦女生活情況的不同，而作為留洋的知識分子，思索的就不僅僅是生活差異。

在李圭的《環遊地球新錄》中，已經開始思索西方文明與西方女子教育之間的關係了：「各國女塾，無地無之，英國大書院，男女一律入學考試。德國女生八歲入學，例必入塾讀書，否則罪其父母。美國女師女徒多至三四百人，其所以日益昌盛者，亦欲盡用其才耳」。〔註22〕良好的學校教育，使女子們看起來「舉止大方，無閨閣氣，有鬚眉氣」，「頗能建大議、行大事」，聯繫到幽禁於閨閣的中國女子之「無用」狀況，李圭意識到使女子成為有用之才對民族國家前途的至關重要，因為「天下男女數目相當，若只教男而不教女，則十人僅作五人之用」，〔註23〕「女學」，恐怕才是解決女子之用問題的理想途徑。

走出去的中國人，還有另外的慘痛經驗，它被描述為「被圍觀的腳」。1903年，日本大阪世界博覽會上發生「人類學館事件」，「日人竟擬於其中置一中

〔註20〕同上，第 101 頁。
〔註21〕轉引自《女性與近代中國社會》，第 66 頁，Margaret E Burton: The Education of Women in China, Flem ing H Revell company（1911），第 25 頁。
〔註22〕李圭：《環遊地球新錄》，湖南人民出版社，1980 年，第 41 頁。
〔註23〕同上，第 42 頁。

國人，擷拾我一二舊俗，模肖其腐敗之態，以代表我全國」〔註24〕，消息被居留日本的華人視爲莫大恥辱。因政府的干涉，人類學館的事情取消了，但在臺灣館（臺灣在當時是日本的殖民地）內卻安排了一小腳女人。此事帶給國人的衝擊巨大而深遠，1904 年成立的廣東香山女學校，在規定學生不准纏足時，就復述了發生在日本的「恥辱」。「野蠻人類，館列大阪，騰笑五洲」，「我實痛之，我實恥之」。

　　很快，這種被圍觀的恥辱，在晚清的報紙上以各種形式被講述和呈現，變成了一種與民族國家有關的儀式。作爲婦女身體的雙腳，不再是屬於婦女個人，不再屬於私人隱秘。小腳美或不美，放腳以及如何放等等一系列問題，全都被轉化成爲舉國討論的大問題。在晚清，這小腳已是一種象徵──象徵野蠻的、不衛生的、不文明的、恥辱的、禍國殃民的不祥之物。它們在報刊上以各種形式被言說，慢慢形成一種普遍的認識：婦女的雙腳是「醜怪」。

　　對女人雙腳的討論，最終出現在康有爲的《請禁婦女裹足摺》中。「而最駭筆取辱者，莫如婦女裹足一事，臣竊深恥之。」〔註25〕當然，作爲臣子，試圖打動皇帝的理由，「恥辱」只是其中一個──國家恥辱：「歐美之人，體直氣壯，爲其母不裹足，傳種易強也。回觀吾國之民，尪弱纖僂，爲其母裹足，故傳種易弱也。今當舉國徵兵之世，與萬國競，而留此弱種，尤可憂危矣！」〔註26〕這是一位晚清知識分子對婦女身體價值的凝視。這樣的講述，使婦女與民族國家在某種程度上出現了重疊，即：「婦女的生物性再生產（生育）被等同爲民族的生物性再生產（繁殖）。」〔註27〕

　　對婦女身體的認識，也出現在晚清大臣張之洞的感歎中，在他眼裏，中華兩萬萬婦女因爲纏足而「廢爲閒民僇民」，只能坐而衣食，「不能植立，不任負載，不利走趨，所作之工，五不當一」〔註28〕，這也是從國權的維

〔註24〕　《日人侮我太甚〈敬告東京留學生〉》、《博覽會人類學館事件》，《新民叢報》25、27 號，1903 年 2 月，3 月。
〔註25〕　康有爲：《請禁婦女裹足摺》，《近代中國女權運動史料（1842～1911）》（上），第 508～510 頁。
〔註26〕　同上，第 509 頁。
〔註27〕　陳順馨：《導言一：女性主義對民族主義的介入》，陳順馨、戴錦華編：《婦女、民族與女性主義》，中央編譯出版社，2004 年，第 9 頁。
〔註28〕　張之洞：《張尚書不纏足會敘》，《近代中國女權運動史料》（下冊），第 847～848 頁。

護以及國富的角度來審視婦女身體價值的。〔註 29〕梁啓超在《變法通議·論女學》中也反覆闡說婦女身上的勞動能力。這種勞動能力先由「生利分利說」展開。「中國即以男子而論，分利之人，將及生利之半，自公理家視之，已不可爲國矣！況女子二萬萬，全屬分利，而無一生利者。惟其不能自養，而待養於他人也……彼婦人之累男子也，其不能自養，而仰人之給其求也，是猶累其形骸百年。」〔註 30〕梁爲人類的未來所設想的藍圖中，是：「國人無男無女，皆可各執一業以自養，」〔註 31〕當婦女身上的自養能力被發掘，那麼「夫使一國之內，而執業之人，驟增一倍……」〔註 32〕人人都能自養，則國富民強。

儘管從康有爲、梁啓超的主張中依稀能看到西方理論的影響，但就此判斷他們看法的「舶來」性質不免簡單化。事實上，康有爲、梁啓超在「發現婦女」方面做出的貢獻應該被充分理解和認識。這種貢獻首先應理解成：他們把西方話語本土化——使有關婦女問題的論述符合中國人的話語邏輯。

在《請禁婦女裹足摺》開篇，康設計了一種有意味的象徵關係，他提到了漢代賈誼。「竊惟漢臣賈誼上治安策，謂大臣以簿書期會爲大故，本末兼失，世敗壞則不知怪，此誠知治亂之體要也。」〔註 33〕儘管這種寫作手法常在大臣寫給皇帝的奏摺中出現，但它的意味深長之處還是應該被注意到。即，康在自我與賈誼之間建立了某種關聯，進而使自己與皇帝的對話進入悠久的中國歷史傳統中。換言之，康有爲使用了一種與「過去」重新建立關係的方式來打動皇帝。

這只是開始。在討論了裹足爲婦女帶來行動不便和苦難處境、婦女身體對於國家「種」的流傳的重要之後，康有爲開始追溯裹足的歷史：「臣嘗考裹足惡俗，未知所自，史記利屣，不過尖頭，唐人詩歌，尚未詠及，宋世淹被，遂至方今，或謂李後主創之，恐但惡風所扇耳！宋人稱只有程頤一家不裹足，則餘風可知。古今中外，未有惡俗苦體，非關功令，乃能淹被天下，流傳千

〔註29〕 黃金麟：《歷史、身體、國家——近代中國的身體生成（1895～1937）》，新星出版社，2006 年，第 40 頁。
〔註30〕 梁啓超：《變法通議·論女學》，《近代中國女權運動史料（1842～1911）》（上），第 550～551 頁。
〔註31〕 同上，第 555 頁。
〔註32〕 同上，第 550 頁。
〔註33〕 康有爲：《請禁婦女裹足摺》，《近代中國女權運動史料（1842～1911）》（上），第 508 頁。

年，若斯之甚也，則可駭莫甚焉！」〔註34〕

對過去的重新解讀，目的在於為現在的取消裹足尋找理由。既然裹足是苦體、非關功令的「惡俗」，那麼，取消它不僅合理，而且合法，因而皇帝所做的工作，並不是對歷史與傳統的反叛，恰恰在於進入傳統。於是，這種合法性不僅僅被理解為對傳統的傳承——「且國朝龍興，嚴禁裹足，故滿洲婦女，皆尚天足。」〔註35〕也被理解為維護國家統一的需要：「凡在國民，同隸覆幬，率土婦女，尤宜哀矜，且法律宜一，風俗宜同。」〔註36〕因而，禁婦女裹足，便不止是事關富國的手段，還在於「憐此弱女」和「改茲惡俗」。皇帝的行為不僅僅是為國家將來著想，還被認為是關懷百姓及改革惡俗之舉。也就是說，康有為在《禁裹足摺》中，成功地改寫了裹足與「過去」、「現在」與「過去」，「現在」與「更遠的過去」的關係，即「現在」所做的，只是修正「過去」，而與更遠的「過去」相聯，進而傳承歷史、維護國家統一。

通過借助「過去」而獲得合法性的方式，即託古改制，也出現在梁啓超的《倡設女學堂啓》中：「是以三百五篇之訓，勤勤於母儀；七十後學之記，眷眷於胎教。宮中宗室，古經鼇其規綱；德言容工，昏義程其課目。必待傅姆，《陽秋》之賢伯姬；言告師氏，《周南》之歌淑女。聖人之教，男女平等，施教勸學，匪有歧矣。去聖彌遠，古義浸墜，勿道學問，惟有酒食。等此同類之體，曾不一事生人之業，一被古聖之教！」〔註37〕在梁啓超的文字中，傳統是神聖的，婦女無學並不是傳統的一部分，而恰恰違背了過去和傳統，因而，現在的「興女學」，是與「更遠的過去」——「古聖」接軌。

在一個歷史悠久、傳統力量強大的國族裏，這種策略最終取得了成效。就上層而言，光緒帝和慈禧接受了禁裹足的請求、不纏足運動終獲合法、婦女教育被納入了官方的教育文件；就民間而言，這種策略延展到了報刊、雜誌及街頭巷議並獲得廣泛認同。當然，這種使裹足、女學進入歷史系統的理解，並不是康有為、梁啓超的發明，只不過，他們的論說更為系統、更有文學性、煽動性、公眾能見度更高。無論怎樣，透過他們的言論可以看到，發

〔註34〕同上，第 509 頁。
〔註35〕同上，第 510 頁。
〔註36〕同上，第 510 頁。
〔註37〕梁啓超：《倡設女學堂啓》，《近代中國女權運動史料（1842～1911）》（上），第 561 頁。

現婦女的過程，儘管借用的是來自西方的視角和話語，但最終使這些言論和系統紮根於中國土壤的，是中國知識分子的努力。他們對歷史與現實做了複雜的「交易」、「消解」、「溶入」、「同化」等工作，這是傳教士們所無法做到的。

還有另一種策略性工作。《變法通議・論女學》是梁啓超思索「女學」的文章。整篇文章都圍繞著一個論點展開：「然吾推極天下積弱之本，則必自婦人不學始。」〔註38〕如何使女人自養，在他看來是整個國家擺脫落後，家庭擺脫貧窮的重要途徑。在此處，梁啓超借用了民族國家這「想像的共同體」，他以一位中國人的身份，對傳教士的行爲進行象徵性處理：「彼士來遊，憫吾窘溺，倡建義學，求我童蒙。教會所至，女塾接軌。夫他人方拯我之窘溺，而吾人乃自加其桎壓，譬猶子弗鞠，乃仰哺於鄰室；有田弗芸，乃假手於比耦。匪惟先民之恫，抑亦中國之羞也！」〔註39〕

通過對民族國家共同體的體認，梁啓超把傳教士的行爲解釋爲「憫」、「拯」，而中國人的羞恥則在於「仰哺」「假手」，進而，他指出了自辦女學的必要與必須：「夫男女平權，美國斯盛，女學布濩，日本以強，興國智民，靡不如此，」〔註40〕在「他者」的映照之下，梁提出：「三代女學之盛，寧必遜於美日哉！」〔註41〕——時間將超越空間，那遠在萬里之外的「他者」，有一日會變成我們自己。

「他者」至少被提到兩次，一次被用來鼓勵讀者「知恥而後勇」，另一次也是鼓勵，認爲現在的「他者」即未來的「自我」。這篇名傳一時的文章，因捕捉到了當時中國人的集體感受——民族國家一員而令讀者備受鼓舞。這正是梁在民族國家敘述中所採用的敘述方式：放大對於民族國家成員身份的體認，從而把一種既屈辱又樂觀的感受引入關於婦女的想像上。正如一位學者指出的，「這種將國家命運關聯於婦女智識開啓的議論，不但使女學的傳散得到一個正當化的名頭，打破女子無才便是德的父權意識的鉗制，同時也相對使婦女身體的存在價值工具化。這種試圖將兩萬萬婦女的勞動生產力和智識轉化成爲一股國力的基礎的努力，顯然是一個特定歷史情境的產物。它不單

〔註38〕同上，第555頁。
〔註39〕梁啓超：《倡設女學堂啓》，《近代中國女權運動史料（1842～1911）》（上），第561頁。
〔註40〕同上，第562頁。
〔註41〕同上，第562頁。

十足反映國際競爭情勢在當時對中國所造成的絕大壓力，它同時也揭示一個父權對國權低頭過程。」〔註42〕

因爲學校可以塑造出生物學和文化意義上生育「優質」公民的高效母親〔註43〕，因爲女學堂培養的婦女「上可相夫，下可教子，近可宜家，遠可善種，婦道既昌，千室良善……」，〔註44〕所以，建造女學堂的任務顯得極爲迫切。當然，需要補充說明的是，這種片面和功利的身體發展趨向，並不能說是一種對身體的解放。〔註45〕儘管後世的婦女研究者們一廂情願地認爲興女學開啓了中國婦女解放的大幕，但是，從動機而言，女學堂的建立無論是培育國民之母還是女性國民，都是爲了一個目的，也只是爲了一個目的：保國強種。女學堂與其說是中國婦女解放的一環，不如說是近代民族國家想像過程中的重要一步。

三、由家內而家外

1903年之前，女學堂一直未得到法律上的承認。當時的女學堂都是民間私人力量開辦，民間性使得這些學堂某種程度上「名不正言不順」，就此而言，1903年的《奏定學堂章程》的頒佈具有特殊意義，章程認爲「蒙養院及家庭教育，尤爲豫教之厚，」但也指出「惟中國男女之辨甚謹，少年女子斷不宜令其結隊入學，遊行街市，且不宜多讀西書，誤學外國風俗，致開自行擇偶之漸，長蔑視父母夫婿之風，」「女學之無弊者，惟有家庭教育」。—— 雖然承認女學合法，但確定的是女學教育實際上還是家庭教育的定位。這樣的官方承認，與晚清知識分子所呼籲的成就國民之母的期待有一定距離。

1906年，民間呼聲日漸強烈的情況下，慈禧太后面諭學部興辦女學。1907年3月，清政府頒佈了中國第一個女學堂章程——《學部奏定女子小學堂章程》26條和《學部奏定女子師範學堂章程》39條，正式承認了女學的合法性。《學部奏定女子師範學堂章程》中提到，女子教育的目的是培養「知守禮法」

〔註42〕黃金麟：《歷史、身體、國家——近代中國的身體生成（1895～1937）》，新星出版社，2006年，第41頁。
〔註43〕同上，第561頁。
〔註44〕梁啓超：《變法通議·論女學》，《近代中國女權運動史料（1842～1911）》（上），第550頁。
〔註45〕黃金麟：《歷史、身體、國家——近代中國的身體生成（1895～1937）》，新星出版社，2006年，第41頁。

的賢妻良母，與男子教育有所區別。依章程之說，女子教育的最高機構是女子師範學堂而非大學，女子教育也沒有中學和實業學堂，女子小學堂與師範學堂的修業年限也比男校各少一年。這是男女完全分校的、兩性雙軌制教育體制。與 1903 年的《學堂章程》相比，此章程承認了女子教育的合法性，並奠定了官辦女學堂的法律基礎。章程頒佈後的重要性很快顯現出來：至 1909 年，全國已有女子小學堂 308 所，占小學堂總數的 0.6%；共有女學生 14054 人，占小學生總人數的 0.9%。〔註46〕

民國建立初期，教育部頒佈了學校章程——「壬子癸丑學制」。它開始淘汰兩性雙軌制，規定初等小學可以男女同學，還可以設立女子中學、女子師範和高等師範。女子教育的範圍擴大、女子受教育的年限延長，這都有助於女子教育程度的提高。

中國現代文學史上的第一批女作家陳衡哲、謝冰心、盧隱、馮沅君、蘇雪林、凌叔華、袁昌英等人，都受惠於民國初年頒佈的「壬子癸丑學制」。因為這個章程以法律的形式認可了女子教育，使得女子求學歷程中所遇到的障礙得以減輕。章程頒佈之後，各地政府都陸續開辦了省立女子師範，這大大提高了女孩子們進學校讀書的機會：謝冰心 1912 年曾就讀於福州女子師範學校預科，之後進入北京的教會學校貝滿女中；盧隱先是在教會小學和女子高小讀書，之後進入北京女子師範學校；凌叔華在進入北京燕京大學之前，進的是天津女子師範學校；蘇雪林進入安徽省立女子師範學校；石評梅進入山西省立女子師範學校。政府還為這些前來求學的女孩子們提供官費資助，盧隱、蘇雪林、石評梅都得到了這種官費資助——家裏沒有學費的負擔，女孩子讀書遇到的阻力和家庭的經濟負擔也相應地減少。

1917 年，教育部公開在全國招收女子高等師範學校的學生，這些女學生來源須是全國各地女子師範的畢業生，盧隱、蘇雪林、馮沅君開始進入中國最早的女子高等學府學習。

到了 1919 年，大學開始允許女生就讀，中學男女可以同學，越來越多的女性接受了西方的個人主義和男女平等思想，走進學校。1922 年，教育部公佈《新學制系統改革令》，建立了男女平等的單軌教育體制，女性享受平等教育的機會增多。在 1920 年，北京高等女子師範學校共有學生 236 人，這個統計數字就包括盧隱、馮沅君、蘇雪林、石評梅等在校生。到了 1924 年，它改

〔註46〕程謫凡：《中國現代女子教育史》，中華書局，1936 年，第 79 頁。

名爲北京女子師範大學，設有 10 個系。1922～1923 年間，全國有女子高等學校兩所，女大學生 887 人。〔註47〕

此一時期，去國外留學的女子也出現增長趨勢。最早出洋留學的女子大都是以陪讀的身份走出國門，她們有的是隨從父兄，有的是跟從丈夫，大都屬於「游學」性質。從《中國近代女子留學史》一書中可以看到，1901 年就開始有中國女留學生到日本，但眞正的留日熱潮出現在 1904 年，「凡有一人在日本者，多有妻女姊妹相隨」〔註48〕。1911 年學部制定了《編訂女生留學酌補官費辦法》，女生取得留學官費補助權。1914 年，清華學校開始送女學生赴美留學——即從社會各校畢業生中招考女生直接派遣，這一年，清華錄取了 10 名女孩子，其中就有陳衡哲的名字。陳先在瓦沙女子大學讀書，之後獲得芝加哥大學獎學金，攻讀西洋藝術史碩士學位。相比留日女生而言，留美女學生學習成績優異，回國後成爲中國歷史上第一批現代職業女性。留學法國，主要是起於 1912 年的勤工儉學熱潮。1919 年女子勤工儉學留法人數增多，多以湖南、四川人爲主。蘇雪林，在女高師讀書一年多後去法國學習，成爲留法女生。

特別提出的是，後來成爲現代文學史上著名的女作家的陳衡哲、冰心都是作爲公費資助或從國外獲得獎金的女學生，受惠於當時的留學政策。沒有民國政府有關婦女教育政策的鬆動、鼓勵以及幫助，一個女孩子想在民國讀書並且留學海外，會難上加難。

在當時，進學校讀書並不是普通女孩子能做到的。這需要家庭有一定的經濟實力。據以北京某教會女校爲研究對象的調查報告〔註49〕稱，1920 年代，該校女學生的家長職業多以商界、政界、教育界爲主，這個比例大約佔了 58% 強。在中國社會，這個階層應該屬於中上階層。這個調查表明，有關女校學生多來自有錢家庭的看法，並不孤立和片面。事實上，一般著名的女校招收女生都有條件限制，比如要求女學生家室良好、清白，有一定的經濟基礎。

有了經濟基礎和識字基礎，也並不是每一個女孩子都可以像冰心、淩叔華、袁昌英那樣順利進入心儀的女校。大部分女孩子需要自己覺悟主動要求

〔註47〕 此數字引自俞慶棠：《三十五年來中國之女子教育》。莊俞等編：《三十五年來之中國教育史》，第 199 頁。

〔註48〕 實藤惠秀著，譚汝廉、林啓彥譯：《中國人留學日本史》，三聯書店，1983 年，第 37 頁。

〔註49〕 吳榆珍：《一個女子中學的課外生活》，1933 年 6 月《社會學界》第七卷。

上學。陳衡哲年幼時，舅舅曾經爲她講述過西洋女人的故事。並且教育她：「你是一個有志氣的女孩子，你應該努力的去學習西洋的獨立的女子。」當她問如何成爲「西洋的獨立的女子」時，舅舅則告訴她進學校。〔註50〕

但是，進學校談何容易。對於陳衡哲的家庭來說，在晚清末年送一個女孩子進學校是「破天荒」，而陳又是家中第一個進學校的人，所需要的努力更是特別大。〔註51〕爲了爭取學習機會，陳衡哲拒絕了父親命她結婚的要求。在舅舅的幫助之下，她進入上海一所女校學習英文，有了英文基礎，才有了考取清華留美預科的機會。這個決定後來被證明極其明智——這使陳衡哲後來有機會成爲最早使用白話文寫作的女作家、北京大學教授。

同樣的倔強也成全了馮沅君。1917 年，當在外地讀書的哥哥告訴她北京女高師正在招收學生時，馮沅君強烈要求母親允許她進入女高師，經過激烈的思想鬥爭，這位開明的母親同意了女兒的請求。如果女孩子遇到一位並不開明的父親或母親，求學之路將變得異常艱難。蘇雪林在安慶省立女子師範恢復時，請求母親允許她參加入學考試，後來，蘇雪林回憶說：「這不算是請求，簡直是打仗，費了無數的眼淚、哭泣、哀懇、吵鬧，母親雖軟化了，但每回都爲祖母或鄉黨間幾位頑固的長輩，輕描淡寫兩三句反對論調，便改變了她的初衷。愈遭壓抑，我求學的熱心更熾盛地燃燒起來。當燃燒到白熱點時，竟弄得不茶不飯，如醉如癡，獨自跑到一個離家半里名爲「水口」的樹林裏徘徊來去，幾回都想跳下林中深澗自殺，若非母親因爲對兒女的慈愛，戰勝了對尊長的服從，帶我和堂妹至省投考，則我這一條小命也許早已結束於水中了。」〔註52〕

在克服家庭阻撓的同時，求學的女子還要面對周圍人的不理解以及竊竊私語。在山西，石評梅中學畢業後要進入大學時，就遇到了巨大社會壓力：「一般的思想是這樣的：一個女孩子家，中學畢業亦就可以了，何必費功的深造呢？所以她在故鄉人腦中的位置，和假洋鬼子的位置差不多。她在故鄉的思想中，確實是一個孤獨者，然而她卻奮鬥著，奮鬥著，終於戰勝了。」〔註53〕

〔註50〕陳衡哲：「我幼時求學的經歷」，《西風》，上海古籍出版社，1997 年，第 85頁。

〔註51〕同上，第 85 頁。

〔註52〕蘇雪林：「我的學生時代」，《蘇雪林文集》（2 卷），安徽文藝出版社，1994 年，第 59 頁。

〔註53〕月如：「評梅的死」，《石評梅紀念特刊》。

　　無論如何，女兒們最終走出了家，在女兒身份之外，也就多了女學生這樣的身份。陳衡哲曾無限感慨地回憶當年進入學校讀書的意義：「雖然後來在上海所進的學校絕對不曾於我有什麼益處，但飲水思源，我的能免於成為一個官場裏的候補少奶奶，因此終能獲得出洋讀書的機會，卻不能不說是靠了這進學校的一點努力。」〔註54〕

　　就這樣，走出閨閣，進入學校，被「解放」的婦女們學習現代科學文化知識，接受文明教育、人格教育，學習體操、強健體魄，與男性一起認知社會與自身、擔負建設國家的任務，認識男性與女性，認識家庭與情感，認識國民的責任與義務……──具有現代辦學思想與理念的學校，成為培養、教育、塑造、規訓婦女，使其成為新型的、符合現代國家需求的、合格國民的最理想空間。「有學問而後有知識，有交際而後有社會，有營業而後有生利，有出入自由而後去種種之束縛、得種種之運動。」〔註55〕晚清知識分子們關於民族國家的設想，在女學生從歷史地表浮現並進入歷史舞臺的過程中一步步變成現實。

第三節　新文學期刊與現代女作家的出現

　　中國歷史上現代意義的女學生──不是請私塾先生進入家庭，也不是名士文人在家中收的女弟子，出現在晚清。有資料可查的中國人自辦的第一所女校出現在 1898 年。女學堂的出現，意味著幾千年來一直生活在家內的中國女性可以合法地走出家庭、進女校讀書、也使同齡女性之間的交流機會增多、與男性交往可能性加大，這是現代女作家出現的客觀條件。但這並不意味著，進入學堂學習的女性就必然會成為現代女作家。她們需要寫作實踐、需要發表作品的機會，更需要個人的聰慧與努力。「五四」新文化運動中，女高師和燕京女大就出現了一大批具備上述條件的女大學生，其作品出現在高等學校校刊的同時，也開始進入新文學期刊，現代女作家們以集體的形式浮出水面：

　　1918 年，陳衡哲在《新青年》上發表詩歌、小說和獨幕劇，成為《新青年》最重要的女性作者；1919 年開始，冰心成為《晨報副刊》、《小說月報》

〔註54〕陳衡哲：「我幼時求學的經歷」，《西風》，上海古籍出版社，1997 年，第 85頁。

〔註55〕丁初我：「女子家庭革命說」，《女子世界》第 4 期，1904 年 4 月。

的重要作者，也成爲聲名遠播的女作家；大學三年間，盧隱寫了大約有十幾萬字的作品，它們分別發表在《晨報副刊》、《人道》月刊、《批評》半月刊、《時事新報》（文學旬刊、學燈）、《小說月報》、《小說彙刊》；從女高師到北大國學院，馮沅君作品分別發表在《創造季刊》、《創造周刊》、《語絲》，被譽爲當時最勇敢的女作家；蘇雪林，則先後在《晨報副刊》、《民鐸》、《民國日報》、《國民日報》、《時事新報》等刊物發表作品，另外她還曾擔任過《益世報・婦女周刊》的主要撰稿人；淩叔華則在《晨報副刊》及《現代評論》發表作品，日後成爲《現代評論》的代表性作家⋯⋯

上面的史實表明，在「五四」的熱風裏，女學生們迅速成爲了新文學雜誌的重要作者；同時，這樣的統計也顯示，新文學雜誌爲女性作者提供了相當廣闊的發表作品的空間。事實上，在陳衡哲、冰心、盧隱、馮沅君、淩叔華等人成長爲現代女作家的過程中，新文學報刊起了舉足輕重的作用。

一、冰心與《晨報副刊》、《小說月報》

在第一代女作家中，能用得上「家喻戶曉」四個字來形容的，恐怕非冰心莫屬。當然，這樣的評價具有雙重含義：她既和其它女作家一樣在文壇上得到眾多同行的讚譽，也得到了廣大普通讀者的認同。這除了冰心本身的寫作才華之外，1920 年代發行量可觀的《晨報》功不可沒。

在晚年的回憶錄中，冰心強調了自己是被「五四」震上文壇的事實。她當時是協和女子大學預科一年級的學生，參加了北京女學界聯合會的宣傳股——被要求多寫反封建的文章，在報紙上發表。冰心的遠房表哥劉放園，是北京《晨報》的編輯。表妹找到表哥，希望他幫忙。他「驚奇而又欣然地答應了。」〔註 56〕在這家報紙，冰心先是以女學生謝婉瑩的署名發表了兩篇雜感《二十一日聽審的感想》、《「破壞與建設時代」的女學生》，之後開始使用「冰心」發表文學作品。

從 1919 年 9 月 18 日首次使用冰心女士這個署名開始，到 1920 年 12 月 21 日止，冰心女士在這一年間毫無疑問地成爲了《晨報副刊》的重要作者：1919 年 9 月 18 日至 22 日，連載了《兩個家庭》，半個月後，10 月 7 日至 11 日連載《斯人獨憔悴》，10 月 30 日至 11 月 3 日，又連載了《秋雨秋風愁殺人》，

〔註 56〕冰心：「回憶『五四』」，《冰心全集》（第七卷），海峽文藝出版社，1998 年，
第 28 頁。

11 月 22 日到 26 日連載小說《去國》，1 月 6 日至 7 日連載《莊鴻的姊姊》，
1920 年 3 月至 5 月，又有三部小說以連載的形式發表，它們是《最後的安息》
（1920 年 3 月 11 日～12 日），《還鄉》（1920 年 5 月 20 日～21 日）等。除了
這些連載小說，她還發表過雜感和單篇小說。粗略算來，一年多的時間裏，
冰心的名字幾乎每月都有幾天出現在《晨報副刊》上，並且常常以連載形式。
頻繁發表作品，又常以連載形式，並不必然導致一位女學生成爲讀者關注的
女作家。重要的還是要取決於作品本身的魅力——她被評論家讚譽爲「抓住
了讀者的心」〔註57〕。這對於日刊，尤其是以市民爲主要讀者群的報紙來說，
尤其重要。

　　冰心之所以能「抓住」讀者的心，除了她本人的敏銳觀察力和藝術表
現力之外，可能與她的表兄劉放園的點撥有關。談到劉放園表兄當年對自
己的幫助，冰心回憶說他「鼓勵我們多看關於新思潮的文章，多寫問題小
說」。〔註58〕「新思潮」和「問題小說」應該得到重視，它們顯示了在 1919
年時作爲《晨報》編輯的劉放園對於社會的敏感問題的把握：這位編輯觸摸
到了時代的脈搏、瞭解到《晨報》讀者興趣點。劉在提出這些建議的同時，
還給冰心寄去了當時新出版的刊物：《新青年》、《新潮》、《少年中國》、《解放
與改造》等等。劉的雙重身份（表兄/編輯），既可以解讀爲一位編輯對於來
自高校的女學生作者的希望，也可以解讀爲表兄幫助表妹提高稿子的命中
率。無論出自何種立場，劉放園的心思都沒有付之東流。從後來的情況看，
聰明而善解人意的冰心領會了表兄的期待和建議，「把我所看到的聽到的種種
問題，用小說的形式寫了出來」。〔註59〕另外，對於一位初嘗寫作的年輕人而
言，冰心還有著普通作者所沒有的待遇，她沒有收到過退稿。「我寄去的稿子，
從來沒有被修改或退回過，有時他還替上海的《時事新報》索稿。」〔註60〕
——正是表兄的引導、提攜和呵護，使初次寫作的冰心在《晨報》獲得了得
天獨厚的條件。

〔註57〕阿英：「謝冰心小品序」，范伯群（編）《冰心研究資料》，北京出版社 1984
　　　　年，第 401 頁。
〔註58〕冰心：「回憶『五四』」，《冰心全集》（第七卷），海峽文藝出版社，1998.年，
　　　　第 29 頁。
〔註59〕冰心：「關於男人（之四），五、我的表兄們」，《冰心全集》（第七卷），海峽
　　　　文藝出版社，1998 年，第 689 頁。
〔註60〕同上。

　　自《斯人獨憔悴》始，冰心的寫作日漸成熟，她也慢慢習慣了一種新鮮視角：講述學生的世界。這些小說中的人物，與剛剛結束的「五四」運動相互映照，有點類似於「五四」運動參與者們生活側記的印象。《斯人獨憔悴》發表後，北京《國民公報》的「寸鐵欄」一個星期後就有讀者來信說，讀完《斯》他想到了「李超」事件。〔註 61〕另外，當時的學生團體對小說也很感興趣，在新明戲院演劇時，這部小說成為登上舞臺的首選劇本──冰心小說獲得了現實與文本間的「互文」效果。

　　發現讀者們對「社會問題小說」的熱衷，同時，也發現了問題小說與現實之間的「互文性」，《晨報》編輯加強了冰心與讀者們的互動。在 1919 年 11 月 22 日至 26 日五天的連載中，冰心發表了留學生回國後報國無門的小說《去國》。一周之後，《晨報》就刊登了讀者鵑魂的讀後感《讀冰心女士的〈去國〉感言》。〔註 62〕需要著重提到的是，這篇感言非與一般的讀者來信相同，它篇幅很長，以至發表時從第七版一直轉到了第八版。把常常刊登廣告的第八版讓出篇幅刊登某個小說的讀後感，顯示了《晨報》對冰心作品引發的社會效應格外看重。

　　從作品發表到被人討論、改編成話劇、作品的讀後感被報紙大幅刊載，1919 年 8 月到 12 月，年僅 20 歲的冰心作品以密集連載的形式、以與國事緊密相關的主題，贏得《晨報》讀者關注。到 1919 年 12 月 1 日《晨報》建刊一週年之際，紀念特刊上刊登了四位作者的文字。與三位作者胡適、魯迅、起明（周作人）並列發表作品的，正是冰心。特刊的排列形式，體現了《晨報》對於剛剛 20 歲的冰心──一位女性作者的扶持。

　　成就冰心新文學史上女詩人地位的，依然是《晨報》。1921 年，冰心寫了一段雜感，名為《可愛的》，在《晨報》登出來時被分了行。記者孫伏園對分行的解釋是認為冰心的文章很有「詩趣」，所以就把雜感與詩趣打通了〔註 63〕。分行發表鼓勵了冰心大膽嘗試，之後她又創作了《迎神曲》、《送神曲》等。通常情況下，作者前無古人的嘗試常常會受到編輯和報紙的質疑或否定，《晨報》也有著類似的困惑。在《晨報副刊》「新文藝」欄目將連載冰

〔註 61〕晚霞：「『寸鐵欄』短評」，《國民公報》，1919 年 10 月 17 日。
〔註 62〕鵑魂：「讀冰心女士的〈去國〉的感言」，《晨報》，1919 年 12 月 4 日。
〔註 63〕冰心：「我是怎樣寫《繁星》和《春水》的」，《冰心全集》（第五卷），海峽文藝出版社，1998 年，第 142 頁。

心小詩的前夜，劉放園在給冰心的電話中還有「這是什麼？」〔註64〕的疑問，但作爲冰心的「老朋友」，《晨報》最終給予了其嘗試以理解與支持。在 1922 年 1 月 1 日～26 日，從新年的第一天開始連載《繁星》，而在同年的 3 月 21 日至 6 月 30 日，則陸續連載了《春水》。

如果沒有《晨報》，女學生謝婉瑩會成爲女作家冰心嗎？這個假設或許沒有意義。但這樣的提問卻提醒我們認識到載體對於作品、編輯對於作者的重要性。對於冰心的問題小說，正是《晨報》編輯最初多寫問題小說的提醒、適時刊登讀者來信的方法，才引發了讀者的關注與討論，也爲冰心作品獲得廣泛程度的認同提供了條件。同時，正是《晨報》編輯的包容，才有了「冰心體」的一度盛行。換句話說，無論從影響力還是發行量來說，《晨報》都爲冰心成爲知名的女作家提供了最爲迅速、直接和最重要的平臺。如果沒有《晨報》，冰心也許依然會成爲女作家，但是，她的成長道路恐怕會有更多的曲折。總之，冰心與《晨報》之間良好的合作關係，最終使其成爲了「新文藝運動中的一位最初的、最有力的、最典型的、女性的詩人，作者」。〔註65〕

如果說《晨報副刊》使冰心成爲萬衆矚目的女作家的話，那麼，《小說月報》則爲冰心提供了獲得「文學同仁」認可的重要平臺。1921 年，冰心列名於文學研究會。同年，《小說月報》革新，全面登載新文學作品。1921 年 1 月 10 日，在《小說月報》革新的第一期上刊載了雜誌的「改革宣言」，附錄了「文學研究會宣言」和「文學研究會簡章」。這是具有「歷史意義」的一刻，從此之後，這部雜誌成爲現代文學史上有著重要地位的文學期刊，現代文學史上大部分著名作家的小說，都從這裡開始發表。也是在這一期上，冰心發表了小說《笑》，被排在僅次於周作人和沈雁冰的「理論」之後，顯示了她被作爲「文學研究會」主要作者的地位。同期發表作品的還有葉紹鈞（葉聖陶）、許地山、瞿世英、耿濟之等人。不能忽略的是，除冰心外，他們都是「文學研究會」的發起人。

1921 年 4 月 10 日，冰心在《小說月報》發表《超人》。《超人》發表時，《小說月報》的主編茅盾化名「冬芬」講述了自己看完這篇小說後的感受：「我不禁哭起來了！」這樣的感受很快引起了讀者的共鳴。之後，從 1921 年 4 月

〔註64〕冰心：「我的文學生活」，《冰心全集》（第三卷），海峽文藝出版社，1998 年，第 9 頁。

〔註65〕黃英：「謝冰心」，《冰心研究資料》，北京出版社，1984 年，第 197 頁。

到 1922 年 10 日，冰心發表了 8 篇小說，另有一篇雜感和一篇散文。換句話說，在這個月刊雜誌上，18 個月的時間裏，她發表了 10 篇作品，大約每兩期便有一篇，同時，她的作品也常被放在《小說月報》創作篇目的「頭條」給予推薦。另外，在她頻繁發表作品的 1922 年，《小說月報》在「創作批評」欄目中，還集中三期發表了讀者對於冰心作品的感想：第 8 期的三篇感想是：《評冰心女士底三篇小說》（佩薇）、讀冰心作品誌感（直民）、《讀了冰心女士的〈離家的一年〉以後》（張友仁）。第 9 期的兩篇是：《論冰心的〈超人〉和〈瘋人筆記〉》（劍三）、《評冰心女士底〈遺書〉》（斷崖）。第 11 期也是三篇：《讀冰心女士作品的感想》（赤子）、《讀〈最後的使者〉後之推測》（式岑）、《對於〈寂寞〉的觀察》（敦易）。——《小說月報》時代的冰心，如在《晨報副刊》一樣受到了雜誌的扶持，也使她獲得了諸多「文學同仁」的認可。1923 年 1 月和 5 月，冰心前期的兩部代表著作《繁星》、《超人》，以文學研究會叢書的形式相繼在上海商務印書館出版，進一步奠定了她的新文學女作家的地位。

二、盧隱與《小說月報》

就盧隱的創作之路而言，《小說月報》是其文學生涯拯救者的說法並不誇張。此前，還是女高師學生的盧隱，曾把她的小說習作《一個著作家》送給一位陳姓老師看，但受到了嚴厲的否定，他認為她的小說根本不像小說。〔註66〕後來，盧隱在同鄉鄭振鐸的介紹下，把這部小說寄給了茅盾（時任《小說月報》主編）。一個月後，小說在《小說月報》——有著重要影響力的新文學雜誌上發表。回憶錄中，盧隱說這「金榜題名」般的驚喜，把灰心的她從自卑中解脫出來：「從此我對於創作的興趣濃厚了，對於創作的自信力增加了。」〔註67〕

《小說月報》不僅使盧隱的創作興趣增強，也使這位剛剛踏上文壇之路的作者很快為讀者知曉。自 1921 年 2 月 10 日《小說月報》第 12 卷 2 號上發表《一個著作家》後，在 6 月、7 月、8 月份，盧隱的小說連續三期被刊登；之後，第 11、12 期依然有她的小說發表。當然，1921 年 7 月 10 日這期，在發表小說的同時，還刊載了她的創作談《創作的我見》。大致算來，1921 年

〔註66〕盧隱：「我的自傳」，《盧隱文選》，福建人民出版社，1985 年，第 586 頁。
〔註67〕同上，第 577 頁。

《小說月報》出版的十二期中，有六期刊載「盧隱女士」的作品。接下來，儘管沒有 1921 年那樣的發表頻率，但在 1922 年、1923 年間，盧隱的許多代表作也依然在《小說月報》中發表，其中包括《或人的悲哀》、《麗石的日記》以及《海濱故人》等。

在《小說月報》，盧隱並沒有享受在封面上被大力推介的待遇，也沒有獲得如冰心那樣廣泛的「同行認可」。但就盧隱創作生涯考察，《小說月報》毫無疑問是推動女學生盧隱成為新文學女作家的重要力量。自然，這並不意味著《小說月報》對盧隱的扶持是無原則的。盧隱小說「很注意題材的社會意義」的開掘，其小說僅從取材範圍而言也具有很大的開闊性，從城市到鄉村、從教育到婚姻、戀愛、工人農民以至對民族問題的關注……她的著眼點，正與《小說月報》編者們的文學理念相吻合。因而，正如《晨報》認同冰心在問題小說創作方面的努力一樣，《小說月報》對盧隱作品對於社會問題的關注表達了欣賞之意。——只有雜誌所追求的審美口味與作家作品氣質之間相吻合時，雜誌期刊對女作者提供的平臺才可以顯現其作用。畢竟，作為雜誌長期顧客的閱讀者們的閱讀趣味是不可忽視的，即使是報紙期刊有意扶持，若作者的氣質和作品的格調與雜誌風格不相吻合的話，讀者也很難接受。

另外，需要指出的是，雖然冰心和盧隱都是《小說月報》的女作者，但盧隱為成為《小說月報》的作者所付出的努力可能要大於冰心。儘管茅盾以不無讚賞的語氣認為盧隱的寫作視野開闊，但是，也正是這種對其寫作視野開闊的期待，在某種程度上束縛了這位剛剛進入文壇的女學生。在《靈魂可以賣嗎？》這篇小說中，盧隱講述了一位從女校輟學的紗廠女工對於靈魂自由的呼喚。這樣的呼喚與其說是一位生產女工的想法，莫若說是當時對哲學頗感興趣的女學生盧隱在學校課桌上想像女工生活更為合適一些。沒有親身經驗和經歷，再加上想像力的有限，在這些被誇獎為「社會題材開闊」的作品中，盧隱顯現了創作者的吃力。她無法真實傳達出一位女工的生活經驗，也無法真實表達生活在困苦中的人們的心聲。

盧隱放棄了她熟悉的領域，去追求題材的豐富性，這樣的結果是，一方面，她因此而確實獲得了更多的發表作品的機會（她的小說集《海濱故人》由上海商務印書館出版，被收入文學研究會叢書）；另一方面，卻是以她有意無意間犧牲自己所長為代價的。盧隱的創作及發表經驗，既可以為 1920 年代愛好文藝的女學生如何在新文學期刊雜誌的幫助下成長為女作家提供佐證，

也可以看作一位女作者為獲得「主流」的認可所採取的「策略」或是所做出的「犧牲」。1922 年底，寫作經驗日趨成熟的盧隱開始回歸自我，她創作了一系列以女學生生活為創作題材的小說，即《麗石的日記》、《海濱故人》等。在這裡，她為文壇提供了一代女性知識分子形象，也找到了一種與個人氣質相吻合的表達方式。

三、凌叔華與《晨報副刊》和《現代評論》

在燕京女大讀書時期，凌叔華就對文學創作深感興趣。在給周作人的信中，她信心十足地表達理想，希望做一個女作家。並且，她還寄給了周作人一篇稿件。「所寄來的文章是些什麼，已經都不記得了，大概寫的很是不錯，便揀了一篇小說送給《晨報》副刊發表了。」〔註 68〕在回憶中，周作人明確地說：「她的小說因我的介紹在《晨報》上連載」，「其時《現代評論》還未刊行」；此後「她的文名漸漸為世上所知，特別是《現代評論》派的賞識，成為東吉祥的沙龍的座上賓了」〔註 69〕。一般認為，周作人推薦的這篇小說是《女兒身世太淒涼》，它經過著名編輯孫伏園的稍事修整，發表在 1924 年 1 月 13 日《晨報》副刊上，這通常被認為是凌叔華的處女作。求助於周作人去發表小說，這是凌叔華如何借助於著名老師的影響、為小說找到發表陣地的一個實例，它顯示了一位熱愛文藝的女學生在「表現自己」方面的主動精神。

《女兒身世太淒涼》與凌叔華後來的成名小說類似，都著眼於「高門大戶」人家女兒的經歷，與當時「控訴家庭罪惡」的問題小說相似。另一篇小說《資本家的聖誕》，描畫了一個貪圖享樂、偽善、自私的資本家老爺形象。文章對資本家的蔑視態度和嘲諷語氣也表現了當時身為「女學生」的凌叔華對待資本家的態度與立場。很明顯，凌叔華早期《晨報》上的小說，較之於後來《現代評論》時期的作品，有著青澀、粗疏的毛病，含蓄、委婉的凌氏風格還沒有形成。

把凌叔華 1924 年 1 月的《女兒身世太淒涼》與 1925 年 1 月發表在《現代評論》上的《酒後》放在一起，會發現兩篇作品藝術追求上的某些變化。是什麼使凌叔華早期的作品與現代評論時期的作品出現這樣的差異？這恐怕與凌叔華本人的閱讀習慣有關。據凌叔華自述，她是《晨報》長期的讀者。

〔註 68〕周作人：「幾封信的回憶」（香港）《文藝世紀》，1963 年 12 期。
〔註 69〕同上。

學生時代，她對晨報副刊上的各種討論，「什麼『女子參藝』哪，『日本貨』哪，『愛情定則』哪，『科學與玄學』哪……」〔註 70〕都很感興趣。這樣的一位熱心讀者，瞭解報紙編輯的「愛好」、「口味」、明白讀者們的興趣所在並不奇怪。當她變成寫作者，希冀自己的作品在報紙上發表時，恐怕在內心深處便有著迎合報紙辦刊口味、盼望獲得發表機會和眾人關注的傾向。實際上，凌叔華早期小說在《晨報》上發表的事實也表明了其投稿「策略」之成功。正如上文所分析的，這種融入策略也出現在冰心、廬隱身上。她們的這種創作傾向，既與其當時青年學生的身份相關，也與她們的閱讀傾向有關。與其把女作者們不約而同接近主流的寫作姿態看作是女性主體意識的自我壓抑，不如看作是作者的寫作策略更符合事實。畢竟，這種策略不只是女性作者運用，男性作者也不例外。也正因如此，新文學的倡導者們才得以推動一種新的閱讀習慣、寫作習慣的建立。

1924 年 5 月，凌叔華在迎接泰戈爾的茶會上認識了陳源（陳西瀅）。同年 12 月，《現代評論》創刊。1925 年 1 月，《酒後》發表在《現代評論》。之後，在 1925 年至 1926 年，凌叔華在《現代評論》上發表了《吃茶》、《繡枕》、《再見》、《花之寺》、《有福氣的人》、《等》《春天》《他倆的一日》和《小英》等小說，凌叔華由此而廣為人知。大約在 1926 年，陳、凌結婚。從這樣的時間表中可以看到，《現代評論》創刊後，凌叔華的大部分小說都是發表在陳源做主編的雜誌上。這與她輾轉經由周作人把小說推薦給孫伏園發表的情況相比，待遇顯然不同。由於特定的人際關係，凌叔華在 1925 年之後的創作無須再承受編輯的挑別和退稿的壓力，自由寫作的空間大了許多。正是這種相對自由的、不必過多迎合編輯和讀者進行寫作的客觀條件，為凌叔華創作風格更大程度上依從內心而變化提供了便利。

由上可知，在冰心、廬隱、凌叔華成為女作家的過程中，新文學期刊扮演了重要的、不可或缺的角色。而這種情況並非個別和偶然。在其它女作家的成長之路上，新文學期刊的作用同樣不可忽視。以中國現代文學史上的第一位女作家陳衡哲為例。陳最早能夠為人所識，中國現代史上卓有地位的新期刊《新青年》的作用不可低估。自 1918 年《新青年》第 5 卷第 5 期開始，陳衡哲先後在《新青年》發表《人家說我發了癡》（1918 年第 5 卷第 3 期）、

〔註 70〕凌叔華：「讀了純陽性的討論的感想」，《凌叔華文存》（下卷），四川文藝出版社，1998 年，第 802 頁。

《老夫妻》（1918 年第 5 卷第 4 期）、《鳥》、《散伍歸來的「吉普色」》（1919
年第 6 卷第 5 期）、《小雨點》（1920 年第 8 卷第 1 期）、《波兒》（1920 年第 8
卷第 2 期）等作品。作為最早在《新青年》發表文學作品的女作者，也是發
表作品最多的女作者，陳衡哲進入《新青年》的作者群不僅僅是獲得發表作
品的機會，還意味著成為「新文學運動初期幹部。最初出現於新文壇的女作
家」。〔註 71〕

在《新青年》獲得比其它女性作者更多的發表作品的機會，陳衡哲的留
美學生經歷值得關注。在美國讀書期間，當胡適構想白話文寫作的夢想時，
陳衡哲便是他的支持者。因而，當胡適成為《新青年》的主將時，陳衡哲的
作品便比別人更有機會發表。當然，1917～1920 年間，正是文學革命與白話
文寫作都處於艱苦卓絕之時，如陳衡哲般對白話文寫作有著創作實踐熱情、
對文學有著獨特理解力的女作者，於《新青年》而言也是可寶貴的。

馮沅君的成名與創造社的期刊有關。馮以「淦女士」為筆名在《創造季
刊》（第 2 卷第 2 期）上發表了《隔絕》之後，在《創造周報》第 45 期、46
期、49 期又相繼發表了《旅行》、《慈母》、《隔絕之後》，進而以系列作品震驚
了文壇。正如許多批評家指出的是，馮沅君只以幾篇內容相近、結構類似的
作品就獲得了文壇的矚目，一方面在於「她非常大膽的在封建思想仍舊顯著它
的威力的時代裏勇敢而無畏的描寫了女性的毫無掩飾的戀愛心理」〔註 72〕，這
樣的女性精神氣質，符合了時人對於叛逆的、敢於主動表達愛的新女性形象
的期待；另一方面與馮沅君本人是《創造季刊》的讀者，受到創造社創作觀
念的影響有關。其作品所獲得的關注無疑借助了《創造季刊》、《創造周報》
的影響力。畢竟在短短的一段時間裏，同一位女作者的稿件接連發表，會帶
給讀者比較強的衝擊力，

蘇雪林的成名得益於《晨報副刊》、《益世報》。1919 年 10 月，剛到北京
的蘇雪林在《晨報副刊》上發表了《新生活裏的婦女問題》。之後，她和同學
一起，受邀《益世報·女子周報》擔任主編。1920 年至 1921 年間，在《益世
報》專門為女高師學生作者提供的陣地上，筆耕不輟的蘇雪林以每月兩三萬
字的產量成為《女子周刊》當仁不讓的主筆。和當時大部分青年作者們類似，

〔註 71〕阿英：《中國新文學大系·史料索引卷》，上海文藝出版社（影印本），2003
　　　年，第 220 頁。
〔註 72〕黃英（阿英）編.：《現代中國女作家》，北新書局，1931 年，第 110 頁。

蘇雪林以一位「五四人」的身份觀察社會與人生以及婦女的生活經驗,她的文字大都與反映現實黑暗、底層百姓生活以及禮教對女性的迫害有關。

儘管以上主要是以《新青年》、《晨報副刊》、《小說月報》、《新青年》、《創造》等雜誌爲主要考察對象,但並不意味著當時只有這些雜誌對女性作者進行了扶持。事實上,在冰心、盧隱、馮沅君、蘇雪林的創作目錄上,《語絲》、《時事新報・學燈》、《民國日報・覺悟》、《益世報》等報刊都曾刊載過她們的作品。正是來自新文學期刊的不約而同的支持,陳衡哲、冰心、盧隱、沅君、淩叔華等人及其作品才日益爲廣大讀者熟悉,並引起同行關注。這是女作者們成長之路上具有重要意義的一步。從此,她們由熱愛文藝的女學生逐步成長起來,最終成爲廣爲人知的女作家。當然,作品關注問題小說和社會問題、符合新文學事業的構想、顯示其與「舊的」閨閣女作家的不同審美情趣,也是當時報紙期刊對於年輕女作者們的期待。最終,接受了現代教育的女作者們沒有讓編輯們失望,她們以旺盛的創作熱情和優秀的作品回報了新文學期刊所提供的寶貴機會,進而「浮出歷史地表」。

新文學女作家與新文學期刊之間緊密互動的事實表明,作爲現代文學的重要組成,中國女性文學同現代男性創作是共生、同長的。唯其如此,中國新文學事業才得以完整與豐富。

第四節　靈魂蘇醒的歌唱:「五四」女作家的創作

1919 年前後,在波瀾壯闊的「五四」新文化運動中,富於女性主體意識的婦女文學第一次在中國文壇勃然興起,一批有才華的知識女性脫穎而出,合著時代大潮,發出前所未有的女性之聲。她們以自己的創作,爲「五四」新文學奉獻了風采別具的篇章。

一、時代背景和歷史契機

新型的中國女性文學在這一時期的崛起,有著深刻的社會歷史動因。

幾千年間,中國的封建宗法制度發展得極其完備,封建倫理規範嚴格控制社會生活的各個方面,而受害最深的是婦女。19 世紀中葉,伴隨工業革命的發展,歐美各國婦女運動蓬勃開展,逐漸形成爭取婦女解放的世界性潮流。在中國近代革命進程中,婦女問題也日益爲進步的思想家所關注。「五四」運動是徹底的反帝反封建的愛國民主運動,同時也是一場偉大的思想革命,在

此期間，伴隨人們思想的解放和「人」的意識的覺醒，伴隨新民主主義革命的時代要求，婦女問題作為中國社會改革的要題之一，十分自然地引起廣泛關注。

在思想文化界，繼戊戌變法時期維新派與封建頑固派關於婦女人權的論爭和辛亥革命前後資產階級革命派與保守派之間關於婦女權利和責任的論爭之後，婦女問題再次成為討論的熱點。有人公然維護封建傳統，企圖把婦女禁錮在家庭裏，永遠居於從屬男性的附庸地位。有人強調婦女有生育和撫養子女成人的職責，反對女子參政、就業。一些進步的資產階級、小資產階級知識分子和初具馬克思主義思想的早期共產主義者則奮起批判封建制度和禮教對婦女的戕害，堅決主張婦女解決。當時新文化運動的主要倡導者幾乎全都參加了有關婦女問題的討論。李達《女子解放論》、沈雁冰《解放的婦女與婦女的解放》指出，婦女長期為男人所奴役，婦女解放就是要讓女子擺脫奴隸、囚犯地位，同男子一樣，共同擔負起改良社會、促進文化的責任，婦女解放應當從爭取男女教育平等和改革家庭入手。李大釗等運用唯物史觀分析婦女受壓迫的根源，提出考察婦女問題應從社會制度、經濟制度中尋找原因；爭取婦女解放不能只致力於中流階層的婦女運動，而應對勞動階層婦女運動給予注意，二者有互相輔助之必要。在《戰後之婦女問題》一文中，李大釗還十分明確地將婦女問題與階級壓迫問題聯繫起來，將婦女解放運動與無產階級革命運動聯繫起來。他說：「我以為婦女問題徹底解決的方法，一方面要合婦人全體的力量，去打破那男子專斷的社會制度；一方面還要合世界無產階級婦人的力量，去打破那有產階級（包括男女）專斷的社會制度。」這些討論，啓發了人們的思想，直接推動覺悟的中國女性投身社會革命和婦女解放運動的實踐。

此時，中國婦女爭取解放的革命也出現了空前的熱潮。「五四」運動爆發的當天晚上，北京女高師的同學聽到其它學校 30 多名男同學因參加反帝遊行而被捕的消息後，發出「天下興亡，匹夫有責，女子豈能無責」的豪言壯語，奮力衝破校方阻撓，到新華門前要求與男生一起坐牢。繼之成立了學生自治會，聯絡北京其它女校一起舉行罷課聲援。天津、上海等許多大中城市的女學生也紛紛衝破封建羅網，投入鬥爭洪流。她們不顧世俗非議，拋頭露面走到街頭，與男同學並肩參加遊行示威和講演宣傳活動，成為「五四」運動中一支引人注目的生力軍。

　　「五四」期間，要求男女教育平等的呼聲日益強烈。甘肅循化女青年鄧春蘭致信北京大學校長蔡元培，要求大學開放女禁，隨之用一個多月的時間輾轉萬里進京求學。她草擬的《告全國女子中小學畢業生書》8月上旬與寫給蔡元培的信一併在京滬各大報上刊登，引起極大的社會反響。北京女青年王蘭同年夏天求見了北京大學教務長陶孟如，亦提出入校學習的要求。不久，蔡元培發表談話，同意北大招收女生。1920年寒假後，王蘭、鄧春蘭等9名女性作為旁聽生進入北大，從此打破大學不能男女同校的清規戒律。此後，南京、上海、廣州、廈門、天津的一些公立、私立大學相繼招收女生，在實行男女教育平等方面向前邁進了一步。在反對封建主義的鬥爭中，一批思想解放的女青年還以勇敢無畏的姿態向封建包辦婚姻挑戰，青年男女中出現了自由戀愛的新風氣。與此同時，全國各地成立了幾十個婦女團體，如女界聯合會、中華婦女協會、女子參政協進會、女權運動同盟會等。這些團體創辦了名目繁多的女報、女刊，提倡男女平等，宣傳婦女解放，啟發廣大婦女的自身覺悟。

　　「五四」女作家，正是這樣一個生機勃勃的時代的產兒。

　　她們之中，有最早響應文學革命號召，以白話詩文從事創作的陳衡哲；有與20世紀一同誕生，被「五四」運動「震」上文壇、成為新文學發軔期重要作家的冰心；有作品充滿時代氣息，以「問題小說」與冰心齊名的廬隱；有為人格獨立、婚戀自由熱烈謳歌，筆下噴發著火一樣激情的馮沅君；還有為中國現代戲劇發展做出貢獻的白薇，以及凌叔華、蘇雪林、陳學昭、石評梅等一批著名女作家。

　　這些女性大都出身於書香門第、官宦人家，在中國廣大婦女尚在為衣食溫飽而憂的時候，她們中的多數人已進入正規學校，成為中國官辦高等學府中最早的一批女生。其中一些人還憑藉種種機緣，遠涉重洋，留學海外，直接從西方人道主義、個性解放新思潮中汲取了精神營養。比較優裕的物質生活條件固然使她們與下層人民存在隔膜，然而現代文明的新鮮空氣又促使她們最先敏感到半封建半殖民地中國社會對人性、特別是對廣大婦女的壓抑和窒息。於是，她們首先在這一層次上覺醒，在這一層次上發出抗爭之聲。踏著時代新潮濺起的浪花，率先走向女性自立自強的新岸。

　　可以說，沒有「五四」運動的歷史契機，沒有中國現代第一批知識婦女的覺醒，就不會有20世紀中國女性文學的崛起。

二、「五四」女性文學的新質

這一時期較有影響的女作家大體可以分為三組。

最早嘗試白話詩文寫作的陳衡哲和列名文學研究會的兩位女作家冰心、盧隱為一組。她們分別是「問題小說」處於萌芽期、高潮期和尾聲階段的作者。陳衡哲動筆於「五四」前夜，冰心和盧隱則是在「五四」運動中走上文壇的引人矚目的女作家，被人們視為「五四」的女兒。這幾位作家都執著於社會和人生的探尋，但冰心在這執著中更多地融入對世界的愛與期待，盧隱將這執著化為對社會的恨與詛咒，陳衡哲則於其中注入了較多的理性思考。冰心因為「愛」譜出充滿溫情的篇章，盧隱因為「恨」發出淒苦焦灼的呼喊，陳衡哲受理性支配顯出一般女子創作少有的冷靜平和。

第二組可以舉出馮沅君、白薇、陳學昭、石評梅和陸晶清等女作家。她們的作品有小說、詩歌、散文、劇本等不同品種，但其中心基本上是圍繞一個「情」字，主觀抒情色彩十分濃厚。她們寫愛情，頌友情，道人情，於此間展開種種世相的描繪。其中，馮沅君與創造社關係較近，作品多在該社刊物上發表。她的文藝觀也頗受其影響，偏重「主觀」和「個性」，強調文學的「寫動力」是作者的內心要求，文藝乃「藝術家內心智慧的表現」。石評梅和陸晶清曾一同就讀於北京女高師，互為知己、至交，不僅生活中形同姊妹，文學事業上也志同道合。除從事創作外，她們還一起用「薔薇社」之名編輯過《世界日報》的周刊之一 ——《薔薇周刊》。這些女作家燃燒著青春的激情，作品便由這激情的火焰鎔鑄而成。有時迸發著憤世嫉俗的叛逆情緒，飛揚著女性靈魂復蘇的奇彩；有時又抽繹出百轉千回的縷縷愁絲，縈繞著剪不斷、理還亂的綿綿柔情。

第三組凌叔華、蘇雪林是另外一種類型的女作家。她們的作品較多地在《現代評論》和新月社刊物上發表。20 年代末 30 年代初，兩人曾同時執教於武漢大學，在珞珈山上多相過從。她們的創作較少觸及下層社會，多敘中產階級或豪門大族溫飽殷實而微帶憂愁的家庭生活，有時隱約寓些批判鋒芒，有時又明顯帶些閒適意味。兩人筆調不盡相同，凌叔華精細含蓄、透逸疏淡，蘇雪林清雋灑脫、流轉自如，然而舊的人物、舊的生活經她們之手寫來，又常蒙著一層溫情脈脈的面紗。

當時，除了這些知名度較高的女作家外，還有其它一些知識女性在新文學建設的最初歲月留下過試步的足跡。粗略統計，從「五四」新文化運動開

始至 1924 年，常在報刊上發表作品的女作者還有玉薇、靜影、冷玲、屏嫣、無我、沁蘭等 30 餘人，其創作散見於《小說月報》、《小說世界》、《語絲》、《創造》、《文藝周刊》、《努力周報》等各種報刊雜誌。她們筆之所攝，有窮人的辛酸，人生的聚散，青年男女掙扎或陶醉於情網之中的苦痛甘甜，校園歲月或家庭時光帶給人的溫馨、苦惱、歡樂、寂寞……此外，兒童文學亦為一些知識女性所關注。除冰心、凌叔華的部分創作外，高君箴、林蘭等在翻譯、介紹外國優秀兒童文學作品方面也取得了一定成績。

　　儘管上述女作家在創作起步的具體時間上有所不同，反帝反封、爭取婦女解放的人生姿態也不完全一致，然而，她們身上都一定程度上刻下了時代的印記。於是，「五四」女性文學鮮明地呈現出與古代才女創作劃時代的區別。

　　首先，她們的創作突出體現了具有「人」之主體精神的女性意識的覺醒。

　　所謂女性意識，在其表現上大體可分為兩個層面：一是以女性的眼光洞悉自我，確定自身本質、生命意義以及在社會中的地位與價值；二是從女性立場出發審視外部世界，並對它加以富於女性生命特色的理解和把握。兩千多年的封建社會，中國婦女生活在政權、神權、族權、夫權結成的天羅地網中，不僅完全喪失了人的尊嚴和權利，淪為男性社會的奴僕，而且很大程度上喪失了作為「人」的主體意識。她們極少有屬於自己的思想和眼光，而往往是在男性中心意識支配下思維和行動。反映到文學創作上，真正屬於女性自己的聲音非常微弱。才女們的精神大都處於被扭曲狀態，從根本上缺少作為獨立的「人」的質感，在女性意識兩個層面的表現上都明顯喪失了主體精神。儘管中國文學史上出現過李清照等若干優秀女作家，但客觀而言，依附於男性的人生現實從總體上極大地制約了女性的精神活動，其文學創作不可避免地閨閣化，僅僅作為男性文學的附庸而存在。

　　作為一個新型的創作群體，「五四」女作家第一次打破傳統婦女文學的狹小圈子，在「人」的意義上自我發現，將富於主體精神的女性意識滲透在創作中。最早嘗試以白話文從事創作的陳衡哲，在當時的評論者眼裏是一位取材方面較少「女性味」的作家，但她的名篇《小雨點》以及若干新詩創作分明隱含著一位深懷博愛的女性對世間生命的溫情，顯示著女性意識的健全和舒展。冰心對母愛的讚美充滿女性的自尊。在她看來，女人非但不是什麼「次等性別的人」，而且往往是真善美的化身。身世不幸的廬隱以敏感而倔強、多情而憂傷的女性眼光看社會，「披了戀愛的衣裳」執著地探討人生。馮沅君勇

敢、大膽地描寫女性的戀愛心理和行為，率直熱烈、充滿激情地為堅持人格獨立、意志自由的新女性放聲謳歌，甚至讓自己小說中的主人公以生命為代價去印證她們主體意識的覺醒。

刊於 1919 年《新詩年選》中署名黃琬所作的《自覺的女子》一詩，是「五四」時代自覺的女子的歌唱：「我沒見過他，怎麼能愛他？我沒有愛他，又怎麼能嫁他？……這簡直是一件買賣，拿人去當牛馬罷了。我要保全我的人格，還怎麼能承認什麼禮教呢？爸爸！你一定要強迫我，我便只有自殺了！」覺醒的女性不再將自己視為男人的奴僕，而是要求做一個完整意義上的人。她們高度重視自我在社會中的位置，鄙視對家庭、對男性的依附。

文學研究會女劇作家濮舜卿在三幕劇《人間的樂園》中，對亞當、夏娃偷食禁果被上帝逐出伊甸園這一《聖經》中的古老故事進行了加工改造，使之服務於「人」的覺醒的主題。劇中「智慧女神」的形象出自作者的創造，她是時代精神的象徵，凝聚著作者對社會歷史、人類生活的思考，顯示著對「上帝」為代表的扼殺「人」之獨立意識的精神統治的反叛。而作為劇中男女主人公的亞當和夏娃的性格構思，尤為突出地體現了作者的女性本位意識。劇中的夏娃自始至終較之亞當更為堅定勇敢、果毅頑強。最初，是她率先品嘗禁果，眼睛變得明亮；當上帝發怒將他們趕出天國時，又是她首先接受智慧女神的勸告，抱著奮鬥的信念走向人間。被謫之初，在披荊斬棘的艱苦勞作中，在與受上帝之命前來進行破壞的風、雨、雷、電、虎、蛇的搏鬥中，又是夏娃更能吃苦耐勞，更為堅強自信，經得起挫折和失敗。而與之對應的亞當則是個性格軟弱的合作者，在逆境中常表現得遲疑、動搖，甚至不只一次想打退堂鼓。但是，在智慧女神的鼓勵和夏娃的帶動下，他終還是追隨夏娃為人間樂園的建設做出了貢獻。作者借劇中智慧女神之口贊許女子的奮鬥，向夏娃、亞當的後代發出這樣的號召：「女子們！你們不要怕自己能力薄弱，只要有決心，有毅力，什麼偉大的事業都可以成功！男子們！你們應當盡你們互助的責任，和女子合作，看你們父母的樣，把樂園多多建築在人間！」顯然，作者對婦女覺悟寄予很高的期望，將婦女解放置於人類解放的重要位置。「五四」女作家就是這樣展現著一種與舊時少女有著本質不同的精神面貌。

其次，與主體意識的覺醒緊密相關，「五四」時期的女性文學創作蘊含著強烈的社會參與意識和社會批判意識，表現出空前的社會責任感和使命感。

　　自進入階級社會以後，婦女生活在男權統治下，幾乎完全被排斥於社會活動之外，根本無權過問社會政治、經濟。充當家庭奴僕和傳宗接代的工具，是她們最主要的人生職責。即使有時吟詩填詞，也大半只是爲了在枯寂的生活中尋得一點安慰和樂趣。「五四」時代，隨著生活環境從封閉到相對開放，在婦女解放思潮影響下，女作者們開始成爲社會活動的參與者和時代論壇的發言人。

　　這一時期，多數女作家最初的創作是出自宣泄個人情感的需要。可是一旦拿起筆來，蘇醒的靈魂便自然而然促使她們不再僅僅爲個人命運歌哭。伴隨女性「人」的價值的發現，她們開始認識到女子的社會責任，進而從自己的切身感受出發，在創作中對這個社會發出質問、指責和批判。

　　陳衡哲、冰心、盧隱、白薇等是對文學的社會使命有著自覺認識的女作家。陳衡哲明確表示她的創作是要爲無數不能自己說話的下層人民代言。她的作品裏常流溢著一種對於世間不幸人們的同情。冰心宣稱要以小說揭露社會不良現狀，感化社會，促進社會改良。也正是她，在「新潮」作家群和葉紹鈞之後，把「問題小說」推向一個新階段，成爲不久後出現的文學研究會「人生派」作家群的先導。她的小說《兩個家庭》、《斯人獨憔悴》、《去國》等，從不同側面提出各種社會問題。儘管這些小說同時反映出作者對社會瞭解的膚淺和對解決社會問題認識的天真，但她對自身以外社會人生的熱切關注分明映現出新世紀女性的心影。「五四」退潮後，冰心又在社會責任感的驅使下，轉而探討人生的究竟和青年的苦悶，並且懷著善良的願望爲人們開出「愛」的藥方。

　　盧隱同樣經受了「五四」的洗禮，她是「滿身帶著『社會運動』的熱氣」（茅盾語）跨進文藝園地的。《海濱故人》集所收入的 7 部短篇小說清晰地顯示出盧隱對作品題材社會意義的注意。後來由於遭際的坎坷，她相當長的一段時間裏爲悲哀情緒所主宰。但即令此時，她在創作中發出的也不同於傳統弱女子的哀啼，而是一位受著環境壓迫而不甘墮落、不肯屈服的女性在艱難跋涉中的呼喊。盧隱在作品中傾訴內心的憂傷，將人生的痛苦視爲「社會的悲劇」，這本身即蘊含對社會的控訴和批判。劇作家白薇執筆之初就具有強烈的社會批判意識。她逃出封建家庭東渡日本時，原渴望成爲一個博物學家，但現實的黑暗令她窒息，她終於放下實驗室中的工具，選擇文學作社會的「解剖刀」，一心要刻畫出被壓迫者的痛苦，揭露壓迫者的罪惡，給權勢者以討伐。

以詩歌和散文見長的石評梅最早的作品是六幕劇《這是誰的罪？》，劇本描寫一對從美國留學歸來的戀人由於封建家庭橫加干涉被迫分手而釀成的悲劇。當時即有評者撰文指出，作者意在編一個「問題劇」，讓人們從中認識封建家庭社會傳統觀念的罪惡。

千百年間，醒世拯民的責任似乎天經地義只是由一部分男人承擔，也只有他們的文學創作才時或表現出較強的社會責任感。女性創作同較為深廣的社會意識相聯繫，是從「五四」時期開始才成為新人耳目的文學現象。當第一批現代女作家開闢了屬於自己也屬於時代的新的精神領域，以自己的精神產品影響社會、影響人生，參與社會歷史進程時，突出表現了覺醒的女性生活空間和思維空間的拓展，顯示出時代所賦予她們的新的素質和人生姿態。可以看出，無論是對女性自身的價值判斷，還是對外部世界的審視、批判，「五四」時代孕育的女作家與昔日深閨繡樓中的才女都不可同日而語。她們所完成的，是一個有著深遠意義的飛躍。作為中國婦女解放運動實踐的一個重要組成部分，她們的創作成為歷史前進的一面透視鏡。

三、思想品格和藝術特色

現代中國女性文學的發生發展，始終不是一種孤立的文學現象，而與社會歷史的進程和整個文壇的動態有著十分密切的關聯。反對封建壓迫，追求個性解放，是中國新文學包括女性文學創作的基本點。在此前提下，女作家們的創作又呈現出屬於自己的思想品格和藝術特色。

第一，以婦女生活為取材重點，著力表現女性的命運和情感。

在人類歷史上，婦女長期處於卑賤地位，承受著深重的苦難。她們的命運也便更集中、更鮮明地反映著舊的社會制度的罪惡。正因為如此，「五四」時期進步的思想家、文學家，從社會革命的角度，都非常關注婦女問題。「五四」新文學的一個重要主題是對被侮辱與被損害者的關切和同情，其中婦女問題佔有突出位置。在反封建的旗幟下，當時的男性作家大都比較注意反映婦女的不幸命運，哀女子而為之代言，從不同的側面揭露封建禮教的吃人本質，探索婦女解放的道路。葉紹鈞《這也是一個人？》、楊振聲《貞女》、魯迅《祝福》等均為這方面在當時影響較大的優秀之作。相比之下，婦女問題在女性作家的創作中佔有更大的比重。幾乎所有的女作家，不管其出身、經歷有著怎樣的不同，都特別著意於婦女生活命運的描寫。與男作家通常是在

探索社會問題時注意到婦女問題，將其作為社會問題的一個方面加以反映不同，她們更多的是站在婦女角度討論社會問題。

一些女作家對壓在封建磐石最下層的勞動婦女表示了真摯的同情。陳衡哲《巫峽裏的一個女子》、冰心《最後的安息》、盧隱《靈魂可以賣嗎？》等小說均以此為內容。儘管早期此類作品往往比較粗疏，但作者的情感傾向是鮮明的，啟蒙色彩是濃厚的。石評梅小說《董二嫂》中的「我」，聽著隔壁傳來的董二嫂挨打的痛哭聲發出沉重慨歎：「什麼時候才認識了女人是人呢？」女作家們正是自覺地為婦女獲得做「人」的權利而大聲疾呼。

不過，她們的筆墨，畢竟更集中於自己所熟悉的生活領域。都市女性的人生道路，她們的追求與困惑，抗爭與挫折，自然而然成為女作家的主要表現對象。而婚姻戀愛問題，尤為其中之焦點。盧隱、馮沅君、白薇、凌叔華等在這方面都有力作。

盧隱擅長表現走出封建家庭後的青年女性們的厄運和她們的苦悶彷徨，她的主人公常是執著地要求自我發展，卻又在複雜險惡的社會環境面前無所措手足，從而陷入難以解脫的煩惱之中；她也有部分作品對婚姻給知識女性事業、志趣方面帶來的負面影響表示了困惑和悵惘。馮沅君的幾篇代表作《隔絕》、《隔絕之後》和《旅行》，塑造了以空前的勇氣向封建傳統勢力挑戰，為爭取戀愛自由、維護人的尊嚴而鬥爭的新女性形象，同時也真實反映了來自家庭和社會的有形無形的巨大壓力在她們心靈上投下的陰影。凌叔華以描繪舊家庭中柔順的女性見長，她的女主人公有的嚮往體驗與異性的浪漫行為而終又卻步（《酒後》），有的在深閨中渴望性愛卻又無從把握自己的命運（《繡枕》），也有的在封建倫理關係和迷信觀念籠罩下成為家庭破敗之悲劇的主角（《中秋晚》）。白薇有影響的詩劇《琳麗》以熱情迸射的筆觸表現了青春期少男少女之間富於浪漫色彩的狂熱的愛，譜出一曲美麗憂傷的愛情之歌。這個劇的表層結構雖未超出「癡情女子負心漢」的古老模式，但女主公身上分明激蕩著「五四」時代帶給女性的生命活力、青春氣息和浪漫幻想。

「五四」女作家的創作豐富了現代文學的女性形象系列，擴大了婦女問題的題材範圍。從因襲封建傳統重負的舊式婦女到半新半舊的過渡型女子，再到以生命相爭、與封建勢力決裂的新人；從生活在社會下層的貧苦婦女到黑暗中熱切尋覓光明的知識女性，再到中產階級的太太小姐乃至「高門巨族

的精魂」……都出現在她們作品中。她們以女人之手寫女人之事，言女人之心，將一般男作家不易窺透的女性生活畫面、女性情感活動展示在讀者面前，給人以眞切、生動、細膩之感。雖然她們並非只寫女人，也並非只關心婦女問題本身，但在選材上，女性生活命運顯然首先爲女作家所關注。

第二，以自我親身經歷和感受爲中心建構作品，使之不同程度地具有自敘傳色彩。

從某種意義上講，第一批走上現代文壇的女作家，其創作結構是偏於封閉型的。她們多寫自己的親見親歷、親身感受，作者的視角、情感往往與作品中的主人公相重合，而作品主人公的經歷又往往映現著作者本人的人生步履。《海濱故人》中露沙的身世直接取材於作者盧隱的生活遭遇，《棘心》中女主人公醒秋的性格、外貌、留學經歷明顯帶有蘇雪林本人的特徵和生活痕跡，《倦旅》不失爲陳學昭孤零漂泊流浪生涯的眞實寫照，《蘇斐》、《琳麗》的女主角傾訴著作者白薇在戀愛婚姻上的痛苦體驗，馮沅君《春痕》或隱或顯地留下作者與男友從相識、相愛到定情幾個階段的生活場景和心理流程，冰心、石評梅、陸晶清等人的詩歌、散文則更爲直接地抒寫著作者在人生旅途中的憧憬和迷惘、愛戀和憂傷。

女作家們似乎更著重對外部世界的直觀把握和自我內心體驗，傾向於以此爲創作的精神源泉，其作品也就不同程度地帶有自敘傳色彩。她們偏愛第一人稱的表述（抒情）方式，作品中的「我」許多時候近乎作者的化身，日記體、書信體小說也便成爲一些女作家經常運用的體裁形式。在這一點上，盧隱堪稱早期新文學隊伍中的一位「專家」。她的短篇小說幾乎有半數全文或部分採用了日記體、書信體，以致引起評論者的微詞。有人說她「出不了日記式的體裁」，「出不了書信式的格局」（賀玉波語）。此外，冰心、馮沅君、陳學昭、石評梅等不少女作家也都有同類文體的創作。

女作家們自敘傳性質的創作在反映社會的廣度上固然有一定的局限性，但與此同時卻也不無優長：感情眞摯，記事坦誠。它對於釋放負載著千年重壓的女性靈魂，宣泄她們在動蕩、變革的外部環境中的內心躁動，有著特殊的便利。特別不容忽略的是，這種「自我表現」是在女作家主體意識覺醒，對個性解放有著明確追求的基礎上發生的，包含著她們對超出自身的更廣範圍裏的婦女問題乃至社會問題的關注與思考。因此，在特定的歷史時代，才有可能產生相當廣泛的社會影響。

第三，強烈的主觀抒情和細膩的心理刻畫。

與「自我表現」的傾向相聯繫，「五四」時期女作家的創作大都帶有相當強烈的主觀抒情色彩。她們的作品撞擊讀者心靈、給人留下鮮明印象，往往首先在其情緒情感，而不是人物的形象、性格。一定意義上甚至可以說，這些作品中的人物主要是作為作者某種心靈感受的載體而存在。即使是在小說中，女作家們也很少顧及情節是否曲折、結構是否緊湊，較少以冷靜超脫的筆調客觀寫實。那種在現代小說中占相當比重的「截取型」作品，在女作家筆下出現不多。在詩歌、散文創作中，她們更是為情感的運行軌跡所牽引，坦誠地披露自己的內心世界，敞開心扉表現情感潮汐的起伏，細緻入微地描畫纏綿思緒的波動。從內心要求的角度表現生活，是她們各類體裁文學創作所共具的特色。

平心而論，強烈的主觀抒情性在「五四」時期的新文學創作中具有相當的普遍性。處於新舊交替的過渡時代，覺醒的人們尤其是風華正茂的青年，受著自我發現、個性解放精神的鼓舞，懷著對新生活的美好嚮往和對現實社會的極度不滿拿起筆來，渴望痛快淋漓地表達自己的人生見解，抒發興奮或哀傷、熱烈或焦灼的複雜情感，在一個時期裏相當普遍地表現出濃厚的主觀抒情傾向。然而，1923 年以後，這種情況已有明顯變化。以寫作「抒情小說」「身邊小說」著稱的創造社作家郭沫若、郁達夫等開始了由主觀向客觀、由抒情向寫實的轉變。王魯彥、王任叔、彭家煌、許欽文、許傑等一批「鄉土文學」作者的湧現，更清楚地顯示出，在經過了「五四」高潮期各種創作方法的嘗試之後，多數小說家先後走向紮實、凝重的現實主義。而與此形成對照的是，第一批走入現代作家行列的女性，有相當一部分長久地保持了比較濃鬱的主觀抒情筆調，例如冰心、廬隱、馮沅君、石評梅、陳學昭、陸晶清……

與此同時，長於細膩的心理刻畫也是女作家們的一個共同特點。在主觀抒情性較強的作品中，她們往往以人物的心理流程為中心線索貫穿全篇，於此間極細緻地披露個人心態，表現情感波瀾。在運筆偏於客觀的女作家筆下，細膩的心理刻畫同樣相當突出。凌叔華就曾因善於在小說中對大家閨秀和中上層婦女的心理活動進行精細的描畫而贏得魯迅的稱賞。

第四，陰柔之美的總體風格和多姿多彩的藝術風貌。

「五四」時期的女性創作，從總體上看是呈現著陰柔之美的「女性化」的文學。它沒有魯迅的冷峻深邃、精粹警拔，也沒有郭沫若的汪洋恣肆、激越雄渾，不似葉紹鈞的豐腴樸實，亦不像郁達夫的飄逸倜儻。無論是對自然

的描摹，對社會的剖析，還是表現愛情、婚姻、婦女命運，都透著女性的柔情。冰心以一片愛心撫慰苦悶的世人，廬隱用婉約之筆錄下青年心頭的傷痕，蘇雪林情意繾綣地構建著理想的家庭樂園……她們極少描繪社會的風雲雷電，而多是攝取生活的細波微瀾；不倚重題旨的博大、情節的奇險，而以眞醇、靈秀、細膩的風韻抓住讀者的心。

同時，「五四」女作家的作品又往往程度不同地帶有淒切哀婉的情調，富於憂鬱感傷的色彩。冰心以「深蘊著溫柔，微帶著憂愁」的抒情主人公形象走進讀者群中；廬隱「無作則已，有所作必淒苦哀涼之音」；馮沅君力圖發掘「在沙漠似的人生中枯燥得連眼淚都沒有了的人的淚泉」；蘇雪林以自己的「血和淚，刻骨的疚心，永久的哀慕」寫下《棘心》，獻給逝去的母親。淒婉的情調，詩意的韻味，娟秀清麗的筆致，精細入微的摹畫，這一切，形成她們創作總體風格上的陰柔之美。

然而，這種美在她們的具體創作中又有著豐富的表現形態，呈現著各不相同的斑斕色彩。同是「問題小說」的作者，冰心和廬隱對人生的回答方式明顯不同，一個含蓄蘊藉、溫厚柔婉，一個激切酣暢、悲氣蕭然。同是表現女性的戀愛心理，馮沅君纏綿而奔放，石評梅深情而憂傷，白薇純眞浪漫，凌叔華清淡秀逸。這些女作家氣質、秉性、人生經歷以及對社會的認識各不相同，表現在藝術風格上自是各具風采。冰心、蘇雪林、凌叔華的優美中帶著典雅，馮沅君、石評梅、白薇的柔美透著剛毅。在陰柔之美的總體色調下，不同的女作家從不同的方面顯示著自己的創作個性。

當然，作爲中國現代文學發軔期的「五四」女性文學，也不可避免地存在著明顯的缺陷。除了藝術技巧方面尚欠成熟以外，比較突出的不足之處在於，儘管她們常能相當敏銳地發現和提出社會問題，但在對問題的認識和剖析上往往比較膚淺，未能達到部分優秀男性作家的思想深度。其主要原因是，除了人道主義、個性解放，此時女作家們還未能掌握更爲有力的思想武器，因而對社會本質的開掘顯得力不從心。同時，除少數人外，她們大都與下層社會存在一定的隔膜，對社會現實缺乏廣泛而深入的瞭解，這不能不對作品的生活容量、社會價值產生一定影響。此外，這一時期女作家對個人命運、婦女解放的認識，基本上還停留於從外部世界尋找原因和出路，而很少注意到女性自身實現自我完善所必需的批判性內省。儘管如此，「五四」女性文學創作的出現及其成就，在現代中國文壇上無疑具有重要意義。

第三章　性別觀念與現代作家創作（上）

性別觀念與性別意識密切相關，它是在人類長期社會生活實踐中形成的有關性別和性別關係的看法，具有主觀性和歷史性。文學活動的主體作爲有性別的人，自覺不自覺地在文學實踐中以各種方式流露出性別觀念的影響，或隱或現，或多或少。對此，需要結合實際情況加以探討。以下兩章即圍繞這方面展開。

第一節　現代文學家庭衝突書寫的性別意味

家庭書寫是中國現代文學的重要內容，但是在相當程度上被研究者忽視或是輕視。「國」──「家」──「人」，可以說是現代文學內容的三極，而研究者取宏大視閾時，見到的往往是「國」；如果取微觀視閾，則較多見到的是「人」。如蕭紅的《生死場》，過去多從抗日救亡角度肯定其價值，晚近則轉到人的命運、價值方面。這誠然有其充分的合理性，但作爲故事發生的主要平臺──「家庭」，不能成爲鼎足的視角，畢竟反映了視閾的盲區。由於「家庭」的文學書寫本身的被忽視，其中因性別導致的差異就更加處於被遮蔽狀態了。

事實上，「家庭」是社會結構中與性別關係最爲密切的一部分，因而其文學表現也最能顯示「因性而別」的特色。這既表現爲「寫什麼」，也表現爲「怎樣寫」。例如中國現代文學作品中的父親形象。男作家或是刻意迴避而不正面出現，或是寫成落伍的、壓迫的權威性人物，他們的筆下很少見到代表正面價值的具有精神力量的父親形象。而女作家的筆下，父親的偶像化與戀父怨

思往往是並存在作品中，從古代的《天雨花》到現代的《古韻》、《茉莉香片》、《心經》等作品中都可以看到這種複雜心態。再如母親形象，男作家寫得不多，但寫到的常有一種依戀的情感，如《在酒樓上》、《寒夜》之類。而女作家則走向兩個極端，有的寫母女之情十分親密，馮沅君的《母親》、蘇青的《結婚十年》都是典型；也有的卻是具有明顯的解構神聖的傾向，特別是張愛玲，她的《金鎖記》、《心經》、《創世紀》、《傾城之戀》、《第二爐香》等作品，母親的形象都不再是慈祥可敬的，有的甚至是令人畏懼的。當然，夫妻的形象，在不同的性別視角下就更有「公說公有理，婆說婆有理」的傾向了。而這種情況，在寫到家庭中的矛盾衝突時，表現的也就更加集中、突出了。所以，下面就從三種較爲常見的家庭衝突入手，進一步作性別視角的比較研究。

一、「神聖」與「世俗」的書寫

在現代文學對於家庭生活的描寫中，「神聖」與「世俗」的衝突是經常出現的內容。最早一批女性創作的小說中，冰心的《兩個家庭》主題就是「如何使神聖的愛情在日常的生活中延續」，而魯迅的名作《傷逝》則是「世俗」侵蝕「神聖」的輓歌。這一對矛盾在文學作品中頻頻出現，反映了中國社會走出封建的陰影後，人們的個性意識逐漸得到伸張，精神自由的要求逐漸強烈。但是，作爲家庭生活中的現象，此類衝突卻不是這一時段的專利，甚至可以說，古今中外的專偶制家庭無不受類似的困擾，只是程度與形式有所不同罷了。

前蘇聯學者沃羅比約夫在《愛情的哲學》中談到：「愛情的熄滅是一個古老的、世界性的問題。在愛情上升到頂點時，它總感到自己是永恒的。這聽起來很離奇，但事情只能是這樣。難道在傾心相愛的時候，在一個人拋卻了私心，感到自己是一個眞正的人的時候，會想到這種幸福有朝一日會完結嗎？但是，遲早會有清醒的一天，那時往往是雙方都感到失望。」他認爲兩個人愛的激情燃燒只能是一個過程，此時，雙方完全沉浸其中，充滿了神聖的感覺；但是這一過程必定要有一個終點，然後所進入的家庭生活階段，伴隨著神聖終結必然要產生失落；這是人類社會一個普遍的現象。對於這一現象的深層原因，他又作了進一步的分析：「肉體的幸福和精神的幸福很難達到和諧。壓制一方（特別是婦女）的愛好、興趣和習慣的自由發展，整個生活程序日復一日的強制和種種繁瑣的細則……這就造成了一種無法忍受的精神氣

氛。在這種氣氛中最忠實的愛情也會窒息而死。」〔註1〕這一分析相當深刻，指出了這種衝突的三個層面的原因，首先是家庭生活所具有「物質性」與「精神性」的悖離傾向，然後指出物質性的生活內容所具有的重複性與繁瑣性，繼而指出這種重複與繁瑣必然產生厭倦感，使浪漫的愛情「窒息」而死。也就是說，當二人實現了肉體的結合，愛情向婚姻發展之後，家庭生活不可避免地常態化，柴米油鹽替代花前月下，於是「詩」演化為「散文」。

可以說，所有進入家庭「圍城」的人都要經過這一過程——「圍城」之為圍城，原因也大半在此，而其中多數人雖會有所苦惱，但也會很快適應。因為人類本質上是物質的和實用優先的。不過，對於精神生活要求很高、精神極度敏感的人，對於身處特別關注精神自由之時代的人，他們的適應就會很困難，甚至根本無法適應，其結果就是陷於苦悶、破滅，以至於衝出「圍城」、愛巢毀棄。把這樣的精神——心理狀態表現於文學，就有了《傷逝》一類作品。

在古代的家庭文學作品中，之所以幾乎看不到這種衝突，是因為幾乎沒有哪一部作品從愛情寫到家庭（罕見的例外是《浮生六記》），而成家後的女性嚴格遵守「女主內」的分工準則，其處境是別無選擇的。沒有了選擇的可能，「圍城」也就成了「鐵屋」，大家儘管苦悶卻只有聽從命運安排。不過，《紅樓夢》中賈寶玉崇拜未婚少女、鄙視婚後的婦女，其隱含的心理也是對家庭生活的世俗屬性的反感。

現代文學中的敘事文學，比起古代的同類作品來愛情描寫增加了很多，且多都與追求思想解放，追求自由生活的題旨發生聯繫，這樣就進一步把愛情神聖化了。在這種情況下，家庭生活與愛情感受之間的落差也便隨之增加。當神聖的愛情被世俗的家務侵蝕，家庭裏彌漫起「窒息」的毒霧，當日的愛侶忽然反目生怨時，一個問題自然產生：這是誰的責任？

我們且看在不同的性別視角下見到的情景各自如何？

《傷逝》，雖然是涓生在懺悔，但說到家庭破裂的責任卻似乎不是悔而是責。子君不僅完全陷入了「重複而繁瑣」的物質生活裏——「管了家務便連談天的工夫也沒有，何況讀書和散步」；而且精神上也隨之急劇降落——「子君的功業，彷彿就完全建立在這吃飯中」，「她似乎將先前所知道的全都忘掉

〔註 1〕（蘇聯）沃羅比約夫：《愛情的哲學》，瓦西列夫編《情愛論》，生活・讀書・
　　　　新知三聯書店，1984 年，第 426～427、429 頁。

了」，「她總是不改變，仍然毫無感觸似的大嚼起來」。透過涓生的眼睛，那個美麗的戀人的形體也急劇改變得粗俗難看，手變得粗糙，人變胖了，整天汗流滿面，而目光變得冰冷。精神世界則空虛得除了雞和狗之外，只剩下和房東太太生閒氣。那麼，涓生如何呢？他勉力同惡劣的環境鬥爭，拼命寫作、翻譯，可是不但要受到子君的干擾，而且連飯都吃不飽，因爲子君要剩下糧食喂雞和狗。顯然，男人在極力維持這個家庭，在留戀當日的聖潔而浪漫的愛情，而女人則變成了世俗的俘虜，進而變爲世俗的同謀，來聯手毀棄掉男人珍愛的一切。

魯迅另一篇家庭題材小說《幸福的家庭》，情況和《傷逝》相近，或者說是《傷逝》的節選——淡化了正劇的開頭與悲劇的結尾，只把中間一節變爲了一幕喜劇。而這一幕喜劇恰恰就是家庭世俗化的樣本。在這一幕喜劇中，充分世俗化的太太證明了「幸福的家庭」這一命題本身的虛妄，而男人的苦惱也便成爲對破壞家庭「幸福」責任的無言的追究。

老舍的《離婚》立意更近於《幸福的家庭》，而由於篇幅的加大，對男人陷身「世俗」家庭的苦惱描寫更細，渲染更充分。小說所寫的兩個家庭中，老張的家庭已經最充分地世俗化了，口腹之欲成了全家人最高的生存目標，而由於這個家庭成員精神世界同樣「俗」透了，所以他們內部沒有「俗」與「聖」的衝突。不過，這個家庭是作者調侃的對象，也可以說是老李家庭觀念的衝突對象。老李的家庭內部則衝突不斷，老李也總是陷入苦惱的泥沼。老李有一段表白，自述苦惱之源：

> 我要追求的是點——詩意。家庭，社會，國家，世界，都是腳踏實地的，都沒有詩意。大多數的婦女——已婚的未婚的都算在內——是平凡的，或者比男人們更平凡一些；我要——哪怕是看看呢，一個還未被實際給教壞了的女子，情熱像一首詩，愉快像一些樂音，貞純像個天使。

他的苦惱是家庭中沒有「詩意」，而沒有「詩意」的原因是婦女「被實際教壞了」。家庭不能給男人帶來精神上的滿足，是因爲女人「比男人更平凡」，因爲女人的「被實際教壞」。也就是說，當女人辛辛苦苦忙著家務，忙著那些單調、重複、勞碌的事務的時候，她們的勞動不但沒有產生價值，反而是破壞性的——這就是老李的家庭觀念，而老李在一定程度上是作者聲音的代表。

　　再來看看女作家們如何處理類似的衝突。

　　蕭紅的《生死場》寫的都是農村下層民眾的家庭，但是這種感情的跌落過程卻是完全相同的。作者借成業嬸娘之口訴說了女人對於這個跌落過程的痛苦感受，她講說了自己少女時對愛的渴求，也訴說了男人無情的改變：「你總是唱什麼落著毛毛雨，披蓑衣去打魚……我再也不願聽這曲子，年青人什麼也不可靠，你叔叔也唱這曲子哩！這時他再也不想從前了！那和死過的樹一樣不能再活。」蕭紅又用兩段傳神的描寫來渲染這一小小的家庭悲劇，她寫女人主動地「去嫵媚他」，而得到的卻是冰冷的回應；然後就描寫道：

　　　　女人悄悄地躡著腳走出了，停在門邊，她聽著紙窗在耳邊鳴，
　　她完全無力，完全灰色下去。場院前，蜻蜓們鬧著向日葵的花。但
　　這與年青的婦人絕對隔礙著。

家庭的溫暖、情趣完全死滅了，女人的精神世界也完全枯涸了。而這不是她本身的原因，她不甘心，她要挽回，但是那個完全浸泡到種田、喝酒裏的男人，是她根本無力改變的。在這個問題上，蕭紅的深刻與巧妙在於描寫了成業和他叔父兩代人的愛情、婚姻與家庭的對照圖，而兩代人重複著同樣的軌跡，就使得悲劇的製造者不再是某個個別的丈夫，而成為了帶有普遍性的「男人們」，從而有力地實現了女性的無言的控訴。

　　蘇青《結婚十年》是一部完整的「家庭破裂史」，從二人相愛到建立家庭，再到情感冷卻，最終分道揚鑣。比起前面舉出的男作家的幾部作品來，蘇青既寫了在「柴米油鹽」的考驗面前，兩個人的不同表現，還寫了當女性挺身而出為家庭建設新的精神空間時，男人的拙劣表現。面對家務的考驗，女主人公蘇懷青一方面感到厭煩，但同時又毫不猶豫地挑起了這副重擔，而她的丈夫卻是毫不領情，甚至不肯稍盡自己的一點經濟責任——連買米的錢都不肯出，家庭的氣氛就這樣開始被惡化了。而當女主人公要把自己的「愛好、興趣」「自由發展」一下時，她的丈夫莫名其妙地充滿敵意，為了不讓她讀書，就把書櫥鎖起來。當她的處女作發表出來時，高興地用稿費買了酒菜和丈夫一起慶祝，而丈夫卻是「吃了我的叉燒與酒，臉上冷冰冰地，把那本雜誌往別處一丟看也不高興看」。總之，男人不但自己不去努力恢復家庭的生機與情趣，而且破壞女人含辛茹苦的建設物質基礎與精神家園的工作，其偏狹、蠻橫到了不可理喻的程度。自然，家庭最終破裂的責任就是這個不能負起責任的丈夫。

　　潘柳黛《退職夫人自傳》裏家庭的破裂過程比較曲折，丈夫既負心又變態，不過在對待結婚後的家庭生活負擔的態度上，與蘇懷青的丈夫毫無二致。由於經濟的拮据，妻子擔負了更多的家務勞動，對此，丈夫先是質問妻子：「你為什麼沒有錢呢？」「你為什麼這樣懶呢？」，再後來就極端惡毒地把家庭氣氛變壞的責任推到妻子身上，處心積慮地暗示妻子的精神出了毛病。於是，家庭對於女人變成了地獄——「他從天堂把我推到了地獄，我在地獄裏幻想著天堂的生活。」顯然，這種「天堂地獄」之論，在《傷逝》、《幸福的家庭》、《離婚》中都有相近似的表達，所不同的只是推者與被推者的性別倒換了過來。

　　不過並不是所有的女作家的筆下都是這樣處理此類衝突的。冰心的《兩個家庭》就是把家庭「世俗化」的責任完全推到了那個妻子的身上。因了她的「俗」，丈夫精神「窒息」而死，家庭也自然瓦解。作者的同情心完全在丈夫身上，所以把那個妻子的形象刻畫得俗不可耐：「挽著一把頭髮，拖著鞋子，睡眼惺忪，容貌倒還美麗，只是帶著十分嬌情的神氣。」有趣的是，作者同時描寫了一個不「俗」的家庭，夫妻二人「紅袖添香對譯書」，居所則在綠蔭花徑之中，孩子則是只知道童話與積木的模範兒童。這個家庭足以打破「俗化」的定律，不過它只能存在於小姑娘的粉紅色想像中，因為冰心作此篇時還是一個單純的女學生。

　　同樣的家庭問題，在不同性別視角下所見竟有這麼大的差異，這既有各自經歷不同的原因，又有立場的因素。只要把自家的立場作為唯一的立場，就難免視角的偏頗。正如波伏娃所講：

> 只要男女不承認對方是對等的人……這種不和就會繼續下去。
>
> 「譴責一個性別比原諒一個性別要容易」，蒙田說。讚美和譴責都是徒勞的，實際上，如果說這種惡性循環十分難以打破，那是因為兩性的每一方都是對方的犧牲品，同時又都是自身的犧牲品。〔註2〕

她講的是在現實家庭生活之中情況，其實同樣適用於文學創作之中。由愛情的「詩」到家庭的「散文」，這幾乎可以說人類永恒的主題，減輕其消極衝擊的唯一妙藥就是超越自己性別的自然態，求取夫妻雙方的理解與體諒。同樣，

〔註2〕（法）西蒙娜・德・波伏娃：《第二性》，陶鐵柱譯，中國書籍出版社，1998年，第81頁。

作品中克服偏頗以臻更高境界的妙藥也是超越，是作家超越人物的立場，站到足以俯視雙方，俯視愛情與家庭的高度。

二、「淑女」與「蕩婦」的書寫

《禮記・昏義》：「男女有別而後夫婦有義，夫婦有義而後父子有親，父子有親而後君臣有正。」〔註3〕顯然，夫妻關係是家庭得以建立的最基礎關係。而夫妻關係建立的基礎，則是「男女有別」——即性別關係。「性別」之「別」，在家庭生活中，既是異性相吸引的關鍵，也反映了家庭性生活中男女所持態度的差別。

文學作品表現家庭生活，涉及「性」的內容，往往比較敏感，所以作家們有的明寫，有的暗寫，有的迴避。但無論怎麼寫，其立場與態度都會自覺不自覺地流露到筆下。特別是寫到男女主人公在「性」生活上出現分歧的時候，或是在性生活與道德評判相糾纏的時候，尤其是如此。

例如對於女人在家庭生活中的性要求，蕭紅在《生死場》中數次寫到，雖然都是含蓄的、或是間接的，卻也旨趣相當顯豁。一次是前文提到的福發媳婦和丈夫之間的一冷一熱：媳婦由於回憶起當年的恩愛而一時情動，「過去拉著福發的臂，去撫媚他」，結果遭到冷遇，丈夫先是無動於衷，繼而要發脾氣，最後自家酣然入睡；可憐的女人只能孤獨地看著春天裏花開蟲飛，寂寞地「聽著紙窗在耳邊鳴」。這裡的筆調顯然是對女人充滿了同情，而不滿於那個麻木的丈夫。另一處是寫村婦們在王婆家的聚會，女人們放肆地談論著家庭中的性生活：

> 菱芝嫂在她肚皮上摸了一下，她邪昵地淺淺地笑了：「真沒出息，整夜盡摟著男人睡吧？」「誰說？你們新媳婦，才那樣。」「新媳婦……？哼！倒不見得！」「像我們都老了！那不算一回事啦，你們年青，那才了不得哪！小丈夫才會新鮮哩！」每個人為了言詞的引誘，都在幻想著自己，每個人都有些心跳；或是每個人的臉都發燒。

對此，蕭紅是以興味盎然的態度來描寫的，甚至可以說這一段是「生死場」中唯一充滿了歡樂的描寫段落。女人們訴說著自己的欲望，在快談中得到某種滿足，甚至在虛擬狀態下實現自己的心理要求。在蕭紅的筆下，這一切都是完全自然地發生著，毫無羞惡之感，更無貶斥之意。

〔註3〕《禮記集說・昏義第四十四》，中華書局，1994年，第499頁。

　　同是寫下層社會的家庭性生活，老舍筆下的虎妞與祥子也是一冷一熱。虎妞從一開始就是主動的，而且是從性誘惑開始二人關係的，祥子則從一開始就試圖逃避。兩個人結婚後，身強力壯的祥子最怕的就是虎妞的性要求，他認為虎妞對自己「好像養肥了牛好往外擠牛奶」，而這樣的老婆「像什麼兇惡的走獸」，「是個吸人血的妖精」，「能緊緊的抱住他，把他所有的力量吸盡」。所以每次的性生活之後，老舍描寫祥子的心理是：「覺得混身都黏著些不潔淨的，使人噁心的什麼東西」。對於夫妻床上的不協調，老舍的態度是很明確的：女人的主動、強烈是男人的災難。他不僅在以上這些具體描寫中流露自己的感情態度，而且在整部作品的大框架上也有所體現。祥子一生的悲劇起源於虎妞的糾纏，虎妞的「虎」既有形象的特徵，也有吞噬了駱駝的隱義，與上述「兇惡的走獸」描寫相互發明。不僅老舍如此，在這一時期男作家的筆下，女性在性方面主動、強烈的人物形象，似乎沒有一個是正面的，有好結果的〔註4〕。

　　與此相映襯的，那些對此持「無所謂」態度的女性，在「性」的問題上較為「淑女」的人物，男作者的筆觸會流露較多欣賞的態度。如《京華煙雲》中的曼娘、木蘭，《財主的兒女們》中的蔣淑華等。

　　相關的另一個家庭問題，是作品裏對男人性無能的描寫。不同的立場也有不同態度，著眼點也因之有所不同。女作家筆下的典型是《金鎖記》，貧家女嫁給了殘疾的丈夫，作者著眼的是她的生理方面的感覺，寫她接觸那沒有活力的肉體時的苦悶：「你碰過他的肉沒有？是軟的、重的，就像人的腳有時發了麻，摸上去那感覺……」「天哪，你沒挨著他的肉，你不知道沒病的身子是多好的……多好的……」；更深一層則著眼她內心欲望與利益的衝突，揭示其本性、本能的扭曲。而同樣的故事也發生在《京華煙雲》的曼娘身上，作者林語堂的著眼點卻是這個守寡一生的女人道義上的表現，寫她守活寡時如何恪盡婦責。而終其一生作者儘管寫到一些生活的單調，卻從未寫到她的生理的苦悶和怨悔，甚至暗示性的筆墨也沒有，彷彿她就是生活在純粹理念的世界裏。

　　對於家庭生活中的男性性無能，茅盾有過更為正面的描寫，如短篇小說《水藻行》，面對有生理缺欠的男性，女性的生命欲望最終服從於人倫與家庭

────────

〔註4〕甚至在戀愛方面過於主動的女性形象，也難得男作家的青睞。如《圍城》中的蘇文紈、孫柔嘉，《財主的兒女們》中的王桂英等。

的利益。《霜葉紅於二月花》中女主人公張婉卿也是忍受著個體生命的苦楚，屈就於無生命的倫理規範。而作者寫她以理性戰勝欲念，心安理得地追求家庭的利益時，作家的態度是欣賞的、贊許的，女性在家庭生活中的正當生理要求則被他看得很淡很淡。

在家庭與性的話題中，「紅杏出牆」之類的越軌現象是引人注目的，也是文學表現的熱點。在這方面的情節處理上，一般而言，男作家興趣似乎更濃一些，往往有濃墨重彩之筆，相對來說，女作家的態度要淡然一些。

男作家筆下的淑女，遊走於「出牆」邊緣的時候，總是能「發乎情止乎禮義」，最終保持住「淑女」的身份——而這樣的形象往往都是作家自己情之所鍾的對象。如老舍《離婚》中的馬少奶，遇人不淑，實際上長期守活寡，但她對老李總是若即若離，以其善解人意而讓老李神魂顛倒，同時又以「在水一方」的姿態保持著自己的「名節」及對老李的神秘感。林語堂的《京華煙雲》中，姚木蘭對孔立夫也是一直遊走於邊緣，作者幾次讓她走到越軌的邊緣，甚至出現身體接觸、身體誘惑的苗頭，然後迅速「急轉彎」讓她從危險地帶走開。而女人一旦「出牆」，或是「將身輕許人」，其結果大多十分不妙。最典型的是曹禺的《雷雨》、《原野》，繁漪、金子不但自己身敗名裂，也毀滅了身邊的一切。

女作家對此態度明顯有所不同。蘇青筆下的女主角，新婚後初嘗禁果即孤身外出，在寂寞難耐的情況下對應其民產生了好感。作者對此不僅毫無譴責之意，而且把這一節徑直命名為「愛的饑渴」。這顯然是從女性自身體驗的角度來觀察的。潘柳黛的《退職夫人自傳》寫女主角被丈夫阿乘拋棄後，先後與「畫家」、「阿康」交好，作家是這樣來描寫這種關係的：「我像戲院裏的幕間休息一樣，沒有一個男朋友在我身邊，於是阿康便又乘際而入，與我接近。」一切顯得很自然、很隨意。沈櫻的《欲》寫女性的越軌，毫不掩飾地把其根源與「欲」聯結到一起，一切毛病都是因為「平凡不堪的婚後生活」，而越軌的誘惑給女人帶來了新的生命，「那因結婚而冷靜了的青春之血，似乎又在綺君的身內沸騰起來。」作者的同情、惋惜之情溢於筆端。

周作人曾經指出：「（在男權社會裏）假如男女有了關係，這都是女的不好，男的是分所當然的」〔註5〕，舒蕪也講過類似的意見：「既云性的犯罪，本來總要有男女兩方，有罪也該均攤，但是性道德的殘酷，卻在於偏責乃至

〔註5〕周作人：《談虎集》，河北教育出版社，2002年，第213頁。

專責女子。」〔註6〕可以說，很多男作家對待此類情節，常常不能擺脫這種偏見，有意無意間流露到自己的筆下。而在女作家的筆下，則開始改變這種雙重標準帶來的不公。爲女性的生理欲望站出來講話的女作家首推丁玲。在丁玲的《莎菲女士的日記》裏，作者大膽而直露地表現了一個女人對於男人的渴望：「去取得我所要的來滿足我的衝動，我的欲望。」作者把她刻畫成眞實、熱烈、富有生命活力的女人，基調是讚揚的。到了張愛玲的時代，她在《傾城之戀》中，揭露男權社會的偏見道：「一個女人上了男人的當，就該死；女人給當給男人上，那更是淫婦；如果一個女人想給當給男人上而失敗了，反而上了人家的當，那是雙料的淫惡，殺了她也還污了刀。」她又借人物對話直接對男性的自私與偏見進行批判：

> 柳原道：「一般的男人，喜歡把好女人教壞了，又喜歡感化壞的女人，使她變爲好女人。我可不像那麼沒事找事做。我認爲好女人還是老實些的好。」流蘇睎了他一眼道：「你以爲你跟別人不同麼？我看你也是一樣的自私。」柳原笑道：「怎樣自私？」流蘇心裏想：你最高的理想是一個冰清玉潔而又富於挑逗性的女人。冰清玉潔，是對於他人。挑逗，是對於你自己。如果我是一個徹底的好女人，你根本就不會注意到我。她向他偏著頭笑道：「你要我在旁人面前做一個好女人，在你面前做一個壞女人。」柳原想了一想道：「不懂。」
>
> 流蘇又解釋道：「你要我對別人壞，獨獨對你好。」

張愛玲筆下的白流蘇對待愛情與婚姻是非常「世俗」的，行爲也是不「嚴謹」的，但作者對她並無貶抑，而是七分理解三分同情。她的這一番話很大程度上傳達了作者的聲音，核心就是揭露男權世界的虛僞與偏見，同時也是在爲白流蘇這樣爲生計所迫有所「越軌」的女性作一自我辯護。

三、「支配」與「平等」的書寫

家庭成員之間的關係可以分爲三個類別：一類是由血緣紐帶聯結的，如父母與子女之間、兄弟姐妹之間等；一類是由姻緣紐帶聯結的，如夫妻之間、婆媳之間等；一類是附屬關係，包括主僕之間及收養等。而無論哪種關係，使彼此願意維繫並留在家庭這一特殊社會組織之內的，無非下列的因素，即

〔註 6〕舒蕪：《女性的發現》，《周作人的是非功過》，人民文學出版社，1993 年，第 156 頁。

感情關聯、利益關聯與權力關聯。前兩種關聯是顯而易見的，而後一種則有時十分隱蔽。家庭內部的權力關聯在家庭內部往往被前兩種關聯所遮蔽，表現爲含蓄的形式，但對於社會來說，卻最容易成爲公共話題，並與社會的權力結構問題產生共振。美國學者古德在其《家庭》一書中指出：

> 在某種程度上，即使最幸福的家庭也可以被看作是一種權力制度……幾乎在一切社會中，傳統的規範和壓力都給予丈夫以更多的權威和特權來管教孩子〔註7〕。

他的意見包含四層意思：一是家庭的基本屬性之一是某種權力制度，二是父子間父親是權力結構的強勢方，三是男女間男性是強勢方，四是這樣的結構是社會所認可、所維護的。

權力關係無論在或大或小的範圍、或公或私的領域，都意味著支配與被支配。其強化就意味著地位懸殊、利益差別的進一步拉開，其弱化則意味著雙方在走向平等。就大趨勢而言，家庭中的權力關係的強弱，是與社會的文明程度、家庭成員的受教育程度成反比的；同時也與社會思潮、社會變革有著密切的關係。在中國現代文學的三十年間（1919～1949），恰恰是中國社會激烈動蕩，各種社會思潮此起彼伏，而民眾受教育的程度——特別是女性受教育的程度空前提高的階段。因此，現實中傳統的家庭權力關係被質疑、被撼動，而文學作品中也就有了相應的、甚至是先導的表現。

比較家庭文學中，不同性別的作家在表現家庭權力問題時，更關心家庭權力的哪些方面，例如哪些權力關係——族權、父權抑或夫權？哪些權力因素——經濟支配、人身支配或是權力的運作方式？還有他們/她們如何表現自己的這種關心，即在描寫家庭中支配與反支配時作家的立場、態度，還有各自的手法與方式，都是很有趣味的課題。

男性在家庭中的權力有縱向與橫向兩個不同向度的體現，縱向的體現爲父權，橫向的體現爲夫權。所造成的反作用力，前者是子女的平等、自由的要求；後者是妻子的平等、自由的要求。我們下面的考察便分別循著兩個不同的向度來進行。

德國學者溫德爾在《女性主義神學景觀》中分析「父權制」的屬性時講：「這個概念最初源於社會學，『父權制』意味著『一種社會結構。在這種社會結構中，父親就是家長。』（《杜登詞典》）這個意義迄今在我們的科學理

〔註7〕　（美）古德：《家庭》，社會科學文獻出版社，1986年，第117頁。

解中占居統治地位。」〔註 8〕他所強調的是家庭中父親權力的社會屬性。而中國古代的典籍則有不同的著眼點。《儀禮・喪服傳》：「父者，子之天也。」〔註 9〕《說文解字》：「（父的字義、字形）家長率教者，從又舉杖。」〔註 10〕更多的是著眼其道德依據和功能表現。這在很大程度上反映了文化傳統的差異。因而中國的文學家描寫父權，無論古今，無論肯定否定，也都是從天倫道德、人生訓誡、強力意志的角度來觀察與描寫的。

由於「經歷巨大社會變革的大型社會的一大特徵」就是存在「一二十歲的年輕人」普遍地「反抗父母」的行為〔註 11〕。所以，現代文學三十年中，描寫家庭中子女反抗父權的作品空前增多。而這一點又突出表現在男作家身上。如果具體分析可以發現以下幾種不同的情況：早期的家庭描寫如魯迅作品《狂人日記》、《長明燈》、《傷逝》等，稍後的巴金的《家》，其批判的鋒芒很大程度落在了「族權」上，父權的功能由秉持著族權的祖父、叔父，乃至長兄來實現。這樣的寫法，一方面批判封建家族制度的意義得到凸顯，另一方面也有不忍「弒父」的潛在心理。正面批判家庭中的「父親」的作品，當以《雷雨》為典型。周樸園對兒子們聲色俱厲的訓誡，在很大程度上是故意「要威風」，是在有意強化父權。而周萍的亂倫行為，其潛在的意義之一正是對這種絕對父權的另類反抗。另一種情況出現在稍晚一些的作品中。《京華煙雲》、《財主的兒女們》立意都是要寫家族與時代歷史變遷的大著作。由於作者的閱歷、價值觀念和讀者設定都有很大不同，所以二者之間的思想差別是很明顯的。可是，與前述兩種情況比，這兩部著作又有其相近之處。由於到了三四十年代之交，批判封建文化、封建制度已經不再是社會關注的熱點，所以這兩部以家族為描寫對象的百萬言大作，對族權的批判幾乎了無痕跡了。與此相關的是，兩部書中父親的家長形象也不是可惡的悲劇製造者，他們儘管也享有對子女的很大的支配權力，但權力的使用經常給讀者以「合理」的感覺，有時他們本身反而帶有可悲、可憫的色彩。

簡言之，這三十年間的很多男作家對父權題材有較濃的興趣，而其表現則趨於兩極：一極或是「為尊者諱」，迴避直接描寫父親形象，或是筆下留情，

〔註 8〕（德）溫德爾：《女性主義神學景觀》，生活・讀書・新知三聯書店，1995 年，第 30 頁。

〔註 9〕《儀禮》，《四部叢刊初編經部》，上海商務印書館縮印明徐氏仿宋本，第 113 頁。

〔註 10〕許慎撰，段玉裁注：《說文解字注》，上海古籍出版社，1981 年，第 115 頁。

〔註 11〕（美）古德：《家庭》，社會科學文獻出版社，1986 年，第 130 頁。

表現出對父權的一定程度的理解與同情；另一極卻是無惡不歸之於父權，並讓其受到最嚴厲的懲罰。

　　比較起來，女作家的態度與視角大多都有所不同。正面描寫父子之間意志衝突的，以冰心的《斯人獨憔悴》和張愛玲的《茉莉香片》為例。前者中的父親化卿形象，冰心塑造的就不是一個「敵對」的人物，他的一切行為儘管專橫、迂腐，但都是由他的身份——舊官僚、家長所決定的。他不僅沒有其它劣跡，專橫也是有限度的，所以儘管發了脾氣，姨太勸一勸，女兒打一個圓場，也就比較快地煙消雲散。這樣寫，較為合乎一個「父親」的真實，但也使作品的思想張力與藝術張力被弱化了。《茉莉香片》的特點是寫了聶傳慶的兩個「父親」，一個是現實的真實的父親聶介臣，一個是想像的精神的父親言子夜。二者都對聶傳慶持有威壓的權利。聶介臣的威壓是直接的物質層面的，包括打罵、經濟管制等。言子夜則是精神層面的，包括知識能力的輕蔑和人格形象的鄙視。這篇小說有雙重視角，一重是聶傳慶的，兩種父權的威壓感都是通過這一特定視角傳達給讀者的；另一重視角是敘述者的，在這裡與作者的基本重合。在這重視角下，既有對聶傳慶感受的觀察，也有對這兩位「父親」、兩種「父權」的審視。而審視之下，這兩種「父權」都不再具有威壓的力量。聶介臣威嚴與力量的失落緣於他自己的腐朽——這種意味只在敘述者的視角下呈露。言子夜威嚴與力量的失落緣於歷史的追溯。這兩重視角的重疊造成了複雜的敘事效果，也表現出對於父權的複雜態度。這種態度的基本點是審視的，是「執其兩端而扣之的」，也就是說既揭示其強力支配的負面，又揭示其虛弱的無力的本質。

　　就小說的意味複雜程度和敘事技巧來說，《茉莉香片》高出《斯人獨憔悴》多多。但就兩篇作品對父親形象與父權的態度來說，卻又有相似之點，就是都有「審父」的傾向而無「弒父」的動機。

　　家庭中的橫向權力關係主要是夫權，這是男權的更直接的體現。由於和性別衝突的關係密切，在不同性別作家筆下的表現也就有更大的差異。

　　溫德爾在《女性主義神學景觀》中指出：「尼采的定理是：『男人的幸福意味著：我願意。女人的幸福意味著：他願意。』這個定理說中了迄今佔據統治地位的性別關係。」〔註12〕在他看來，男性主導家庭是普遍的現象，女

性的從屬地位主要表現爲主體性的喪失。這應該是和男權社會的大多數家庭的情況相合的。可是，在我們所觀照的中國現代文學的作品中，描寫到的家庭情況卻有很多不是這樣的。比如魯迅的《離婚》與老舍的《離婚》寫到夫權都是隨寫隨抹，那邊剛剛寫了老張的有限的夫權，這邊馬上寫老李在家中面對潑辣太太的無奈，這邊剛剛寫了愛姑的控訴，那邊卻又寫愛姑的潑悍。眞正的控訴夫權，描寫女性在夫權下痛苦掙扎的，似乎只有《雷雨》一部。

兩相比較，女作家作品中正面寫夫權的比例遠高於男性，如《那個怯弱的女人》、《生死場》、《金鎖記》、《茉莉香片》、《心經》、《結婚十年》、《退職夫人自傳》等等，無疑都是持揭露、控訴態度的。而其揭露的戲劇性、控訴的激烈或許不及《雷雨》，但描寫的矛盾衝突的細緻、眞實又多有過之。

更有意思的是，在不少男作家的作品中，不僅沒有描寫女性在夫權支配下的痛苦，而且寫了家庭內權力旁移，男人們在「婦權」籠罩下的苦悶。如老舍《牛天賜傳》中牛奶奶對牛老者的支配權，《駱駝祥子》中虎妞對祥子的支配權，曹禺《原野》中金子對焦大星的支配權，巴金《寒夜》中曾樹生對汪文宣的支配權，路翎的《財主的兒女們》中金素痕對蔣蔚祖的支配權，以及相應的這些丈夫們內心的苦惱與無奈。這些女性的共同特點是精力旺盛，而其中的金素痕、曾樹生和花金子還都貌美如花，主體性很強，不安於室。在對這些形象的刻畫中，隱隱流露出作者本人對此類女性的疑慮甚至恐懼。

作爲對比的是，女作家也寫了一系列主體性強，有活力，爭取家庭權利的女性形象。如蕭紅《生死場》中的王婆，張愛玲《傾城之戀》中的白流蘇，《創世紀》中的紫薇，蘇青《結婚十年》中的蘇懷青，潘柳黛《退職夫人自傳》中的柳思瓊。她們在一定程度上主宰著自己的命運，在各自的家庭中有著起碼的發言權，或是爭取著這份權力。爲此，她們不可避免地與丈夫之間出現衝突，而作者的同情無一例外地放在這些「不安份」的女人身上。這一點，適足可以同前面的《寒夜》等作品進行比較，其立場與態度的迥然相異是一目了然的。

閱讀這一時期幾位著名女作家的小說，有時還會爲她們流露在作品中的一種共同的傾向感到詫異，這種傾向就是對女性「母愛」的弱化乃至顚覆。蕭紅的《生死場》描寫王婆講述她沒有照看好自己的第一個孩子，以致孩子摔死的情況：「一個孩子三歲了，我把她摔死了，要小孩子我會成了個廢物。……孩子死，不算一回事，你們以爲我會暴跳著哭吧？我會嚎叫吧？起

先我心也覺得發顫，可是我一看見麥田在我眼前時，我一點都不後悔，我一滴眼淚都沒淌下。」在生存與母愛之間，蕭紅筆下的女性選擇的是生存優先。而作者唯恐我們沒有注意王婆的感情態度，特意讓王婆講出「絕情」的不後悔、不流淚的話來。這顯然和我們通常持有的母親愛孩子勝過一切、乃至自己的生命的印象大不相同。不止是王婆一個母親如此，《生死場》中的母親形象大半如此，如金枝的母親：「因為無數青色的柿子惹怒她了！金枝在沉想的深淵中被母親踢打……金枝沒有掙扎，倒了下來。母親和老虎一般捕住自己的女兒。金枝的鼻子立刻流血。……母親一向是這樣，很愛護女兒，可是當女兒敗壞了菜棵，母親便去愛護菜棵了。農家無論是菜棵，或是一株茅草，也要超過人的價值。」「老虎一般」、「踢打」、「立刻流血」，這都是在描寫親生母親對待自己女兒的用語。不知道在蕭紅之前有沒有哪一位男性作家這樣塑造過母親的形象。

張愛玲對母愛的質疑更是眾所周知的。她說：「自我犧牲的母愛是美德，可是這種美德是我們的獸祖先遺傳下來的，我們的家畜也同樣具有的──我們似乎不能引以自傲。」〔註 13〕「母愛這大題目，像一切大題目一樣，上面作了太多的濫調文章。普通一般提倡母愛的，都是做兒子而不作母親的男人。而女人，如果也標榜母愛的話，那是她自己明白她本身是不足重的，男人只尊敬她這一點所以不得不加以誇張，渾身是母親了。」〔註 14〕她的這種觀念是和她個人的生活、感情經歷分不開的，「張愛玲……寫角色的母女關係，其實也在象徵性地再現她身上的母女關係。」〔註 15〕在這種觀念以致個人情感的影響下，她筆下的母親幾乎沒有「慈母」的形象。從「沉香屑」兩爐香的不稱職的母親、《傾城之戀》的不可依靠的母親到《金鎖記》中變態的母親，《心經》中與女兒成為情敵的母親，非常突出地顯示了「身為女性作家，張愛玲的確是不標榜母愛的」。〔註 16〕

蘇青倒是正面描寫了蘇懷青的失女之痛，但同時用更多的篇幅以及更強烈的筆觸描寫了女人生育的痛苦。她還把母親和父親對孩子的態度作比

〔註 13〕張愛玲：「造人」，《張看》，經濟日報出版社，2002 年，第 67 頁。

〔註 14〕張愛玲：「談跳舞」，《張看》，經濟日報出版社，2002 年，第 258 頁。

〔註 15〕平路：「傷逝的周期」，楊澤編：《閱讀張愛玲》，廣西師範大學出版社，2003 年，第 137 頁。

〔註 16〕胡錦媛「母親，你在何方」，楊澤編：《閱讀張愛玲》，廣西師範大學出版社，2003 年，第 154 頁。

較，父親反而是溺愛的反面形象。到了《續結婚十年》中，女主角儘管不斷陷入孤獨寂寞的境況，但始終不再組成新的家庭，原因就是對於生育的痛苦記憶和離別子女的折磨——這些負面的代價超過了做母親帶來的正面的享受。

拿這些母親的形象和男性作家的作品來比較，差異是巨大的。這一時期男作家著意描寫母親形象的作品並不多，有的儘管落墨不少，人物卻也不一定是正面的，如《原野》中的焦母、《寒夜》中的汪母。男作家之間對待「母親」這一感情符號的態度也並不相同，如魯迅在作品中流露出的依戀感就是老舍、巴金所沒有的。但是，這些男性作家在寫到母親和子女關係的時候，換言之在寫到「母愛」的時候，其觀念卻是基本一致的。無論這「母愛」結出的果實是甜是澀、是善是惡，「母愛」本身都是真誠的、強烈的。

也就是說，男性作家看待與表現「母愛」的態度與女性作家相比，明顯有所不同。男作家的評價更積極些，表現更正面些。那麼如何認識這種差異呢？

羅素在《婚姻革命》中的一段論述可能對我們會有些啟發：

> 母性的情感長期以來一直為男人所控制，因為男人下意識地感到對母性情感的控制是他們統治女人的手段〔註17〕。

在他看來，男性實現自己性別統治的手段有兩種，「父權的發現導致了女人的隸屬地位……這種隸屬起初是生理上的，後來則是精神上的。」〔註18〕而「精神上的」軟手段就是塑造利於自己的女性社會性別形象，而「好的女人都是對性沒有興趣」，卻「對孩子天然熱愛」。「母愛」與「無性」就是這種塑型的兩個密切關聯方面。

有趣的是，前面引述的張愛玲談母愛的言論，就其著眼於兩性牴牾而言，與羅素的見解頗有相通之處。雖不能斷言張愛玲受到羅素的影響，但二人對此問題犀利的觀點確是異曲而同工。從這個角度來看，這一時期女作家對傳統母親形象與「母愛」觀念的解構，可以說是包含著主體性的覺醒和對家庭中男權及其話語挑戰的因素。當然，無論是男作家對母愛的肯定性描寫，還是女作家的顛覆性描寫，背後所具有的與家庭中權力關係的聯繫，在大多數的情況下，都不見得是十分自覺的。

〔註17〕 （英）羅素：《婚姻革命》，東方出版社，1988年，第141頁。
〔註18〕 （英）羅素：《婚姻革命》，東方出版社，1988年，第17頁。

家庭生活中，和夫權相關的還有一些重要的方面，例如女性的受教育權力問題，職業女性與家庭關係的問題，女性的社會交際問題等，在不同的性別視角下，也呈露著程度不同的差異。這裡就不一一縷述了。

英人密爾曾尖銳地指出：「家庭關係問題，就其對於人類幸福的直接影響來說，卻正是比所有其它問題加在一起還要更為重要的一個問題。」。他又指出，家庭關係中惡性的夫權與父權因當事者立場的偏隘——「公然以權力擁有者的立場來說話」〔註19〕——而難於真正解決。從上述的比較分析看來，要徹底解決這方面的問題，還有很遠的路要走，因為性別之「別」就意味著男人與女人立場的差別，於是就有了視角的差別，而不能相互理解與瞭解，真正意義上的平等就不能實現。

通過上述比較、分析，我們既能感覺到一般意義上不同性別之間的隔膜，也能看出，即使在文化精英里，在力主男女平等的作家中，性別視角仍然是會遮蔽一些東西，扭曲一些東西的。其實，這也是很自然的事情。女性被男性「他者化」，其實正如同男性被女性「他者化」一樣，其本源乃在於兩方面生理上的差異以及由此差異造成的需求、吸引與隔膜。因此，這種情況的存在是不可能徹底根除的。所能做的事情，只是在精英的範圍內較為充分地認識此種現狀的缺失，並通過先覺者的工作，最大限度地降低彼此「他者化」的程度，進而對社會、對民眾有一積極性的導引——文學及文學的解讀都應發揮這方面的作用。

第二節　早期新海派文本的題旨轉換

本節涉及的作家大致符合以下兩方面的考慮：一是通常被公認為海派作家；二是大體活動於 20 年代末至 30 年代的海派轉型期。具體包括以寫「三角戀愛」小說著稱的張資平，兼有「先鋒」、「通俗」兩副筆墨的葉靈風，性愛寫手章衣萍，以及推崇「唯美——頹廢」思潮的章克標等。這些作家的身份背景和創作風格差異較大，文學史對其指稱也各式各樣，或以之為「第一代海派作家」，或冠之以「性愛小說作家」。本文為將其與施蟄存、穆時英、張愛玲等成熟的、更具代表性的海派作家加以區分，姑且以「早期新海派」稱之。

〔註19〕　（英）密爾：《論自由》，商務印書館，1982 年，第 114 頁。

　　早期新海派作家是身份特殊的一群。有研究者指出：「活躍於滬上文壇的海派作家多數有『五四』作家和革命作家的前身」。〔註20〕的確，這些作家大都有著「新文學下海」的經歷。他們處於海派敘事「自我更新」的關節點上，既爲海派帶來了新文學的東風，又初步顯示了海派敘事的獨特走向。從這個角度說，有關早期新海派文本的探討對新海派文學敘事研究具有一定的「發生學」意義。這裡主要考察早期新海派文本的敘事模式，揭示它們與原有敘事模式之間的「裂痕」和「縫隙」，探究這些「裂痕」和「縫隙」指向了怎樣的題旨，這之中又包含著怎樣的敘事意圖。在此基礎上，分析作家在創作題旨選取方面的內在動因，探詢他們爲後來的海派敘事所提供的資源。

一、「社會——反抗」題旨的轉換

　　張資平的小說向來因其敘事的相似、情節的雷同爲人詬病。的確，張資平並非一個文體意識很強的作家，他以爲的「很不壞」的手法大概更多的是指《留東外史》式的寫實描摹〔註21〕，他期望由這些貼近自然欲望心理的摹寫喚起讀者共鳴，而非依憑文體的嘗試或敘事技巧的翻新。在這樣的背景下，《公債委員》就顯得獨特了。它大概是張氏小說中敘事技巧應用最爲明顯的作品。僅就敘事結構而言，它的精巧、完整，在相當程度上克服了張氏小說一貫的拖沓。那麼，這個故事有何特別之處，使得作者「一反常規」玩起技巧了呢？作者運用這些敘事策略想給我們講述一個怎樣的故事？這種敘事傾向背後有著怎樣的文化姿態？我們不妨對這篇小說的故事層次略加探詢。

　　《公債委員》講述的是一個叫做陳仲章的「公債委員」的故事。它有兩個鮮明的故事層：一個置於小說首尾，構成完整的故事，可稱其爲外層故事；另一個位於文章中部，我們稱之爲內層故事。其各自所具有的完整性使之分別構成了獨立的敘事。外層故事並不複雜：小說開頭描寫一個已退職的公債委員（陳仲章）夥同一個革了職的排長，攜短槍到某村假託發行公債票的名

〔註20〕姚玳玫：《想像女性》，中國社會科學出版社，2004年，第158頁。

〔註21〕1918年郭沫若在日本福岡初次與張資平深談時，聽他稱道《留東外史》「寫實手腕很不壞」，感到頗爲驚訝，並且暗暗認爲「這傢夥的趣味真是下乘」。可見二人的文學趣味從一開始就存在距離。見郭沫若：《創造十年》，《沫若文集》第七卷，人民文學出版社，1958年，第49頁。

義勒索鄉村富紳。小說結尾寫事情敗露，陳仲章被捕。在首尾的呼應中，建立起第一個故事層。內層故事則寫阿歡病重，陳仲章百般籌款而不得。其中夾雜著由於缺少金錢而引起的生活困窘和心理焦慮。可見，從敘事倫理上看，內層故事其實是外層故事的「前因」，是外層故事發生動因的「補充」。通常，內層故事往往爲外層故事服務，層層鋪墊，使外層故事的發生更具必然性，意蘊更豐厚。然而，在這部作品的敘事中，內層故事的敘事時間和敘事深度呈現出多層次、深向度的特點，外層故事的敘事卻十分簡單。這使文本敘事表現出某種「不平衡」。本應爲外層故事服務的內層故事「喧賓奪主」，成爲敘事重心，敘事倫理和敘事效果形成了悖反。

考察內外層故事敘事的指向，也許有助於思考這種悖反的意味。我們看到，外層故事屬於典型的「社會——壓迫」型敘事。陳仲章因爲社會黑暗處處碰壁，心愛的女人重病在身急需用錢，以致鋌而走險僞造身份敲詐鄉紳。如果我們認可這樣的「前因」並由此推及後果，那麼這將是一個類似「駱駝祥子」一樣的主人公被逼「犯罪墮落」的故事。這在「五四」小說中是常見的寫法，它揭示、追究悲劇的外在動因，生發的題旨傾於控訴和反抗。但偏偏《公債委員》的敘事重心不在外層故事，而在內層故事。它是主人公「肉身——墮落」型的生命史。這個故事中的主人公陳仲章既沒有祥子那樣的單純善良，也沒有於連式的精神痛苦，而是更像一個實利至上的投機分子。他的「墮落」近似於生活中的一次投機失敗。他不可能像郁達夫筆下的主人公那樣，將國族觀與個人命運相聯繫發出「生命的絕叫」，也無法使故事本身生發出「反抗」的題旨。

如果作者以「社會——壓迫」型的外層故事作爲敘事重心，很可能導向反抗題旨的表達；而實際上他所採取的「肉身——墮落」型的內層敘事則體現了與平安苟活的市民心態之間的密切聯繫。作者使用種種敘事策略，使整部作品客觀上將敘事重心轉向內層故事，無形中促成了「社會——反抗」題旨向市民生活題旨的內在轉換。與此同時，得到肯定的是世俗欲望和祈望現世安穩的世俗人生觀。小說在「五四」的外衣下包裹著海派的精魂，懸置了高蹈的社會改造理想，呼應了建立在日常生活基礎上的市民意識形態。這裡，實際上已經暗示了張資平與「五四」新文學之間的距離。

二、兩性之愛的「烏托邦」演繹與日常困境

章衣萍初版於 1926 年 5 月的《情書一束》〔註22〕曾先後印過三版，可見當時產生的影響。它所持的肉欲趣味頗能顯示作者的「海派」情懷。對比文本和 1911～1925 年現代雜誌上幾場關於愛情的討論〔註23〕，不難發現二者文化姿態上的契合。

《情書一束》的開篇《桃色的衣裳》，講述了一個「三人戀愛到底」的「烏托邦」故事。女主人公菊華有個只知讀「四書五經」、吃鴉片的未婚夫，切身感受著包辦婚姻的痛苦。偶然的機會，她與南京美專學生謝啓瑞相識相戀，不久又與男青年逸敏成爲筆友，繼而相愛。這個三角戀愛故事的特異之處在於情感糾葛中的三個當事人對「愛情」所持的激進觀點。首先，他們認爲愛情至上，高於社會生活的其它方面。逸敏爲迎接菊華的到來推脫了工作，他在日記裏這樣解釋：「工作是要緊的，戀愛更是重大的。沒有戀愛，工作便成了空虛」。其次，他們所推崇的愛情是高度自由的。在他們看來，愛情是純粹的情感投射，不存在佔有和被佔有的權利關係，因此愛情沒有排他性。菊華向逸敏坦陳自己早有愛人後，要求對方「不要因爲我有他而憂愁，因爲你應該愛我一切所愛，愛我一切的事物」；而逸敏在日記中也認可菊華的觀點：「一個女人可以愛一個男人，也可以愛兩個或兩個以上的男人，只要她的愛是眞實的……愛是應該絕對自由的」。再者，他們認爲愛情是孤立自足的。「愛情首先被激進地定義爲與婚姻的分離，與通常認爲自由戀愛是爲了婚姻這種論點截然相反。」菊華認爲，「結婚的制度不打破，戀愛總不能美滿」。小說結尾，逸敏和菊華定下了「三人戀愛到底」的計劃，男女主人公滿懷憧憬地告別。

除卻大膽的肉體描寫，《情書一束》頗像當時社會上關於愛情問題討論的文本演繹，它幾乎包含了現代「愛情神話」的所有激進要素。那時，在肉欲描寫的背後，作家所執著的往往是個性解放和打破一切封建倫理秩序，故事

〔註22〕儘管已有論者指出《情書一束》與作者個人經歷之間的密切對應關係，但即便是高度寫實色彩的自敍傳小說，也不能否認其中的虛構想像成分以及這些成分與作者深層文化心理的互動關係。畢竟，小說是「虛構的敍事」。爲此，這裏傾向於拋開將故事情節與作家經歷對號入座的企圖，從想像性敍事的層面探討敍事的差異性，進而探詢差異背後作家的文化姿態。

〔註23〕參見張莉《浮出歷史地表之前：中國現代女性寫作的發生》，南開大學出版社，2010 年。

中灌注著「反傳統」的啓蒙意識。然而，當我們對比 1927 年章衣萍移居滬上之後出版的《情書二束》時，很容易發現作者在關注焦點和文化姿態上都有了變化。

《情書二束》中的文本《癡戀日記》與《情書一束》中的《桃色的衣裳》構成了有趣的「互文」。除了人物設置由「二男一女」變爲「一男二女」之外，前者類似後者的接續。《桃色的衣裳》所討論和設想的三人同居的情愛「烏托邦」在這部日記體小說中得到了實現。敘事者「我」與任之是戀人，「我」本著「愛情絕對自由」的理念將其介紹給女友芷英，之後三人組成「家庭」。然而，「黃金時代」的到來伴隨的是兩性的日常煩惱。「我」和芷英分別代表了「靈」與「肉」，「絕對理性」與「世俗常情」。「我」覺得「唯有『理性』可以救我，我只有重複地要求『理性』來幫助我了」。面對三人之間出現的困境，「我」仍記得三人同居的初衷，常常克制隱忍，試圖調和。芷英有「豐滿的肉」，是個「虛榮的女子」。她任性自私，爲吸引任之的注意而有意折磨他，常常藉故吵鬧甚至賭氣離家。這一切都使「我」和任之苦惱。但讓「我」困惑的是，「任之常說芷英缺點太多，但他愛的卻是她的缺點罷？一個女子能用她的肉體去獻給她的愛人，以她的妖冶的眼波打動她愛人的心，這算什麼呢？這並不是她的缺點，然而任之常說她太磨人了，不知不覺地在那缺點中打滾，享樂著自己的魂靈，反而說我是一個不會表現愛的人」。結果，「我」的百般退讓換來的是自身的情慾壓抑和愛人的日漸疏遠。最後三人同居終於無法維持，「我」退到日本，貧病交加，客死異鄉。

這裡，「日常」壓倒了「先鋒」，「常情」戰勝了「理念」。作者將一個「情愛烏托邦」的文本演繹改寫成兩性的日常故事；立足於人性的常識，解構了關於婚姻愛情的激進構想。其間映現著市民價值觀對「五四」理念的弱化。

三、「娜拉走後」的幾種結局

20 世紀中國文學中的「娜拉敘事」爲人熟知。「娜拉」這一被移植的文學形象某種程度上成爲「五四」精神的重要表徵之一。新文學出身的「海派」作家似乎也未曾割捨「娜拉情結」，他們筆下的女性人物往往有著娜拉的「前身」：她們曾是愛好文藝的「女學生」，甚至有過因不滿封建婚姻、追求愛情自由而出走的經歷。例如張資平筆下的苔莉（《苔莉》）、阿歡（《公債委員》）、麗君（《紅霧》），葉靈鳳筆下的麗麗（《時代姑娘》）等。在這些小說中，「娜

拉」的命運也正與魯迅「不是墮落，就是回來」〔註 24〕的預言暗合。然而，其文本最終並未像《傷逝》那樣指向嚴肅的題旨，而是充滿「海派」趣味。

《苔莉》中的女主人公苔莉是個「高談文藝和戀愛」的「很時髦的女學生」，她喜好文藝，婚後還在「社」中擔任職務。苔莉曾經爲追求戀愛自由而離家出走，不料「自由婚姻」是一場騙局，她再次充當了另一個男人的「妾」，重又落入封建家庭秩序。但是，苔莉的婚外情並非反抗意識支配下的選擇，而是更像一個精於算計的生意人：貨比三家，確定目標，採取行動。她曾將克歐與另一個「後備」情人相互比較，最終克歐的「男性魅力」更勝一籌。苔莉對男主人公的「戀情」不再如「五四」女兒那樣充滿精神之戀的幻想，而是落入了柴米油鹽中的世俗誘惑。與《傷逝》裏沉浸在反思懺悔中的敘事者不同，《苔莉》中運用外視角的敘事者沒有展示任何立場，也從未打斷這種在日常化的「擬家」遊戲中推進的敘事。文本的敘事重心在於用相當長的篇幅津津樂道地描寫女性主人公對男性主人公的誘惑。至此，《苔莉》在呼應「五四」題旨的表象下，將題旨置換成了一個庸俗的婚外情故事。

葉靈鳳的《時代姑娘》演繹的是「娜拉走後」的另一種結局——墮落。表面看，這是個典型的「娜拉墮落」故事：秦麗麗是個活潑大膽的女學生，她已有一個自由戀愛的戀人韓劍修，家裏卻爲她安排了另一段「貨物」式的婚姻。立意報復的麗麗精心安排在半島酒店內將自己的肉體奉獻給眞正的愛人韓劍修，而後出走到上海，成爲銀行家蕭潔的情婦。這個故事外觀上似乎具備「五四」問題小說的格局，但敘事並未沿著探討女性道德和經濟雙重壓力的話題延續下去。麗麗的選擇較多地帶有自主性，因而她的所謂「墮落」似乎並沒有多少被迫成分。麗麗放棄與韓劍修雙宿雙棲，主動選擇做蕭潔的情婦，並且能夠在這種非婚關係中遊刃有餘。她面對蕭潔妻子也「落落大方，侃侃而談」，以致「蕭妻竟爲所懾，敢怒而不敢言」。最後，韓劍修發覺麗麗「墮落」的眞相，出於自責而自殺。這部連載小說以麗麗「幡然悔悟」草草收尾。

如果說這部小說對「女性解放」「婚戀自由」懷有某種反思意味，那也不過是相當表面化的「浪子回頭」式的道德訓誡。敘事者並不關心女性建立在「絕對自由」理想上的生活是否無路可走；若非韓劍修的自殺，麗麗作爲一

〔註24〕 魯迅：《娜拉走後怎樣》，《魯迅全集》第一卷，人民文學出版社，2005 年，第
166 頁。

個「時代姑娘」的生活似將依然順利。麗麗在兩性關係中相對主動，遊戲中有著自賞的心態。她並不愛蕭潔，只是得意於「自己能夠顛倒旁人驅策旁人的威力」。她很少有曹禺劇作《日出》中陳白露式的對自我悲劇命運的認知。與陳白露最終陷入精神絕境不同，對於麗麗而言，「太陽升起來了」，太陽仍然屬於她。

章克標的《秋心》呈現了「出走」結局的又一種可能。作品中的女主人公放棄家庭以成全個人在事業和精神上的追求，雖然獲得成功但卻終懷遺憾。小說中的「她」與「五四」女作家陳衡哲的小說《洛綺思的故事》中的女主人公一樣有著遠大志向。丈夫去世後，她孤身出國留學，「抱定宗旨做一個女流教育家，爲社會國家造福利」。不同的是，陳衡哲筆下的洛綺思雖堅持獨身，但在精神上是不無惆悵和矛盾的；章克標的小說卻設置了一連串的巧合、誤解，循序漸進地激發了女主人公的個體情慾。曾作爲理想象徵的一張小照，在女主人公情慾覺醒的目光中有了變化：她近來覺得那頁小照「再不是和氣可親的面容了，好像對她怒目叱責」；「又覺得那一頁小照是羈絆她的繩索……她對於自己的境地，有深切悲痛發生了」。最後，「她」只感到那頁小照「同屍體一樣的堅冷的觸覺」，終於將象徵堅貞的小照「連架框放進不惹眼的書籍角里去了」。在作家看來，剝離了政治內涵的個體情慾同樣具有正當性，當情慾不再用於表徵反抗，不再作爲激進革新的武器，它在日常生活中仍具備顛覆性的力量。

不難看出，早期新海派作家的「娜拉敘事」從故事內核中剝除了啓蒙理想，而熱衷於將娜拉還原成具有色情慾望的女子，在日常生活場景中演繹她們的激情故事。

四、虛置的「革命」

早期普羅小說爲「娜拉」安排的另一種前景是「革命」。「革命」在當時的上海成爲頗時髦的話語，趨新的海派作家也敘述了不少「革命+戀愛」的故事，如滕固的《麗琳》、葉靈鳳的《紅的天使》、張資平的《黑戀》、《長途》等。但深入分析小說敘事可以看到，「革命+戀愛」的題旨在海派作家和左翼作家筆下有著重要差異。

首先值得注意的是「革命」在功能層上的作用。茅盾曾將早期左翼小說的「革命+戀愛」公式概括爲三種類型：第一類「爲了戀愛而犧牲革命」，借主人公現身說法指出「戀愛會妨礙革命」；第二類是「革命決定了戀愛」；

第三類是「革命產生了戀愛」。〔註25〕不管是哪一種，在早期普羅小說中，「革命」與「戀愛」的確發生了關聯。「革命」作爲「行動元」在敘事中具有「核心功能」的作用〔註26〕，能夠決定性地影響敘事進程；敘事主要是根據「革命」邏輯進行推演。丁玲《韋護》中的愛欲狂歡因「革命」以戛然而止的方式結束；蔣光慈《衝出雲圍的月亮》中曼英放縱肉體的內在動因是出於對「革命」的沮喪，而她後來又因對「革命」重拾信心得以衝出肉身墮落的雲圍。

但在海派的「革命+戀愛」敘事中，「革命」與「戀愛」往往並不構成互動關係，更毋談「革命」的「核心功能」。「革命」於此大多只是作爲背景性的點綴，其功能在於使敘事增添幾分類似偵探小說的驚險神秘，內核則仍是兩性情慾故事。在這種情況下，即使袪除「革命」的元素，故事仍然成立。例如，張資平小說《黑戀》的敘事框架，是幾個年輕人在大革命期間的生活經歷和革命活動。但在具體敘事中，「革命」成了男女戀情的調味品，在其襯托下所講述的，不過是個「多角戀愛」的情慾故事。他的長篇小說《明珠與黑炭》也是如此。

其次，敘事的差異表現在敘事者對「革命」的態度上。米克·巴爾說：「在敘述文本中可以找到兩種類型的發言人：一類在素材中扮演角色，一類不扮演（這種區別即便當敘述者與行爲者合二爲一，例如在敘述中以第一人稱講述時，依然存在）」〔註27〕。這類不扮演角色的敘述者往往或顯或隱地佔據權威地位，更接近隱含作者。當人物聲音呈現多聲部，敘事出現矛盾時，不扮演角色的敘事者可起到「場外」評判的作用，引導讀者的認同感。早期普羅小說中，「革命」無疑具有正當性。當「革命」與愛情衝突時，即使人物聲音處於交戰糾纏中，敘事者的聲音也往往居高臨下地強調著「革命」。在丁玲的《一九三零年春上海（一）》、《一九三零年春上海（二）》等小說中，都可以聽到這樣的權威敘事聲音。

〔註25〕 茅盾：《「革命」與「戀愛」的公式》，《茅盾全集》第二十卷，人民文學出版社，1990年，第337～339頁。

〔註26〕 根據（法）羅朗·巴爾特的敘事學理論，「核心功能」是能夠對故事進程起逆轉性影響的功能。見羅朗·巴爾特：《敘事作品結構分析導論》，伍蠡甫、胡經之主編《西方文藝理論名著選編·下卷》，北京大學出版社，2003年，第483～484頁。

〔註27〕 （荷）米克·巴爾：《敘事學：敘事理論導論》，譚君強譯，中國社會科學出版社，1995年，第215頁。

　　而海派小說文本中權威敘事聲音的立場則迥異於早期普羅小說。《紅的天使》中，作爲革命者的男主人公一出場就有一段類似普羅小說立場的心理獨白：「誰說女性是人生的安慰？她是男性的仇敵，至少也是我這樣男性的仇敵。她是蛇，是時時都在向你誘惑，想你拋下你的工作，去伏在她懷中。拋下我的工作去伏在一個女性的懷中麼？不，不能！這寧可做女性眼中的罪人，我不能做我工作的罪人。」對此，權威敘事者忍不住跳出來評論：「但是，在明眼人的眼中，都知道這是健鶴沒有實際經驗的理論，他還不知道在這兩難的問題中藏著有一條幸福的第三條路」。敘事者於此急不可待地提示「第三條路」，可見其並不認同革命話語對個人情愛選擇的控制。

　　早期普羅小說「革命+戀愛」背後是革命主體和知識分子主體之間的緊張關係。左翼作家雖強調「爲大眾代言」，但他們對自己的身份定位仍是「知識階級」，某種程度上持守的是精英立場。而早期新海派文本則實際上抽空了「革命」，虛置了精英價值和革命話語，「戀愛」（私人情慾）題旨在通俗化的改寫中「一枝獨秀」。

　　綜上，早期新海派文本在借用原有敘事模式的同時，對「五四」文學進行了別有意味的題旨轉換。作者將「社會——反抗」題旨演化爲與市民價值觀一脈相承的「肉身——墮落」故事；從對高蹈理念的討論回落到對兩性日常困境的描寫；爲「娜拉出走」提供了迥異於新文學敘事的結局；在涉及「革命+戀愛」題材時抽空了「革命」的正當性和權威性，將故事的內質置換爲革命背景下的兩性遊戲。變化後的文本題旨在相當程度上具有趨同性，即大都指向了日常情慾。這些轉換和改寫不同程度地有著「去意識形態化」的作用，它使敘事偏離了原有的主題，呈現出殊途同歸的指向——日常化情慾。

　　「五四」時期的人本主義爲情慾「正名」。但在啓蒙話語、革命話語下，「情慾」是作爲具有顛覆性力量的武器的，其最終訴求聯繫著革命知識分子關於現代國家的想像，被納入了另一種「理性」言說。而早期新海派作家借助人本主義思想，通過創作昭示了情慾言說的合法性。他們以市民立場抽空、消解激進理性，將市民意識和精英意識進行了一次頗有意味的對接，重新構築和展現了新語境下關於兩性的日常想像。早期新海派文本對既有敘事模式的改寫，一方面以其媚俗的文化取向影響了文學的審美品位，另一方面卻也在特定的意義上有助於開啓不同於主流敘事的想像中國的途徑，爲後來的海派平民世界書寫提供了經驗。

第三節　新感覺派文本的「尤物敘事」

　　魯迅說：「我們有館閣詩人，山林詩人，花月詩人」而「沒有都市詩人」〔註28〕。在現代中國文學演進過程中，都市直到新感覺派作家筆下才第一次獲得獨立，真正成為審美對象。新感覺派作為「海派」的一支，自覺運用現代派的敘事技巧，對女性的言說方式有別於同時期「寫實主義」作品，敘述姿態也帶有商業化和殖民化以及某種瘋狂的「末世情懷」。他們的作品塑造了別具特色的女性形象。將這些女性形象與都市意蘊相聯繫，有助於在一個更為開放的視野中觀照作家的敘述立場，探討它試圖構建什麼樣的兩性關係，以及構建這種兩性關係的深層原因。

　　本節結合創作實際探討新感覺派「尤物敘事」的特徵，分析這種敘事通過怎樣的敘事策略塑造了「尤物」形象，又以這種「尤物」形象為基點構築了怎樣的兩性關係，進而考察其背後的深層原因。

一、具有現代意味的「尤物敘事」

　　按照詹姆斯・費倫的說法，敘事是「大概出於一個特定的目的在一個特定的場合給一個特定的聽（讀）者講一個特定的故事」〔註29〕。也就是說，敘事具有目的性、虛構性，同樣的事件、人物為何這樣描述而非那樣描述，敘事策略取捨的本身即體現著敘述者的某種姿態。在文學敘事中，這種目的性和虛構性更加突出。置身於商業化大都市的新感覺派，他們的文學敘事與其它商業媒體一道，不但在記憶現實，同時也在擬想現實。在有關女性形象的敘事中，自覺不自覺地灌注著他們對於女性的審美希冀和價值立場〔註30〕。

　　「尤物」是中國文學作品中早有的一類女性形象。關於「尤物」的敘事傳統源遠流長。美人誤政、美人害國，中國傳統意義上有關「尤物」的關鍵詞即是「美」和「有害」。「五四」新文學在打擊封建文化的同時，也在有意消解「尤物」這一帶有鮮明封建男權烙印的形象。且不論茅盾筆下的「新女性」，就連沈從文邊城水鄉中保留大量民間氣息的野性女子都少有這種蠱惑性

〔註28〕魯迅：《集外集拾遺〈十二個〉後記》，《魯迅全集》第七卷，人民文學出版社，1981年，第719頁。

〔註29〕（美）詹姆斯・費倫：《作為修辭的敘事》，北京大學出版社，2002年。

〔註30〕李歐梵在《上海摩登：一種新都市文化在中國1930～1945》（毛尖譯，北京大學出版社，2001年）中，曾對二三十年代上海女性形象做了翔實的考證和分析，證明當時的電影、雜誌等流行媒介的熱情敘述旨在塑造具有鮮明「舶來特色」的「上海摩登」女性形象。新感覺派作家無疑也加入了這種塑造。

的魅力。而在海派文學中，此類形象卻得以衍生和豐富，尤其在新感覺派作家筆下蔚爲大觀：充滿誘惑力的「尤物」是劉吶鷗「都市風景線」中一道靚麗的風景，也是穆時英「造在地獄上的天堂」不可或缺的一部分。當然，新感覺派的女性形象塑造並不曾苑囿於傳統文化中「尤物」的內涵，而是襯之以現代城市風貌，更借鑒了西方「尤物」原型，即借用弗洛依德學說將其視作性的潛意識的化身。

按照女性人物的不同身份，可以將新感覺派筆下的「尤物」形象分爲三類：

一是都市中的現代「尤物」。主要包括劉吶鷗、穆時英筆下的都市摩登女性。如《駱駝・尼采主義者和女人》裏的不羈女子，《被當作消遣品》中的蓉子，《Craven「A」》裏的余慧嫻等。都市是她們賴以生存的背景和展現魅力的舞臺。二是城鄉之間的魔幻女子。主要指施蟄存自稱走入「魔道」的小說中的女性，如《魔道》、《宵行》中的神秘女子。她們大多出現在城鄉交接部，身份不明，形象模糊。三是歷史戲謔中的悲劇預示者。主要指施蟄存歷史小說中的女性，比如《鳩摩羅什》中大師的妻子、《將軍的頭》中的黑衣姑娘等。她們在施蟄存意味獨特的敘事軌道中發揮著相當重要的作用。

當我們將這些身份不同的「尤物」形象並置時，很容易從中發現某些近似的敘事策略。

（一）物化的修辭

首先，在施蟄存走入「魔道」的小說和歷史小說以及劉吶鷗、穆時英的文本中，男性幾乎是敘事的唯一主體。在作爲感知主體的男性面前，女子是被感知的「他者」。摩登女性的軀體在男性欲望的目光中常常像一幅誘人的風景，被作家以充滿玩味的態度進行靜態描述。例如：「他拿著觸角似的視線在裸像的處處遊玩起來了。他好像親踏入了大自然的懷裏，觀著山，玩著水一般地，碰到風景特別秀麗地方便停著又停著，止步去仔細鑒賞。山崗上也去眺望眺望，山腰下也去走走，叢林裏也去穿穿，溪流邊也去停停。」（劉吶鷗《禮儀與衛生》）「仔仔細細瞧著她──這是我的一種嗜好。人的臉是地圖；研究了地圖上的地形山脈，河流，氣候，雨量，對於那地方的民俗習慣思想特性是馬上可以瞭解的。放在前面的是一張優秀的國家地圖：……」（穆時英《Craven「A」》）而《白金的女體塑像》（穆時英）更是直接將女性有血有肉的軀體描寫成冰冷的金屬物：一尊「沒有羞慚，沒有道德觀念，也沒有人類

的欲望似的，無機的人體塑像」。在這裡，女性不過是靜止的「物」，是男性審美的欲望對象，男性居高臨下的把玩姿態一覽無餘。

其次，小說文本中，都市「尤物」的出現，往往伴隨著一系列物質性的意象，例如汽車、煙酒、夜總會、霓虹燈等代表都市的通用符號。正如李歐梵所指出的，新感覺派作家「更把女性的身體物質化，與汽車、洋房、煙酒、和舞廳連在一起，像是另一種商標和廣告」〔註31〕。在這裡，女性形象一定程度上與汽車、電影等並排陳列爲新的都市景觀，被作家視爲都市生活不可或缺的物質組成部分。現代城市的體驗和感受因此與這些女性形象緊緊嵌連在一起。

再次，考察這些「尤物」形象特徵，可以發現敘述者的審美標準有著驚人的相似。諸如「近代產物」（《遊戲》）、「近代都會的所產」（《風景》）、「溫柔的貨色」（《兩個時間的不惑症者》），是劉吶鷗定位女性形象的常用語彙。它們直接突出了女性「物」的特徵。但這種物化修辭不同於古典文學中「手如柔荑，膚如凝脂」之類傳統比喻的色調，而是帶有現代都市的審美特徵。劉吶鷗、穆時英對女性的外貌身體描寫如出一轍，作品中常出現的人物肖像描寫是「豐滿的嘴唇」、「理智的前額」、「瘦小而隆直的希臘鼻」，疏懶疲憊的大眼睛、狡點的笑意、肉感的曲線，等等。而如果將施蟄存歷史小說中的潘巧雲（《石秀之戀》）置於現代，則其外貌特徵與都市摩登女性幾乎無異。這些融入了現代西方審美特徵的女子形象，被作家一再書寫，樂此不疲。

正是在如此這般物化描寫的基礎上，小說中的女性人物普遍被抽象爲愛欲的載體，女性成爲男性欲望的對象。

施蟄存的歷史小說中，物化的女性頗接近於所謂「尤物」的內涵。潘巧雲本身即是傳統「尤物」的典型。在有關作品中，鳩摩羅什美豔的妻子使高僧糾纏於欲望的樊籬無法自制（《鳩摩羅什》），漢族姑娘使將軍放棄責任（《將軍底頭》），甚至堅貞的「阿襤公主」客觀上也是引起爭鬥的誘因（《阿襤公主》）。所謂尤物「美而有害」的特質被充分張揚。與傳統「尤物」不同，這些女子在施蟄存筆下更純粹地充當著愛欲的載體。作品對這些虛構的歷史「尤物」的誘惑力少有正面描寫，她們常是隱藏在男主角近乎偏執的想像裏，在關鍵時刻跳出來給他們致命的一擊。

〔註31〕李歐梵：《漫談中國現代文學中的「頹廢」》，王曉明主編：《二十世紀中國文學史論》，上海東方出版中心，2005 年，第 361 頁。

在歷史的戲謔中，她們更為強大，成為某種不可逆轉的命運悲劇的代言。如果說《石秀》是場鮮血淋漓張揚著主人公巨大快感和滿足的喜劇，「只用力在描寫一種性欲心理」〔註32〕，那麼《鳩摩羅什》和《將軍底頭》卻展現了某種揮之不去的虛無的悲劇感。鳩摩羅什的前妻猶如夢魘陰魂不散，時時纏繞在他的現實生活裏，將他拉入欲望的淵藪。他的屍體最終「和凡人一樣地枯爛了」，只有那被妻子吻過的舌頭「沒有焦爛，替代了舍利子，留給他的信徒」。這個充滿諷刺意味的結尾，消解了肉欲掙扎的意義，荒謬中有種虛無的悲劇感。施蟄存在《將軍的頭》中大力渲染現實性的情境，但姑娘的性格多來自將軍的臆想，缺少預設和鋪墊，人物對話顯得突兀。與其說是姑娘與將軍的對話，毋寧說更像將軍的一次自我審判，是作者為了突出將軍內心矛盾而設置的自說自話。可見，姑娘只是作為愛欲的載體而象徵性的存在，因此她最後對無頭將軍的調侃也不應僅僅看作是一個人物對另一個人物的嘲諷，而是更具有象徵意味。將軍從這調侃中感到了自我身份的喪失。缺少性格預設和鋪墊的姑娘充當了命運的劊子手，無情地點破愛欲的虛無，將主人公推入命運的泥潭。在這裡，女性不僅是愛欲誘惑的象徵，更抽象地成為悲劇的預示者。施蟄存借助這些抽象的女性，在已成為陳跡的歷史結果裏發現了命運的無法逃離，人生的不可把握。女性於此同樣喪失了自我言說的空間和生命的存在，甚至不只是淪為「物」，而是同時還淪為混沌的象徵性的能指。

（二）妖魔化傾向

新感覺派「尤物敘事」的另一傾向是將女性人物妖魔化。穆時英、劉吶鷗在把女性作為一種都市存在物的「他者」時，還傾向於將這個「他者」客體構築成欲望的陷阱。她們是現代都市的「惡之花」，帶有與生俱來的妖魔色彩，是男人逃脫不掉的夢魘。

這種妖魔化傾向的敘述有時通過異己化的修辭來完成。劉吶鷗慣用「老虎」、「山貓」、「鰻魚」這樣中國傳統記憶或西方原型中常見的異物形象來喻指女性，而「蛇身貓腦」的女性形象在穆時英筆下也屢次出現。這種異己化的修辭本身就帶有神秘恐怖的意味，投射出敘述者的肉欲衝動下的深層恐懼心理。

〔註32〕施蟄存：《自序》，《將軍底頭》，新中國書局，1932年。

也有時，作家以陌生化的方式完成對女性形象的妖魔化處理。劉吶鷗、穆時英筆下的都市「尤物」向來沒有任何來歷背景，彷彿只是都市這罪惡淵藪天然生成的妖孽之物，男性對其充滿神秘感和不可知的恐懼。即使在那些對女體近乎癡迷的描寫和想像中，也充斥著陌生詭異的氣息。最爲典型的莫過於《白金的女體塑像》中的描寫：「把消瘦的腳踝做底盤，一條腿垂直著，一條腿傾斜著，站著一個白金的人體塑像，一個沒有羞慚，沒有道德觀念，也沒有人類的欲望似的，無機的人體塑像。金屬性的，流線感的，視線在那軀體的線條上面一滑就滑了過去似的。〔註33〕」這裡的女性人物毫無熱氣，毫無生機，彷彿如現代機械般在陽光下閃著鋒利的光芒。女體彷彿根本就不是一具活物，而是詭異得近似妖魔，感染著現代都市的冰冷。

還有些時候，陌生與神秘聯繫在一起，例如《將軍底頭》中的黑衣姑娘、施蟄存「魔道」小說中那些被男主人公狂亂喊叫著的「夭婦」「夜叉」的女性。她們同樣身份不明、來歷不清。在小說中，這些人物幾乎從未獲得清晰具體的敘述，未見任何個性特徵，而是常被作者用「妖媚」「淫穢」「誘惑」這樣的詞彙加以指認。她們的外貌形體常被抽象成模糊的影子，近於一種恐懼的象徵，其鬼魅氣息完全建立在男主人公的「妄想」之上。她們的存在僅僅依存於男性主人公歇斯底里的表述，從外表到內心都被遮蔽起來。在男性的臆想及其帶有神秘意味的表達方式中，女性成爲妖魔化的抽象符號。

就這樣，敘述者異己化、陌生化、神秘化的敘事方式，產生了女性人物妖魔化的敘事效果。借助物化修辭和妖魔化敘述，新感覺派作家塑造出一系列迥異於人們傳統閱讀經驗的「尤物」形象，並使其成爲「城市物質文化的載體」〔註34〕。在這樣的敘事中，作家僅癡迷於對女性相貌軀體的表層敘述，很少深入女性內心。這些女性人物有著相似的面目，主體行爲意識被遮蔽，不是作爲有著獨立個體生命價值的人，而是作爲「物」，甚至「混沌的能指」存在於男性欲望的鏡城之中。美與惡，在作家筆下的「尤物」身上共生。正是以此爲基點，新感覺派作家在文本中構築了令人深思的兩性關係。

〔註33〕穆時英：《白金的女體塑像》，《白金的女體塑像》，黑龍江人民出版社、北方文藝出版社，1997年。

〔註34〕李歐梵：《上海摩登── 一種新都市文化在中國 1930～1945》，北京大學出版社，2001年，第29頁。

二、悖論性的兩性關係及「女性──城市」的互喻

　　如前所述，在「尤物敘事」中，幾乎無一例外地採用了男性視角。男性充當感知者，佔據著敘述話語權。女性人物在男性敘述者的敘述中被物化、妖魔化，絲毫沒有自我言說的空間，更不要說自我演繹。她們淪爲男性觀賞的對象和發泄欲望的工具。然而同樣值得注意的是，在這些作品中，男性人物面對「尤物」，無一例外地經歷的是受到誘惑和感覺焦慮的雙重體驗。

　　《被當作消遣品的男子》（穆時英）中的「我」，在與蓉子交往之初就認識到她是「危險」的：蛇身貓腦的外貌，有「一張會說謊的嘴，一雙會騙人的眼」，於是時刻提醒自己不要接近她，不要被她誘惑。然而無論內心怎樣刻意抗拒，「我」最終卻還是不得不承認她是「貴品」、「溫柔與危險的混合物」，於我有著強大的誘惑。其實，在「我」的潛意識裏，是希望受到誘惑的，只不過又在自欺欺人地找藉口──「不是我去追求人家，是人家來捕捉我的呢！」甚至在聽到蓉子毫不羞愧地將男女交往比作吃糖似的「消遣」，唯一的結果就是男子被「排泄」出來這樣赤裸裸的理論時，還幻想自己和這女子的交往會是個特例。但是，很快「我」就意識到危險，馬上提醒自己不要被她征服、成爲她的「消遣品」，從而遭到「被排泄」的命運。然而，「我」終於無法抵抗誘惑，即使知道她在說謊、在玩弄「我」，也還是無力逃脫蓉子的掌控。這裡的「我」時刻感受著蓉子的誘惑，在誘惑中又忍受著焦慮，害怕在兩性交往中喪失自身主體地位，情緒任其擺佈。「我」在敘事中是敘述者、感受的主體。「我」可以憑感覺、立場隨意塑造和扭曲蓉子，使她有著貓腦蛇身的恐怖形象，反覆從道德層面譴責她「撒謊」。「我」始終站在更高的價值立場來審視蓉子。但在兩性交往的實際中，蓉子卻高高在上，她輕而易舉地玩弄「我」於股掌之上，使「我」欲罷不能。她先引誘「我」，後控制「我」，最終拋棄「我」。

　　這裡，被物化、妖魔化的「尤物」在兩性關係中時時處於優勢，控制著這種關係的走向。與此相似，啓明雖然肉體出軌，精神上仍然受制於「狐精」般的妻子，甚至不得不服從於妻子出走後給他安排的另一性夥伴〔註35〕。《遊戲》中的男主角顯然不能夠適應現代都市單純享樂的放縱主義，他在「遊戲」中落敗，被「尤物」誘惑又拋棄〔註36〕。《駱駝‧尼采主義者和女人》男主人

〔註35〕劉吶鷗：《禮儀與衛生》.《劉吶鷗小說全編》，學林出版社，1997年。
〔註36〕劉吶鷗：《遊戲》《劉吶鷗小說全編》，學林出版社，1997年。

公試圖扮演一個糾正不良靈魂的教導者，卻終於不敵肉體的誘惑，「靈」和道德訓誡輕而易舉地在肉欲中沉淪〔註37〕。他們一方面禁不住誘惑，一方面又詛咒，形成一種奇特的受虐心理——「我恨你……卻離不開你」〔註38〕。從故事表層看，「尤物」們在兩性遊戲中始終處於主動。她們誘惑男性，令其產生患得患失的焦慮，最終又抽身離去，使男性的欲望落空。男性人物於此陷入怪圈：他們將女性等同於物，用以檢驗自身存在，結果卻是被「物」所異化，喪失了自身存在的意義。

　　新感覺派的這部分文本可以說是典型的男性中心立場的敘事。在這裡，男性是敘述的主體，他們可以自由地將自己的價值立場凌駕於女性人物之上，隨意對她們做出價值判斷甚至道德訓誡。按說這種敘事立場似可順理成章地確立男性的「強者」地位。然而，如前所述，掌控整個敘事進程的其實是被敘述、被感知的「他者」——女性人物。女性在這場遊戲中充滿不可抗拒的魔力，她（們）才是最終的「勝利者」。於是，敘事立場與敘事結果構成了悖反，兩性關係也形成了有趣的悖論。

　　與大部分敘事立場相似的男性作家文本相比，在新感覺派作家們的文本中的帶有悖論性內涵的兩性關係顯得極為特殊。那麼，究竟是什麼原因使得這些作家們不約而同地完成了這樣一種比較特異的兩性關係的型構呢？我們不妨從他們共同關注的城市經驗中尋找答案。

　　在新感覺派那裡，「城市」不再是一個混沌的大背景，而「成為獨立的審美對象」〔註39〕，具有了與其它審美對象相互隱喻的可能。實際上，「尤物敘事」中的物化描寫不僅折射出男性的性別立場，更潛在地展示了「尤物」與城市的共性，「尤物」一定程度上已經成為新的都市符碼〔註40〕。最為直接地表現出這種隱喻關係的是穆時英《Craven「A」》中的敘述：「在那兩條海堤的中間的，照地勢推測起來，應該是一個三角形的沖積平原，近海的地方一定是個重要的港口，一個大商埠。要不然，為什麼造了兩條那麼精緻的海堤呢？

〔註37〕穆時英：《駱駝·尼采主義者和女人》，《白金的女體塑像　聖處女的感情》，人民文學出版社，1988年。

〔註38〕穆時英：《被當作消遣品的男子》，《白金的女體塑像》，黑龍江人民出版社、北方文藝出版社，1997年。

〔註39〕吳福輝：《都市漩流中的海派小說》，湖南教育出版社，1995年，第146頁。

〔註40〕正如李歐梵所說，新感覺派用女性的形象來歌頌物質文明。新感覺派作家塑造的尤物成為現代都市想像不可或缺的一部分。

大都市的夜景是可愛的——想一想那堤上的晚霞，碼頭上的波聲，大汽船入港時的雄姿，船頭上的浪花，夾岸的高建築物吧！」這是男性主人公關於女性下體的一段充斥著肉欲的狂想，他直接將其想像成爲上海大都市的具體存在。

「男作家創作中的女性形象，表達的首先是男性對女性世界的想像，對女性世界的價值判斷，同時也可能還以性別面具的方式曲折地傳達男性對自我性別的確認、反思、期待。」〔註41〕新感覺派作家的「尤物敘事」其意義還遠不止如此。如我們分析的那樣，「女性——城市」在作家筆下互爲隱喻，於是敘述者對「尤物」的立場顯然又包含了對城市的價值評估和複雜心態：劉吶鷗、穆時英將城市摩登女性形象物化、魔化、不可知化，以此指稱富有魅力又不可把握的城市生活，兩性關係中表露的緊張和焦慮一定程度上暗示了都市人與現代都市的微妙關係。男性將對城市的種種感情投射在女性身上。男性主人公對女性迷戀又厭倦、嚮往又疑懼，這種情緒和心態同樣映照在都市人對現代都市的觀感上。從劉吶鷗、穆時英到施蟄存，新感覺派作家不約而同的對女性之魔性因素的書寫並非偶然，除去作家自身經歷的影響〔註42〕，女性與城市的相互隱喻在此已經成爲潛在的共識。這是作家對城市、生存不可捉摸的冥冥之力的抵抗式的表達，他們將對城市的異己感表現爲對女性的異己感。正是基於「女性——城市」的相互隱喻關係，作家們不約而同地在各種故事題材中選擇了進行類似的「尤物敘事」。

由此，我們也就可以解釋悖論性的兩性關係背後的深層原因了。「尤物」女性一出場就是被異化的完成時，而被異化的痛苦焦灼和異化後的空虛完全由男性主人公充當體驗者，在肉欲追逐的遊戲中尚未完全異化的男性不得不一步步向「尤物」屈服。

相比較而言，男性正在被都市化，而女性已經近乎等同於都市本身。於是，劉吶鷗、穆時英筆下的都市摩登女性很自然地在兩性關係中遊刃有餘；施蟄存筆下城鄉結合部的女性也或明或暗地與時代意識發生了關係。所稍異者，施蟄存的魔幻女子帶有都市摩登女性和鄉間妖狐的雙重想像。她們有時長髮披肩身著白衣，彷彿《聊齋誌異》中擺脫不掉的妖媚之影，有時又「一

〔註41〕李玲：《中國現代文學的性別意識》，人民文學出版社，2002年，第19頁。
〔註42〕姚玳玫在《想像女性》中披露劉吶鷗本人懷有「厭女」傾向，中國社會科學出版社，2004年，第186頁。

身淡紅綢的洋服」，「纖細的朱唇」，「永遠微笑的眼睛」，「懷抱黑貓」〔註43〕，帶有鮮明的都市色彩。這些魔幻女子是作家城市經驗與鄉間妖狐的傳統印記相結合的不倫不類的混合體。這恐怕與故事發生的特殊地點有關。考察施蟄存自稱「走入魔道」的作品，這些頗有愛倫坡恐怖風格的故事大都發生在遠離中心都市的城市邊緣〔註44〕。

城鄉之間的魔幻女子，一方面可以看作是施蟄存對民間妖狐志怪形象的重新演繹，一方面也可以將其看作城市壓力的心理延伸。都市或者像一妖婦，時刻可能吞噬他們的肉體和靈魂（《魔道》），或者是更兇惡的夢魘、驅散不清的陰魂（《凶宅》）。故事中男主人公出行的目的常是為了逃離都市壓力〔註45〕。然而，鄉村恬靜優美的風景難以治療都市生活給人物留下的痼疾。在遠離大城市的鄉村，這些都市的逃亡者並沒有獲得心靈的抒解，他們由於包裹著鄉村面貌的城市印記的再次追殺而陷入瘋狂。此類故事複製了城市對人的誘惑和疏離，現代人逃離都市又奔向都市共同進行的矛盾過程，也從另一個側面印證了女性與城市的相互隱喻。

值得注意的是，「五四」一代知識精英對都市現代化的參與是「以都市放逐者的戰鬥姿態對都市文化進行批判」，而新感覺派作家與後來的張愛玲一樣，既是都市文化的消費者，又是它的品質提升者〔註46〕。其中也有批判姿態，只是他們端起鴆毒的快樂的酒杯，將這種批判潛隱在感覺化的肉欲描寫中。

新感覺派書寫「尤物」的這種頹廢思潮，「一方面是把生命追求停留在聲色犬馬的瘋狂感官享受上，另一方面又是作為機械化時代的反叛力量而存在」〔註47〕。新感覺派作家筆下紙醉金迷的同時又是空虛無助的，這種複雜的矛盾體現在兩性關係的糾結中。文本中男性在女性面前的「去勢」，表現了他們在整個大都會中的敗北感。他們都是「被生活壓扁了的人」。現代城市的高壓姿態給都市人以渺小感、悲劇感，由此我們可以更加理解施蟄存歷史小說中

〔註43〕施蟄存：《魔道》，《十年創作集》（上），人民文學出版社，1991年。

〔註44〕《魔道》寫上海大都市中周末外出郊遊的男子的詭譎奇遇；《宵行》、《旅舍》則從題目就可以想見故事發生的特定環境。

〔註45〕《魔道》《旅舍》《夜叉》的主人公都是都市精神分裂症患者。

〔註46〕陳思和：《民間與現代都市文化——兼論張愛玲》，《陳思和自選集》，廣西師範大學出版社，1997年，第297～298頁。

〔註47〕陳思和：《第十二講 浪漫·海派·左翼：〈子夜〉》，《中國現當代文學名篇十五講》，北京大學出版社，2003年，第324頁。

關於人類存在的悲劇感何以並非偶然；穆時英作品中存在著潛在的哀傷氣息，印證了都市人的孤獨焦慮，以及喪失自我認同後的空虛。

總之，新感覺派借助「尤物敘事」塑造了一系列具有現代意味的女性形象；他們以女性形象置換城市，以兩性關係隱喻都市人和都市。這種特殊的敘事，鮮活展露了當時文人面對都市現代化的複雜心態，爲我們探討都市小說提供了新的向度。

第四節 延安文學中的「革命婚戀」

二十世紀 20 年代末出現於左翼文學陣營中的「革命」加「戀愛」創作模式，爲革命的婚戀罩上了一個閃亮的光環。時至今日，我們在文學作品中還能見到「革命的愛情分外浪漫」這樣的語句。然而，1940 年代初延安的實際戀愛狀況卻是耐人尋味的。據史料記載，1938 年前後，延安革命隊伍中的男女比例爲 30：1；1941 年前後爲 18：1。到了 1944 年初，雖然男女比例失調的壓力稍有緩解，但依然高達 8：1。〔註 48〕如此懸殊的兩性比例，一方面給延安革命隊伍中的人們解決婚戀問題造成了現實的困難，另一方面也因之而滋生了一些不太光彩的現象。值得一提的是，當時已有一批從事文化工作的先行者注意到並不浪漫的現實，在文學寫作中融入了對「革命婚戀」的質詢。

一、對「上層路線」的反思

1942 年 2 月 15 日，延安美協在軍人俱樂部舉辦諷刺畫展，展出漫畫家張諤、華君武、蔡若虹的 70 餘幅畫作。由於參觀畫展的人數眾多，遂將展覽移至作家俱樂部和南門外，時間持續到 2 月 21 日。這些畫作涉及延安生活中存在的種種不良現象，例如主觀主義、教條主義、黨八股、官僚作風、畸形婚戀觀等。對此，漫畫作者坦言：「我們已經看到了新社會的美麗和光明，但也看到部分的醜惡和黑暗，這些醜惡和黑暗是從舊的社會中，舊的思想意識中帶過來的渣滓，它附著在新的社會上而且腐蝕著新的社會。」〔註 49〕其中，一幅題爲《首長路線》的漫畫頗引人注意。畫中，兩個女子在路上聊天，其中一個說：「哦！她，一個科長就嫁啦？」意在諷刺一些來到延安的年輕女性

〔註 48〕 參見朱鴻召《延安文人》，廣東人民出版社，2001 年，第 88 頁。

〔註 49〕 華君武、張諤、蔡若虹：《諷刺畫展的「作家自白」》，《解放日報》1942 年 2 月 15 日。

「誰的官大就嫁誰」的現象。在林默涵專爲延安諷刺畫展撰寫的《諷刺要擊中要害》〔註50〕一文中，對華君武的「路線問題」表達了不同的看法。林默涵認爲，所謂「上層路線」並非女青年愛攀高枝，而是「一些人利用了自己的某種方便來吸引女同志」，「這樣的人才更加卑劣，更加值得諷刺」。

其實，「上層路線」並非華、林二人所說得那麼絕對。所謂「上層路線」，實際上更是一種個人需求與組織「包辦」的對接。一個孤身前往革命聖地延安的女青年想嫁個好丈夫，尋個堅實的依靠本身無可厚非。在那個戰火紛飛的年代，在物資匱乏的延安，作爲女性理想的依靠，革命幹部當然是首選，其次是知識分子。畢竟這些人在生活上受到一定的優待。而從組織的角度看，爲那些在出生入死、立下戰功的將軍、幹部解決個人問題，也是順理成章。事實上，在相當長的一段時間裏，革命隊伍裏的婚姻往往受到組織的約束。比如當時軍人、幹部的結婚條件有「二五八團」和「三五八團」之說。二五八團，即年齡二十五周歲，軍（幹）齡八年，團職；三五八團，即男女雙方有一方爲團職以上幹部，雙方均爲黨員且黨齡三年以上，雙方年齡之和爲五十歲。當然，這些規定並沒有形成嚴格的組織文件，各地、各部門可能自行擬定一些規則，在執行中也往往比較寬鬆。例如當時駐守米脂的八路軍三五九旅就規定紅軍時期入伍的連以上幹部、抗戰時期入伍的團以上幹部，凡是28歲以上的即可被批准結婚。〔註51〕所以，「上層路線」的問題關鍵在於，個人或是組織以什麼樣的方式實現當事人需求的對接：是本著雙方平等自願的原則，還是強行指派甚至是逼婚。

在小說創作中，就「上層路線」進行反思的，首屈一指的當是馬加的《間隔》〔註52〕。這部作品中，與隊伍走散的縣救國會女幹事楊芬，在山中碰到了帶隊與敵人遭遇的支隊長。楊芬的出現讓支隊長又驚又喜，「他被她那紅暈臉蛋出現的純樸美麗所迷惑住了，驚戰得不知所措」。然而，面對女人這樣一種「稀缺資源」，支隊長的第一反應便是要將其像一個珍貴的對像那樣收藏、佔有：「他的兩隻小眼睛頻頻的閃著光，表示著無限的愉快，似乎他在打掃戰場時意外地發現了希（稀）罕的勝利品」。支隊長把楊芬帶回了隊伍的宿營地，「顯示了露骨的親密把她從馬上抱下來，拍去了她身上的塵土」，並大獻殷勤

〔註50〕默涵：《諷刺要擊中要害》，《解放日報》1942年2月25日。

〔註51〕參見朱鴻召《1937～1947：延安日常生活中的歷史》，廣西師範大學出版社，2007年，第243頁。

〔註52〕馬加：《間隔》，《解放日報》，1942年12月15、16日。

地讓特務員給她端去了洗腳水。在支隊部裏，小勤務員的眼神讓楊芬感到不安和煩躁；原本坐在一旁的政治部主任也悄悄地溜走了；支隊長否決了她離開隊部的要求，堅持她留下來做文化娛樂工作，並以特定的話語表達了自己的意圖，這一切都讓她尷尬而憤怒。

楊芬的戀人周琳的到來似乎可以扭轉局面，但是，他的猜疑打破了楊芬的希望。周琳的懦弱讓她「絕望而又憎恨」，他的痛苦同樣刺痛著她的心。漸漸地，楊芬「帶著一種恐懼的感覺來認出了自己的處境」，她的周圍全都是想使她陷入某種設計好的境遇中去的人——表面上大家對她都很好，但是沒有人能瞭解她，彷彿都罩著「一層虛偽的薄膜」。終於，支隊長道出了請求組織批准與楊芬結婚的想法，這讓楊芬措手不及，哭叫著癱倒在桌子上。這時候，支隊長依然沒有忘記他的教條：「第一點，你和我結婚你會進步，二點……」緊接著，參謀長和政治部主任找她談話，給她東西吃，在政治上進行說服。但到最後，她還是拒絕了。她的拒絕讓支隊長把怨氣全部撒到了周琳身上，以為這是他不能得到楊芬的障礙所在。實際上，楊芬一直不能接受支隊長，「她不能像他的部下那麼愛他，總覺得有些不順眼」，支隊長的「直率，單純，都只成為一種沒有教養，連吃辣椒也使她不喜歡」。讓她嫁給支隊長，就如同「有誰在勉強她吃蒼蠅一樣的困難」。支隊長步步緊逼，甚至拿出不能違抗組織的命令相要挾。他緊緊地捏住她的手，把她逼到了牆角邊……小說結尾，楊芬終於逃離了隊部，獨自轉到一條僻靜的山溝裏去。當她想起自然界的生命即將陷入冬天的殘酷，想起已經離開的原來的戀人周琳，想起她初次被戰爭的空氣捲進荒山的情景，不禁淚流滿面。馬加通過小說讓我們看到了一個帶著純真的理想走向革命的弱女子，在戰鬥的危險與生活的苦難之外，僅僅因為生而為女，便要面對更多的心靈與身體的困擾。

小說中的兩個男性形象形成了鮮明的對比，周琳單純而懦弱，支隊長陰險而粗暴。他們面對女性、婚戀自然也就形成了不同的態度。與周琳將楊芬視為精神上的伴侶、「有著共同的理想和目的」不同，小說中「勝利品」的比喻明確了支隊長在肉身方面對楊芬強烈的佔有欲。小勤務員的眼神、政治部主任和參謀長的說教，支隊長的誘惑和強力，使楊芬陷入了一個彷彿被精心設計過的圈套，這讓她感到了「一種人生的恐怖」。小說尤為可貴之處，便是將這些「利用自己方便」的人如何引誘、威脅女性與之結婚的手段展露無餘。

　　從這些手段的實施邏輯看，首先是利用險惡環境的威懾力來實現個人的私欲。在戰爭環境下，無論怎樣的理想追求與精神境界，生命的安危始終都是人們不能擺脫的顧慮，這一點對於一個涉世不深、初識戰爭殘酷的女孩子來說影響尤為重大。所以，支隊長遇到楊芬之後，一再強調離開隊伍的危險：「現在敵情不明，你一個人走路會遇到危險的」，「你和我們一塊打游擊，是沒有危險的」。他做出偵察敵情的姿勢，實則通過望遠鏡偷偷看著楊芬的臉。在楊芬到達游擊隊駐地再次要求離開時，支隊長又裝模作樣地指著軍用地圖，謊稱敵人從大王村插過來封鎖了道路，示意她除了留在游擊隊別無出路。這樣一來，楊芬不得不依然呆在支隊長身邊，為支隊長實施下一步計劃提供了條件。

　　在此基礎上，支隊長又展開了第二輪的攻勢，以社會地位和物質滿足加以誘惑。他根據女學生的普遍心理，提出讓楊芬主持游擊隊的文化娛樂工作，甚至不去考慮她是否能夠勝任：「效果不大好也沒有關係，只是女同志……」接著支隊長又把珍貴的派克鋼筆摘下來插到她的身上，以示自己在物質上能夠滿足她的需求。另外，支隊長安排自己的勤務兵給她打洗腳水，直接把銅盆端到她的面前；就連參謀長和政治部主任來找她談話時也不忘先給她送東西吃，給她煙抽。令人尊敬的革命業績和社會地位，相對優厚的生活條件，在騎馬、走路差距懸殊，物質資料又極端匱乏的延安，無疑成為一部分革命女性被誘惑、被征服的重要因素。做輕鬆而又高尚的文化娛樂工作，成為公家人、文化人，對於像楊芬這樣參加革命的女學生來說，更是具有極大吸引力。就連原本頗具優勢的競爭者周琳，面對這樣的境況也一下子失去了信心，他知道這是他無法給予的：「劇團裏的工作要比縣救國會裏好得多，受優待」；而有勤務員、用派克鋼筆以及一系列的現實利益，又足以讓吃了生活的苦頭的年輕女性心動。為此，丁玲曾在《三八節有感》中大發感慨：

> 她們被畫家們諷刺：「一個科長也嫁了麼？」詩人們也說：「延安只有騎馬的首長，沒有藝術家的首長，藝術家在延安是找不到漂亮的情人的。」〔註53〕

雖然丁玲是在為延安女性所面臨的婚姻困境抱不平，但不能忽略的是，當時確有一些女子在艱苦的生存環境下無法抵禦物質的誘惑，為了吃上小竈，為了一月多出幾塊的津貼，「一個科長也嫁了」；也確有人不能抗拒「官太太」

〔註53〕丁玲：《三八節有感》，《解放日報》，1942 年 3 月 9 日。

的虛榮，不管土包子、洋包子都情願接受，眞正使其心動的在於對方是「騎馬的首長」。

如果物質的吸引一時不能奏效，便會由組織出面「協調」。小說的這段描寫是頗有趣味性的。在「組織」的談話中，參謀長和政委全然不顧楊芬的個人意願，談話的中心無不圍繞著促成支隊長的婚事，其中不乏利誘和導引：「找一個老幹部結婚，是頂吃得開的。」楊芬和支隊長同樣是革命隊伍中的同志，爲何「組織」談話的立足點卻是僅限於支隊長？參謀長的職權範圍原本在於軍事工作，政治部主任則負責主持政治思想工作，而此時，對於支隊長的婚事是如此地興師動眾，原本當是未婚男女之間你情我願的事情，似乎變成了一項政治任務。這裡與其說是表現了「組織」對該情況的重視，不如說是借助了「組織」對個體的威懾力、強制力。而且，從拿茶壺的小勤務員向支隊長使的眼色，到政治部主任悄悄離開爲支隊長提供方便，再到劇團小鬼中途插話對周琳的挑釁、敲打以及最終參謀長公開的談判，「組織」從楊芬一出現就開始悄悄地發揮著作用，織成了一張全面覆蓋楊芬工作、生活、人際關係的網絡，處處對其構成鉗制。

根據1939年4月陝甘寧邊區政府頒佈的《陝甘寧邊區婚姻條例》，遵循「民權主義之根本精神與陝甘寧邊區之實際情況」，男女婚姻須「照本人之自由意志爲原則」。但在這篇小說裏我們看到的是在現實的婚姻程序中，該條例卻發揮作用。米利特在《性政治》中指出，由來已久，兩性之間呈現出一種支配與從屬的權力關係，它以一種「內部殖民」的方式在兩性體制中得以實現，「而且它往往比任何形式的種族隔離更爲堅固，比階級的壁壘更爲嚴酷，更爲普遍，當然也更爲持久」，從而成爲人類文化中「最普遍的思想意識、最根本的權力概念」。〔註54〕米利特更多地將視野置於文化和思想意識的範疇，這種支配與從屬的關係在40年代的延安卻曾在革命的名義下具體地落實到現實的組織工作當中。在這裡，男性對女性的控制不再僅僅是文化或是意識當中具有彈性的軟權力，而成爲了與物質生活，社會地位特別是革命姿態、政治要求緊密關聯的、具有強制執行能力的政治任務。在文化領域的「性政治」中，女性的「違規」所面臨的主要是道德評判與輿論壓力，而在組織參與的「性政治」中，個體對婚姻這種性支配的拒絕，意味著她將與組織爲敵。當一個女性面對這般具有強制執行能力的局面時，除了表示馴服，便只有像小說中的楊芬那樣選擇逃離。

〔註54〕參見（美）凱特・米利特：《性政治》，宋文偉譯，江蘇人民出版社，2000年。

根據丁玲的回憶，《解放日報》文藝欄因發表這篇小說而受到了來自楊家嶺的批評。報社因此做了檢討，在文藝整風中《間隔》更是在報社內部成了一個重要的靶子。〔註55〕而且，李潔非、楊劼在《主題的變換與變遷》〔註56〕一文中認為馬加的《間隔》更接近黃克功案〔註57〕的原型。該案件至少證明了這一類人物和故事在延安並非只見於小說。

由此可見，馬加在這篇小說中對延安婚姻問題的反映以及對其中卑劣手段的揭示是切近現實、言之有據的，而且，作者對這一問題的文學反思，顯示了當時延安一批作家對女性處境和社會公正的關注。

二、革命理想與婚姻瑣事

雖然對延安婚姻「上層路線」的批判以及一系列歌頌新政權在改變舊婚姻制度中的積極作為構成了延安文藝作品反映婚戀問題的主體部分，但是這些創作往往給人以主題先行、不食人間煙火的意味，缺少了生活中樸實、細膩甚至是瑣碎的真實感。而葛陵的《結婚後》〔註58〕則彌補了這方面的不足。它由婚後夫婦二人心理狀態的變化以及生活瑣事對其理想、追求的消解，展現了延安婚戀的另一真實側面。

小說在一個固定的場景中展開：妻子馬莉抱著正滿月的孩子坐在床上跟前來祝賀的朋友們歡快地聊著天，丈夫杜廉守著砂鍋在給大家準備午餐。從表面上看是一派歡快而祥和的景象，但是，在這對夫婦心中，卻各自隱藏著一些與之並不怎麼和諧的情緒。馬莉一年前曾是一個對戀愛、結婚極端戒備和厭惡的人，如今雖然抱著孩子在朋友們面前顯出一種幸福而滿足的樣子，但在交談中卻又流露出懊惱與矛盾：

〔註55〕 相關史料參見丁玲《延安文藝座談會的前前後後》，艾克恩編：《延安文藝回憶錄》，中國社會科學出版社，1992年。
〔註56〕 李潔非、楊劼：《主題的變換與變遷》，《長城》2006年第1期。
〔註57〕 1937年8月，紅軍幹部黃克功任抗日軍政大學十五隊隊長（後為六大隊隊長）。同月，16歲的中學生劉茜奔赴延安，不久即進入抗日軍政大學十五隊（9月初轉入陝北公學）。二人不久便確立了戀愛關係。但由於他們之間在生活、情調、年齡等方面差異太大，不久劉茜即不想繼續。黃克功深感失望，寫信責備劉茜，同時要求與之結婚。劉茜因黃克功過於糾纏未予答覆。對此黃克功十分惱怒，1937年10月5日晚，黃克功找劉茜到延河邊散步，再次逼婚遭到拒絕後，連開兩槍致劉茜身亡。
〔註58〕 葛陵：《結婚後》，《解放日報》，1942年3月3日、4日。

　　「所以，我勸你們不要著急。人總歸要戀愛結婚的，匆忙決不
　　會得到什麼好結果。看看我們周圍結過婚的人吧。比如蘇和馬；郭
　　和王……有幾個不是匆忙與不慎重害了的。」她歎了一口氣，好像
　　她也是被匆忙和不慎重的結婚所害了一樣。

從小說中描述馬莉曾在大學裏讀書並以善於彈奏鋼琴而出名可以斷定，她是
一個懷著激揚的革命理想離開大城市來到延安的女學生。但是，即使是一心
革命，在延安也未必是最受歡迎的，正如丁玲在《三八節有感》中所說：「不
結婚更有罪惡，她將更多的被作為製造謠言的對象，永遠被污蔑。」所以，
她也不得不面對那使之厭惡的婚姻。經過兩個月的戀愛，她有幸嫁給了從事
文藝工作的杜廉而不是被組織安排嫁給一個粗魯的老幹部。然而，這依然無
法解除她對於婚姻的牴觸情緒。婚姻瑣事、生育，讓她疲憊不堪，牽制了她
的行動，一點點地消磨著她的革命理想與鬥志，使她一再地向朋友們強調婚
姻需要慎重，匆忙只能害了自己。小說中馬莉的歷程無疑是當時投奔延安的
相當一批女學生命運的縮影。她們在婚姻與革命的夾縫中被揉搓、被擠壓，
承受著身為女性所獨有的痛苦與折磨。同時，馬莉的心中還藏匿著另一份酸
楚——吃飯的時候她突然推說頭疼就放下碗筷，是因為她難以忘記「曾經瘋
狂地愛著她，而實在並不太壞的男人」。雖然我們無從清楚地知道，究竟是否
因為她離開城市到了延安抑或是其它什麼原因，使得兩人最終不能走到一
起，但可以確定的是，它確確實實地成為馬莉婚姻之中一個解不開的疙瘩或
者是一道難以癒合的隱密的傷口。

　　而對於杜廉來說，原本並不可怕的婚姻也給他帶來了出乎意料的煩惱。
首先，他不得不去面對那些令他感到厭惡的馬莉的朋友。聽著她們在房間裏
高聲地說話，杜廉對她們的誇誇其談和懶惰不禁心生鄙夷；她們還不時地向
燉著豬肉和白菜的砂鍋投來貪婪的目光；在談論孩子的時候，又不時地打擊
著他脆弱的自尊。這一切都使其產生了一種想把她們大罵一通然後趕出屋子
的衝動。然而，這也只不過是內心的衝動罷了。雖然他與這些人原本並不相
識，但是如今她們成了令他無法拒絕的客人。其次，婚姻牽絆著他的理想。
杜廉擅長於文學，原本可以寫出不錯的詩和散文，並夢想有朝一日可以到戰
鬥的最前線去寫下振奮人心的文字。但是，一方面，「結婚後的生活是如何輕
易而舒適呀」，「他幾乎忘記了戰爭，忘記了一切，變成一個麻痺的好吃懶做
的動物」，就連一篇「敵後方底軍隊與民眾」的報告也是動手三個多月還未能

完成；另一方面，「那對於青年夫婦不過是第六個腳趾的孩子」如同「陰雨天氣底野菌一樣輕易地生出來了」，他不得不放棄到前線去的強烈的渴望，「洗衣服，端著小鍋到伙房做菜」。用他自己的話說：「有什麼辦法呢。一個人有了孩子，嗳！」與馬莉恰恰相反，原本並不懼怕婚姻的杜廉在婚後反而對婚姻多了一份恐懼和怨恨，當他的職業理想與革命追求被婚姻所阻隔，雖然他心裏想不能因為孩子的將來就犧牲掉自己，但在現實中他依然難以做出決絕的選擇。

小說結尾，杜廉對別人說：「看吧，明年春夏都說不定。總之明年我是一定要出去的。」然而他幾乎不可能到前線去了，因為他已經深陷在了婚姻的瑣屑之中不能自拔。由此，小說在婚姻問題上為我們提供了另外一個視角，它不同於延安的文學創作中常見的那些僅著眼於婚姻給革命女性帶來的困擾，而是以杜廉為樣本，對男性給予了特別的觀照，揭示了男性在面對婚姻、家庭、後代與革命的衝撞時所面臨的同樣使其無可奈何的困頓之境。

另外，有別於延安創作中常見的光明的結尾，葛陵對於婚姻與革命的衝突是悲觀的。小說中，杜廉外出時遇到了相識不到一個月就忙著去結婚的吳聯和齊錦。作者在此意欲向人們說明，這不但又將是一場使人苦惱的匆忙的婚姻，而且，這樣的婚姻還將不斷地出現，杜廉和馬莉的苦惱難免在其中反覆上演。

這篇小說雖然沒有像馬加的《間隔》那樣引起強烈的反響，但是，同樣透露出作者對作為人類社會常態的婚姻在特殊歷史條件下產生的變異及其陷入的尷尬處境之關注。雖然小說中並沒有對革命婚姻的種種問題拿出某種切實可行的解決方案，但是，對於一個作家來說，在歷史現場中發現問題、提出問題的意義似乎更是其職責所在。

綜上，當眾多的人們還沉浸在革命聖地的光輝與革命婚姻的浪漫中時，一批延安文學寫作者已經憑藉其敏銳的觀察和獨立思考，開始對其中存在的種種問題做出了反思。這些小說對婚戀中不平等、不自主現象的批判，對因婚姻帶來的革命理想與生活瑣屑衝突糾纏的展示，顯露出作家們對現實問題的強烈關注和對生活的全面理解。而且，這些作家憑藉其深入的觀察和思考，能夠置身其間又有所超越，從歷史現場敏銳地發現問題、及時反思，並通過創作促使人們警醒。今天看來，這份「當局者」的冷靜和清醒尤為可貴。

第四章　性別觀念與現代作家創作（下）

本章接續第三章的內容，聯繫現代文學的實際，考察性別觀念對不同類型作家的文學活動和作品面貌產生的影響，從特定的角度做出闡釋。

第一節　戰爭年代女性創作主潮的嬗變

20 世紀 20 年代末到三四十年代，中國文壇籠罩在濃重的政治鬥爭氣氛之下，以反對封建壓迫、要求個性解放爲主要內容的啓蒙主義的「五四」新文學，其主潮在新的社會歷史背景下，發展爲以爭取民族解放和階級解放爲旗幟的具有強烈政治色彩的革命文學。

1928 年文壇出現的無產階級革命文學的倡導和論爭，是新文學進入一個新階段的最初標誌。1930 年 3 月，中國左翼作家聯盟在上海成立。會上通過的理論綱領宣告，以「站在無產階級的解放鬥爭的戰爭上」，「援助而且從事無產階級藝術的產生」作爲「左聯」的奮鬥目標，左翼文藝運動蓬勃展開。「九・一八」事變後，隨著民族危機日益嚴重，民族矛盾不斷上升，國內階級關係發生新的變化。1935 年到 1936 年間，中國共產黨根據新的形勢確立了建立新的更廣泛的抗日民族統一戰線的策略。1936 年 10 月，魯迅、茅盾、巴金等人發表《文藝界同人爲團結禦侮與言論自由宣言》，文藝界抗日統一戰線初步形成。全面抗戰爆發後，中華全國文藝界抗敵協會又於 1938 年 3 月在漢口成立，大後方的中國文學藝術家在抗日的旗幟下實現了空前的團結。另一方面，以陝北延安爲中心的抗日民主根據地的文學事業在烽火硝煙的歲月裏也取得重要成就。這樣的時代大背景給中國婦女文學的發展帶來深刻影響，陶冶了她們文學創作的新風貌。

一、主體意識中的新支點

　　20 年代末至抗戰爆發以前，中國文壇的女性作者隊伍已有較大發展。當時，在各類報刊雜誌上發表文學作品的女作者達百餘人。多種版本的女作家小說選、散文選、隨筆選、小品選等經由書店發行，程度不同地受到讀者注意。若干部女性創作研究專著也相繼問世，如黃英《現代中國女作家》（1931年，北新書局）、草野《中國現代女作家》（1932年，人文書店）、黃人影編《當代中國女作家論》（1933 年，光華書店）、賀玉波《現代中國女作家》（1936年，復興書局）等，從一個側面反映出女性文學創作在當時社會上產生的影響。

　　此時，大革命失敗後社會局勢的急劇變化，促使「文以載道」的傳統進一步發揚。儘管仍有部分女作家偏重於描畫個人生活的情感天地，但她們中的多數人已難以保持靜觀的審美心態，懷著沸騰的情感和強烈的憂患之心，關注並參與階級搏殺和救亡圖存的鬥爭。在政治意識大量輸入文學本體的情況下，女作家反映革命生活、階級鬥爭的創作日益增多。

　　抗日戰爭和解放戰爭時期，女性文學創作者隊伍又有所擴大。其中相當一部分人直接投身於民族解放和民主革命的事業。抗戰八年間，無論解放區、國統區還是淪陷區，都湧現出一些比較有影響的女作家。特殊的時代環境，為她們的創作提供了豐富的源泉。女作家們或反映民族救亡的刀光劍影，表現人民大眾的苦難和激情，或通過社會文化風俗的描畫審視民族傳統中的精華與糟粕，也有的仍致力於女性生活、女性情感的摹寫，程度不同地從各自的角度映現社會思潮。

　　風雨飄搖之中，個人前途與國家前途、女性命運與民族命運，已空前緊密地交織在一起。處於這樣的時代，相當一部分女作家主體意識的內部構成發生了重要變化。

　　首先，最為突出的一點是，社會意識、政治意識成為她們主體意識中新的支點。

　　此時活躍的一批女作家，有的是職業革命者，有的親身參加了拯救民族危亡的鬥爭，也有的是愛國進步知識分子。在文學創作方面，她們自覺主動地適應民族鬥爭和革命政治鬥爭的需要，以此作為創作的立足點。社會意識、政治意識逐漸居於思維活動的支配地位，對個性的關注相應減弱。其中，丁玲堪稱女性文學主潮發生這一重要轉折的代表性人物。1928 年 2 月，當這位

女作家以《莎菲女士的日記》在「五四」落潮時期蜚聲文壇的時候，表現出強烈的女性本位的反叛傾向。此前的經歷，使丁玲深感社會對女子的欺凌、歧視和女子自身奮鬥的孤立無援。她心靈上負著時代創傷，充滿憤懣情緒，以一種近於偏執的女性獨尊意識向社會挑戰，在讀者中引起很大反響。然而，丁玲早期創作中追求個性解放的叛逆女子的「絕叫」，在一個充滿封建氛圍的社會雖然刺耳，甚至驚世駭俗，卻終歸底氣不足。她那一時期作品的女主人公，幾乎都無法把握自己的人生，陷落在黑暗中。她們或悲觀厭世，或虛無頹唐，或是在一片渺茫中摸索。執著思索女性生存價值的丁玲，從女性個體的角度向社會發出質問，結果並沒有尋得任何積極的出路和答案，心理上的倔強與實際上的虛弱只能為作品染上一層感傷。

時代引導丁玲的創作走上新途。1929 年 7 月，在為胡也頻中篇小說《到莫斯科去》所寫的書評中，丁玲已表明對社會主義的強烈嚮往，預示了創作方向的轉變。半年以後，她以自己所接觸到的革命者戀愛生活為素材，寫出中篇小說《韋護》，顯示了「思想前進的第一步」（茅盾語）。接著，上海工人運動、學生運動和左翼文藝運動的某些側影，在小說《一九三〇年春上海》中得到反映。它顯示作者選擇了一條新路，即「從離社會，向『向社會』，從個人主義的虛無，向工農大眾的革命的路」（馮雪峰《關於新小說的誕生》）。1931 年 2 月，胡也頻等 20 多位革命者被國民黨反動派殺害，進一步促使丁玲由中國左翼作家的「同路人」成為左翼陣營內戰鬥的一員。隨著《田家沖》、《水》、《消息》和《奔》等一系列作品的誕生，丁玲小說政治性、革命性日臻鮮明，作家思想感情和階級立場明顯轉變，並由此開始了與中國無產階級革命鬥爭保持「同步」的創作歷程。在此後半個多世紀的生活和創作中，作為革命作家的丁玲，依然時刻關心婦女命運，但已蛻去早期創作中有著強烈女性心理特徵的個人反叛色彩，跨出女性本位立場，自覺地將婦女的解放作為階級解放和社會解放的一個組成部分，把個人的追求融於集體事業的建設中。

除丁玲以外，30 年代的不少女作家，如馮鏗、葛琴、關露、草明、白薇、白朗、楊剛、謝冰瑩等，都與「左聯」（或北方「左聯」）有著密切關係，創作具明顯的革命和進步傾向，階級立場的鮮明、政治意識的濃厚和民族憂患感的強烈表現得十分突出。即使一些與左翼文藝團體並無直接關係的女作家，如蕭紅、羅淑、羅洪等，也程度不同地在作品中體現了創作主體社會意識和民族解放意識的增強。這一主導傾向在 40 年代得以延續和發展。

與此相聯繫，女性意識的某些層面相應地被沖淡、被遮蔽。

在「五四」以後到 20 年代末期以前的女性文學創作中，女性性別意識和家庭倫理意識的表現曾經是頗爲引人矚目的文學現象。然而，十年內戰和抗日戰爭的相繼爆發，將女作者們與民眾一道推入時代的煉獄之中。此時，階級、民族所遭受的災難浩劫，涵蓋了女子個人由於性別而遭受的壓迫和奴役，階級的、民族的抗爭包容了女性尋求個性解放的奮鬥。中國幾千年歷史文化所形成的女子格外注重家庭、倫理的心理結構，也在一定程度上受到衝擊。於是，她們的作品不再像「五四」時期那樣刻有比較清晰的性別印記，以自我體驗爲中心的女性意識明顯淡化，不少女作家呈現出面向嚴峻社會現實的更具有開放色彩的創作姿態。

「左聯」女作家馮鏗的小說《紅的日記》中馬英認爲，一個革命的女性就應該「暫時把自己是女人這一回事忘掉乾淨，也不要以爲別的同志們是什麼鳥男人」。這種取消性別差異的獨特觀點，透露出階級鬥爭、民族鬥爭尖銳時期置身前沿陣地的革命女子所特有的精神傾向。在這裡，階級意識、革命意識壓倒了個體性別意識。丁玲詩作《給我愛的》對此有著更爲明確的表現。作品雖係情詩，卻幾乎見不到單純一己私情的噴吐，而是充滿建立在共同信仰基礎上的革命情感：「我們不是詩人，/我們不會講到月亮，/也不講夜鶯，/還和那些所謂愛情。/我們只講一種信仰，/它固定著我們的心。」作者筆下，卿卿我我的傳情方式被摒棄，代之以源於共同信仰的彼此傾心。她認爲，革命者的愛情不必看重什麼個人色彩，她所理想的是「大家都一樣」的「紅色」形態：

> 太陽把你的顏色染紅，
>
> 太陽把我的顏色染紅，
>
> 但是太陽也把他們的顏色染紅，
>
> 我們現在是大家（許多的大家）都一樣了。
>
> 一樣的年青，
>
> 一樣的精神，
>
> 一樣的真誠和誠懇，
>
> 只有一種信仰，
>
> 固定著我們大家的心。

在一片紅色的火焰中，作者感到的是充實、自豪和滿足。

國難當頭，民族矛盾、階級鬥爭劇烈尖銳，促使女作家們自覺地將自己對女性命運的思考融入對國家、民族命運的思考之中。「五四」時代走來的廬隱、白薇、陳學昭等如此，三四十年代成長起來的一批女作家更是如此。現實生存促使她們認識到，女性的自救與被壓迫民族、被壓迫階級的自救緊密相聯，國家的獨立、人民大眾的解放是婦女解放的必要前提。她們的創作不再爲個體的女性情感所左右，而是投入到波瀾壯闊的平民現實，從中獲取新的生力。

不過，應當看到的是，這一歷史時期裏，文學創作中女性意識某些層面有所遮蔽的同時，在另外一些層面上依然得到展現，並體現出一些新的質素。這就是將女性生存環境的剖析與女性自身深層意識的審視結合起來。40 年代生活在上海、香港的洋場女作家張愛玲，這方面的成就最爲突出。

張愛玲的小說很少時代氣息，而致力於在「安穩」的生存狀態中開掘千瘡百孔的人生。她懷著對女性人生的深切同情，關注和展露女性深層意識中舊生活的印痕，以否定的態度刻寫她們的心理痼疾，在女性本體的審視方面走在同時代女作家的前面。《傾城之戀》、《沉香屑——第一爐香》等篇，描繪了自卑而虛榮、深層意識仍未擺脫男性中心社會支配和控制的女性。在作者筆下，無論是白流蘇費盡心機、錙銖必較的愛情遊戲（《傾城之戀》），還是敦鳳嫁給比自己大 20 多歲的男人做姨太太的婚姻選擇（《留情》），尋求的都不過是一個可以爲自己提供經濟保障和安全感的依附對象。《金鎖記》尤爲出色地塑造了一個心靈在金錢枷鎖套封下變態扭曲的女性典型——曹七巧。七巧本是封建婚姻的受害者，被家人上嫁給從小瘋癱在床的姜家二少爺做媳婦以後，原始的生命欲求受到極度壓抑，無形中滋養起強烈的佔有欲和瘋狂的報復欲。當她熬成了家庭的掌權者之後，便成爲一個陰鷙毒辣的虐待狂。黃金鎖住了曹七巧的人生，她又以之爲枷鎖殘酷毀滅了子女的人生。小說將人性受摧殘而產生的變異，特別是母性的淪喪表現得令人不寒而慄，深刻揭示了曹七巧這一人物深層意識的複雜與矛盾。她對子女並非天生沒有愛心，但這愛已在異化中走向反面。她將子女與金錢一樣視爲自己的佔有物，要以這一份擁有來證明自己在男性中心社會的存在，因而絕不容許由子女婚嫁而帶來的這種所有權的喪失。在長期備受壓抑的婚姻生活中，曹七巧形成變態的性心理，仇恨而又妒嫉正常人的兩性關係。她一方面津津樂道男女隱私宣泄內心的壓抑，另一方面又對兒子、兒媳的房闈之事百般諷刺、嘲弄，並以卑鄙

手段親自扼殺了女兒的婚事。以這篇作品以及她的其它部分小說所代表的創作，以其人性方面掘進的深度和獨特的藝術表現爲人稱道，被視爲 40 年代女性文學的重要收穫之一。

就創作的主導方面而言，本時期女作家主體意識結構的變化給創作帶來的影響是顯而易見的。隨著社會意識、政治意識的增強和某些層面女性意識的減弱，以傳統的眼光看去，她們創作所顯現的女性色彩明顯遜於前一階段。「五四」至 20 年代中期女性文學與男性作家創作之間所曾具有的比較鮮明對比度和差異感，此時已不復見。

然而，如果以「雄化」來概括三四十年代女性文學創作中性別意識的特徵，並不十分妥當，因爲它所揭示的至多只是一種表層性質的文學現象。而就其本質而言，此期女作家主體意識結構以及創作面貌的改觀，並不是來自以男性思維、男性風采爲範式或指歸的一種趨同，而是女性自身由「五四」時期「人」的覺醒所帶來的社會參與意識，在新的歷史條件下與現實劇烈碰撞的結果。

幾千年間，幾乎從來都是只有男人才擁有社會政治權利、擔負社會使命，絕大多數時候也只有男性才會在創作中發出豪邁之音。這種狀況使一代代文學創作者和文學欣賞者習慣於男人表現雄強，女子展示柔弱。「五四」女性文學在反封建旗幟下對這一傳統有所衝擊，但與此同時，也本著追求人生解放的精神，對特別能顯示女性生活特徵的某些方面做了比較充分、生動的揭示，其間時常帶有傳統女性心理氣質留下的烙印，女性氣息較濃，因而總體上並未給人留下「雄化」的感覺。而到了本時期，血火交織的歲月將女作家同男人一起，置於民族的內憂外患的你死我活的階級搏鬥之中，強化並發展了她們由「五四」覺醒而生發的社會責任感和歷史使命感。在以文學爲武器參與社會鬥爭的過程中，她們中的許多人主動而自願地忽略乃至抹煞自己的性別特點，轉移了對知識女性個人情感和生活的注意力，把目光投向民族鬥爭、階級鬥爭的前沿，投向更爲廣闊的社會現實，由「自覺的女子」成長爲自覺的戰士。應該說，她們身上的女性意識於此並未消失，而是注入了政治的、經濟的、文化的多重內容，從而變得更爲豐滿。

在非常的年代裏，女作家們沒有過分糾纏於女性本體問題，而是首先注目於全民族的解放、被壓迫階級的新生，並以自己的創作積極參與這一歷史進程。以歷史的眼光觀之，應該說，她們的選擇順應了時代。

二、女性創作藝術風貌的嬗變

如前所述，在一個民族矛盾、階級鬥爭成爲社會生活重心的時代，作家由政治方面認識生活的要求十分自然地突出起來，統馭著主體意識的其它層次。女作家也不例外。這種狀況，客觀上勢必促使她們的審美理想、文學趣味發生某些變化，從而影響到文學創作的藝術風貌。

三四十年代有影響的女作家大致可以分爲兩大類型，一是與時代政治有著密切聯繫的革命女作家和具進步傾向的女作家，二是不同程度與政治保持距離的女作家。前一類作家政治態度大都比較鮮明，在創作內容的革命性、進步性以及作品「硬度」的增強等方面有相近之處。她們的創作突出表現了女性文學藝術風貌的變遷。

其一，對創作題材社會性的重視

三四十年代，許多女作家創作的題材領域明顯拓寬，由以個人爲中心轉向以社會爲中心。20 年代前期，不少女作者喜歡以自己或自己生活圈子裏知識男女的生活爲表現對象，主要通過人物的家庭生活、特別是婚戀際遇來表現理想與現實、個人與社會的矛盾衝突，而較少對社會政治、經濟等方面問題做出直接的反映。她們在女子內心世界的開掘方面細膩深切，對社會問題的揭示和剖析則往往不夠充分、深刻。到了本時期，大部分女作家不再固守女性世界，而是將階級命運、民族前程和時代風雲一起納入筆端。

此時，女作家的敏感並沒有消失，但與纏綿悱惻的男女私情已很少關聯，而是更多地轉向從社會生活中捕捉富於深刻內涵的歷史信息。當左翼文學在「革命加戀愛」的圈子裏徘徊時，丁玲率先取材農村階級鬥爭，以新型小說《水》將革命文學推向一個新階段。在國統區人民對中國共產黨領導的蘇維埃政權和工農紅軍還知之甚少時，馮鏗寫出《紅的日記》、《小阿強》兩部作品，與柔石、胡也頻一起，成爲國統區最先以文學形式表現蘇區生活、紅軍鬥爭的作家。當反對日本侵略者的鬥爭日益成爲全民族頭等大事之際，葛琴以表現上海「一・二八」事變的小說《總退卻》，在文學反映重大政治事件方面進行了有益的探索。另一位女作家盧隱亦以題材相近的長篇《火焰》顯示著她在努力跳出個人不幸的苦海，直接表現關係民族存亡的偉大鬥爭。40 年代後期，在解放區文學主要圍繞革命戰爭題材和農村題材進行創作的時候，草明的中篇小說《原動力》，最先將嶄新的工人形象帶進解放區文學畫廊，成爲解放區文學工業題材的拓荒之作。

　　無論是「五四」成名的女作家還是本時期成長起來的女作家，對題材的社會性都予以高度重視。

　　她們寫解放區生活。丁玲的《田保霖》、《夜》，曾克的《光榮的人們》、《新人》，陳學昭的《延安訪問記》等，均反映戰爭年代解放區軍民的沸騰生活和精神面貌。李伯釗 1938 年即執筆創作了表現廣大農民群眾積極抗戰政治熱情的三幕歌劇《農村曲》，此後又有一大批反映抗日根據地軍民生活和鬥爭的劇作問世，如《母親》、《老三》、《紫坊村》等，為抗戰戲劇的發展做出可貴貢獻。袁靜編寫的秧歌劇本《減租》、秦腔劇本《劉巧兒告狀》以及歌劇《藍花花》（與孔厥合作）等，同樣密切配合了邊區的對敵鬥爭和民主革命。莫耶作詞的《延安頌》（原名《歌頌延安》）從寶塔山下唱響全國，成為一曲表達抗日青年對革命聖地真摯之情的時代之歌。與此同時，女作家們也如實寫出解放區還存在的種種問題。這方面除丁玲的《在醫院中》為有名之作外，菡子的小說《糾紛》和莫耶的小說《麗萍的煩惱》也在當時產生過一定影響。前者描寫解放區民主政權建立後一場寡婦再嫁的風波，圍繞來順媽招夫養子引起的糾紛，表現了思想意識領域新舊勢力的尖銳鬥爭；後一篇在對人民軍隊裏並非全然新型的婚姻關係的揭示中，包蘊了反封建的內核。

　　她們描繪戰場硝煙和敵佔區地火的運行。「九・一八」事變後不久，白薇即寫出抗日劇本《北寧路某站》和長詩《火信》，控訴日寇罪行，表達人民抗日心聲。蕭紅的成名作《生死場》以及後來所寫《放火者》、《曠野的呼喊》等，不僅真實反映東北人民在侵略者鐵蹄下蒙受的深重苦難，而且表現了他們生與死的掙扎，頌揚他們不屈的抗爭。白朗的小說《伊瓦魯河畔》、《輪下》等，或謳歌不甘當亡國奴的東北農民的血氣與魂魄，或展開東北城市人民對敵鬥爭的悲壯場景。一些女作家還親臨前線，採寫出一系列戰地報告文學，從生活中發掘民族意志，直接表現中華兒女的大無畏氣概和鬥爭英姿，例如曾克的《在湯陰火線》、《挺進大別山》，謝冰瑩的《新從軍日記》、《五戰區巡禮》，白朗的《我們十四個》、《趙一曼》、《八女投江》，安娥的《五月榴花照眼明》等。

　　她們刻畫動盪歲月的人性世態。胡子嬰中篇小說《灘》反映大後方的工業、金融、政界情勢和工商業者的生活。羅洪的長篇《春王正月》在封建經濟解體、民族資本主義初興的背景下敘說小城故事，把主人公的家庭慘變同社會經濟事件交織起來。她的《鬼影》集則將抗戰與世態描摹相結合，在對

利己主義者的針砭中表達了深刻的民族憂慮。梅娘所作《夜合花開》展現了國難時期北平上流社會的情場角逐，揭示了金錢如何主導著一些人的沉浮。蕭紅的《馬伯樂》用喜劇手法塑造了一個阿Q式的都市人形象，對國難當頭貪生怕死、只知逃命的庸才、儒夫馬伯樂式的人物給予諷刺和鞭撻。她的另一部長篇《呼蘭河傳》攝取故鄉種種卑瑣平凡的日常生活場景，寫出封建蒙昧主義和傳統鄙風陋俗對人們精神上的欺誑和麻痹，爲讀者展開一幅20年代東北僻遠鄉鎮的人情風俗畫。楊絳的劇作《稱心如意》、《弄眞成假》等，鞭闢入裏地揭示了市民階層爲金錢所拴繫的人際關係，在民族文化的心理構成方面給人以啓迪。

這些創作表明，女性文學在反映現實的深度和廣度上較前有明顯拓展，呈現出一種面向整個社會的開放態勢。

其二，創作視點的普遍下沉

在現代女性文學發展的第一個十年裏，女作家筆下出現的，主要是城市知識男女的人生畫像。三四十年代，這種情況發生很大變化，反映城鄉普通勞動者生活和願望，表現工農革命熱情和民族抗戰心聲的作品爲數眾多，在女性創作中佔了相當大的比重。女作家們眞誠地擁抱時代，靠攏民眾，努力貼近最廣大人民群眾的生活現實，開掘社會本質。進入左翼陣營後的丁玲著文申明自己對文學創作的意見時說：「不要太歡喜寫一個動搖中的小資產階級的知識分子。這些又追求又幻滅的無用的人，我們可以跨過前去」；「不要憑空想寫一個英雄似的工人或農人，因爲不合社會的事實；用大眾做主人，不要把自己脫離大眾，不要把自己當一個作家，記著自己就是大眾中的一個，是在替大眾說話」（《關於創作上的幾條意見》）。這種觀點代表了相當一部分革命和進步的女作家自覺突破表現個人情感的創作圈子，反映工農生活和鬥爭的文學意識和內心願望。

對黑暗社會的血淚控訴，是葛琴此期作品的主線。作者曾親眼目睹農民破產而瀕於死亡的景象和故鄉宜興窯場工人的生活慘狀。她的中篇《窯場》和《枇杷》等一系列短篇小說，描寫了勞動者物質生活的貧困、精神上的苦悶焦躁以及潛伏在他們內心深處的反抗火花。羅淑的創作時間不長，作品數量不多，而質量卻頗爲可觀。下層人民的苦難，國家民族的安危，無時無刻不牽動她的心。雖然她有過多年的異國留學經歷，但創作中總是寄情於家鄉的勞苦大眾，以自己本色樸實之作展現「地上的一角」，讓

人們看到二三十年代巴山蜀水之間窮苦農民和鹽工的生活畫卷。羅洪筆下相當一部分作品著意描繪江南城鄉階級壓迫的社會景觀。她對某些普通市民家庭內部人際關係、生活矛盾的刻畫頗富實感，對國民劣根性在市民階層中的表現亦有生動揭示。羅洪還特別注意到兒童健康和兒童心理，為他們在世間的不良境遇鳴不平。馮鏗的《小阿強》以湖南一位 16 歲的少年先鋒隊隊長為生活原型，描繪了一個貧農的兒子在黨所領導的土地革命風暴中鍛鍊成長的動人故事。

在對下層社會進行藝術表現之時，勞苦婦女的生活命運十分自然地為女作家們所格外關注。與「五四」時期相比，此期創作在這方面顯然有較大進展。女作家們對描寫對象有了更為深入的瞭解，藝術形象愈加鮮明。羅淑的《生人妻》感人肺腑地敘寫了貧困鄉村野蠻、落後的典妻制度給婦女造成的身心創痛。馮鏗《販賣嬰兒的婦人》深哀入骨地寫出掙扎在飢餓和死亡線上的城市貧苦婦女不得不出賣親生兒子的凄慘一幕。蕭紅《生死場》、《王阿嫂之死》、《手》、《橋》、《牛車上》以及《呼蘭河傳》等作品出現了一系列「苦菜花」般的勞動婦女形象，在對她們浸透血淚的悲慘人生的描繪中，作者也寫出了人物的求生意志和堅韌性格，凸顯了維護女性獨立和尊嚴的濃重情感。草明的《傾跌》、《萬勝》、《沒有了牙齒的》等多篇小說以繅絲女工的生活命運為描述對象，表現她們的辛酸和反抗。鳳子的長篇《無聲歌女》記述上海淪陷前後一個彷徨歧路的歌女的經歷，通過一個小人物在動盪歲月的浮沉探討民族意識的歷史價值。關露在詩歌中揭露資本家榨取工人血汗的罪惡，為女兒和童工們格外深重的苦難發出悲憤的呼喊。

在反映底層人民群眾生活的創作中，女作家們一方面表現了廣大民眾在階級壓迫下走向反抗、在民族屈辱中毅然奮起的歷史必然性，另一方面也嘗試寫出完成這一過程的艱難和複雜，蕭紅《生死場》、《呼蘭河傳》，葛琴《窯場》等作品都在對勞動者群體生存狀況的描繪中，對此有所揭示。

其三，創作風格的變化。

三四十年代，女作家們創作風格的陰柔之美有所消褪，許多作品注入了一股來自戰爭時期的陽剛之氣。不難理解，在風雲變幻、萬兵齊舉的歲月，清麗纖細的筆調很難適應表現血與火的鬥爭、為革命政治服務的需要，特定的題材也對作品藝術風貌產生一定的制約。隨著表現自我的因素漸輕，描畫社會成分的日重，女作家的創作負荷起更為廣大、深重社會的苦難。

　　於是，這裡不再有那樣多知識者個性解放的浪漫或情思纏綿的歌吟，隨處可見的是社會生活的滯重、時局氣氛的嚴峻和人民群眾的覺醒，許多作品由熱烈的主觀抒情轉向冷靜的客觀寫實，柔婉的情致風韻為激越豪放的藝術表現所取代。丁玲的《水》向人們展開一幅充滿原野氣息的生活畫面。場景恢宏，色彩濃重。雄沉的筆調，奔放的氣勢，煥發出震撼人心之力，與作者早期對青年女性細膩纏綣的情感表達形成鮮明對照。蕭紅的作品常帶無形的力度，《生死場》筆觸猶如鋼戟，「發著顫響，飄著光帶」（胡風語）。葛琴在民族危機的背景下，揭示出不同階層各種社會力量對待抗日的不同態度以及由此產生的矛盾衝突。她的小說《總退卻》基調悲壯，線條粗獷。馮鏗歌頌蘇維埃政權和「鐵和火的集團」工農紅軍，展現紅軍女戰士的颯爽英姿，情緒飽滿，昂揚熱烈。白朗的筆調於細膩中透著雄渾剛健，一系列不屈不撓、大義凜然的人物形象的塑造，使她的小說具有內在的英雄主義氣質。

　　可以說，在三四十年代女作家創作風格的變化中，作品「硬度」的增強是一個顯而易見的文學現象。不過，這一時期，在她們之中也有部分作家的創作保持了較濃鬱的「女性味」，例如林徽因、方令孺、沈祖棻、袁昌英和沈櫻等的作品。

　　這些作家的共同特點是富於正義感和愛國熱忱，有較高的藝術修養，創作上比較重視藝術的完美。林徽因、方令孺 30 年代初是有名的「新月」女詩人。她們以一顆真誠善良的心從事創作，詩歌多表現對理想生活的嚮往和在黑暗現實面前感到的憂鬱苦悶。有時帶幾分學者沉思冥想的情致，有時又含幾分隱者蕭然出世的韻味，偏重於對高雅靈秀、恬淡靜穆的藝術趣味的追求，純文學色彩較濃。較之那個時代的血淚文學、革命文學，政治色彩顯然比較淡薄。其作品不追求宏大的思想格局或廣闊的社會生活內容，卻常會在個人情感的抒發中呈現給讀者一定的情致思理。當然，這種創作面貌隨著時局的發展也在發生內的變化。沈祖棻在多種樣式的文學創作中顯露才華，而以詞名最高。她將一個風雨如晦、動蕩飄搖的大時代濃縮在一位知識女性的心靈顫動中加以表現，細緻而靈巧。袁昌英、沈櫻對女性婚戀生活中的情感波瀾有較多的關注。前者在經營小說、散文的同時，曾以劇本寫作引起文壇注意。她的三幕劇作《孔雀東南飛》雖取自傳統題材，但對焦母這一形象做了獨特的藝術處理，從而與羅洪此期的小說《念佛》、《遲暮》等一起，在現代文學史上較早提出了「婆婆問題」，顯示出對家庭中擔當婆婆身份的女性的生

活和心理的探究熱情。沈櫻則繼陳衡哲、廬隱之後，對經由自由婚姻進入家庭的知識女性的生存狀態、特別是此間的心理變化，加以藝術表現，並在這方面體現出一定的創作個性。

　　總的說來，帶有社會革命色彩和民族解放鬥爭氣息的文學創作，構成了三四十年代女性文學的主潮流。它反映出 20 世紀女作家追隨時代前進的熱情、勇氣和付諸實踐的艱苦努力，與當時整個文壇的動向也是一致的。值得注意的是，女性文學創作由本時期開始，面臨一個重要課題，即如何處理好作品政治性與藝術性二者之間的關係。在一部分追求革命的女作家創作中，急於表現時代政治的熱情有時一定程度上代替了對生活本身的精細刻畫，從而使作品的藝術魅力有所削弱。同時，女性意識某些層面的遮蔽，也使作家鮮明的藝術個性不無損傷。

　　在特定的政治歷史背景下，這種狀況的存在不僅可以理解，而且具有合理性。由於社會生活的重心是政治鬥爭，並且是處於生死搏殺的戰爭狀態，因此，暫時把文學藝術納入政治的軌道運行，強調文學藝術為革命政治鬥爭服務，應該說是十分自然的。作家本身作為某個階段群體中理性支配的一分子，暫時抑制自我需求和自我個性發展的某些方面，也是必要的。然而，另一方面也不應忽視。即這種傾向中所包含的某種誤解：簡單化地將階級解放、民族解放與作為個體的「人」的徹底解放視為因果關係，或以前者代替後者。這種誤解客觀上導致個性解放主題在文學創作中受到漠視乃至鄙棄，並對以後長達數十年的文學發展進程產生了深刻影響。其間留下了許多值得認真思考的問題。

第二節　「革命減愛情」的女性創作

　　在中國現代文學史上，「左翼文學」是以「革命與戀愛」模式的興起鳴響開場鑼的。1927 年，中國民主革命從高潮跌入低谷，文學卻從「文學革命」向「革命文學」高歌猛進。考察 20 世紀 20 年代末興起的「革命與戀愛」題材的創作，我們發現了性別書寫的「差異性」，發現了兩性作家有關革命與愛情的圖騰與禁忌。具體而言，「革命與戀愛」的模式，在男性作家筆下往往呈現為「革命加愛情」的訴求，而在女作家筆下，則常具有「革命減愛情」的內核。

　　從女性文學批評的理論視角來看，當時一些男性作家（如蔣光慈、茅盾、洪靈非等）的作品，體現了革命的「性政治」邏輯。他們將「愛情」與「革命」聯繫在一起，從而將女性及其身體納入革命陣營，達成男性作家對革命的浪漫想像中性欲力比多宣泄的合法性。可以說，革命文學中的男性寫作在這一時期佔據了絕對的主導地位，女性形象在男性的文本中更多的是處於被看的境地，女性身體也只是被利用的客體。女性身體成為革命男性的欲望化對象和革命映像的物質化身體。

　　研究者指出，這一時期蔣光慈、茅盾等左翼作家筆下的女性具有鮮明的感官娛樂性和色情特徵。例如，男性作家尤其是茅盾的小說中，「革命新女性」往往都擁有健美的體態、豐滿的乳房，豐腴的身體以及開放與放縱的性觀念，成為男性的欲望客體與理想的「革命公妻」。她們「實際上是獨立於女性人格、個性之外的、純粹應男性欲望而設置的女性肉體特點。男性敘事對這一點的過分迷戀和極度誇大，顯然承襲了男權文化傳統中把女性當作純粹的性客體、從而使女性性感無限膨脹而成為女性生命異化物的偏頗」。〔註 1〕可見，革命可以改朝換代，可以顛覆政治制度，但它並不能阻止男權中心的文化觀念依然在革命的肌體中潛藏滋長。儘管在革命旋即進入由「大眾」參與的全面戰爭的殘酷階段後，「革命加愛情」這一滲透男性中心色彩的浪漫想像也隨即風流雲散。

　　值得注意的是，男性作家的「革命加愛情」書寫在將女性視為性尤物、性客體的同時，也高度肯定了自由主義、個性主義與革命的浪漫激情，而同一時期女性作家的革命書寫卻迥異其趣。如果說「愛情至上」是「五四」女作家張揚個性解放的重要題旨的話，那麼，書寫「革命」、貶抑性愛則成為此期女作家的自覺選擇。這裡，雖然戀愛仍是重要的創作題材，但性愛主題受到抑制和排斥，並鮮明地呈現出「去女性化」的審美特徵。

一、「去女性化」的政治姿態

　　在國民革命大潮中逃離父權家庭、擺脫包辦婚姻而毅然從軍的謝冰瑩，利用戰鬥的間隙寫出了《女兵自傳》〔註2〕。其中一節記錄了女兵們喜歡唱的《奮鬥歌》：「快快學習，快快操練，努力為民先鋒。推翻封建制，打破戀愛

〔註 1〕李玲：《中國現代文學的性別意識》，人民文學出版社，2003 年，第 79 頁。
〔註 2〕謝冰瑩：《女兵自傳》，《謝冰瑩文集》，北京燕山出版社，1998 年。以下該篇引文均出於此。

夢；完成國民革命，偉大的女性！」在這部文學自傳中，有著革命女性之戀愛觀的直接闡發：她們並不把戀愛看得稀奇神秘，或者怎樣重要；她們最迫切的要求，只有兩個字——革命！她們把自己的前途和幸福，都寄託在革命事業上面。人生需要創造永久的幸福，創造全人類大家享受的幸福；戀愛是個人的私事，大家在願把生命獻給國家民族的堅決信仰中，戀愛不過是有閒階級的小姐少爺們的玩藝兒而已。這就是我們當時對於戀愛的見解。

對於傾向革命的女作家來說，此時「革命」就是她們心中最神聖的號角，戀愛只是「出走的娜拉」的奢侈品。在這「千年等一回」的革命浪潮中，她們決不會用戀愛來交換參與革命的機遇。

在不同性別的革命作家的書寫中，與革命者相關的縱慾與禁慾的傾向也呈現出不同的面貌。馮鏗的《紅的日記》〔註3〕通過紅軍女政工隊員馬英寫的六天的日記，描繪了紅軍和赤衛隊火熱的戰鬥生活和宣傳發動群眾的工作。其中寫到某夜晚她被一個不知名的紅軍戰士性騷擾的經歷：

> 昨晚上睡去的時候，不曉得誰個壓在我的身上，卻把我弄醒了！
> 「不能！不能！同志兄弟！……」我叫喊著！一翻身把他滾下到地
> 上去。「記著我們都是紅軍的同志兄弟，同志！……」他沒有做聲，
> 在黑黑魆魆裏悄悄地溜去了！於是我重新睡下去。

如同一枝帶刺的「鏗鏘玫瑰」，一聲「同志兄弟」就把性溝填平了！在這篇日記中，馮鏗痛快淋漓地闡明了「紅的女人」的「無性論」主張：

> 真的，現在的我簡直忘掉了我自己是個女人，我跟同志們一道
> 過著這項有意義的紅軍生活已經快滿一年零五個月了！我是——個
> 人一個完完全全的頂天立地的×軍兵士！別的什麼男人，女人這些
> 鳥分別誰耐煩理他！

馮鏗進而警告那些婦女部的人員：「第一件是……不要給男同志們眨眼睛」！這種抑制身體欲望的鋼鐵意志，在她的小說《重新起來》中，也表達得十分鮮明。故事主人公蘋和辛是一對在1927年參與並組織農民暴動時結識的紅色戀人。革命失敗後，蘋和辛被通緝追捕，兩人在經歷了逃難與分離後最終在上海團聚。辛謀到了一個小職員的位置，希望與蘋過上平靜的家庭生活。但蘋始終不能忘懷革命。她與辛越來越格格不入，一方面眷戀著與辛的美妙的

〔註3〕馮鏗：《紅的日記》，馮鏗、羅淑：《紅顏文叢·紅的日記》，中國社會出版社，
　　　　1998年。以下該篇引文均出於此。

身體歡愉，一方面又在時時苛責著自己的墮落。當蘋在街頭撞到了工人鬥爭的場面時，面對群眾與資方洶湧鬥爭的場面，「她真驚悚起來了！自己若不再緊緊抓住眼前的時機，獻身給偉大的事業，拋棄了過去的迷夢，追求著時代的熱烈的，群眾的愛情，……那不用幾個十天，幾個一月，便會把自己跟著已經沒落的他，一同沉進不能自拔的黑暗裏去了！」從千年禁錮中走出來的革命女性，最懼怕的莫過於被時代拋棄。走出「父的家」和「夫的家」的娜拉們已經沒有了退路，一旦被時代拋棄、被革命拋棄，就如同離開了雁群的孤雁，將被隔絕在孤獨的恐懼中。所以，她們只有緊緊地跟上時代步伐，加入到革命大家庭中。

　　對於女作家革命書寫的「去女性化」，曾有學者做出這樣的論說：「大多數女作家基於對婦女屈辱卑微地位的反抗和參與社會歷史進程的責任感。有意識地弱化並掩蓋傳統意義上的女性特徵、自覺地由女性「小我」邁向社會大眾，她們不僅將「做人」置於首位，而且幾乎視為惟一。在她們看來，階級、民族所遭受的災難浩劫涵蓋了女子個人由於性別而遭受的壓迫奴役，階級的、民族的抗爭包容了女性尋求個性解放的奮鬥。反映在創作上，則體現為忽略自然性別、社會意識突出而強烈，藝術表現上淡化或取消女性色彩。」〔註4〕

　　也正因為如此，當愛情在謝冰瑩的生活中不期而至時，她警告自己說：「愛神呵！／你一箭射穿了我的心／奪去我的靈魂！／你是吃人的惡魔／我要殺掉你才甘心／不要忘記了你是個非凡的女性／不要忘記為求學而自殺的苦心／繼續奮鬥呵／你應該做個社會上有用的人！」（《女兵自傳》）愛情是毀滅革命者生命的「惡魔」，它必須被「殺掉」，二者沒有共存的可能。正如有研究者所指出：「文學革命轉變為革命文學之後，兩性關係比前一個歷史階段更貼近社會關係。對愛情和性的表達也變得更加富有激情和更帶陽剛性和暴力性。」緊跟時代的女作家革命敘事的一個重要的特徵就是對身體（尤其是女性身體）的否定。郁茹的小說《遙遠的愛》中，女主人公對丈夫說：「我們的手既然負有推動時代的使命，我們的情感，也只好讓它無情地傾軋在它鋒利的齒輪下。」女革命者徹底拋棄個人感情的態度之決絕，甚至引發了男性同道這樣的感歎：「我們不是她的匹配……她是魔鬼，是神，而不是人。」〔註5〕

〔註4〕喬以鋼：《多彩的旋律：中國女性文學主題研究》，南開大學出版社，2003年，第10～11頁。

〔註5〕郁茹：《遙遠的愛》，《中國抗日戰爭時期大後方文學書系》第6卷，書系編委會編，重慶出版社，1990年，第1837頁。

二、內在的矛盾和衝突

從「五四」時代走進左翼文學陣營的具有代表性的女作家丁玲的創作，亦透露出「革命減愛情」的訊息，且愈加有意識地體現著革命與愛情失衡、分裂乃至扭曲的「現代性」。

正如茅盾所言：「那時中國文壇上要求著比《莎菲女士的日記》更深刻更有社會意義的創作。中國的普羅革命文學運動正在勃發。丁玲女士自然不能長久站在這空氣之外。……丁玲女士開始以流行的『革命與戀愛』的題材寫一部長篇小說了。這就是那《韋護》。」〔註6〕1928 到 1929 年，丁玲創作了《韋護》、《一九三〇年春上海》（之一、之二），開始了「在黑暗中」〔註7〕尋找光明的艱難跋涉。這三部小說可以說是「一組作品」，在題材與內容方面表現出高度的聯繫與演進，即書寫「革命與愛情」的衝突與矛盾。作品的結局是命定的——革命戰勝愛情。不少評論者認為，丁玲的這組作品是創作轉向的標誌，是她從小資產階級個人主義者轉向革命之作。如有評論云：「《韋護》以革命與戀愛對立模式的設計與小資產階級戀愛至上主義劃清了界線，標誌著丁玲開始主動放棄純然女性的立場以『女國民』的姿態進入文學書寫。」〔註8〕也有研究者認為，《韋護》這組作品體現的是城市自由女性與革命及其偶像——大眾的衝突。〔註9〕我們則在重讀《韋護》的過程中體會到另一種況味。

丁玲的「轉變」並不是那麼毅然決然，她未必是毫不猶疑地「放棄純然的女性的立場」而成為「女國民」的。事實上，《韋護》所表露的是艱難的蛻變、深刻的矛盾和無奈的抉擇。王緋曾分析女作家群與女作家本人出現的「兩個世界的分立」的現象，有關闡述用來解析丁玲的內在矛盾似乎頗為到位：

> 自從中國有了階級的政黨和階級的革命，女性的文學書寫便悄悄地出現兩個世界的分立，即婦女意識為主導意識形態（民族意識、國家意識、政治意識、階級意識）所統攝的女國民化的文學書寫，超越主導意識形態並具有普泛意義和永恒價值的純然女性化的文學

〔註6〕茅盾：《女作家丁玲》，《茅盾選集》第 5 卷，四川人民出版社，1982 年，第 160 頁。

〔註7〕丁玲：《在黑暗中》，開明書店，1928 年。這是丁玲早期創作的第一部小說集。

〔註8〕王緋：《睜著眼睛的夢》，作家出版社，1995 年，第 92 頁。

〔註9〕孟悅、戴錦華：《浮出歷史地表》，「丁玲：脆弱的女神」一章，中國人民大學出版社，2004 年。

書寫。從某種意義上說，中國現代女性文學書寫的歷史，也是女性
化與女國民化兩種文學書寫越來越明晰地走向分立的歷史，這兩種
分立既表現在不同的書寫個體之間，又表現在同一主體內部，構成
了中國現代社會以來女性文學書寫的一大特色（傳統？）。〔註10〕

《韋護》中表現的即是這兩種女性書寫在同一敘事主體內部的衝突與矛盾。
丁玲曾經爲人們把她的《韋護》作爲時尚的「革命加戀愛」的作品而感到煩
惱，她自言不滿足於寫作「一個很庸俗的故事，陷入戀愛與革命衝突的光赤式
的陷阱裏」〔註11〕。事實上，作品的主旨體現的是革命意識形態對個人情愛的
控制和消解，以及這個過程給革命者的個人情感帶來的傷害和磨難。同時，《韋
護》帶有強烈的女性主義個人主義傾向，其對人的情愛欲望表達之直接與熱
烈，對革命壓抑情愛的困惑的書寫，在中國革命文學書寫中是相當突出的。究
竟是以「無欲則剛」的態度堅定地投身革命，還是抵抗來自革命需要的壓力並
撫慰個人情感，這樣的糾結令作品到處存在著敘述的「縫隙」與「裂痕」。

　　雖然丁玲對革命有著高度的敘事熱情，但女性的直覺與敏感使她不自覺
地維護愛情，潛意識裏的認同使她對韋護的掙扎充滿同情。眾所周知，《韋護》
的人物原型是瞿秋白與丁玲的摯友王劍虹。丁玲在《我所認識的瞿秋白同志》
（1980）一文中，詳細敘寫了瞿秋白與王劍虹的愛情經過。瞿秋白因革命而
離開，王劍虹因感染了瞿秋白的肺結核病而致死。文中寫出了瞿秋白的懺悔
和自己的怨宥：「儘管他們的這段生活是短暫的，但過去這一段火一樣的熱
情，海一樣的深情，光輝、溫柔、詩意濃厚的戀愛，卻是他畢生也難忘的。
他在他們兩個最醉心的文學之中的酬唱，怎麼能從他腦子中劃出去？…… 只
要他仍眷戀文學，他就會想起劍虹，劍虹在他的心中是天上的人兒，是仙女
（都是他信中的話）；而他對他後來畢生從事的政治生活，卻認爲是凡間人
世，是見義勇爲，是犧牲自己爲人民，因爲他是韋護，是韋陀菩薩。」〔註12〕
愛情是精神生活，是與文學藝術密切關聯的唯美的追求，是自我的伸展；而
革命卻是世俗的事務，是自我的遏制與犧牲。丁玲的這段話揭示了革命者在
革命的嚴酷律令與個人的感情與藝術需要之間、在精神生活與政治生活之間
的兩難抉擇。

〔註10〕王緋：《睜著眼睛的夢》，第89頁。
〔註11〕丁玲：《我的創作道路》，《丁玲文集》第5卷，湖南人民出版社，1986年，第
　　　　381頁。
〔註12〕丁玲：《我所認識的瞿秋白同志》，《丁玲文集》第5卷，第102頁。

　　小說中的韋護酷愛文學，但革命的理性卻不允許他發展這方面的愛好。他放棄文學，投入了革命理論的研讀與革命檄文和議論文的書寫。夜深人靜，麗嘉枕在他的臂彎中熟睡，韋護卻在沉思：

> 他在自己身上看出兩種個性和兩重人格來！……若是他能繼續舞弄文墨，他是有成就的。但是，那新的巨大的波濤，洶湧的將他捲入漩渦了，他經受了長時間的衝擊，才找到了他的指南，他有了研究馬克思列寧等人著作的趣味。……他用明確的頭腦和簡切的言語，和那永遠像機器一般的有力，又永久的鼓著精神幹起工作來，他得到無數的忠實的同志的信仰。但是，唉，他遇著麗嘉了！這熱情的，有魔力的女人，只用一隻眼便將他已死去的那部分，又喊醒了，並且發展得可怕。〔註13〕

正如歌德筆下的浮士德所道出的巨大困惑：「在我的心中啊，盤據著兩種精神，／這一個想和那一個離分！／一個沉溺在強烈的愛欲當中，／以固執的官能貼緊凡塵；／一個則強要脫離塵世，／飛向崇高的先人的靈境。」〔註14〕韋護身上的藝術氣質與他所從事的工農革命的工作時時發生衝突，他內心深知革命與藝術是衝突的，所以選擇放棄詩歌，以使自己成為一個更純正的布爾什維克。但是自從遇到麗嘉，詩歌情愫重又復活，愛情激活了一度沉潛的藝術細胞。而作為作者的丁玲清楚地意識到韋護身上的文人知識分子情趣與革命理性之間尖銳激烈的衝突勢必帶給主人公隱痛：「唉，若是在以前，當他驚服和驕傲自己的才情的時候，便遇著麗嘉，那是一無遺恨和阻隔的了。而現在呢，他在比他生命還堅實的意志裏，滲入了一些別的東西，這是與他原來的個性不相調和的，也就是與麗嘉的愛情不相調和的。他怠惰了，逸樂了，他對他的信仰，有了不可饒恕的不忠實；而他對麗嘉呢，也一樣的不忠實了。」也就是說，當戀愛與愛詩、愛文學的才情結合在一起時，那是「一無遺憾和阻隔」、加倍的美好與逸樂的，然而這份美好逸樂卻是與「革命」（寫理論文章、戰鬥檄文）這嚴肅緊張的工作不相協調甚至相敵對的。那麼，喚醒了文學情思的戀愛，自然也便成為革命的對立物。

〔註13〕丁玲：《韋護》，《丁玲文集》第1卷。以下該篇引文均出於此。
〔註14〕（德）歌德：《浮士德》（第二版），董問樵譯，復旦大學出版社，2001年，第58頁。

　　與麗嘉相愛同居之後，韋護遭到了來自革命陣營內部的攻擊。批評者說他是一個偽善者、投機者，他的生活都足以代表他的人生觀；說他們同居的家像一個墮落的奢靡的銷金窟。於是，一心革命的韋護決定「像一隻螞蟻往前爬」，讓自己麻木、冷血。他憑著革命的鋼鐵意志與理性決定放棄愛情，離開麗嘉，到廣東去繼續從事革命活動。在給麗嘉的訣別信中，他寫道：「你知道，我卻在未得愛情以前，接受了另一種人生觀念的鐵律，這將我全盤變了」。「所以我要說，韋護終究是物質的，也可以說是市儈的，他將愛情褻瀆了，他值不得麗嘉的深愛呵！」離開麗嘉的韋護走在街上，不覺間眼淚流淌。他心中悲愴地哀歎：「呵！這不可再得的生命的甜蜜啊！」

　　可以看到，革命者韋護心目中的「愛情」是精神的、神聖的，而革命是「物質的」、「市儈的」。革命的、大眾的倫理與愛情的、個人的倫理之間的巨大衝突無法調和。在大眾革命倫理中，每一個體首先應當選擇將階級利益放在高於一切的位置。於是，與蔣光慈、茅盾等男作家筆下的「革命與愛情」書寫往往呈現為「革命加愛情」（文本中的男性主人公通常是革命的主體，而愛情所牽出的女性則是革命主體的欲望化對象）不同，丁玲通過人物描寫揭示了革命者的內心世界，寫出了個人倫理的內心獨語與婉轉呢喃。這裡，「革命與愛情」實質演化為「革命減愛情」。革命奪走了美麗、摯情的麗嘉的愛人，也奪走了韋護的神聖界域——精神的、詩的、文學的、唯美的。革命與人性的衝突，與世間美好事物的衝突，在革命家韋護的心目中是一清二楚的。正因為如此，在暗戀麗嘉時，他為自己是一個「革命同志」而深感自卑：「那姑娘決不會把他放在心上的。若果他是一個個人主義者，自由主義者，或是一個音樂家，一個詩人，他都有希望將自己塞滿那處女的心中去。然而，多不幸呵。他再也辦不到能回到那種思想，那種興趣裏去。他已經獻身給他自己的不可磨滅的信念了。而這又決不能博得她的尊敬的。」但是韋護有著訓練有素的革命情操：「韋護」就是普陀、就是犧牲。他甘願犧牲掉自己的思想、興趣和個人價值，犧牲掉自己的愛情，來換取「無數忠實的同志們的信仰」和革命的理想價值。由此，韋護的革命情操與犧牲精神才令人感佩不已。

　　在韋護的二重性中，革命是現實層面的，是俗務；藝術則是心靈層面、精神層面的。韋護是從本能上就貼近藝術，對文學作品有著特殊的愛好的：

　　　　他一天天的感出這些文學巨著內容的博大。他對於藝術的感
　　情，漸漸的濃厚了，竟至有時候很厭煩一些頭腦簡單、語言無味的

人。他只想跑回家，成天與這些不朽的書籍接近。他在這裡可以瞭解一切，比什麼都快樂。若不是爲另一種不可知的責任在時時命令他，他簡直會使人懷疑他的怠惰和無才來，他眞是勉強在寫那文章。

在《我所認識的瞿秋白》中，丁玲追憶了一件往事：1930年瞿秋白曾經同他的弟弟瞿雲白一起到丁玲家裏去探望。當他見到胡也頻與丁玲的孩子時，開玩笑地說丁玲應該給孩子起名「韋護」，因爲這是丁玲的又一個傑作。當時，丁玲沉思：「我理解他的心境，他不是愛《韋護》，而是愛文學。他想到他最心愛的東西，他想到多年來對於文學的荒疏。那麼，他是不是對他的政治生活有些厭倦了呢？……我想，一個複雜的人，總會有所偏，也總會有所失。在我們這樣變化激劇的時代裏，個人常常是不能左右自己的。那時我沒有說什麼，他則仍然帶點憂鬱的神情……」〔註15〕從中，我們看到，在革命者瞿秋白（韋護）身上體現的文人知識分子的文學藝術情趣與革命理性之間尖銳激烈的衝突的隱痛。在丁玲筆下，革命客觀上不啻是一場個人化敘事倫理與革命的、大眾的敘事倫理之間的摩擦和碰撞。這一摩擦和碰撞在《韋護》的作者丁玲身上同樣是殊死的糾結。四十年代，在風雨如磐的延安，丁玲在《風雨中憶蕭紅》（1942）一文中又一次提到了瞿秋白：「昨天我又苦苦地想起秋白，在政治生活中過了那麼久，卻還不能徹底地變更自己，他那種二重的生活使他在臨死時還不能免於有所申訴。我常常責怪他申訴的『多餘』，然而當我去體味他內心的戰鬥歷史時，卻也不能不感動，哪怕那在整體中，是很渺小的。」〔註16〕

從這篇文章中我們讀出了某種「情緒」。而丁玲本人又何嘗不是有著複雜的人格？她的革命書寫從一開始就充滿了歧義與裂痕。實際上，在丁玲此後的寫作中，革命與愛情、大眾與個人、女性主義與國族主義等相互間的關係，很大程度上仍處於一種曖昧不定的狀態。

三、悖論與兩難

根據物理學的能量理論，能量只會是轉移和偏移而非消失。在特定意義上，女性的原欲（Libido）與生命力，正是革命所需要轉化和利用的巨大力量。革命有可能從中獲得不容低估的精神資源，例如政治熱情、階級鬥爭熱情、

〔註15〕丁玲《我所認識的瞿秋白同志》，《丁玲文集》（第5卷），第103頁。
〔註16〕丁玲：《風雨中憶蕭紅》，《丁玲文集》第5卷，第41頁。

仇恨與破壞的熱情。馮鏗的小說《重新起來》中，蘋在辛的心目中是一個「鐵似的女鬥士」。小說寫到蘋的內心時，多次採用了「毒焰」這個詞。復仇的「毒焰」使美麗的女性心中填滿了「兇猛粗暴的鐵錘、刀劍」。國族主義政治革命對女性的期求就如同對男性一樣，不是希望成就這個肉身，而是要把它鍛造成爲一塊革命的「鋼鐵」。

　　在階級鬥爭、大眾神話等無產階級革命話語置換了個性主義的「五四」話語之後，國族主義——革命運動進一步神聖化、聖潔化、禁欲化。革命者真正要戰勝的並不只是政治敵人的邪惡，也還有自身欲念的「邪惡」。出於對情慾衝動的恐懼，「禁欲」幾乎是任何一場神聖革命的常規。革命是奉行「大眾化」的國族與集體優先的準則，而性愛是最自我、最個人化的行爲。波伏娃指出：「可以肯定，性本能不允許把自身同社會融爲一體，因爲在性衝動當中存在著瞬間對時間的反抗，存在著個性對共性的反抗。」〔註17〕因爲性愛與性體驗是一種最個性化的體驗，它趨向於使個人執著於自我，因此性愛對大眾化、集體主義的革命有著危險的牴觸性。但耐人尋味的是，革命的「反性」性質，反映在革命文學中，卻主要是在「女性」這一性別的革命主體身上實踐的。

　　這裡出現了一個悖論：「反性主義」既是對女性氣質的刻意顛覆，也向男性風格的認同和靠攏，於是它又大大降低了它作爲女性反叛的意義。「這種傾向中往往包含著某種誤解，即將階級解放、民族解放與婦女解放以及作爲個體的人的徹底解放視爲因果關係或簡單化地以前者代替後者，這種誤解與其它因素結合在一起，客觀上曾導致女性主題、個性解放主題在相當長的時間裏受到漠視乃至鄙棄，女性文學的發展也因此而付出代價。」〔註18〕革命是一種「倫理的」和「禁欲的」歷史，也就是有關各種道德主體化的方式以及爲了確保道德主體化而進行的各種自我實踐。如國族解放的革命動員令需要婦女全身心地投入與奉獻，而女性的身體、欲望與情愛需求勢必使她們固執小我，造成革命力量的耗散與浪費而干擾革命，所以革命意識形態要對女性的身體與情慾作出規訓，使其成爲「政治肉體」（body politic）。在《規訓與懲罰》一書中，福柯提出了「肉體的政治技術學」這一概念：

〔註17〕　（法）波伏娃：《第二性》，陶鐵柱譯，中國書籍出版社，1998年，第54頁。
〔註18〕　喬以鋼：《多彩的旋律：中國女性文學主題研究》，南開大學出版社，2003年，第12頁。

> 肉體也直接捲入某種政治領域；權力關係直接控制它，干預它，
> 給它訂上標記，訓練它，折磨它，強迫它完成某些任務、表現某些
> 儀式和發出某些信號。……這種征服狀態不僅是通過暴力工具或意
> 識形態造成的，……可能有一種關於肉體的「知識」，但不完全是關
> 於肉體功能運作的科學；可能有對肉體力量的駕馭，但又不僅是征
> 服它們的能力；這種知識對這種駕馭構成了某種可以稱爲肉體的政
> 治技術學。〔註19〕

福柯這裡所說的關於肉體的「知識」、「政治技術學」在現代女性文學寫作中
的表現，或顯性或隱性，可能是強制的也可能是同謀的。女性文學創作從「五
四」時期表現禮教與戀愛的衝突，到大革命時代書寫革命與戀愛的衝突，性
愛的個人話語始終與國族、階級、革命等政治話語相互纏繞，肯定和謳歌性
愛的個體主義的敘事倫理，在特定的歷史語境中被「神聖化」的國族/集體主
義的敘事倫理所屏蔽。這一情愛政治鼓勵女性在爲了國族的獨立而獻身的同
時，還需爲了規避自己的性別身份而奮鬥。這種貶抑、遮蔽自己性別身份的
「去女性化」寫作，使女性自我處於分裂而失衡的狀態。它並沒有能夠爲女
性解放開闢新途，反而使女性寫作在很大程度上與自己的身體失去了聯繫。

　　從特定時代女性革命主題書寫中可以看到，中國現代史所具有的婦女解
放與社會解放不可分割的紐結關係，造成了女性主義的兩難：女性個體性愛
的生命欲求與反性主義的革命欲求相牴觸，女性性別的差異性特徵與以男性
爲主體的國族主義政治革命相捍格。在此情境中，爲了順從革命的需要，女
性在文化中必須以「花木蘭」的方式易裝甚至易性、「去性」。「革命減愛情」
最終減去的，是被啓蒙與救亡的歷史正調湮沒了的女性性別身份。

第三節　「拒絕母職」的女作家書寫

　　梳理中國現代女性文學的發展脈絡，20 年代的主流話語是性愛的主題，
在「五四」啓蒙文化精神的策動下，性愛書寫渲染了個性解放的題旨。而在
三四十年代，伴隨著左翼文學運動的崛起和階級鬥爭、民族矛盾的升級，女
性文學敘事的主流話語轉換爲「革命」，性愛主題被政治革命的強勢話語置

〔註19〕 （法）福柯：《規訓與懲罰》，劉北成、楊遠嬰譯，生活・讀書・新知三聯書
　　　　店，1999 年，第 27～28 頁。

換。這一變化帶來了與性愛相聯繫的家庭、婚姻與母職等傳統女性敘事主題與價值的畸變。「打破戀愛夢」﹝註20﹞的革命書寫必然帶來對母職的拒絕與否定，對生育的恐懼與厭惡的激進寫作姿態。拒絕母職的主題表現了投身革命的女作家「去女性化」的反性主義的革命書寫意向。在疾風暴雨的革命大潮中，女作家文學創作中有關母職的書寫在價值的遮蔽與題材的凸顯中，表現了革命與母職的扞格與博弈。

一、母職主題的變奏與遮蔽

所謂「母職」，即是女性承擔人類繁衍的命運所帶來的母親身份的擔當與認同，它包括孕育、生育、養育等內容，同時也延伸到這一自然屬性所蘊涵的文化意義——母愛以及由此帶來的「母權價值」——博愛、良善、反戰、珍視生命、非暴力和關聯性等女性的「關懷倫理」。

20 世紀上半葉，中國現代女性文學史上的「母性」主題連綿不絕，蔚成傳統。但是，從「五四」時期冰心的「母愛神話」到左翼文學興起之後的「拒絕母職」，母性主題走了一條否定之路。

「五四」時期步入文壇的冰心，是一位對「母神」極盡稱頌的作家。冰心認為，能夠彌補世界破碎的心靈，給予人類生存希望與關懷的只有母愛。冰心的「母愛哲學」用詩性與哲理肯定母愛的人性價值與社會價值，將女性繁衍生命的生物屬性通過一個「愛」字提升到具有崇高文化價值的地位，用文學再現的形式打破了文化與自然的二元分立。

冰心的「母愛哲學」在現代女性文學母愛主題的書寫中留下了頗具影響力的一頁，此後女作家同類題材的創作經歷了曲折的演進。「五四」時代走出父權家庭的「出走的娜拉」們，她們的文學敘事大體上都表述了與母親剝離的陣痛和回歸母親的籲求。最具代表性的是馮沅君與蘇雪林的創作。她們表達了「五四」女兒在走出「父的家」之後，對母親與母愛欲罷不能的頻頻眷顧。正如馮沅君作品中的人物所說：「我情願犧牲生命來殉愛——母親的愛，情人的愛！愛的價值不以人而生差別，都值得以生命相殉。」﹝註21﹞在這裡，

﹝註20﹞謝冰瑩在《女兵自傳》中有一節題為「打破戀愛夢」，記錄了女兵們喜歡唱的一首《奮鬥歌》：「快快學習，快快操練，努力為民先鋒。/推翻封建制，打破戀愛夢；/完成國民革命，偉大的女性！」《謝冰瑩文集》，北京燕山出版社，1998 年，第 58 頁。

﹝註21﹞馮沅君：《誤點》，《春痕》，上海古籍出版社，1997 年，第 43 頁。

母愛與性愛具有平等的價值。由此可見，「五四」一代反叛的新女性，「弒父」與「戀母」兩種情緒交織在一起，其中母女從分離走向同一的文學書寫脈象十分明晰。離棄與回歸母親構成了現代女作家母性主題的一條思想線索與女性寫作的話語方式之一，它也是「女性的現代性」的歷史路徑之一。

如果說冰心的「母愛哲學」是在和諧與慰藉的情感溪流中娓娓言說，馮沅君、蘇雪林則是徘徊在同母親剝離與回歸的歧路剖心告白，那麼，白薇的劇作《打出幽靈塔》則是在「弒父」的激情與喧囂中講述了母女認同的故事。這部劇作將反叛父權、母女認同與革命的主題融合在一起。父權制度的「幽靈塔」象徵人物胡榮生與被他壓迫與損害的三女性蕭森、蕭月林、鄭少梅激烈衝突與對峙，最終以叛逆女性的「弒父」行為象徵性地宣告了父權制度的死亡。意味深長的是，女兒蕭月林用身體為母親蕭森擋住了胡榮生的子彈，臨死前終於與母親相認相擁，幸福地死在母親的懷抱。全劇落幕前，是蕭月林的訣別：

> 我打出了幽靈塔！有了我的姆媽！我打出了幽靈塔，有了
> 我……的……姆……媽！〔註22〕

這個結局既是象徵，又是寓言。母女從分離到相聚進而合力打出父權「幽靈塔」，正是母性主題的變奏。劇中母親蕭森被胡榮生強暴生下女兒蕭月林，為了自救，母親拋下女兒去尋求出路，女兒從此被壓在「幽靈塔」孤立無援。離棄女兒的母親只有重新擁抱女兒才能得到精神與情感的慰藉，得到反叛的勇氣。劇作演繹了一個母與女相互認同、彼此救贖的幕後劇。復歸母愛的主題在激進的革命壯劇中被深情地呼喚。女作家的革命敘事借助永恒母愛這一「大母神」原型，演繹了現代政治革命的新場面，接續的是「五四」時代開闢的「文學母系」的文化線索。

然而，「母愛哲學」到了 20 年代末期階級鬥爭、國共矛盾尖銳鬥爭的年代，已經不符合階級鬥爭學說和「普羅文學」的新要求了。因為讚美母親就意味著追求自然與社會的和諧，也就是幻想人性的美善與階級調和。只有宣揚不可調和的階級對立和你死我活的鬥爭哲學，暴力革命才望得到全面鋪展。現代女作家對革命的狂熱追隨使她們很自然地受到這一鬥爭哲學的裹挾，她們的革命書寫將婦女解放與國家民族最高利益實現、與暴力革命的狂熱鬥爭縫合在一起，而與「母愛哲學」漸行漸遠。再則，由於戰爭升級，社

〔註22〕白薇：《打出幽靈塔》，《白薇作品選》，湖南人民出版社，1985 年，第 331 頁。

會動員需要將占全國一半人口的婦女從家庭牽引到社會、到戰場，而幾千年被禁錮在父權制「幽靈塔」中的女性，恰逢「千年等一回」的投身國族大業的機遇，她們決不願因生兒育女而捆縛了自己的手腳，錯失千載難逢的良機。故而，這一時期女作家的文學書寫充滿了超越女性生命價值的國家民族與政治革命的烙印。

1926 年，陳學昭發表於《新女性》的一篇文章《給男性》，曾引起讀者對現代女子苦悶的同情。《新女性》雜誌爲此搞了一個徵文活動。徵文題目是：「如何解除現代女子苦悶」？徵文意見書中寫道：

> 現代女子，都抱有攻究學問、改造社會的大願望，但同時她們卻不能不盡天賦的爲妻爲母的責任。然照現在實際社會的情形，這兩種任務，常不免發生衝突，因此，每易使她們感到絕大的苦悶。究竟女子應該拋棄了爲妻爲母的責任而專心攻究學問，改造社會？還是不妨把學問和社會事業暫時置爲緩圖，而注重賢妻良母的責任？或者另有一種調和這衝突的方法？〔註23〕

徵文活動引起了較大反響，周作人、沈雁冰等都撰文反駁倡導賢妻良母主義的文章。陳學昭先後在《新女性》發表兩篇文章《現代女子的苦悶問題》、《「現代女子的苦悶」的尾聲》來闡釋自己的意見。在後文中陳學昭果斷地作出結論：婦女們應投身政治革命而拒絕做賢妻良母。〔註24〕

上述觀點在當時的女作家中頗具代表性。「懷孕的無比歡樂」〔註25〕在女作家的革命敘事中被誇大的咒語驅趕。懷孕和生育以及隨後的養育是影響女性投入公共政治生活的極大障礙。在白朗的中篇小說《四年間》（1934）中，女主人公的名字「戴珈」實際上是「戴枷」的偕音，象徵著生育的「枷鎖」將女性鎖定在家庭中。當她發現自己已有了兩個月的身孕時，頓時感到「這消息好像一聲霹靂把她的一切希望震破了。她哭了──絕望地哭了，一切從此完結，希望幻滅了，前途是無涯際的黑暗」。小說寫的是戴珈四年間生下了三個女孩都病死了。羸弱的孩子的死，是在訴說生育是盲目的、毫無意義的，對女性是一種純粹的損耗。當寫到第二個孩子的死時，丈夫爲了安慰又將失

〔註23〕陳學昭：《現代女子的苦悶問題》，《海天寸心》，浙江人民出版社，1981 年，第 107 頁。
〔註24〕陳學昭：《「現代女子苦悶」的尾聲》，《海天寸心》，第 111～112 頁。
〔註25〕（法）埃萊娜‧西蘇：《美杜莎的笑聲》，張京媛主編《當代女性主義文學批評》，北京大學出版社，1992 年，第 207 頁。

去孩子的妻子，對她說：「寶寶不好你別傷心，咱們是不需要孩子的，孩子會妨害我們光明的前途！她要真的死去，你便可以走到社會上去了……」丈夫進而告訴她，可以為她謀到一個教師的職位。這個消息讓戴嘉高興，她喊道：「那麼，快叫她死吧！帶孩子的生活真膩死人！」「她欣喜得兒乎發狂了，她這時唯有希望孩子速死而完成她第二步希望，這並非她太殘忍，也並非不愛她的孩子，實在是她愛希望更甚於愛孩子」！瀕死的孩子與死神抗爭的尖叫使戴嘉煩躁，她讓媽媽踢孩子幾腳，好讓孩子快點死掉。第二個孩子的死讓家人和鄰里都很難過，「然而戴嘉卻泰然處之，嘴角露著微笑」。〔註26〕

　　這一令人毛骨悚然的「微笑」，是否暗藏著母親潛意識裏「殺嬰」的狂亂心理？這一「恐怖母神」形象映像出渴望走出家庭、擺脫母親身份壓抑的一代叛逆的革命女性自我的扭曲與變異。楊剛的短篇小說《肉刑》（1935），同樣寫的是革命女性懷孕與打胎的苦難。女主人公的內心世界千迴百轉，愁腸寸斷。她從懷上孩子就在內心深深地自責，因為懷孕影響了她和丈夫所從事的革命工作。

> 　　自然我是個女人，我喜歡由我自己迸發出一條新生命，正如一切作家們創造他們的名世作品一樣，不，更多，因為它將要作自然的執行者，也就是自然最高的形式——人！這小人以自己柔嫩的哭聲，好奇的小眼和睡的微笑，向世界提出他那純美有力的生存要求。在這要求之前，一切天上地下的強有力者，都應該俯首。……而我，被它稱為母親！這樣的光榮和喜悅，誰有權利誰又有力量來拒絕？我沒有，一切女人也都沒有。〔註27〕

當未來的母親萌發了母性的本能，希望體驗小生命來到世間時的歡欣，並對於自己要毀滅小生命的行為深深自責時，另一個聲音，一個超越母性的革命的律令跳出來譴責她：

> 　　由這樣的轉念所生的幻想，像毒針一樣猛刺入我的腦中，痛苦和傷心夾攻我，覺悟在心底發出長睡初醒時的呻吟。……到了這時候，生命如何才適宜於存在，乃是全人類的問題了。而我還要以可笑的母愛來自己騙自己，來滿足個人的自我張大狂！〔註28〕

〔註26〕白朗：《四年間》，《白朗文集》（二），春風文藝出版社，1985年，第105、137、119、120、121頁。

〔註27〕楊剛：《肉刑》，《楊剛文集》，上海人民出版社，1984年，第218頁。

〔註28〕楊剛：《肉刑》，《楊剛文集》，第218～219頁。

革命中的女性擔心母親身份使自我喪失，阻遏自己的政治生活，很多時候，婦女在決定是否要孩子時受到的壓力，不是來自個體，而是作為特定民族的成員與國族利益相衝突。女作家革命書寫中大量墮胎、棄嬰的意象，像一則陰鬱的寓言，充滿了對懷孕與生育的詛咒與拒絕的情緒。女性的解放與賦權竟然是以自我摧折、自我虐待、自我扭曲的方式來實施的，其怪異、變形與殘酷可見一斑。

埃利希・邁伊曼在《大母神——原型分析》一書中指出了女神的兩種特徵，即女神的基本特徵與變形特徵：「一位女神，她可以是個善良的母神，基本特徵佔優勢，也可以顯露出恐怖母神的特點，具有變形特徵優勢。兩種特徵對於自我和意識的狀況都是有意義的。」〔註29〕「大母神」不僅給予生命，同時也給予死亡，「愛的撤回」就是「大母神」的「女性變型特徵」，即對於「大母神」基本特徵生育和給予的變形，也是對女性身上所體現的保守性、穩定性、不變性的基本特徵的變形。這個變形是追求獨立自由的叛逆女性的另一形態——「恐怖母神」形態。它同樣具有積極意義。這一分裂與變異借助時代語境與革命話語，在全面戰爭的險惡時期顯露了它陰暗、猙獰的一面，但最終將達成分裂與回歸的有益循環。

二、「幹革命，做女人，和撫育孩子」

在中國現代文學史上的三、四十年代，女作家的文學書寫依然注重母性題材，但卻表達了掙脫母親身份這一與傳統母性主題相悖逆的價值觀。這一對母親身份「剪不斷，理還亂」的情結，表現的是幹革命與盡母職的二項對立。革命在女作家的筆下特別地與女性身體、尤其是女性的母親身份相對應。由於女性獨特的生物特徵與生命本體欲求，女性革命者的道路走得比男性更為艱難。在楊剛的小說《肉刑》中，當女主人公決定為了革命大業施行墮胎時，情節驟然向更殘酷的事態發展。未來母親的丈夫被捕入獄，為了不暴露懷孕妻子的地址而自殺獄中。女主人公被迫去到一個革命同志的家裏實施打胎。當服下墮胎藥後，她在失去丈夫和孩子的雙重痛苦中處於極度暈厥迷幻狀態……此時，敵人突然闖入將她抓捕。在監獄中，她看到一個已有六個月身孕的母親因被用刑流了產，躺在監牢的地上無人照料，其狀慘不忍睹。小說結尾是女革命者在獄中開始了流產的陣痛……

〔註29〕 （德）埃利希・邁伊曼：《大母神——原型分析》，李以洪譯，東方出版社，1998年，第37頁。

　　這是一幅革命女神的受難圖，是革命女性血淋淋的獻祭，是政治革命投在女性革命者身上的最濃重的陰影！階級鬥爭竟然在女性身體上擺開如此慘烈的戰場，如此殘酷的殺戮。在女作家所繪製的革命圖象中，階級、民族的痛苦是通過女人身體的傷痕和屈辱來表達的。楊剛的這篇小說雖然敘說的是革命者在嚴酷的鬥爭環境中為了革命大業墮胎的故事，但小說中流淌著一股來自女性的涓涓情感細流。作者突出描寫革命者懷孕時在打胎與生下孩子之間的心理矛盾與自我掙扎，流產時身體與心靈的痛楚，以此彰顯革命女性的鋼鐵意志，以及為革命付出的血肉代價。葛琴的短篇小說《生命》（1940）描寫抗日女革命者戚瑛獨自一人從敵後來到城市裏待產，整個生產過程充滿了撕心裂肺的痛楚。這部小說的主旨不在描寫革命女性臨產的悲慘情景和生育的痛苦過程，而是象徵性地寫出了「在一場巨大災難中民族新生的艱難，以及為迎接新生經受磨難的聖潔靈魂的堅韌」。〔註30〕在這裡，民族新生的過程是以女性身體的摧折、生育的痛苦來表徵的。女作家的革命書寫無意間步入了父權話語的窠臼，女性身體以及女性的生育行為被「物化」為國族及其象徵物。

　　革命陣營中的女性需要的不是懷疑，甚至不是真理，而僅僅是信念和意志，以此來達成革命的徹底性。謝冰瑩的短篇小說《拋棄》（1932），其題旨依然是革命與母職的衝突。一對革命夫妻若星與珊珊有了「別人所謂愛之結晶，他們視為障礙物的東西」——孩子。他們沒有絲毫將要做父母的喜悅，打胎、流產都未奏效，不得已生下了女兒，在撫養還是拋棄孩子的問題上，夫妻兩人發生了爭執。丈夫要拋棄孩子，親子本能使妻子反對丈夫的提議，最終丈夫說服了在革命事業與孩子之間猶豫的母親。〔註31〕

　　故事的結局是年輕的母親任憑年輕的父親將新生的嬰兒拋棄，事後丈夫對妻子說：

　　　　因為經過這次大的痛苦，大的困難後，更明瞭自身的責任，女人不等到新社會產生時連孩子都不能生的！〔註32〕

這對革命夫妻的衝突，實際上是親子之情與政治信仰兩種倫理的衝突，是母性倫理與父性倫理的衝突。前者是母性的本能，後者是超越這一自然本能的

〔註30〕喬以鋼：《點出「中國的眼睛」——左翼女作家葛琴的文學實踐》，《中國女性的文學世界》，武漢教育出版社，1993年，第323頁。

〔註31〕謝冰瑩：《拋棄》，《謝冰瑩作品選》，湖南人民出版社，1985年，第545～546頁。

〔註32〕謝冰瑩：《拋棄》，《謝冰瑩作品選》，第551頁。

冷峻的理性。母親的被說服可見出父性的革命倫理的雄辯性、合法性與統攝力。小說在敘事結構上設置了大段夫妻二人的對話與爭執，這正是作者本人內心撕裂與衝突的形式化。那個革命父親是預設在作者內心的宏大革命話語系統，而母親則是作者親子本能的情感映像。當然，無論敘事如何曲折，結局都是宿命的——放棄母職，為革命犧牲。

「幹革命」與「做女人」、「撫育孩子」之間的矛盾和衝突，在草明的短篇小說《瘋子同志・李慕梅》（1942 年兒童節）中表現得更加深沉而慘烈。小說敘述者「我」與李慕梅被敵人關在同一個看守所裏，這時李慕梅已經完全瘋了。同伴們說，她剛剛打過胎還不到一個禮拜，他們夫妻和三歲的孩子就被抓到這裡，很快，丈夫被解往南京。不久，女孩出了一場天花死掉了。在小女孩病重時，特務一天叫她去談三次話。每次照例說：「都承認了吧，只要你把實話說出來，我就釋放你，送你的小孩進醫院。」李慕梅沒有叛變革命，而代價是失去了女兒。女兒死後，她就完全瘋了。她總是說一些不著邊際而又充滿玄機的瘋話。她常對看守所所長說：「槍斃了我吧，這樣我才對得起革命，對得起我的女孩子。」她甚至對為她打預防針的醫生說：「種痘不出天花，革命不出母親，是嗎？」一次，在夜深人靜時，她突然坐起來搖醒「我」說道：「革命裏面有母親的份麼？……我算不算母親？」小說結尾作者寫道：

> 李慕梅的神經錯亂的腦筋裏，永遠記得革命，女人，小孩三件事，是不是她曾經為了努力把這三件事聯在一起因而得了瘋病？——當時我年紀很輕，沒有做母親的經驗，不明白她為什麼死了一個小孩子就會發瘋。現在，我對於『幹革命，做女人，和撫育孩子』有了不同的理解了。〔註33〕

這篇小說採取的是一種「故事外」的敘述視角，故事的敘述者「我」既參與了故事的情節又作為「旁觀者」有了一個相對超越的敘事身份。李幕梅演繹的是一個母親為革命而獻祭而瘋狂的故事，「我」則是一個觀察者、思考者、傾聽者的角色・從「我」的「有距離」的革命講述，我們彷彿在宏大革命敘事的主旋律中，隱約聽到女性的敘事聲音——投身革命洪流的女性微弱的呢喃與呻吟、女人生命的折裂與掙扎的無助的哭泣。然而，這一聲音最終被革命的宏大敘事所遮蔽，從而失音。母性的親子本能無法在親子與革命之間找到一個人性化的鏈接，「瘋狂」恰是一個意味深長的意象——女性與自己生命

〔註33〕草明：《瘋子同志》，《草明文集》，光明日報出版社，1992 年，第 360〜362 頁。

本能的斷裂以及這一斷裂帶來的精神分裂症。這是身份認同危機而產生的精神分裂，是傳統的母親身份與革命者身份難以自洽而在某些人格中造成的心理混亂現象。

女作家的革命生涯，大多都有干革命與做母親的兩難經歷，也都有母子離別的真實的痛史。這些經歷不僅在她們的敘事作品中而且在自述性較強的散文中都有所表現。白朗散文《西行散記》中的《我躑躅在黑暗的僻巷裏》與《到前線去》兩篇作品，記述自己在同丈夫一起奔赴抗日前線與留在孩子身邊的痛苦選擇。在大後方重慶的白朗夫婦將隨作家代表團奔赴抗日前線，想到要離開襁褓中的愛子，白朗遊移不定，難捨的眼淚不停地流淌。她曾經夭折了四個孩子，所以對這個存活的孩子特別珍愛。她在心中默默思忖：「離棄了襁褓的嬰兒是一種殘忍的舉動，施殘忍於親生孩子更是加倍的殘忍。我想：離開了他，我會痛苦死的。」〔註34〕

當白朗離別孩子的時候，她的心情是無限悲涼的：「我沒有勇氣去向我的孩子吻別，便匆匆地跑了出去。我的淚已經禁不住地流了出來。別了，我可愛的寶寶，我是用了多麼鋒利的刀才割斷這難斷的感情呵！」〔註35〕文中反覆出現的「光明的坦途」與「黑暗的僻巷」的修辭，帶有鮮明的價值判斷的意味。在這裡，奔赴國難與留在家中盡母職已經不是情感的衝突，而是關乎道德善惡的價值判斷；革命就是光明的生路，盡母職就如同陷入永劫不復的黑暗深淵。可見，國族主義——政治革命的意識形態強迫症使女作家的革命書寫幾乎沒有在幹革命與做母親之間選擇的餘裕。這種在親子與革命之間抉擇的痛苦，在陳學昭、丁玲、草明等的作品中也屢屢出現。

從社會意義上來說，妊娠、生育、撫育不是一種無時間性、非歷史性的女性經驗，也不是純粹的自然行為。反之，它取決於所處的社會情境。它可以是一種福祉、一種災難、一種罪行或一種尋常事件。而在上述作品中，妊娠、生育與養育被籠罩在血腥與生死的黑暗世界，恰恰是女性在革命中所經歷的最切膚的情感體驗。女性革命者同自身生物性的搏鬥與階級鬥爭、民族解放鬥爭同樣慘烈！中國的政治革命在女性的身體內部開闢了一個戰場，在這個戰場上國族的利益與女性的生命欲求、革命的理性與母親本能展開了搏鬥，革命女性無法勝任這一戰役，只得背對自己的生命本體價值——拒絕母職。

〔註34〕白朗：《到前線去》，《白朗文集》（第3、4卷），第106頁。
〔註35〕白朗：《我躑躅在黑暗的僻巷裏》，《白朗文集》，第109頁。

三、母職問題的女性主義思考

現代女作家的革命書寫中對與女性本體生命價值相聯繫的生育與母職的拒斥，是現代女性乘革命之勢，擺脫母親身份，躍入社會大舞臺，爲自己的人生擴容的價值選擇，也是她們在國族主義意識形態統攝下爲革命付出的慘重代價，其中包涵著現代女性在追求自由與解放的歷程中自我的扭曲、分裂與變形。因爲國族與革命動員常常醞釀自男人的而不是婦女的經驗，爲了國族動員與政治革命的人力資源開發，女性的生育、撫育從經濟上來說是一種人力的浪費；女性的家庭親情及對孩子的感情傾注也是對革命感情的「不純」與「不忠」。國族與革命的話語中並沒有一個關注女性生命需求的空間，也沒有以女性爲主體的女性生命意識的表達空間。女作家的革命書寫在拒絕母職的主題開掘中亦展示了革命、母親/孩子之間的難以兼及，以及二者的扞格與博弈，這個特殊的角落一旦被揭示出來，它的意義遠超出文學。

有學者指出：「中國婦女，如同其它父權『第三世界』國家的婦女同胞一樣，一而再、再而三地被要求爲了更遠大的民族主義與愛國主義犧牲、延宕她們的需求與權益……每當有政治危機時，她們就不再是女人；……」〔註36〕奔赴國族危難、投身革命的神聖律令，成爲超越一切的價值選擇，它凌駕於性愛、生育、母職等女性的生命需求之上，擱置了母親身份、親子之情等女性的生命倫理，表現了女作家革命書寫的徹底性和激進性。正如西蘇在《美杜莎的笑聲》中所言：

> 迄今爲止，寫作一直遠比人們以爲和承認的更爲廣泛而專制地
> 被某種性欲和文化的（因而也是政治的、典型男性的）經濟所控制。
> 我認爲這就是對婦女的壓制延續不絕之所在，這壓制再三重複，多
> 多少少是有意識的，而且以一種可怕的方式。因爲它往往是藏而不
> 露的或者被虛構的神秘魅力所粉飾。〔註37〕

西蘇所說的「神秘魅力」在這裡可以詮釋爲革命的神秘魅惑力和「解放」的巨大感召力。

〔註36〕轉引自宋素鳳：《多重主體策略的自我命名》，山東大學出版社，2002年，第197頁。

〔註37〕（法）埃萊娜·西蘇：《美杜莎的笑聲》，張京媛主編《當代女性主義文學批評》，北京大學出版社，1992年，第192頁。

　　有關母職與生育的問題一直以來就是女性主義理論探討的重要話題。中國現代女作家的革命書寫中對母職的拒絕與「第二波」女性主義的觀念一脈相承。其核心爭論中涉及女性身體的一個方面就是「母親身份」。傳統政治理論和某些影響極大的女性主義著述，如波伏瓦的《第二性》、米利特的《性政治》、弗里丹的《女性的奧秘》等，都否定女性作為母親角色的價值和女性的家庭價值，認為女性之所以成為「他者」，成為「第二性」是由於「生育」和「母親身份」對女性的限制，她們將女性在文學上與社會政治地位上的成功看作是對女性特徵的超越·如被譽為女性主義理論「聖經」的波伏瓦的《第二性》，從物種的角度分析了生育對女性身體、心理的影響，認為正是物種的特性改變了習俗，造成了男尊女卑的社會現實。認為女性是最受物種奴役的性別，分娩的女人無法懂得創造的自豪，她們是模糊力量的玩物，而男性的優越地位是由於他們超越了這一生物性。女性因為生育失去外部世界，男性的優勢恰恰在於女性失去的外部世界（公共領域）的超越性實踐。波伏瓦的解決方案是否定女性的生物性價值。首先，為了進入男人的文化和理性的領域，女性必須超越自己的生物性，超越自己的身體；第二，女性在私人領域中的一貫角色，尤其是作為母親的角色是她們獲得獨立的最大障礙。波伏瓦的理論是建立在社會性別（gender）與自然性別（sex）、公共領域與私人領域、文化與自然的二元性基礎之上的理論架構。這種將女性的苦難歸罪於自身生物性之「大孽」的觀點，是女性解放所步入的最具有悲劇性的誤區與歧途，它引導女性憎恨自己，與自己的自然性為敵，發動她們的巨大力量與自己作對，與女性的常識作對。

　　當然，生育這一女性的自然屬性在不同的女人身上呈現出不同的生命際遇，它與女性的所處的種族、階級、階層，以及生存的環境等方面密切相關。由於個人所處的環境不同，生育有可能是節日的慶典，也有可能是命運的詛咒。但問題不是出在女性的生育行為本身，而是生育的「觀念」，是父權文化帶給生育觀念形態的扭曲。「無罪的母親」被這一生育觀永恆地詛咒，這是父權制文化強加給女性的最深重的災難。對於這個問題的文學表述，我們需要再一次「重返《生死場》」。

　　蕭紅的《生死場》充滿了撲朔迷離的意義場，這部小說將創造生命的生育視為「刑罰的日子」。蕭紅這樣描述女人生育的場面：

> 受罪的女人，身邊若有洞，她將跳進去！身邊若有毒藥，她將
> 吞進去，她仇視著一切，窗臺要被她踢翻。她願意把自己的腿弄斷，
> 宛如進了蒸籠，全身將被熱力所撕碎一般呀！〔註38〕

蕭紅將人的生育與動物的生育聯繫起來，五姑姑的姐姐生產之前，蕭紅刻意描寫動物的生產：

> 房後草堆上，狗在那裡生產。大狗四肢在顫動，全身抖擻著。
> 經過一個長時間，小狗生出來。

> 暖和的季節，全村忙著生產。大豬帶著成群的小豬喳喳的跑過，
> 也有的母豬肚子那樣大，走路時快要接觸著地面，它多數的乳房有
> 什麼在充實起來。

在寫了金枝生產之後，馬上寫動物的交配：

> 牛或是馬在不知覺中忙著栽培自己的痛苦。夜間乘涼的時候，
> 可以聽見馬或是牛棚做出異樣的聲音來。牛也許是為了自己的妻子
> 而角鬥，從牛棚撞出來了。木杆被撞掉，狂張著，……

當麻面婆的嬰兒誕生的時刻——

> 窗外牆根下，不知誰家的豬也正在生小豬。

「在鄉村，人和動物一起忙著生，忙著死……」。作者刻意將人的生育與動物的生育聯繫起來，在寫女人生育的污穢場景之後，緊接著書寫動物的交配與生育行為。生育是污穢的、劇痛的、醜陋的，也是盲目的、毫無價值的，女性選擇生育、無論是出之於被動還是主動，無疑就是選擇死亡。蕭紅的《生死場》觸到了「死亡」這一生育的符咒。她筆下的女性由於生育而招致的災難與死亡，並沒有通過「新生」對「死亡」的超越而贏得女性生命的意義與尊嚴。蕭紅筆下女性生育的盲目性與動物性使生育永無超越的可能，永遠沉淪在齷齪的、牲畜一般的污泥濁水之中。生育的女性的身體「變成供陳列的神秘怪異的病態或死亡的陌生形象，這身體常常成了她的討厭的同伴，成了她被壓制的原因和場所」。〔註39〕

〔註38〕 蕭紅：《生死場》，《蕭紅小說全集》（上），時代文藝出版社，1996年。以下該
小說引文均出於此。

〔註39〕 （法）埃萊娜・西蘇：《美杜莎的笑聲》，張京媛主編，《當代女性主義文學批
評》，北京大學出版社，1992年，第193頁。

　　一直以來，《生死場》令人費解的地方在於，作品用了整整六章的篇幅來寫農村婦女的悲慘命運，尤其是著力寫生育與死亡的場面，它與第七章開始的村民們的覺醒之間是什麼關係？劉禾在《重返生死場：婦女與民族國家》一文中將此現象解釋為二者之間的斷裂。因為前六章是女性的世界，而後七章則是「從女性世界伸向男性世界，大量描述國家民族主義進入農民意識的過程；這些描述不僅把『男人』和『國家』緊密聯繫在一起，而且深刻揭示了民族主體根本上是一個男性的空間。」〔註40〕需要指出的是，劉禾將女性的身體體驗與男性的國族主義相對立的讀解強化了作品意義的斷裂，依然無法揭示蕭紅《生死場》的結構謎團，並且有將女性永久封閉在自然與動物屬性的範疇與文化和政治相隔絕的危險。我們認為，蕭紅的《生死場》對於女性的生育持一種否定態度，而小說後半部村民們的覺醒則是肯定性的筆法。在褒貶抑揚中可見出，蕭紅同樣沒有逃脫國族主義政治革命的宏大敘事的桎梏，沒有逃脫父權「厭女症」的話語窠臼。《生死場》張揚的依然是傳統男權文化觀念強加給女性的「生育厭惡」、「生育恐怖」——一種內在的女性卑賤觀。

　　從女性主義政治文化批判的角度來看待拒絕母職的主題，可以有如下思考。首先，必須針對政治理論的公共領域與私人領域、文化與自然的二元構架本身提出疑問。政治哲學的二元論固有的內在本質是將男性認同於理性、秩序、文化和公共生活，而女性則與自然、身體、情感、欲望和私人生活密切相關。在這一政治文化的二元對立模式中，與女性相聯繫的部分是被貶值的。傳統的婦女解放的思路是，簡單地否定私人領域的價值，將女性從她們生存的私人的、自然的領域中牽引出去，引入公共政治領域。女性渴望進入男性一統天下的公共領域，就要獲得與男性一樣的優勢。革命高潮時期，國族動員的需要使女性有了進入公共領域的機會，這個機會是以放棄女性特質（情感、性愛、家庭、母職）作為入場券的。因為「生育不像願意為國捐軀的行為那樣重要，而為國捐軀是對男性公民資格傳統的、終極的檢驗」。〔註41〕在女作家的革命書寫中，女性革命者形象是作為一種被剝離主觀性別感受和性別需求的「去女性化」的形象而凸現的。國家民族主義政治革命計劃中沒有考慮到女性的生命權利甚至有意遮蔽了這一權利，所以它是父權制的。

〔註40〕劉禾：《重返生死場：婦女與民族國家》，李小江、朱虹、董秀玉等編《性別與中國》，生活・讀書・新知三聯書店，1994年。

〔註41〕（加）巴巴拉・阿內爾：《政治學與女性主義》，郭夏娟譯，東方出版社，2005年，第299頁。

　　面對這一文學現象的反思，還需要從「差異政治」的角度來思考。即強化差異，將兩性差異作爲不可更改的既成事實，並在這一前提下強調兩性價值的平等。卡羅爾·吉利根在其心理學理論與婦女發展研究的著作《不同的聲音》中嚴肅地指出：「倘若從婦女的道德話語中得出發展標準，首先就有必要審查一下婦女在道德領域的建構是否借助了一種與男人不同的語言，以及在定義發展時它是否爲一種同樣有價值的東西。接下來就需要尋求婦女有權利進行選擇，並因此願意通過自己的聲音來講話的空間。」〔註42〕需要建構一種包括女性生命需要的新的政治倫理，作爲母親的女性應該成爲女性主義政治分析的出發點，以替代功利主義的政治倫理，打破公共領域與私人領域的價值區隔；賦予女性具備而男性缺乏的生理特徵——孕育以平等的政治意義；對於女性來說，加強對脆弱的、易受傷害的弱小者（孩子）的保護，將肯定親子母性的價值作爲政治交流模式的基礎，也是重構政治學的巨大潛力所在。

　　當然，對母職的拒絕不可能成爲一個女性主義的政策，拒絕母職必然同時冷落和失去許多關於女性生命本體的書寫命題。性與母性是觀照人類社會深層結構的最直接的窗口，也是探究人性、人的價值和命運的迷宮，它誘惑著、考驗著作家的智慧。當今人類的大多數已看到在新生命降臨人世時達到完滿的可能性。孩子的降臨人世，將使母親進入一個非凡的人生經歷。母親身份使女性在專注、溫柔、忘我之中的緩慢、艱難、快樂的嘗試，甚至撫育孩子的漫長歲月的瑣碎與日常性、正是女性人格成長、人性豐滿的途徑之一。

　　新一代（「第三波」）女性主義者抗議對母親身份的譴責，她們把母親身份看作是女性的一個強項而不是弱點；認爲「母親身份」作爲女性的多重身份之一應該得到認同，女性寫作應該致力於「尋找我們母親的花園」，〔註43〕即尋找女性文學自己的傳統。埃萊娜·西蘇倡導女性必須以不同的方式進行寫作，遵循有別於男性的思維方式和寫作規則。這樣的寫作與女性的性徵密切相關，更與女性的母親身份相關。她形象地將這種「母性的寫作」比作「用

〔註42〕（美）卡羅爾·吉利根：《不同的聲音》，蕭巍譯，中央編譯出版社，1999年，第73頁。
〔註43〕美國黑人女作家艾麗絲·沃克曾用「尋找我們母親的花園」來作爲一篇隨筆的篇名，這一比喻蘊含尋找女性文學傳統的意蘊。

白色的乳汁寫作」。〔註44〕第三波女性主義強調差異，強調女性詩學，如果真正地在承認兩性差異的前提下尋求平等、尋求寫作的空間和資源，就有可能打開整個知識領域的新視野。

第四節　張愛玲的女性觀及其前期創作

　　20世紀40年代的中國，民族鬥爭、政治鬥爭構成社會生活的重心所在。感時憂國，反映社會重大問題的創作，成為新文學主流。如果說這種文學選擇正體現著歷史的必然性的話，那麼，上海淪陷前後張愛玲在文壇的走紅，則可視為歷史的偶然性為作家個人、也為中國女性文學的發展提供的一次特殊機會。

　　張愛玲創作所取的獨特視角及其非凡的藝術表現力不僅使她在當日文壇自成一格，而且為她的作品贏得了長久的生命力。在這之中，作者鮮明而獨特的女性意識起著重要作用，甚至可以說是構成張氏創作景觀的根基之一。在此主要從其女性意識的核心——女性觀入手，探討張愛玲創作面貌之所以形成的深層原因、內在情由。

一、張愛玲的女性觀念和女性意識

　　張愛玲是一個聰慧早悟、清醒冷靜的女作家，但她並不鍾情於理論思辨，而由衷喜歡鮮靈生動、豐富多彩、意味深長的生活本身。在她看來，現實是沒有系統的，像七八個話匣子同時開唱，各唱各的，打成一片混沌；「清堅決絕的宇宙觀，不論是政治上的還是哲學上的，總未免使人嫌煩。人生的所謂『生趣』全在那些不相干的事」（《燼餘錄》）。正因為如此，儘管她對女性世界有著深邃的觀察和獨到的思考，但卻很少將內心所得以邏輯的或實證的方式加以系統表述，而往往是在談天說地之際彷彿不大經心地道出若干感悟，或是在筆下創造的形象世界中藝術地傳達。不過，如果將她那些零散、跳躍的表達相互聯繫起來作為一個整體進行梳理，就會發現，作者關於女性的理性思索實際上是相當複雜、豐富並且自成體系的，其中正透露著張愛玲女性意識的某些重要特點，也蘊藏著解讀其小說創作中女性人物形象的密碼。

〔註44〕　（法）埃萊娜·西蘇：《美杜莎的笑聲》，張京媛主編《當代女性主義文學批評》，北京大學出版社，1992年，第196頁。

　　關於女人的本質。首先，張愛玲認為，女人在任何文化階段中都是最普遍的，基本的，「代表四季循環，土地，生老病死，飲食繁殖」。所謂「超人」是男性的，而女人則「把人類飛越太空的靈智拴在踏實的根樁上」。其次，她指出女人帶有原始性和神性，就像美國作家奧尼爾《大神勃朗》一劇中「地母」的形象那樣。該劇中，地母娘娘是個妓女。她強壯、安靜、肉感，動作遲慢、踏實，懶洋洋地像一頭獸；大眼睛像做夢一般反映出深沉的天性的騷動，說話口吻粗鄙而熱誠。她給人以母親的慈愛和撫慰，自己始終要承受戀愛、懷胎與生產的痛苦。她為春天帶來生命而愉悅歡欣，為經歷夏秋走向死亡的生命而震顫憂傷。在此，張愛玲理解的「地母」形象所含原始性和神性是自然賦予的，而神本就帶有女性的成分，「神是廣大的同情，慈悲，瞭解，安息」。她斷言，凡是女人，精神裏面都帶有一點「地母」的根芽。也正因為如此，對於各色女人，包括妓女在內，都應給予同情和寬容。

　　關於女人的特點。其一，在張愛玲看來，「女人的活動範圍有限，所以完美的女人比完美的男人更完美，同時，一個壞女人往往比一個壞男人壞得更徹底」，「一個惡毒的女人就惡得無孔不入」。其二，她對母愛的認識，一方面肯定「自我犧牲的母愛是美德」，另一方面指出「女人似乎不能將這一點引以自傲」，因為這種美德是人類的獸祖先遺傳下來的，家畜也同樣可以具有，故本能的仁愛還未超出「獸性的善」，人之所以異於禽獸者並不在於此。其三，她肯定「女人比男人較富於擇偶的常識」，而這又「與人類前途的休戚大大有關」。她說女人擇偶不像男人那麼偏頗，純粹以貌取人，而是首先「注意到智慧健康談吐風度自給的力量等項，相貌倒列在次要」。此外，她認為女人應有自己的性別特點，明確表示「我不喜歡男性化的女人」。

　　關於男女之間關係的格局。張愛玲認為，女人與男人之間的關係實質上包含母與子關係的成分。某種意義上，男人是永遠長不大的孩子，女人則涵容籠罩，有似地母。但女人在庇護男人的同時又天性喜歡崇拜男人。她意識到社會終究是男人的天下，實行的是雙重標準：所謂婦德，不過是「怎樣在一個多妻主義的丈夫之前，愉快地遵行一夫一妻主義」。在談到男女關係總體格局的形成以及女人的弱點時，她的看法是：上古時代女人因為體力的原因屈服於男子，此後幾千年來始終受支配，為適應環境而養成所謂妻妾之道。「女人一輩子講的是男人，念的是男人，怨的是男人，永遠永遠。」她為此感到悲愴。正因為男女之間的關係處於這樣的格局，張愛玲認為「女子的劣根性

是男子一手造成的」,「女人的缺點全是環境所致」;不過另一方面,「把一切都怪在男子身上,也不是徹底的答覆,似乎有不負責任的嫌疑」。

關於婚姻和姘居。張愛玲主張婚姻應以女性爲本位。她認爲,只要婚姻的決定權操縱在男人手中的制度一天存在,那麼「婚姻就一天不能夠成爲公平交易」;只有「所有的婚姻全由女子主動,我們才有希望產生一種超人的民族」。在她看來,姘居比較有人性。她的道理是,「現代人多是疲倦的,現代婚姻制度又是不合理的。所以有沉默的夫妻關係,有怕負責任但求輕鬆一下的高等調情,有回覆到動物的性欲的嫖妓——但仍然是動物式的人,不是動物,所以比動物更爲可怕。還有便是姘居,姘居不像夫妻關係的鄭重,但比高等調情更負責任,比嫖妓又是更有人性的」。她還認爲營姘居生活的男人與女人不算壞,「姘居生活的男人的社會地位,大概是中等或中等以下,倒是勤勤儉儉地過日子的。他們不敢大放肆,卻也不那麼拘謹得無聊。他們需要活潑的、著實的男女關係」,「他們需要有女人替他們照顧家庭,所以,他們對於女人倒也並不那麼病態」。至於營姘居的女人,「她們的原來地位總比男人還要低些,但多是些有些潑辣的生命力的。她們對男人具有一種魅惑力,但那是健康的女人的魅惑力」。這種生活只有一宗不足處,就是她們的地位始終是不確定的,「疑忌與自危使她們漸漸變成自私者」。

以上所舉張愛玲的言論主要見於《談女人》《造人》《自己的文章》《借銀燈》《有女同車》《忘不了的畫》等篇,收入散文集《流言》。

在張愛玲對女性及有關問題的議論中,有幾點特別值得注意。第一,她的女性觀是以「地母」爲基礎的,在內涵上基本步塵於「五四」時期周作人所倡導的「神性加魔性」的女性觀。周作人很早就十分注意婦女問題,他從「獸性與人性,合起來便只是人性」的人性觀出發,在借鑒西方性科學研究的基礎上,根據奧地利學者華寧格耳《性與性格》一書中關於女人有「母婦」與「娼婦」兩類之說,加以合理化的解釋,擯棄其厭憎女性的立場,申明女人既非聖母也非惡魔,而是兩者的混合。他還對這裡所譯「娼婦」加以必要的解釋,說明「這只是指那些人,她的性的要求不是爲種族的繼續,乃專在個人的欲樂,與普通娼妓之以經濟關係爲主的全不相同」(《北溝沿通信》)。張愛玲談論女人本質時所取西方藝術家筆下的「地母」形象實際上很近於這樣一種「母婦」「娼婦」的混合體。「地母」身上的原始性,出自女人生命自然的性欲求,而其神性,則指她所擁有的「廣大的同情,慈悲,瞭解,安息」

的精神特質。張愛玲對這一形象的首肯，表明她接受了「五四」思想者對女性本質的人文主義把握。也正是基於這樣的認識，她創作中對女性生命所表現的自然欲求，是持理解、肯定或同情、寬容態度的。

第二，儘管在談論女人時她明確提到「神性」，但這只是與女人的原始性相對而言，即代表女性靈肉一致的生命實體中「靈」的一面，而不意味著她將女人神化。相反，張愛玲是否定在「女神」的意義上把握女人的。在她眼中，女性代表的是人類生活踏實、安穩的一面，正如「四季循環，土地，生老病死，飲食繁殖」，其中雖也包含變化，但卻總是在自然和人類大而有序的框架之內運轉。她將女性本質安置在這樣一個框架內，是力圖在凡俗中顯其人之生命的本真。這種對女性的把握，從根本上區別於傳統女性觀念，同時與「五四」時代一些女作家的認識方式也有明顯不同。

舊的時代舊的文化適應男性需要男性心理，往往將女人描摹為聖母或淫女，對其或是頂禮膜拜或是貶抑詛咒，然而究其實質，「對於婦女的狂蕩之攻擊與聖潔之要求，結果都是老流氓的變態心理的表現」（周作人《北溝沿通信》）。在傳統文化的女人形象中，傾城傾國的「禍水」與純潔美麗的「女神」是女人的兩極，其間還有妖婦惡婆、妒婦怨妻、美人淑女、貞婦烈女、巾幗英雄等等，而對其無論是貶損是頌揚，均出自男性中心標準。女人則不僅在被醜化中失去本真，同時也在被神化中丟失了自己。實際上，正如西蒙娜・德・波娃在《女性的秘密》一文中指出的：「沒有比女性神話對統治者更有利的神話了，它確立了所有的特權，甚至使男人的詛咒也顯得權威起來。」對於這一男性社會的「策略」，張愛玲看得很清楚，她尖刻鋒利地議論道：「『翩若驚鴻，宛若遊龍』的洛神不過是個古裝美女，世俗所供的觀音不過是古裝美女赤了腳，半裸的高大肥碩的希臘石像不過是女運動家，金髮的聖母不過是個俏奶奶，當眾餵了一千餘年的奶。」在一語道破在對聖母的膜拜後面所隱藏的男性話語的同時，也褪掉了「五四」覺醒初期女作家們普遍帶有的青春浪漫氣息——當年的女作家在追求個性解放、高揚女性「人」字旗時，往往從肯定女性價值出發，賦予女子生命神聖、純潔的色彩，而 40 年代的張愛玲已走出幻影，以「地母」式女性的存在來顯示女性生命的真實。

第三，張愛玲清醒地認識到當今時代的文明是男性的文明，女性在這種文明中的生活「比男人苦得多」。男性中心文化環境逼迫她們養成所謂妻妾之道，生出「劣根性」；但另一方面，從女子來說，自己也不能不負一定的責任，

「單怪別人是不行的」。這裡，體現出主動的女性自審精神，蘊含了現代女性意識成長過程中的重要進展。

張愛玲之前，現代女性意識經歷了最初的發展。「五四」時期，女性意識的覺醒主要體現在對女性作為獨立的人與外部世界關係的發現和認識上，當時的女作家更多的注目的是社會環境對女性的壓迫，而未嘗進入對女性自身的認真剖析。正因為如此，反映中國女性悲苦境遇，控訴封建制度和禮教壓迫，謳歌個性解放自由婚戀的理想，表現女性覺醒後的追求和困惑，成為她們創作的基本內容。30 年代以後，隨著社會政治軍事形勢的巨變，文學主潮發生變換，女性意識的發展也在沈寂中醞釀演化。女作家或以文學為救亡大業的組成部分，彙入時代洪流，肩負起女性作為社會的「人」對國家、民族應負的責任；或依然保持女性視角，著重寫女性的體驗，表現女性的生活，其間時隱時顯間接映出時代生活對女性的影響。前一種情況在女作家中無疑是多數，她們的創作融入時代文學，較少體現女性特點，其女性意識寓居於民族意識之中。而取後一種路徑的主要是生活在大都市的少數女作家。比如30 年代至 40 年代初，凌叔華、沈櫻等就從描寫爭得了自由婚姻後的女人所面臨的新的困境入手，對實際上依然未掙脫對男性的依附的「太太生涯」提出疑問。她們的創作客觀上顯示了女性自身的潛在危機，初步體現了女性意識向內探詢的姿態，不過其間對女性自身的審視還比較有限，而且並非出於自覺。到了張愛玲，則已是以冷峻的目光展開對女性生命的內審。她明確認識到，儘管社會的進程非個人所能制約，但在具體發展階段，「總免不了有主動的成分在內」。因此，非但不諱言女人的弱點、缺陷，而且自覺展露女性生命中的醜陋，直言「把一切都怪在男子身上」不是「徹底的答覆」。顯然，就女性意識的成長而言，張愛玲對女性本體的自覺觀照是具有建設性意義的，它構成了這位女作家在創作中展開女性生命負面剖示的思想基礎。

此外，張愛玲關於性愛婚姻以女人為本位的說法頗具女權主義傾向，但與此同時，她的姘居之論實質上是對濫欲採取同情乃至鼓勵的態度。這種充溢市民氣的論調，是有礙於社會在婚姻問題上的法制建設和道德規範的實施的。

可以看出，張愛玲的女性觀內涵龐雜，既有其超前的突破性的一面，也有其倒退的陳腐性的一面。這種理性認識的形成，與她的個人經歷、思想文化背景直接相關。張愛玲幼年，由於家中女傭對她和弟弟的不同態度，很早

便對生活中的男女不平等有所感觸。她成長的過程中，長期處於主要由女人構成的環境，有機會深入觀察和認識女人。母親的情感淡漠，使她對母愛產生不信任感，在潛意識中埋下了對女性神話發生懷疑的種子。某一時期所接受的西式淑女的訓練，對強化她的性別角色意識發生了作用。她問鼎文壇時還只有二十二歲，生活閱歷有限，與社會的接觸面也並不寬廣，但因長於心靈體驗，竟已生成一副人情練達的女性眼光；半封建半殖民地社會環境的薰陶、中西方思想文化的浸染，又給她的理性認識摻入多色調的複雜因子。可以說，當年輕的張愛玲走上文壇之時，她對女性已經有了相當穩定、成熟的認識。

當然，對女性文學來說尤為重要的是，她沒有把自己的女性觀停留於理論，而是將其滲透在觀察人生的目光中，融化在以《傳奇》《流言》為代表的創作裏。

二、對女性人生的探尋

張愛玲是從中學時代的一篇歷史小說習作《霸王別姬》開始她在創作中對女性人生的探尋的。在這篇習作中，她將史書中的記載進行了大膽的改寫。雖然依舊是垓下被圍四面楚歌，依舊是英雄美人氣短情長，但作為千古上演的這一幕的主角的，不再是「力拔山兮氣蓋世」的壯士項羽，而是在《史記》描寫項王慷慨悲歌的文字中以「美人和之」一筆帶過的虞姬。那個司馬遷筆下作為英雄陪襯物的模糊身影，在張愛玲的小說中，成為女性傳統命運的發言人和質疑者。

作品描寫經歷了一場廝殺後項羽沉沉睡去，虞姬走出帳篷，在澄靜的夜色裏凝神思索。「十餘年來，她以他的壯志為她的壯志，她以他的勝利為她的勝利，他的痛苦為她的痛苦。然而，每逢他睡了，她獨自掌了蠟燭出來巡營的時候，她開始想起她個人的事來了。她懷疑她這樣生存在世界上的目標究竟是什麼。他活著，為了他的壯志而活著。他知道怎樣運用他的佩刀，他的長矛，和他的江東子弟去獲得他的皇冕。然而她呢？她僅僅是他的高亢的英雄的呼嘯的一個微弱的回聲，漸漸輕下去，輕下去，終於死寂了。」虞姬的思索伴著遠遠傳來的悽楚哀愁的角聲越發沉重了。項羽的失敗就在眼前，然而虞姬對自己的命運做了這樣的設問：假如他成功了的話，她得到些什麼呢？於是她的思索進一步觸及對女性生命價值的反思：「她將得到一個『貴人』的封號，她將得到一個終身監禁的處分。她將穿上宮妝，整日關在昭華殿的陰

沉古黯的房子裏，領略窗子外面的月色，花香，和窗子裏面的寂寞。她要老了，於是他厭倦了她……當她結束了她這為了他而活著的生命的時候，他們會送給她一個『端淑貴妃』或『賢穆貴妃』的諡號，一隻錦繡裝裏的沉香木棺槨，和三四個殉葬的奴隸。這就是她的生命的冠冕。」

　　16 歲的作者在這裡留下了現代觀念和女性意識演繹的濃重痕跡，但她賦予「美人」生命的象徵意味，她借虞姬對女性角色、女性生存本質和生命價值所做的冷靜思考，特別是她以女性主體意識對歷史文本的重寫，其本身在女性文學的創作中就極有意義。儘管這在當時的作者未必出於自覺，但至少顯示出她對男性中心社會中女人的依附性地位有著清醒的認識，並且已洞察到在這依附的後面，女性生命是何等的虛弱、蒼白。正因為如此，在作品中緊接著到來的最後關頭，張愛玲沒有讓虞姬順從項王發出的「你得跟隨我，直到最後一分鐘，我們都要死在馬背上」這一指令，而是寫她微笑著拔出小刀刺進自己的胸膛，給項王留下一句他聽不懂的話：「我比較喜歡那樣的收梢。」就這樣，傳統的「霸王別姬」經由張愛玲的女性寫作，演變為一幕「姬別霸王」。張愛玲安排人物結局的依據，自然是故事中經過一夜沉思虞姬精神上發生的某些變化，但同時卻也正是現實生活中女性無奈處境的真實寫照——儘管她們已經意識到自己的生命缺乏獨立的價值和地位，洞悉了僅作為男性附庸存在的空虛，但卻仍舊無力擺脫依附，走出生命的一片新天地。歷史雖已接近 20 世紀中葉，可女性生存又有多少實質的改變呢？虞姬的自刎只是表面的解脫，如同「五四」時代「娜拉」們的出走只是一個「瀟灑蒼涼的手勢」，而女性生命仍沒有找尋到真正的出路。張愛玲在這個故事中抓住了重要的一點，即那些意識到自身存在、但又無力贏得自身價值的女性，在男性中心社會兩難處境中的真實狀態——掙扎。她把對女性生命本質和生存現實的認識灌注在歷史故事中，借虞姬形象表達了最初的思考。

　　在作者後來走向成熟的創作中，對女性現實生存中的種種掙扎狀做了更為具體深入的描畫，這之中有一些藝術概括相當精彩，常是寥寥數語便具入木三分的魅力。比如散文《洋人看京戲及其它》，談到《紅鬃烈馬》一劇中的薛平貴，張愛玲說他對待妻子十足表現了「男性的自私」——薛平貴在外致力於他的事業 18 年，泰然地將他的夫人擱在寒窰裏「像冰箱裏的一尾魚」。某一日他突然不放心起來，星夜趕回家去，封她做皇后，讓她在一個年輕的、當權的妾手裏討生活，於是她 18 天後就死了。

小說《金鎖記》和《茉莉香片》中，作者對曹七巧和馮碧落分別有一個更為深刻、傳神的象喻：

> 她睜著眼直勾勾朝前望著，耳朵上的實心小金墜子像兩隻銅釘把她釘在門上——玻璃匣子裏蝴蝶的標本，鮮艷而悽愴。

> 她不是籠子裏的鳥。籠子裏的鳥，開了籠，還會飛出來。她是繡在屏風上的鳥——悒鬱的紫色緞子屏風上，織金雲朵裏的一隻白鳥。年深月久了，羽毛暗了，黴了，給蟲蛀了，死也還死在屏風上。

無論是「冰箱裏的一尾魚」、「玻璃匣子裏蝴蝶的標本」還是「繡在屏風上的鳥」，都曾擁有生命，然而它們被主人凍在冰室中、被釘在玻璃匣子裏、被繡在屏風上，成為沒有生命的被吞噬物、被觀賞物。婦女在傳統社會中的命運、女性生命活力被窒息、被異化的生存圖景，在張愛玲獨到的象喻中得到極生動的藝術概括。它不只限於一般的指出女性的被物化，而是在其中「暗含了女人從有生命到沒有生命、從活生生的人到被禁錮被異化的生命的變異過程」，並且暗示了女性自身精神上心理上的病態（劉思謙：《張愛玲：走出女性神話》）。張愛玲對傳統女性在男性中心社會生存本相的認識之清醒，於此表現得極其鮮明。

《霸王別姬》給人印象最深的不是被改造的故事本身，而首先是寫作者所顯示的女性本位立場。這在張愛玲絕非出自偶然，她的這種立場是建立在對女性性別角色的接受和認同基礎上的。所謂接受和認同，固然也包括她在日常生活中對帶有女性色彩的瑣碎生活內容所持有的濃厚興趣，但更重要的還是體現在她對女性性別所指特定生活姿態的認同上。

如前所述，張愛玲認為女性代表人類生活踏實、安穩的一面，而某種意義上她認同女性角色，也便正是對此岸人生世俗生活的認同。儘管她的代表性小說集取名「傳奇」，但所寫卻無不是普通人的世俗生活。這裡所謂「普通」，並非從人物的社會經濟狀況定位，而是主要指他們平凡庸常的精神面貌、氣質格調。這是人群中最廣大的一類，他們沒有英雄般脫俗的理想、氣度，也不具備超人般非凡的才德、智慧，而只是按世俗的尺度平淡無奇地度日。但張愛玲所看重的，恰恰是這世俗景觀中的人生況味、人性內容。她正視最廣大人生的凡俗性質，對小民百姓的卑微而平庸的生活滿懷理解和同情，欣賞他們「虛偽之中有真實，浮華之中有素樸」的處世藝術。雖然她在小說、散文中對俗人們的弱點進行了許多諷刺譏誚，但這並不妨礙她認同他們對人生

此岸的依戀和執著。張愛玲是自覺地將創作導向對現世的虔誠、對世俗的關切的。在她心目中，女作家蘇青之所以最讓人喜歡，就因爲蘇青之於她「象徵著物質生活」——現世的、切實的生活；就因爲她覺得蘇青的創作能「踏實地把握住生活情趣」；就因爲蘇青同她一樣，「都是非常明顯地有著世俗的進取心」（《我看蘇青》）。她理解、尊重芸芸眾生的瑣細生活和世俗追求，聲稱「世上有用的人往往是俗人。我願意保留我的俗不可耐的名字，向我自己作爲一個警告，設法除去一般知書識字的人咬文嚼字的積習，從柴米油鹽，肥皂、水與太陽之中去尋找實際的人生」（《必也正名乎》）。

在張愛玲的創作裏，對婚戀狀態中的女性描寫尤能顯示她的現世關懷、世俗傾向。婚戀生活曾是「五四」女作家攝取頗多的題材，那時她們筆下的男女青年往往抱著追求純真愛情的幻想，將自由戀愛、自主婚姻與個性解放、人格獨立聯繫在一起，爲維護這權利，馮沅君筆下的男女主人公在封建勢力的壓迫面前決絕地宣告：「生命可以犧牲，意志自由不可以犧牲，不得自由我寧死！」（《隔絕之後》）爲追求情愛的神聖、高尚、純潔，一對熱戀中的男女青年在外出旅行的十天中可以夜夜同衾共枕而只限於精神的交融（《旅行》）。丁玲筆下的莎菲女士經受靈欲與肉欲的搏殺，在庸俗與黑暗的包圍中，道出對南洋僑少凌吉士人生理想的鄙夷：「你以爲我所希望的是『家庭』嗎？我所喜歡的是『金錢』嗎？我所驕傲的是地位嗎？你，在我面前，是顯得多麼可憐的一個男子啊！」莎菲有她的憧憬：「我總願意有那麼一個人能瞭解得我清清楚楚的，如若不懂得我，我要那些愛，那些體貼做什麼？」在這類女性身上，婚戀願望包含著自我實現的人生價值取向。然而張愛玲不肯陶醉於理想化的、超凡脫俗的男女之愛，儘管她喜愛《詩經.邶風.擊鼓》中「死生契闊，與子相說；執子之手，與子偕老」的詩句，在小說和文章中不止一次引用，但她認定：「比起外界的力量，我們人是多麼小多麼小！」（《傾城之戀》）人是無法做純真愛情的主人的，愛情常不得不因摻進利害上的權衡而變質，因染上金錢的銅臭而變味兒，這才是生活的真實。於是，她往往將男女之情安置在人情世故、社會風俗的大框架中，作爲人物世俗生活的一部分加以描繪；撩開縈繞在愛情神話上的輕紗，讓她的人物墜入凡庸，在人間煙火中掙扎。

所謂世俗，歸根結底指的是一種生活方式和人生態度。世俗化的一個重要特徵是對人生不尚幻想的務實姿態，就婚戀生活而言，它摒棄純潔、浪漫，而沾染著爲滿足性欲物欲金錢欲而謀算的功利色彩。張愛玲作品中的人物正

具有這一基本特點，作者的現世關懷也正指向這類人物。她筆下的戀情，常常是女人無奈找個男人作依靠，就是有過愛的閃光，也會很快消失；婚姻並非愛情的歸宿，而只是女性藉以棲身賴以生存的必要條件。兩性間的愛情關係，還原爲基本生存依賴關係。

世俗的女性意識，本就以尋找一個合適的男人、建立一個可以存身的家庭爲人生最重要目標。雖然當事女子對「合適」者未必喜歡未必愛戀，但對方能提供經濟地位的保障或者還有一定的社會地位，這便可以了。張愛玲所寫的那些舊式人家的淑女們恰是如此，她們一個個在失嫁的恐懼中備受煎熬。《傾城之戀》寫白流蘇離婚後不願在破落戶的娘家受氣，由上海奔赴香港，遇上留學生范柳原，兩人在情場上捉迷藏鬥心眼展開角逐。范柳原本是逢場作戲，只想以白流蘇作情婦而不願成婚，白流蘇則深知要抓住一個男人必須有婚姻的保障。她對范柳原雖不無興趣，但想跟他的目的「究竟是經濟上的安全」。然而這樣一椿婚姻的實現在白流蘇並不容易，終還靠了世事變幻的成全──香港的陷落「簡化」了他倆的戲劇，於是戰爭的廢墟上多了一對平凡夫妻。《沉香屑：第一爐香》中，女學生葛薇龍投奔姑媽梁太太之初，尚有維護人格的自信，結果卻陷入香港上流遊閒社會所播下的罪惡情網。富孀梁太太玩弄男性如魔，收羅錢財似鬼，葛薇龍經她教唆也成爲情場戰神。當她終於嫁給花花公子喬琪時，對她來講，作爲妻子和作爲妓女幾乎已是一回事了：「怎麼沒有分別呢？她們是不得已，我是自願的。」《花凋》裏鄭氏「遺老」之家的一群女兒們，因爲門第關係，不宜去當女店員、女打字員，只有把做一名「女結婚員」當作唯一的出路。而排行最小的川嫦，雖早早在家庭中上了「新娘學校」，可連這條路也未及走通就患上癆病死去了。《留情》中的敦鳳在丈夫死後生活陷入困境，只好嫁給雖無感情但卻有錢的米先生做姨太太。其它如《金鎖記》中的長安、《白玫瑰與紅玫瑰》中的孟煙鸝、《鴻鸞禧》中的邱玉清等等。儘管她們幾乎都有機會進學堂識文斷字，但無論生活方式還是思想意識都並無本質上改變，其生活目標依然是一椿靠得住的婚姻。

爲了建立一個「合適」的家庭或者哪怕僅僅是徒有其名的家庭，以取得生存上的經濟保障，張愛玲的女主人公們殫精竭慮，這與「五四」時代爲追求個性解放、人格獨立而叛逆封建家庭的女性英雄神話顯然已相去甚遠。這裡的女性們已退卻到甘願做男人的附庸的地步，並且這附庸的形式可以是妻子，也可以是情人，甚或只是性奴隸。張愛玲在此揭示了舊的文化和生活方

式趨於沒落之際，傳統女性力圖實現世俗意義上的女人生命價值時的特殊途徑——通過謀「愛」來謀生。在當時社會舊式女子的生活中，這一現象是具有普遍性的。張愛玲說：「以美好的身體取悅於人，是世界上最古老的職業，也是極普通的婦女職業，爲了謀生而結婚的女人，全可以歸在這一項下。」（《談女人》）她在《傳奇》中刻畫了一系列「可以歸在這一項下」的女人，這些女性經由婚姻途徑進入家庭之時，已經把自己的生存意義完全維繫在男性社會製造的價值天平上了。她們的基本需求是賴以存身，但世俗的婚姻既非輕易就能得到，得到了也未必就能長久擁有。對此張愛玲的認識比她的人物要清醒得多，所以她寫舊式女子困窘的婚姻、脆弱的精神、千瘡百孔的感情時，字裏行間透著因現實不可抗拒而生的苦澀。她意識到「生命是殘酷的」，因而「看到我們縮小又縮小的，怯怯的願望，我總覺得無限的慘傷」（《我看蘇青》）。她筆下那些懷著縮小了又縮小、降低了再降低的婚姻願望的傳統女性形象身上，正負載著作者在對現世婚戀狀況不得已的認同之下，所隱藏著的失望、惆悵，所感受到的蒼涼、慘傷。

在張愛玲有關女性的議論中可以看到，她對人生和女性的解釋與把握，雖不無社會性剖示和批判，但更多的還是基於對人、特別是對女性生命本體的思考，這與她的創作狀況十分相諧。在她筆下，那些爲謀生利益所驅動的世俗女子，同時又無不受到人之與生俱來的情慾的誘惑。《金鎖記》中曹七巧這一人物之所以被論者譽爲「新文學中最複雜、最深刻、最成功的婦女形象之一」（嚴家炎語），正因爲張愛玲對這個人物身上盲目情慾的力量的渲染和展示，特別體現出她對人性的透徹認識和對女性生命本體的內省精神。

曹七巧結婚前是麻油店老闆的女兒，上嫁到望族姜公館後，只能當二房奶奶，受盡奚落。她的丈夫是個沒有半點「人氣」的骨癆病患者，坐著只有三歲孩子那麼高，一個沒有生命的肉塊而已。按照 30 年代很多作家的寫法，很可能就此把這個曹家大姑娘寫成宗法社會舊家庭的犧牲品，藉以展露封建家庭的黑暗與腐朽。但張愛玲沒有循此路數敘述她的故事。她讓七巧很快被高抬爲正頭奶奶，還爲姜家生下一男長白，一女長安，從而免遭了舊家庭裏姨太太的不幸和女人不傳後的厄運，成爲一個名正言順的妻子和母親。作者正是在這裡顯示了她的創造力。她發現因被壓抑而變態的情慾和強烈的黃金欲的結合及其釋放，可以把一個本屬悲劇性的人物演化爲一個十足的惡魔。

　　在七巧身上，受到壓抑的情慾以反常的方式燃燒，促使黃金欲畸形膨脹，成爲盲目瘋狂的破壞力量。張愛玲在此從情慾的、非理性的角度，對人物命運做出解釋，這也是她用以把握《傳奇》中一系列女性形象的基本立足點。她強調的是人性的規定性。在她眼中，悲劇不僅由外界的因素造成，而是更深地植根在人性的弱點中。人的情慾與生俱來，它的盲目往往使悲劇的到來不可避免。人之現實命運的不可抗拒，不僅來自外部環境的重壓，而且源於人性中非理性的、潛意識的力量的眞實。由於現代主義思潮已被創作主體自覺不自覺地接納，並融化在世界觀乃至下意識中，所以，張愛玲的作品對盲目的情慾世界和醜惡的人際關係的描摹，對人生殘酷性和人性醜陋面的呈露，已非個人的悲觀與惆悵，而是一種西方式的對人類對世界喪失信念的大悲哀了。這種大悲哀自有其人性測量的深度。

　　在七巧扭曲的人性中，母愛的淪喪令人怵目驚心。張愛玲對女性生命本體的探測也於此最爲引人矚目。張愛玲之前，新文學女作家筆下塑造的主要是仁愛慈祥、苦難深重以及堅忍崇高的母親形象，這些類型的母親形象及其特定的思想文化內涵曾在讀者中產生廣泛影響。「五四」時期，冰心視母愛爲創造和推進社會的原動力，她在詩集《繁星》《春水》、通訊《寄小讀者》以及《悟》等小說中，謳歌母愛的無私，歡唱母愛的永恆，抒發了青年在人生探索中靈魂得到庇護和安頓時的兒女心情。在此，她對母愛的讚頌是同批判「利己主義的制度、階級」，同感歎「眾生的痛苦」和「虛假的人生」聯結在一起的，實際上是渴望以母愛爲中心改造社會，以「母親的愛光」消弭世上罪惡，解決社會矛盾，從而建構起一個和諧美好的人類世界，並進一步擴大到宇宙自然。這樣的期待是富於人性的，但又頗具浪漫空想色彩。作者強烈的女性意識在對母愛的頌揚和對其價值的確認中得到高揚。與此同時，熱烈動情的母愛頌，同樣回響在陳衡哲、蘇雪林、馮沅君、陳學昭、石評梅等女作家的創作中。產生於女性文學發端之際的這種現象，有著特定的歷史文化的土壤，它可視爲剛剛浮出歷史地表的女作家們，借對「母親」這一女性最具社會兼容功能的人生角色的高度肯定，向男性中心社會宣告女性的「人」的存在、「人」的價值、「人」的地位的呼聲。

　　30 年代前期，隨著創作視點的下沉，底層民眾中受苦受難的母親形象出現在女作家筆下，如馮鏗小說《販賣嬰兒的婦人》，塑造了爲生計所迫忍痛出賣親生骨肉的苦難的母親形象。丁玲則以生母爲原型，在長篇小說《母親》中

描寫了一位辛亥革命前後掙扎著從封建勢力重壓下衝殺出來，艱難地走上自立、求知、革命之路的母親。抗戰爆發後，女作家們抒寫民族恨愛國情的同時，爲民族災難中崛起的母親塑像。李伯釗的話劇《母親》、葛琴的小說《生命》等，歌頌超越了私愛的和家庭之愛的偉大母愛；子岡報告文學《給母親們》爲中國母親與「一個神聖的大目標相結合」後得到昇華的母愛禮贊。此時，創作主體女性意識的內涵及其表現形式均發生變化，母親形象在她們的創作中首先是作爲社會的、民族的一分子，首先是作爲「中國人」在發出抗戰的怒吼。時代鑄成中華母親堅韌頑強、深明大義、勇於奉獻的品格，母親的溫愛中增添了豁達、健朗甚至英雄氣概。綜觀此期女性創作主潮，儘管母親形象因時代感的注入發生了較大變化，比前一時期更爲貼近大眾的現實生活，但就作者對母親、母愛所持的審美態度來說，與「五四」時期並無本質上的不同。

張愛玲所寫的七巧則完全是另一番景況。作爲一個母親，七巧幾乎沒有母性可言。由於情慾得不到滿足，她便把對這個世界和姜家的報復全部發泄到兒女身上。她明白，自己的家產將全都歸於長白，而當長白娶了媳婦後，她卻又感到兒子已「保留不住」了。於是，她以瘋子的審慎與機智，百般嘲笑挖苦小夫妻倆的性生活，又放縱兒子逛窯子抽鴉片，折磨妻妾。最終長白的一妻一妾先後被七巧的肆意摧殘活活窒息。對女兒長安，七巧同樣沒有母親的天良。儘管她有時也想把女兒許個好人家，但當長安真的同歸國留學生童世舫訂婚後，她居然罵女兒不要臉，並在童世舫面前告發長安是個抽了十年鴉片的女人，終於扼殺了這場婚姻。七巧用她的黃金枷的沉重枷角劈殺了好幾個人，就是沒死的也送了半條命。這樣一個「惡得無孔不入」的女人身上，非但不再有母性的慈道慧心，不再有庇護兒女、關懷眾生的崇高美麗，反卻顯現出令人可怖的醜陋、殘忍。

張愛玲以女性自省的目光審視人物身心的內部構成，毫不留情地揭穿病態的真相，從而對「五四」以來女性文學中的母親形象構成了消解與反諷。如同前面所提到的，在男性中心文化的大背景下，女作家們對母親的歌頌、對母愛的彰揚，客觀上具有爲突現女性生命價值而採取的「策略」的意味，但是由於其中不可避免地借用了傳統的「賢妻良母」這一滲透男性意識的標準和尺度，從而形成深刻的矛盾：越是弘揚母性的偉大，就越是使女性無以掙脫傳統角色的束縛；而要重塑女性自我，就必須衝破父權文化的價值取向。「五四」時代的女作家不可能超越歷史，在她們自立的奮鬥中，潛意識裏傳

統女性的「自戀」還發生著一定的影響。而 30 年代後追隨時代文學的女作家
們，在走出自戀之時，目光主要向外投射，創作視野擴展到社會、民眾乃至
流血的戰場，當此之際不免忽略了對女性生存的專注思考和對女性生命本體
的深層透視。母親形象在她們筆下得到的主要是人之社會性的表現，母愛與
國家、民族之愛融為一體。40 年代，生活在特殊社會環境中的張愛玲以冷峻
的目光審視女性自身，對母愛的倡行發出了不同的聲音，她說：「普通一般提
倡母愛的都是做兒子而不做母親的男人，而女人，如果也標榜母愛的話，那
是她明白她本身是不足重的，男人只尊敬她這一點，所以不得不加以誇張，
渾身是母親了。」（《女作家座談會》，載 1944 年 4 月《雜誌》）話雖刻薄了些，
卻有著一針見血的尖銳。《金鎖記》以及《傳奇》中其它一些作品，寫出了在
長期封建統治的背景下，在受奴役被壓抑遭虐殺的處境中，女性的麻木、愚
昧以至精神畸變，只不過當這種變態發生在擔負母親這一角色的女性身上
時，格外具有震撼力。與此同時，七巧的形象客觀上還從另一角度提示人們，
女性要走出男權統治，創造自己的歷史，面臨著怎樣的艱難與困惑。

　　張愛玲對女性心獄生涯的種種描繪以及對女性深層意識的自覺剖析，揭
示出這樣的真實：儘管現代都市女性生活在形式上有所變革，但女人的生存
本質並未發生真正的變化，表面上她們或許由奴僕變為花瓶，而骨子裏依然
是男性的附庸。這裡既有傳統社會的巨大控制力，也有女性自身的卑弱在發
生作用。張愛玲筆下無論舊式婦女七巧還是新派女性白流蘇、葛薇龍等等，
在為環境所控的同時，都有著自己的「主動性」。她們是被傳統文化脅迫著，
自己一級一級地走進了「沒有光的所在」。張愛玲敏銳地意識到這種女性生活
的危機，她不是以外部世界的尺度，而是從人性的角度，從女性自身的生命
存在出發進行審視，這就避免了冰心式「母愛頌」無意間蹈入潛在的男性價
值體系；她又不是為爭取性別獨立而採取同男性正面對壘的姿態，這又區別
於丁玲的「莎菲式」女性抗爭中所表現的孤傲、狂狷。她的作品未能給女性
指一條正途，但清晰地剖示給她們傳統之路的通向死亡。這之中所體現的女
性自審意識的覺醒，是 20 世紀女性文學的進程中可貴而重要的一環；現代女
性意識的發展，於此得到深化。

　　總之，從女性本體入手，展露和剖示女性生存狀態及其深層意識中的傳
統印痕，是特別顯示張愛玲創作的人性深度之處，而在她對女性世界的藝術
開掘中，其女性觀產生了十分重要的影響。

第五章　個案分析與文本闡釋

　　本章從現代文學創作中選取若干具有代表性的作家作品，結合性別視角展開具體闡述和分析。

第一節　重新解讀《傷逝》中的性別問題

　　作爲魯迅創作中唯一一篇直接描寫愛情和兩性關係的小說，收錄於《彷徨》集中的《傷逝》（1925）吸引了諸多研究者的目光，討論的焦點之一在於挖掘文本中潛在的性別意識：或者把女主人公子君與影響魯迅思想生活的女性因素（母親魯氏、朱安、許廣平）聯繫起來，或者批判以男主人公涓生爲象徵的現代啓蒙運動的男性中心立場，或者剖析小說中呈現的「五四式」愛情關係的蒼白虛僞和其中隱藏的性別不平等，或者把小說視爲魯迅之前的一篇演講《娜拉出走後怎樣》〔註1〕的文學姊妹篇。上述研究思路〔註2〕形成了兩種傾向，一是站在研究者後設的女性主義立場上對魯迅/涓生作爲男性/知識精英的性別意識加以嚴厲的批判，二是把小說文本與魯迅本人的生活現實、思想現實及「五四」運動落潮期的社會現實直接聯繫起來，其闡釋未能逾越寫實主義的邊界。這兩種傾向存在一定的問題，下文試圖揭示和思考這些問題。

〔註1〕此文爲魯迅於 1923 年 12 月 26 日在北京女子高等師範學校文藝會上的演講，當時魯迅剛剛受聘於這所學校不久。講稿發表於 1924 年北京女子高等師範學校《文藝會刊》第 6 期。經修訂後又發表於同年 8 月 1 日《婦女雜誌》第 10 卷第 8 期。

〔註2〕已有研究者就上述研究思路進行了宏觀上的整理和比較，見謝玉娥《性別視角下的〈傷逝〉研究綜述》，《玉溪師範學院學報》，2010 年第 10 期。

一、「娜拉」與「娜拉性」

　　相較於周作人在文章裏多次表現出「嘉孺子而哀婦人」的鮮明立場，魯迅對於性別問題的看法和態度要隱晦得多，如果權且不稱之爲「沉默」的話。雖然「木刻似的」祥林嫂與《頹敗線的顫動》的老女人，已經爲現代文學貢獻了獨特的形象與價值，但祥林嫂「靈魂究竟有無」的力詰與老女人「無詞的言語」和顫動所蘊含並引發的情感與道德困境，卻並非局限於魯迅及其讀者的性別，換言之，魯迅對於性別問題的思考，總是與他對民族、啓蒙、宗教、文學以及生命的根本問題緊緊糾結在一起的。如果爲了刻意強調研究者的性別立場而忽略解讀魯迅所需要的多重思想維度，恐怕會使問題的討論失之簡單。對《傷逝》的解讀也是如此。首先需要澄清的，是子君是否等同於「娜拉」。

　　挪威劇作家易卜生（Henrik Ibsen, 1828～1906）的名劇《玩偶之家（娜拉）》（A Doll's House；Nora）當中的女主角娜拉（Nora）是「五四」時期最爲著名的新女性形象符號之一，被時人認爲是「易卜生舉來做模範的『覺醒的婦人』」〔註3〕，廣受知識分子追捧和認同。1923年北京女子高等師範學校的女生演出了此劇，魯迅《娜拉走後怎樣》的演講就是作爲對這個演出的回應而作的。然而魯迅作這篇演講卻不是爲了鼓勵女學生們學習娜拉從家庭「出走」〔註4〕，相反，他認爲如果不能實現經濟權，走了也是徒然，「免不掉墮落或者回來」；進一步說，不論男性還是女性，即使實現了經濟權，「也還是傀儡。無非被人所牽的事可以減少，而自己能牽的傀儡可以增多罷了」，只是經濟權作爲人生存的最基本權利，需要被首先解決〔註5〕。換言之，經濟權不是解決中國所有問題的萬能之鑰，做「傀儡」也不是女性的專屬。

〔註3〕曾琦：《婦女問題與現代社會》，《婦女雜誌》第8卷第1號，1922年1月。

〔註4〕魯迅認爲易卜生的本意並非要做婦女解放的導師，寫《玩偶之家》「不過是做詩」。演講原文爲：「……伊孛生是在做詩，不是爲社會提出問題來而且代爲解答。就如黃鶯一樣，因爲他自己要歌唱，所以他歌唱，不是要唱給人們聽得有趣，有益。伊孛生是很不通世故的，相傳在許多婦女們一同招待他的筵宴上，代表者起來致謝他作了《傀儡家庭》，將女性的自覺，解放這些事，給人心以新的啓示的時候，他卻答道，『我寫那篇卻並不是這意思，我不過是做詩。』」魯迅在這裡有意要破解文學/詩的迷思，希望女學生們不要把文學當做眞實的社會和人生來理解。

〔註5〕演講原文爲：「在經濟方面得到自由，就不是傀儡了麼？也還是傀儡。無非被人所牽的事可以減少，而自己能牽的傀儡可以增多罷了。因爲在現在的社會裏，不但女人常作男人的傀儡，就是男人和男人，女人和女人，也相互地作傀儡，男人也常作女人的傀儡，這決不是幾個女人取得經濟權所能救的。但人不能餓著靜候理想世界的到來，至少也得留一點殘喘，正如涸轍之鮒，急謀升斗之水一樣，就要這較爲切近的經濟權，一面再想別的法。」

　　當代論者往往把個人擁有經濟權以及經濟權與婦女解放的關係作爲這篇演講的核心來強調，但如果從個人與社會的關係以及魯迅對個人主義的思考脈絡著眼，就會發現這篇演講的主要關懷，並不在於女性的出路，而是包括男女兩性在內的、對於個人本位主義的懷疑，以及對個人啓蒙與社會發展實際之間矛盾的憂慮。魯迅筆下的娜拉，並不純然是一個女性形象的化身，其所指涉的，實際涵括所有從傀儡般的舊身份「出走」的青年男女。魯迅借用《娜拉》的結局來思考個人離家後的出路，以及他所提供的線索與答案，象徵著「五四」時期一度高揚的自我又逐漸失落〔註6〕。胡適對娜拉的詮釋也集中在她自由意志的實現這一點上。胡適認爲，娜拉之所以有必要出走，在於她的丈夫把她「當做『玩意兒』看待，既不許她有自由意志，又不許她擔負家庭責任，所以娜拉竟沒有發展她自己個性的機會」〔註7〕，他藉娜拉的出走發出的呼吁，並非倡議青年傚仿「出走」這一簡單行爲，而在於主張打破包括家庭在內的傳統價值觀的桎梏，發展個人自覺與獨立意識。舒衡哲認爲，帶動起「娜拉熱」（Nora Compulsion）的「五四」學人，包括魯迅以及胡適，皆「醉翁之意不在酒」。他們的主要用意在於藉由申論「娜拉」來評估個人主義在中國的可行性及發展潛能，而非僅將注意力放在女性或者婦女解放的課題上〔註8〕。

　　在以上討論的基礎上，再來看往往被視爲《娜拉走後怎樣》的文學姊妹篇的《傷逝》。若從女性的角度來解讀，這就是敘述一個爲「新」愛情理想而出走的「新」女性，如何在瑣碎的日常生活中消磨了自我、耗盡了愛人對她的感情，最後又走回父家、抑鬱而死的悲劇。但是，我們不妨嘗試跳出「子君──娜拉──女性」的分析取向而採取一種超越性別的視角──如果把娜拉及其特定的「出走」姿態視爲「超越倫理的意義而成爲中國現代的象徵」的話〔註9〕，那麼涓生身上體現出了比子君更爲濃鬱的「娜拉性」：他不僅質疑和叛逆傳統的大家庭，而且繼之以更爲徹底的姿態勘破「愛情」神話、爲了「個」的生存，再次背叛和拋棄建立在「愛情」基礎之上的兩性關係。在

〔註6〕余英時：《中國近代個人觀的改變》，收入《余英時文集》第二卷：《中國思想傳統及其現代變遷》，沈志佳編，廣西師範大學出版社，2004年，第32～36頁。

〔註7〕胡適：《易卜生主義》，《新青年》第4卷第6號，1918年6月。

〔註8〕Vera Schwarcz, "Ibsen's Nora: The Promise and the Trap", *Bulletin of Concerned Asian Scholars,* Vol.7, No.1, 1975, pp3～5.

〔註9〕李歐梵：《現代性的追求》，生活・讀書・新知三聯書店，2000年，第97頁。

這個意義上，周作人說這篇小說是「假借了男女之情的死亡來哀悼兄弟恩情的斷絕」〔註10〕也頗有道理，甚至有的研究者指出魯迅此一時期小說中所表達的一個主題就是「想擺脫倫理的黏連，實現『個人主義』」的衝動〔註11〕。當然，與其說兄弟失和事件是對小說《傷逝》的一個現實而具體的注解，不如說魯迅思想深處的傳統家族倫理觀念與現代西方哲學之「個人」思想的糾結，通過現實事件的刺激而加深，最終濃縮於對涓生「娜拉性」的塑造和表現上面。

然而，涓生們的困境在於，經歷了拋棄傳統價值觀、乃至於連新建的價值也迅速拋棄這樣巨大的信仰破壞與心理震撼之後，又該如何修復精神創痛，向何處尋找心靈的歸宿與家園呢？執著於生存的「個人」將寄身於何處才能獲得生的希望與意義呢？魯迅藉涓生之口，數度提出現代知識青年「哪裡去呢」的困惑。涓生先是寄居在「會館裏的被遺忘在偏僻裏的破屋」，然後是和子君蝸居在吉兆胡同的一所小屋，而當他無法忍受與子君乏味的相處而走出家門，卻不知道「往哪裡去」；當涓生知道子君黯然返回父家並猝死的消息後，盤旋於空虛、悔恨、悲哀種種痛狀之上的，依然是一連串的「哪裡去呢？」：

> 自然，我不能在這裡了；但是，「哪裡去呢？」
> 四圍是廣大的空虛，還有死的寂靜。
> ……
>
> 但是，「哪裡去呢？」新的生路自然還很多……有時，彷彿看見那生路就像一條灰白的長蛇，自己蜿蜒地向我奔來，我等著，等著，看看臨近，但忽然便消失在黑暗裏了。

涓生一再強調「新的生路還有很多」，但強烈的語氣掩蓋不了其內心的虛弱、恐懼和不安：所謂「生路」幻化為遊走的長蛇，而「廣大的空虛」與「死的寂靜」乃是實有。然而與之形成鮮明對比的是，子君不存在類似的問題：「她的勇氣都失掉了，只為著阿隨悲憤，為著做飯出神；然而奇怪的是倒也並不怎樣瘦損」。換言之，子君不存在涓生這樣的形而上的精神困境，而只是執著於現實的具體的生存。

〔註10〕周作人：《知堂回想錄》（下冊），河北教育出版社，2005年，第483頁。
〔註11〕唐復華：《魯迅的「尋根」——讀〈弟兄〉和〈離婚〉》，《魯迅研究月刊》2003年7月號。

　　這當然有魯迅作為男性表現女性時的視野與價值預設的問題，但也有另外一種可能，即魯迅有意在兩個主人公之間做出不同的角色分工：子君作為「娜拉」之形色，表現/表演了實際行動的「出走」，乃至喊出「我是我自己的，他們誰也沒有干涉我的權利」，然而她的個人意志也僅止於此。而涓生作為「娜拉」之神髓，體現的是一種徹底的懷疑和否定精神：無論傳統還是現代，任何觀念、任何價值都不能讓他放棄懷疑，不能阻止他追尋「人生的要義」，而這要中之要，就是生存——不是為了保存肉身而「川流不息的吃飯」，而是為了保存這個能夠思考和懷疑的「主體」而去尋「新的生路」。在「主體」這個嚴肅而沉重的詞彙面前，他不得不勘破子君「娜拉」式的姿態，或者說不得不勘破當初自己藉以啟蒙子君的娜拉式言論：

> 　　我和她閒談，故意地引起我們的往事，提到文藝，於是涉及外國的文人，文人的作品：《諾拉》，《海的女人》。稱揚諾拉的果決⋯⋯。
> 　　也還是去年在會館的破屋裏講過的那些話，但現在已經變成空虛，從我的嘴傳入自己的耳中，時時疑心有一個隱形的壞孩子，在背後惡意地刻毒地學舌。

他已經意識到那些沒有「內曜」基礎的、僅僅作為「知識」而存在的現代觀念，在現實的人生危機面前化為「空虛」，化為「隱形的壞孩子」——清醒的另一半自我——嘲諷的學舌，這嘲諷的對象表面上是子君，是「她所磨練的思想和豁達無畏的言論，到底也還是一個空虛」，其實質則是自己，子君只不過是涓生自己的鏡像，她的空虛如明鏡一般，映照出涓生及其所代表的「五四」知識青年以新的知識與思想作為華麗裝扮的表演，映照出徒具形骸而毫無「生」之可能蘊含其中的困窘人生。

二、知識空間、日常生活與「女學生之死」

　　然而弔詭的是，涓生試圖用來抵抗此困窘人生的武器，卻仍是「書」，這就構成了一個「以子之矛陷子之盾」的悖論式邏輯循環：新青年們令人絕望的人生困境由知識造成，他們又把知識抽象化為一種具有能動性的精神，並以此來標定自我和「反抗絕望」。於是，涓生在離開校園之後〔註12〕，依然把

〔註12〕從子君「帶著笑渦的蒼白的圓臉，蒼白的瘦的臂膊，布的有條紋的衫子，玄色的裙」的外貌來看，她確乎是一個女學生，而涓生滔滔不絕地「談家庭專制，談打破舊習慣，談男女平等，談伊孛生，談泰戈爾，談雪萊」，也確乎是一個接受新式教育的男性知識青年。

營建一個相對獨立的知識空間看得十分重要。他在尋找租住的房子時十分挑
剔，認為大多數房子「看去大抵不像是我們的安身之所」。所謂不像，恐怕就
是市井氣息太濃，不符合知識青年的氣質身份；他接受吉兆胡同的房子，乃
是由於房東是個不介意其自由戀愛同居之行為的「明白人」，並且「只要孩子
不啼哭，是極其安閒幽靜的」。但新建立的小家庭漸漸招致涓生的不滿，因為
「沒有一間靜室」能讓他從事翻譯文稿之類的知識活動，「但是這自然還只能
怨我自己無力置一間書齋」。

涓生最終不能忍受「屋子裏總是散亂著碗碟，彌漫著煤煙」，不能忍受「去
知識化」的日常生活，離家出走，「終於在通俗圖書館裏覓得了我的天堂」：

> 那裏無須買票；閱書室裏又裝著兩個鐵火爐。縱使不過是燒著
> 不死不活的煤的火爐，但單是看見裝著它，精神上也就總覺得有些
> 溫暖。書卻無可看：舊的陳腐，新的是幾乎沒有的。

> 那裏雖然沒有書給我看，卻還有安閒容得我想。待到孤身枯坐，
> 回憶從前，這才覺得大半年來，只為了愛，——盲目的愛，——而
> 將別的人生的要義全盤疏忽了。第一，便是生活。人必生活著，愛
> 才有所附麗。世界上並非沒有為了奮鬥者而開的活路；我也還未忘
> 卻翅子的扇動……。

正是「通俗圖書館」這個似是而非的知識空間，這個雖然沒有西方書籍可讀
但仍給涓生提供了獨立思考之餘裕的地方，促使涓生獲得了對荒謬人生的自
覺契機。

與涓生形成鮮明對照的是子君對於「知識」的疏遠乃至淡漠，當初聽涓
生滔滔不絕地「談家庭專制，談打破舊習慣，談男女平等」時，子君尚且「微
笑點頭，兩眼裏彌漫著稚氣的好奇的光澤」，但兩人同居後她的思想完全集中
在做飯飼雞的瑣事當中。或者說，在兩人之間，她自覺地選擇了一個「去知
識化」的、努力經營日常生活的相對位置。子君沒有表現出涓生那樣的對於
知識空間的渴望，知識空間所賦予後者的自我覺醒的契機自然也就降臨不到
子君頭上。然而，在此需要追問一句，知識空間所具有的啟蒙價值是誰賦予
和肯定的？相應地，又是誰把日常生活樹立為知識空間與思想啟蒙的對立
面？為什麼要在男性與女性之間進行一種角色/權力的分配，使得「男性——
知識空間——啟蒙——新生」與「女性——日常生活——反啟蒙——死亡」
這樣一種二元對立的邏輯得以建立？這個問題恐怕難以簡單作答，而毋寧

說，自晚清以來，西方/現代/科學/啓蒙這樣一系列新興價值的合法化過程，必然伴隨著對另一些價值的聲討和否定；被賦予新價值的「新人」的誕生，必然需要另一些人死亡或者淪爲鬼魅。

子君「去知識而營生活」的人生困境，是「五四」時期接受新式教育的女學生所面臨的普遍問題。這在當時一些女學生作家〔註13〕的創作中直接地表現出來。北京女子高等師範學生黃廬隱的自敘傳小說《海濱故人》，讓幾個女學生對於知識生活與日常生活的矛盾所帶來的煩惱直抒胸臆：

> 露莎歎道：「十年讀書，得來只是煩惱與悲哀，究竟知識誤我，我誤知識？」雲青道：「真是無聊！記得我小的時候，看見別人讀書，十分羨慕，心想我若能有了知識，不知怎樣的快樂，若果知道越有知識，越與世界不相容……」宗瑩說道：「誰說不是呢？……進了學校，人生觀完全變了。不容於親戚，不容於父母，一天一天覺得自己孤獨，什麼悲愁，什麼無聊，逐件發明了。……豈不是知識誤我嗎？〔註14〕

這段話不能簡單視爲幾個女學生對人生選擇的牢騷和煩惱，它反映了早期小資產階級知識分子誕生於近現代知識生產之後，由於現代知識生活與依舊傳統的日常及倫理生活之間的深刻矛盾而遭受到普遍的現實困境與精神創傷。

對於這一現實困境與精神創傷的最終指向——個體精神的委頓與死亡，正處於多愁善感的青春期的女學生作家們發揮了近乎於自我恐嚇的想像。身爲燕京大學學生的謝婉瑩的小說《秋風秋雨愁煞人》〔註15〕就充分表達了她對「女學生之死」的恐懼。小說主人公是一位即將中學畢業的女學生英雲，敘述人「我」是英雲的同學和好友。在一個風雨如晦的秋夜，「我」偶然翻到英雲的一封書信，由此展開了一年以前關於英雲的種種回憶。那時「我們」都屬於「一班快樂活潑的青年」，一起上課、彈琴、遊藝，一起參加高年級的

〔註13〕張莉把中國現代女性寫作的發生源頭概括爲「女學生」寫作，其作者的身份大多爲「五四」時期接受新式教育的女學生，其思維、語言和觀念世界都帶有十分鮮明的學生特徵。參見張莉《浮出歷史地表之前——中國現代女性寫作的發生》，南開大學出版社，2010年。

〔註14〕見《廬隱選集》，蕭鳳、孫可編，百花文藝出版社，1983年，第81頁。

〔註15〕《秋風秋雨愁煞人》，連載於1919年10月30日至11月3日北京《晨報》，後收入小說集《去國》（1933年北新書局出版）。發表時題前注「實事小說」，署名「冰心女士」。引文見《冰心文集》第一卷，卓如編，上海文藝出版社，1982年，第97～102頁。

畢業式，憧憬著自己畢業後再升大學，然後服務社會。然而，一個暑假過後，英雲像變了一個人似的，抑鬱寡歡，形銷骨立。原來她「出閣」了，被父母許嫁給她的表兄士芝，一個闊綽軍閥的少爺。從此「我們」的友誼漸漸疏遠，英雲不得不去學習化妝置衣、打牌聽戲、應酬宴飲之類的「官太太學問」，「我」則繼續讀書升學。在畢業式的晚上——

> 我站在廊子上，涼風吹著，便覺清醒了許多。這時月光又從雲隙裏轉了出來。因為是雨後天氣，月光便好似加倍的清冷。我就想起兩句詩：「冷月破雲來，白衣坐幽女。」不禁毛骨悚然。這時忽然聽見廊子下有籲歎的聲音，低頭一看玫瑰花下草墊上，果然坐著一個白衣幽女。

這個鬼氣森森「白衣幽女」，原來竟是英雲。在一種陰惻詭異的氣氛中，英雲開始向「我」哀訴她所身處的舊式大家庭：家裏上上下下有五六十人，連同丈夫在內都是接受傳統的家塾教育，只會做些詩詞歌賦，「新知識上是一竅不通，幾乎連地圖上的東西南北都不知道」。婆母主持家政，不是把錢花在寺廟香火上，就是花在奢侈應酬上。英雲一心「改良家庭」，但苦心付之東流，連她自己也身不由己地捲入貴冑之家酒食征逐的漩渦，日漸頹廢。這個烏煙瘴氣的大家庭猶如泥沼一般吞沒了英雲，吞沒了她的希望、理想和生命力，以至於「我」聽了這段傾訴之後竟然「如同聽了秋墳鬼唱一般」，頓生無盡的哀愁與寒意。作者暗示英雲的生命將在舊式大家庭中消磨殆盡，至少是作為「女學生」的、蘊含著「新青年」之價值與可能的那一部分精神與意志的死滅。而「我」與「英雲」之間的距離，也已經近乎「人鬼之別」了。

上述女學生作家的作品只是以非常接近作者真實身份的第一人稱口吻抒發其具體感知到的女性困境，而《傷逝》至少在兩個方面與之拉開了距離，第一是與其單一的女性性別視角不同，《傷逝》以「涓生的手記」作為副題，從一個男性知識青年的視角來敘述女學生子君之死，第一次在這個女性困境裏引入了男性的角色和位置，並且把男性置於女性悲劇與死亡的責任問題中來嚴加拷問。魯迅意識到，同樣面臨知識所造成的困境，男性與女性各自的生存空間、生存資源和生存可能都存在著微妙的差異，而男性尤其要對這些差異的形成負有責任。這是在之前的「新文學」歷史上從未有過的性別自覺；第二是與其「切近的同情」的單一情感向度不同，《傷逝》對子君形象的藝術處理和隱含的情感內容都相對複雜。

三、作爲「鬼」的子君及其它

　　魯迅與女學生作家們在文學上的距離，似乎可以從他們對待「鬼」的態度上顯現出來。與謝婉瑩對於幽靈似的英雲的恐懼截然不同，魯迅在子君死後，借涓生之口發出了情感強烈的懺悔和極爲迫切的招魂：

> 　　我願意眞有所謂鬼魂，眞有所謂地獄，那麼，即使在孽風怒吼
> 之中，我也將尋覓子君，當面說出我的悔恨和悲哀，乞求她的饒恕；
> 否則，地獄的毒焰將圍繞我，猛烈地燒盡我的悔恨和悲哀。我將在
> 孽風和毒焰中擁抱子君，乞她寬容，或者使她快意……。

魯迅文學世界裏的「鬼」，以及魯迅對鬼魂、地獄、佛教故事的癡迷，已經爲研究界的前賢們所注意，但就《傷逝》而言，僅僅把子君作爲「人」來研究而止於她的死是不夠的，換言之，涓生的情感與道德困境，是在對子君鬼魂的召喚中淋漓盡致地展開的，沒有子君的鬼魂，就沒有涓生這個「人」。而如果不把子君的鬼魂也視爲（不在場的）主人公的話，那麼《傷逝》的文學空間可能會大打折扣。

　　甘智鋼在對小說《祝福》的研究中發現了一個深深嵌入小說敘述結構內部的佛經故事，即《賢愚經》〔註16〕的微妙比丘尼〔註17〕的故事，並認爲這兩個故事結構極爲相似，祥林嫂的文學原型可以追溯到這個法號微妙的出身印度婆羅門的比丘尼〔註18〕。劉禾對於這一觀點的採信並非從小說材源的實證角度出發，而是認爲微妙比丘尼這個文學原型「能夠有效地解釋《祝福》小說中的循環敘述結構，給寫實主義的閱讀角度打一些折扣，使讀者很難直接地將一個苦命女子的自述等同於某種社會現實」〔註19〕。兩位學者特別是

〔註16〕　《賢愚經》，一名《賢愚因緣經》，十三卷，六十九品，是敘述因緣故事的典籍。北魏太平眞君六年（445）涼州（今甘肅武威）沙門慧覺（一作曇覺）等譯。漢譯而外，還有藏文、蒙文譯本。魯迅日記顯示，他曾於 1914 年 7 月 4 日購買了《賢愚因緣經》一部四冊。

〔註17〕　在《賢愚經・微妙比丘尼品》的故事裏，微妙本是一位印度貴族婦女，她的第一任丈夫被毒蛇咬死，兩個兒子一個被河水沖走，一個被狼吃掉。父母死於火災。她的第二任丈夫是父親的朋友，但生性暴虐，令其自食其子。她的第三任丈夫急病而死，微妙本已殉葬，又被盜墓賊挖出，並與賊酋結爲夫婦，賊酋被擒殺後再次殉葬，又被覓食的狼狗挖出。最後微妙皈依如來，修成阿羅漢正果。

〔註18〕　甘智鋼：《〈祝福〉故事源考》，《魯迅研究月刊》2002 年第 12 期。

〔註19〕　（美）劉禾：《魯迅生命觀中的科學與宗教——從〈造人術〉到〈祝福〉的思想軌迹（下）》，孟慶澍譯，《魯迅研究月刊》2011 年第 4 期。

劉禾的解讀爲我們理解魯迅小說的更深內在提供了一個重要的思路，即需要注意到作爲藝術的小說與寫實主義人生觀之間無法勘定其邊界、而又赫然存在的罅隙空間。

不過，與其說微妙比丘尼與祥林嫂在反覆講述苦難這一行爲方面具有相似性，倒不如說具有鮮明的歧異性。在前者，佛經故事的勸信性質在多個方面對講述行爲進行了明確的限定，首先，微妙講述自己的苦難是作爲已成正果的阿羅漢身，受另外五百位尚未成道的比丘尼所請，所謂「現身說法」，在講述者與聽眾之間存在著隱然的權力位階；其次，她的講述始終圍繞著「苦難與得救都是三世輪迴的因果報應」的主題，苦難的根源在於其旺盛的情慾、隨便的男女關係、生產的污穢、女性的妒忌，所謂「如宿所造，毫分不差」，講述者對講述內容有著清醒的、理念的自覺；最後，其講述行爲的合法性被一位最高權威所認可，即佛祖如來「能以法教，轉相教誡，可謂佛子」的贊許。反觀祥林嫂的講述行爲，則處處迥異：她的講述完全是自發的，在一個迷信的邏輯裏，她的聽眾在道德上佔據高位；她對所講述的苦難沒有充分的自覺，但很容易地接受了柳媽「捐門檻贖罪」的理念；她始終未曾得到外在權威的認可，包括深受佛教影響的民間觀念（寡婦不潔觀）、儒道釋色彩駁雜的鄉村權威（魯四老爺斥之爲「謬種」）和接受了西方現代科學思想的「新黨」（「我」的困惑與逃離）。

然而，如果拋開詳細的比較，單純抽取「反覆講述」這一人物行爲模式的話，那麼，與絮絮叨叨不厭其煩的祥林嫂相呼應的，正是曾經的女學生子君。在《傷逝》的故事裏，子君自從進入同居生活之後，唯一的精神生活，就是回憶、回味並要求涓生反覆敘述他當時的求愛畫面。對此，涓生的記憶是：

> 我只記得那時以前的十幾天，曾經很仔細地研究過表示的態度，排列過措辭的先後，以及倘或遭了拒絕以後的情形。可是臨時似乎都無用，在慌張中，身不由己地竟用了在電影上見過的方法了。後來一想到，就使我很愧恧，但在記憶上卻偏只有這一點永遠留遺，至今還如暗室的孤燈一般，照見我含淚握著她的手，一條腿跪了下去……

> 不但我自己的，便是子君的言語舉動，我那時就沒有看得分明；僅知道她已經允許我了。但也還彷彿記得她臉色變成青白，後來又漸漸轉作緋紅，——沒有見過，也沒有再見的緋紅；孩子似的眼裏

射出悲喜，但是夾著驚疑的光，雖然力避我的視線，張皇地似乎要
破窗飛去，然而我知道她已經允許我了。

儘管他強調自己的「記不清」，「事後便已模糊」、「只剩了一些斷片」；「同居
以後一兩月，便連這些斷片也化作無可追蹤的夢影」，但「如暗室孤燈一般」
的譬喻還是透露了他當時的內心以及此時的追懷，對子君微妙變化的眼神和
緋紅臉色的仔細描摹也證明了這一幕之於涓生的刻骨銘心。但子君的記憶與
之相比則格外深刻：

她卻是什麼都記得：我的言辭，竟至於讀熟了的一般，能夠滔
滔背誦，我的舉動，就如有一張我所看不見的影片掛在眼下，敘述
得如生，很細微，自然連那使我不願再想的淺薄的電影的一閃。夜
闌人靜，是相對溫習的時候了，我常是被質問，被考驗，並且被命
復述當時的言語，然而常須由她補足，由她糾正，像一個丁等的學生。

對子君反覆敘述的偏執行爲的描述，似乎蘊含著涓生對於子君「早已什麼書
也不看」、「以前所知道的全都忘掉了」的批評和冷嘲，但與此同時，字裏行
間也難以抑制地流露出一種近乎無奈的溫情。與祥林嫂自言自語的絮叨不
同，子君以「質問」和「考驗」的方式，把涓生也拉入了「反覆講述」的行
爲，兩個人互文性質的反覆講述成爲某種封閉的迴環，如果我們把視線拉高，
俯視整個小說文本，就會驚訝地發現，涓生如同被子君的鬼魂附體一般，不
斷地出現「反覆講述」的行爲。

在這些講述裏，對子君之死的想像出現了三次：

我覺得新的希望就只在我們的分離；她應該決然捨去，——我
也突然想到她的死，然而立刻自責，懺悔了。

生活的路還很多，我也還沒有忘卻翅子的扇動，我想。——我
突然想到她的死，然而立刻自責，懺悔了。

我想到她的死……。我看見我是一個卑怯者，應該被擯於強有
力的人們，無論是眞實者，虛僞者。然而她卻自始至終，還希望我
維持較久的生活……。

對新的生路的想像也出現了三次：

屋子和讀者漸漸消失了，我看見怒濤中的漁夫，戰壕中的兵士，
摩托車中的貴人，洋場上的投機家，深山密林中的豪傑，講臺上的
教授，昏夜的運動者和深夜的偷兒……

> 我便輕如行雲，漂浮空際，上有蔚藍的天，下是深山大海，廣廈高樓，戰場，摩托車，洋場，公館，晴明的鬧市，黑暗的夜……。
>
> 我的心也沉靜下來，覺得在沉重的迫壓中，漸漸隱約地現出脫走的路徑：深山大澤，洋場，電燈下的盛筵；壕溝，最黑最黑的深夜，利刃的一擊，毫無聲響的腳步……。

子君的死對應著涓生的生，分別出現在涓生決定拋棄子君之後、終於告知子君之後和子君返回父家之後的三個時刻，這樣等頻度的循環敘述構成了小說文本獨特的敘事張力，也使得讀者不得不注意到故事寫實層面之外的廣大空間，在這個空間裏，彷彿子君的鬼魂同樣在「質問」和「考驗」涓生的內心，後者不得不通過反覆講述來表白、告解和懺悔。然而，涓生反覆講述的對象或聽眾，除了子君，還有觀看文本的讀者，這一小說文本的潛在讀者，又是誰呢？誰又會擁有足夠的道德權威來裁判和寬宥涓生呢？這一宗教性質的難題，不能不使人聯想到之前討論過的《祝福》和《賢愚經·微妙比丘尼品》。兩個故事裏女主人公的反覆講述行為都接受了外在權威的裁定，而涓生的故事則止於某種缺席審判，他不知道將從哪裏得到救贖的力量和希望，只能用「遺忘和說謊」作為暫時的遮擋而冒著內心的電閃雷鳴前行。竹內好曾經指出魯迅文學的根柢在於一種「近似於宗教的原罪意識」，「一種要對什麼人贖罪的心情」：

> 要對什麼人去贖罪，恐怕魯迅自己也不會清晰地認識到，他只是在夜深人靜時分，對坐在這個什麼人的影子的面前。這個什麼人肯定不是靡菲斯特（Mephistopheles），中文裏所說的「鬼」或許與其很接近。[註20]

這裡的「鬼」，無法簡單解釋為某一具象的鬼魂或幽靈，而是促使現實世界突然斷裂並呈現出它的曖昧、恐怖、異己、無所依傍狀態的某種東西[註21]，是作為精神主體和文化主體特定狀態的「迴心」[註22]。「迴心」不需要任何外在精神與道德權威的在場，魯迅在不斷的「迴心」中發現了進化論與寫實

〔註20〕（日）竹內好：《魯迅》，《近代的超克》，孫歌編，李冬木、趙京華、孫歌譯，生活·讀書·新知三聯書店，2005 年，第 8 頁。

〔註21〕汪暉：《死火重溫》，人民文學出版社，2000 年，第 420 頁。

〔註22〕「迴心」來自英文的 Conversion，特指基督教中懺悔過去的罪惡，重新皈依主。竹內好把「迴心」作為魯迅文學的特質，是通過內在的自我否定而達到自覺和覺醒。參見（日）竹內好《近代的超克》，孫歌編，李冬木、趙京華、孫歌譯，生活·讀書·新知三聯書店，2005 年，第 8 頁。《近代的超克》第 45 頁注、第 211 頁。

主義的窮途，也發現了必須「彷徨於野」的宿命。「彷徨」一詞在《莊子・外篇・達生》中的意思是游蕩於曠野的鬼魂，而且擁有特殊的外貌，即軀體上有著五彩花紋的兩頭蛇〔註23〕。聯繫到《野草・墓碣文》中「不以齧人，自齧其身」的遊魂所化的長蛇，這一形象所具有的獨特精神內涵與美學意味令人久久不能忘懷。

綜上，涓生對子君之死的負罪感，不是通過同樣的死來代償，卻是沿著新的生路繼續生存下去，同時遺忘掉她的犧牲來實現的。這裡蘊含著一個重要的問題，即魯迅在「彷徨」時期的思想特徵。丸尾長喜認為，「吶喊」時期的魯迅為了拯救滅種亡族的危機，自願犧牲自我，這就是為了維持民族的種而對自己個人的發展加以嚴格的制約，乃至奉獻出自己寶貴的生命的意志。這就意味著為了「生命的連續性」而自行壓抑「生命的一次性」，這也正是魯迅「進化論」思想的核心觀念。但是，到了「彷徨」時期，經歷了新文化運動退潮、政治與個人生活上的種種挫折的魯迅，其「進化論」逐漸解體，被壓抑的「生命的一次性」為尋求突破口而開始掙扎、呻吟，魯迅的「人道主義」與「個人主義」的矛盾，就是這個現象的另一種說法〔註24〕。我們在涓生的懺悔中不難聽到這種痛苦呻吟的豐富層次，例如關於「真實」與「說謊」／「沉重」與「空虛」的辯證法：

> 我不應該將真實說給子君，我們相愛過，我應該永久奉獻她我的說謊。如果真實可以寶貴，這在子君就不該是一個沉重的空虛。謊語當然也是一個空虛，然而臨末，至多也不過這樣地沉重。

> 我願意真有所謂鬼魂，真有所謂地獄，……我將在孽風和毒焰中擁抱子君，乞她寬容，……。但是，這卻更虛空於新的生路；……我要向著新的生路跨進第一步去，我要將真實深深地藏在心的創傷中，默默地前行，用遺忘和說謊做我的前導……。

我們彷彿看見那個「抉心自食，不知況味」的遊魂，在涓生這一貌似寫實主義的人物身上附現〔註25〕。

〔註23〕關於「彷徨」的釋義參見（日）丸尾長喜《「人」與「鬼」的糾葛——魯迅小說論析》、、秦弓譯，人民文學出版社，1995年，第275頁。

〔註24〕（日）丸尾長喜：《「人」與「鬼」的糾葛——魯迅小說論析》，秦弓譯，人民文學出版社，1995年，第352頁。

〔註25〕除竹內好之外，還有不少研究者注意到魯迅文本中那有如咒怨一樣瀰漫糾纏的罪感。例如木山英雄發現了作為《野草》美學特徵的「神那一方雖早已忘

　　1926 年 8 月，小說集《彷徨》由北新書局出版。魯迅在扉頁上摘引了《離
騷》的詩句：「路漫漫其修遠兮，吾將上下而求索。」該書封面由陶元慶設計，
深得魯迅讚賞。陶元慶用橙紅色為底色，配以黑色的裝飾人物和一個似圓非
圓的大太陽，畫面上的三個坐著的人在強烈的日光照射下，似坐似行，忐忑
不安，彷徨不定，滿幅畫面被難以名狀的情緒所包圍〔註 26〕。涓生及最終以
死亡作為在場的子君，可能也是這一抽象畫面的文學轉譯之一。在彷徨的情
緒之中，小說的寫實主義邊界逐漸模糊了，從而「為生與死、為文學與宗教、
為幽靈與沉默留出一個位置」，為「上下四方是死滅以上的寂靜」的宏大宇宙
觀留出一個位置〔註 27〕。

第二節　老舍早期作品中的家庭書寫與家庭觀念

　　老舍的早期作品中，家庭書寫佔有較大比重的首推《離婚》，其次是《牛
天賜傳》與《駱駝祥子》，再次是《老張的哲學》。《離婚》作於 1933 年，有
些構思明顯從《老張的哲學》發展延伸而來。而另兩部作品創作時間與《離
婚》相近，其中家庭觀念與書寫技巧也與其有可比之處。所以，我們討論老
舍早期（約略為創作的前十年）作品的家庭書寫時，把《離婚》置於視閾的
中心，而以其它作品為參照。

一、「家庭小說」的翹楚

　　在過去比較長的時間裏，《離婚》沒有受到應有的重視。這和人們對這部
作品性質的基本判斷有關。研究者通常把它一般性地歸之於「表現市民生活」
一類，甚或概括為「平淡無奇的生活，展示了一種北京的市民性格和古都文

卻其罪，然而人仍然要負著罪感活下去，那種反諷性的荒誕」（《〈野草〉主體
建構的邏輯及其方法》，（日）木山英雄《文學復古與文學革命》，趙京華編譯，
北京大學出版社，2004 年，第 54 頁）。汪暉認為，「在魯迅的內心裏始終糾纏
著那種近乎宿命的罪惡感，他從未把自己看作是這個世界裏無辜的、清白的
一員，他相信自己早已鑲嵌於歷史的秩序之中，並且就是這個他所憎惡的世
界的同謀」。汪暉《「死火」重溫——〈反抗絕望〉新版導論（代）》，《反抗絕
望——魯迅及其文學世界》，河北教育出版社，2001 年，第 23、24 頁。
〔註 26〕楊永德、楊寧編著：《魯迅最後十二年與美術》，文化藝術出版社，2007 年，
第 15 頁。
〔註 27〕（美）劉禾：《魯迅生命觀中的科學與宗教——從〈造人術〉到〈祝福〉的思
想軌迹（下）》，孟慶澍譯，《魯迅研究月刊》2011 年第 4 期。

化」〔註28〕。當我們把三十年代的文壇歸結爲「左翼」主導並強調其鬥爭歷程的時候，《離婚》自然由於所寫爲「灰色人物的灰色生活」〔註29〕而被放逐到了邊緣。

　　隨著研究者思想的解放和視野的擴大，單色調的歷史觀已被逐漸放棄，《離婚》的文學史價值及對老舍研究的意義自然應該重新認識。毋庸諱言，《離婚》寫的是市民社會的生活，生活也確實是「灰色的」。可是「灰色」也是世界的一種顏色，自然也是文學的表現對象。而文學總是具體的。離開了具體的內容去進行社會學的概括往往就會殺死了眞正意義上的文學。老舍本人在談到他創作《離婚》的過程時講：

　　　　在寫《離婚》以前，心中並沒有過任何可以發展到這樣一個故
　　　事的「心核」，它幾乎是忽然來到而馬上成了個「樣兒」的……我想；
　　　假如那些人又恰恰的害著通行的「苦悶病」呢？那就有了一切，而
　　　且是以各色人等揭顯一件事的各種花樣……《離婚》在決定人物時
　　　已打好主意：鬧離婚的人才有資格入選……這回我下了決心要把人
　　　物都拴在一個木樁上。〔註30〕

可見老舍是很重視他所選擇的「離婚」這個獨特角度的。他不僅是要以此作爲組織全篇的中心——「拴在一個木樁上」，而且要「揭顯一件事的各種花樣」，也就是說要在作品中充分表現、揭示「離婚」這一家庭現象的複雜、多樣的形態與過程。從這個意義上看，《離婚》可以說是我國現代文學中「家庭小說」的翹楚。

　　《離婚》一共描寫了七對怨偶。兩對在舞臺的中心：老李夫婦和老張夫婦；三對作爲陪襯在舞臺的邊緣：吳太極與「方墩」、邱先生和「牙科展覽」、馬少奶奶和馬克同；另外兩對是背景式的淡淡地出現在天幕上：丁二爺夫婦、所長和所長太太。故事從老李身上展開。老李有一個完整的標準的家庭——上有父母下有妻小，兩個孩子一男一女，但他對自己的婚姻不滿，嚮往著有愛情的家庭生活。他的同事張大哥是典型的「老北平」，熱心於一切市井中的、小職員之間的俗務。在張大哥的慫恿、安排下，老李把妻子、兒女接到了身邊。於是本來疏遠而平淡的家庭關係一下子變得緊張起來，離婚的陰影時時

〔註28〕馬良春、張大明：《中國現代文學思潮》，北京十月文藝出版社，1995年，第
　　　744頁。
〔註29〕同上，第743頁。
〔註30〕老舍：《老牛破車》，《老舍全集》，人民文學出版社，1999年。

籠罩在家庭上方。小說的前一半主要寫老李面對離婚的心路歷程，同時把老張看似和諧的家庭拿來時時和老李作著對比。小說的後一半插入了老張家庭遭遇橫禍，老張的「幸福家庭」忽然陷入了水深火熱。與此同時，吳家、邱家都鬧開了離婚，家庭衝突和財政所的各種是非糾纏到了一起。老李在失望於自己婚姻的情況下，對處於棄婦境地的馬少奶奶暗生情愫，並把自己理想的「詩意」幻想到她的身上。但是，無論是幻想中的幸福，還是現實中的感情折磨，老李都不能對其作出有意義的決斷。他為自己找到的理由就是：家庭需要責任。作品的最後，幾對鬧離婚的都偃旗息鼓，乏味的裂罅遍佈的家庭都依舊維持，「臭腐」的社會也依舊運轉，只是曾有過變革願望的老李破滅了一切希望，辭去別人豔羨的職務，黯然去了鄉下。

這部作品在當時的小說之林中，一個突出的特色是，以數十萬言的長篇集中描寫了普通的家庭生活。雖然整部作品的筆調是調侃的、幽默的，但調侃、幽默都是建立在細膩入微的寫實基礎之上。由於作者對老北平的人情世故的爛熟，所以當他的筆觸深入到這些普通人的家庭之中時，家庭內外的人際關係、家庭的衣食住行、家庭的雞吵鵝鬥，等等，都在筆下栩栩如生地流淌出來。於是，就成為了表現那個時代家庭題材最為成功的文學作品。

《離婚》中的家庭觀念主要是通過老張與老李的家庭生活來表現的。照老舍自己的說法，他是先想到老張這樣一個標準北京市民的形象，並決定以他為核心來展開故事的。但事實上，老張與老李既是分流對峙、相互映襯的，又是略有主次、用墨不同的。嚴格地說，全篇的中心是介乎市民與讀書人之間的老李，而且越是到後面這一點越明顯。從作品的表層看，他是作者設計來和老張作對比的一個形象，尤其在前一半，兩個人物和他們的兩個家庭處處對比著寫，關聯著寫。「浪漫的」、「恍惚的」老李在「實在的」、萬能的老張面前，經常感到自卑，甚至懷疑自己的價值、自己的理想。情節發展到後一半，老李漸漸挺起了腰杆，老張漸漸頹靡下去。雖說作者筆下對兩個人物都是既有同情又有批評，但實在是有所軒輊的。所以如果潛入到作品的深層，會感覺到作者在老李的身上寄寓了較多的自我體驗。也就是說，作者之於老李，一方面是造物與作品的關係，一方面又是此在與鏡象的關係。搞清這一點，對於分析《離婚》對家庭題材之表現，以及《離婚》的家庭觀念等，都是十分必要的。

二、老舍筆下的「恍惚者」形象

先來看作品中張大哥的家庭。

在老舍筆下，張大哥的家庭也是一個典型的核心家庭，一夫一妻，一子一女。兩個孩子都上了大學，家裏過得挺富裕，豐衣足食之外還有閒錢置辦一點房產。他的家庭理想就是男人有好東西吃——最好就是涮羊肉；女人有好衣服穿，而且樂於操持家務；然後就是傳宗接代，所謂「小孩就是活神仙，比你那點詩意還神妙的多。小孩的哭聲都能使你聽著痛快」；「做事不要太認真，交際可得廣一點，家中有個賢內助——最好是老派家庭的，認識些個字，胖胖的，會生白胖小子」。

張大哥的家庭觀念世俗、保守，其根本點是實用——包括必要的趨時。比如堅決反對老李追求愛情的夢想，用俗得可笑的語言來「開導」老李，一方面，他維護傳統的婚姻制度，把婚姻直截了當地看作就是男人女人一起過日子而已，所以嘲笑對愛情的追求是「《聊齋誌異》」；主張「婦女就是婦女」，沒有必要也不可能附加什麼「詩意」、「理想」。對於老李試圖擺脫無愛婚姻的念頭，他「瞪圓」了眼指斥，並從傳統的民間思想資源中尋找出「寧拆七座廟」、「一夜夫妻百日恩」的理由來做支撐。可是另一方面，他又有趨時的一面，教導老李要「自己的夫人自己教」，要讓來自鄉下的太太跟上時代潮流——如放腳、剪髮，還有城市裏必要的社交。總之，他的宗旨就是順應現實，按「常識」辦事。

老舍對張大哥的家庭及張大哥的家庭觀念的看法是通過兩種方式表達出來的。一種是通過老李的所見所思，一種是通過情節展開的衝突。

由於在多數情況下作者是以老李的立場和視角作為敘事的立足點的，所以老李的思考和感受在一定程度上代表著老舍的態度。老李對老張家庭生活方式和他的「高論」是既不肯認同，又有些心旌搖動。所以當他看著老張夫婦非常「充實」地生活著，身在其中地體會著這樣的家庭裏彌漫著的「人間煙火氣」時，他開始懷疑自己堅持的家庭理想主義了。老李把張大哥的家庭生活概括為「平腐老實」，而且把其內容概括為「手紙」、「廚房」、「被子」，這顯然是隱含著更粗鄙的也是更現實的市井觀念——「吃喝拉撒睡」。有趣的是，老李是把手紙、被子與生命、真理對舉；生命、真理成了「帶刺兒」的字眼。而最後的結論是生命、真理歸順於手紙、被子。在「充實」的物質生活現實面前，他的「詩意」退卻了，他猶猶豫豫地豎起了白旗：「也許這就是真理，就是生命。」

但是，總體說來，作者對「張大哥」的家庭生活還是持批判態度的。為了強化自己的見解，作者特地安排了一段老李的內心獨白：

> 不對！這樣的家庭是一種重擔。只有張大哥——常識的結晶，活物價表——才能安心樂意擔負這個，而後由擔負中強尋出一點快樂，一點由擦桌子洗碗切羊肉而來的快樂，一點使女子地位低降得不值一斤羊肉錢的快樂。張大嫂可憐！

藉此，「張大哥」的家庭和他的家庭觀念——那一連串「高論」，就都成為作品所展示的負面的標本。

再來看老李的家庭及其家庭觀念。作者給老李定下的性格基調是「恍惚」：

> 他應當是個哲學家，應當是個革命家，可是恍惚不定；他不應當是個小官，不應當是老老實實的家長，可是恍惚不定。到底——嘔，沒有到底，一切恍惚不定！

如果說魯迅把自己大多數家庭題材的小說收入《彷徨》，既表現出當時知識分子政治上的「彷徨」，也呈露出他們（特別是作者自己）在家庭問題上的「彷徨者」的心態，那麼老李的「恍惚者」就是不同歷史背景下另一類典型。

老李在家庭問題上的「恍惚」首先是迷惑在生活的「詩意」與「物質」之間。本來他是看不起完全世俗化的老張的。可是，在現實生活中的老張，無論是處理現實的人際關係還是安排現實的物質享受，都顯得是井井有條，如魚得水。這使得老李對自己虛幻的「理想」產生懷疑，而他所向往、追求的所謂「詩意」究竟是什麼，他也是恍惚不清的。他只是不甘心，只是不滿意。他所受的教育使他與傳統的婚姻家庭格格不入，可是，應該是怎樣的，應該怎樣做，在他的頭腦裏只是一個朦朧的影像。

老舍在「詩意」的對面不僅放置了「張大哥」式的物質生活，還放置了普普通通的天倫之情、天倫之樂。他細緻入微地描寫老李對孩子的疼愛，描寫在孩子身上得到的慰藉。這樣，「詩意」就顯得越發虛弱與無力，老李的矛盾與恍惚也就更加真實，也更加難以擺脫。

老李的「恍惚」還表現在情感與責任之間的矛盾所造成的困惑。老舍這裏有很奇特的一筆：由於和太太之間沒有感情，反而增加了老李的家庭責任感。他為老李設置的邏輯是這樣的：在他患病期間，太太照顧他很辛苦；而由於兩個人之間沒有情分，所以「他只能理智的稱量夫妻間互相酬報的輕重」，於是他覺得欠下了債。就這樣，老李又陷入了新的恍惚之中。老李性格

的特點，思維的特點，都是在矛盾中不停搖擺。他一方面嚮往精神生活，渴求知己之愛；可另一方面，他又不忍傷害別人，包括上下左右的親屬關係。所以，他的頭腦裏總是回響著含混的聲音：「老李，他自己審問自己，你在哪兒站著呢？恍忽！」因而，他永遠形不成一個明確的足以說服自己的行動方案。

這種家庭責任感制約著老李在家庭問題上行動的空間，同時也是他在社會上背棄理想、妥協讓步的理由或是藉口。作者通過老李的「恍惚」的思維和「恍惚」的行動，揭示出人生中非常普通但也是非常重要的「常識」──「家庭」不僅意味著內部幾個人之間的關係，還決定著他們與社會的關係，其中最簡單最世俗的因素就是所謂「養家糊口」。這是家庭中「戶主」──通常當然就是成年男性不容推卸的責任。「家庭」一旦建立，責任就如影隨形。「家庭」正是通過這樣的「責任」來異化人──相對於成家之前的「本來面目」而言。而最大的「異化」，就是強迫放棄「詩意」，背棄「原則」，降落到現實的地面上，甚至與自己所厭惡的骯髒東西為伍。他把李太太與衙門相提並論──怪物與女魔，就是著眼在「異化」自己的意義上，二者的某種合謀關係。

就作品對老李困惑於情感與責任之間的描寫而言，實在是最為平凡、普通的故事。但惟其平凡、普通，就具有了在家庭問題上的普世性。老李這樣的「恍惚者」的形象，兼具時代的和普世的意義。轉型期的價值混亂，大革命落潮之後的「死水微瀾」，都是「恍惚」的時代語境。而相當一部分具有理想主義氣質而又缺乏行動能力的青年，走出學校大門，走入社會的時候，書本之境與現實之境的落差，往往造成他們的「恍惚」。就這一點而言，「恍惚者」形象又具有某種超越時代的意義。

魯迅描寫他的「彷徨者」是「兩間餘一卒，荷戟獨彷徨」。彷徨，但是荷著戟，是戰士的形象。老舍的「恍惚者」卻是「兩牆夾夢魘，束手困其中」，是更為普通的軟弱的讀書人的典型。老李自省自己的生存狀態，「覺得自己還不如一粒砂子呢」。作為「恍惚者」，老李痛苦著又反省著，很有意思的是，他把一切的不幸都歸根於家庭：為了家庭他才「忍辱負重」，為了家庭他才犧牲「理想」，為了家庭他才放棄自身追求幸福的權利與機會。作者這樣寫，有為其開脫的意味，但是也含有批評的意味，這些「家庭」理由很可能只是一種推諉，一種自我正當化的藉口。一個善良而懦弱，空想而意志薄弱的讀書

人，在一片平庸、腐臭的空氣的包圍、重壓之下，他又能做什麼呢？於是，殘存的一點良知、一點朦朧的理想與現實的存在時時地磨擦著，有時強烈一些，有時和緩一些。強烈起來的時候，他需要為自己開脫，需要心靈的撫慰劑，於是家庭就成了一個最好的託詞。

在這個意義上，「恍惚者」的形象與家庭問題的關聯，具有深刻的典型意義。

三、婚姻觀念和家庭觀念

老舍在《離婚》中，圍繞著一群人的家庭悲喜劇，表達出他的婚姻觀念和家庭觀念。當然，他只是在講故事，帶著幾分幽默、幾分調侃地講故事，觀念主要是滲透在故事之中。如上所述，故事中人物都喜歡就婚姻與家庭來說上幾句，張大哥與老李說得尤多。這些人物的議論經常是彼此衝突的，那麼，作者的觀點如何？又是怎樣表現出來的呢？

老舍在《事實的運用》一文中講到自己的創作心得：「我們不仗著事實本身的好壞，而是仗著我們怎樣去判斷事實……由事實中求得意義，予以解釋，而後把此意義與解釋在情緒的激動下寫出來。」〔註31〕我們察知老舍家庭觀念的主要渠道，就是要通過作品的敘事態度與敘事安排，看出作者是如何「判斷事實」的，寄寓了哪些「意義與解釋」的。另外，前文曾提到老舍與人物老李的關係，既是造物主與創造物的關係，也有此在與鏡象的關係。作者寫老李各類體驗細緻入微，敘述者經常出入於人物內心，給讀者造成二者彼此認同的感覺。所以，老李的家庭觀念一定程度上反映了作者的觀點。除此之外，個別地方，作者也有直接表達的觀念性見解，但那反而不是很重要的。

老舍在作品中反映出的家庭觀念主要為以下三個方面：

其一，現行的婚姻制度是無法擺脫的枷鎖，建立在婚姻制度上的家庭對於所有的人都是一種宿命。「離婚」，意味著擺脫枷鎖的努力，而小說中各色人等大多都有這種努力的衝動，最終都無奈地放棄。小說結尾處作者遞進式的安排了兩段略帶戲劇性的情節，一段是「方墩」和「牙科展覽」的來訪。這兩個曾經氣壯如牛要離婚的女人態度一百八十度轉彎，全在「顯示」面前退縮了。如果說這一段是充分喜劇化的，那麼第二段則是沉重的悲劇。老李寄予了無限「詩意」幻想的馬少奶奶，十分輕易地回到了自己丈夫 —— 一

〔註31〕老舍：《事實的運用》，《老舍全集》，人民文學出版社，1999年。

個最為無聊的小丑的懷抱裏。她的妥協終結了老李的「詩意」，使得老李最終為自己的掙扎畫上了句號，也最終傳達出作者悲觀的家庭觀念。

這是老舍在《離婚》中傳達出的最基本的婚姻觀念與家庭觀念。

其二，老舍的家庭觀念又是不徹底的，互相矛盾的傾向糾結在一起，不能得出一個明確的統一的結論。他把婚姻看作是家庭制度的基礎，而合理的婚姻制度是美好家庭的前提與保證。所以，他透過老李的追求表達出自己的看法：應該有「詩意」的婚姻和家庭，而所謂「詩意」就是超越物質生活的精神生活，包括二人之間的契合，也包括互相理解的精神的／審美的追求。

但同時他又狠下心來承認，現實的婚姻是建立在物質基礎上的，包括物質性的社會環境與物質性的家庭關係。小說描寫的每個人——也包括老李，實際上都陷溺在這樣的環境與關係之中，都要服從這樣的「真實」。

其三，小說中，老舍極力使自己的家庭觀念顯得高出作品的人物，具有現代意識，理性而又全面。所以老李也罷，老張也罷，都在一定程度上被敘述人俯視，被調侃著講述。但是，他自己也有習焉不察的偏頗，就是性別視角的問題。例如對女性的評價，老舍總是試圖不落入舊的「封建意識」的泥沼，不時的插入幾句肯定女性的評語，但隨後便忍不住把它解構掉。更有甚者，是他在根本不自覺的情況下，便表現出了男性中心的立場。他所用力描寫的女性，都是被男性眼光充分「他者化」了的：

再看那些太太們，張大嫂，方墩，孫太太，邱太太，加上自己的那一位，有一個得樣的沒有？……在臭地方不會有什麼美滿生活，臭地方不會出完好的女子，即使能戀愛自由又能美到哪兒去？

這些都是出於老李的心中、眼底。老舍是要寫出老李性別觀念的矛盾，所以寫他受啓蒙思想與現代教育的影響，理論上承認應該男女平等，應該尊重女性；可是現實的女性讓他失望，於是不斷質疑那些觀念。這既是小說中老李人生矛盾的一個表現，但又是作者自家性別觀念的流露。因為，作者通過自己筆下的女性形象，給了老李「質疑」的正當性。換言之，作者筆下的女性都是令人失望的，包括馬少奶奶。尤其是大部分「太太」，彷彿都是為了對男人的折磨才進入家庭的。作者透過老李的眼看到女性都是精神上俗不可耐，形象上醜陋不堪的。這通過敘述的口氣明確地透露出來：首先是對談話者的稱呼，「方墩」、「牙科展覽」、「穿著別人衣裳的」，嘲諷態度近於刻薄地流露在字裏行間；然後是「比蘇格拉底一輩子所討論的都有意思的多」之類的評

價。這既是對談話中女人自我感覺的誇張式刻畫，又表現出男人自居於精神制高點，以精神貴族的傲慢來俯視的反話。

老舍家庭描寫中的性別偏見，還有一個隱微的但是不可忽視的地方，就是對中年女性的厭惡和對少女的偏愛。老李在談到他的理想女性時講：

> 我要追求的是點——詩意……我要——哪怕是看看呢，一個還
> 未被實際給教壞了的女子，情熱像一首詩，愉快像一些樂音，貞純
> 像個天使。

注意，這裡他沒有講什麼姑娘、處女之類的字眼，但是「還未被實際教壞」的真實含義就是沒有進入現實的婚姻家庭。且看老舍筆下的秀真姑娘的形象：

> 她像一朵半開的蓮花，看著四周的風景，心裏笑著，覺得一陣
> 陣小風都是為自己吹動的。風兒吹過去，帶走自己身上一些香味，
> 痛快，能在生命的初夏發出香味。左手夾著小藍皮包，藍得像一小
> 塊晴天，在自己的腋下。右手提著把小綠傘。袖只到肘際，一雙藕
> 似的胳膊……

這也可以看作是寫實筆法：初戀中的少女的自我感覺。但是毋庸諱言，作者欣賞的態度是十分明顯的。其實，他原本給秀真設定的性格特點是虛榮、淺薄，但是寫著寫著，清純少女就成了基調。這讓我們想到《紅樓夢》中賈寶玉著名的見解，女兒都是可愛的，結了婚沾了男子的氣息就都變得討厭了。男性本位，莫過於此。老舍雖經現代觀念的洗禮，在這一點上，還是無法飛得更高些。

四、相關文本簡議

《牛天賜傳》、《駱駝祥子》的關注點都不像《離婚》那樣集中在家庭生活本身。但是，既以家庭為故事發生的主要場所，其中也就自然會有較多的關於家庭生活的筆墨，也隨之流露出作者有關家庭的看法。《牛天賜傳》的主要興趣在社會教育、市井文化等方面，牛氏家庭在很大程度上是作為故事發生的平臺被描寫。不過，牛老者的夫妻關係、家庭的財產繼承問題、家庭的「香火」傳承，也是作品留意的內容。在表現婚姻的無聊與無奈、家庭主婦的庸俗與可怕方面，本書與《離婚》一脈相承。而對於當時家庭制度下，家庭財產與子嗣問題的思考及其表現，是《牛天賜傳》家庭書寫的特點——不過，只是淺嘗輒止而已。

　　《駱駝祥子》仍是寫北京市民，不過筆觸轉向了社會的底層家庭。前述《牛天賜傳》與《離婚》共有的家庭觀念，《駱駝祥子》也一仍其舊。不同的是社會視野。洋車夫祥子的周圍生存著的是甚至比他還要貧困、悲慘的人群——如小福子。所以，作者的筆調不再是《離婚》中描寫張大哥那種老北京的俏皮、調侃，而是沉重、壓抑的。於是，把家庭問題和社會問題聯繫了起來——建立家庭也是一種權利，窮人在這種和財產緊密聯繫的權利面前，是處於被極度壓抑的境地。老舍對此雖然未見得有理論上的自覺，但把不同階層、階級的家庭狀況加以寫實性表現，對於家庭題材而言，這也是視閾的拓展與深入。

　　另一個值得注意的地方是本書對家庭生活中「性」內容的處理和態度。魯迅的幾篇家庭題材小說都迴避了這一方面，這首先是作品的主旨所決定，但也多多少少與作者的性格、心態有些關聯。老舍則旨趣不同。《離婚》中已有一些閃爍其詞的描寫，而在《駱駝祥子》裏，則有頗多的正面涉及。如對祥子性心理的描寫。祥子對於虎妞的性饑渴是既厭惡又恐懼的，作品反覆寫到這一點。按照一般情況，年輕力壯的祥子，在性生活中的感覺至少應該是兩面的。可是老舍基本上忽略了他自身的性要求與性滿足，反反覆覆地描寫其厭惡與恐懼。這種種表述使我們很自然地想到舊通俗小說中的性觀念，如《水滸傳》中「只顧打熬氣力，全不在意女色」、「（蔣門神）被酒色淘虛了身子，怎及得武松虎一般健」之類，又如《西遊記》的女妖們一門心思要「盜取」唐僧的元陽，等等。誠然，對於重體力勞動的車夫們，老舍所寫不無依據，但是也不用諱言，中國封建時代男性的「性無能」集體潛意識也在老舍筆下流露——同時，這也與前述老捨家庭觀念中「主婦厭懼」意識互為表裏。

　　與魯迅作品的家庭題材比較，老舍《離婚》的一個明顯區別就是：啟蒙式的對禮教與愚昧的批判幾乎完全消失，代替的是對具體的人生與社會問題的批判；作品中透過正面人物表現出的與社會擔當相關的的思想彷徨幾乎完全消失，代替的是對於個人現實人生的困惑——而更早些的《老張的哲學》《趙子曰》與《二馬》還不完全是這樣。這和六七年間中國社會發生的巨大變化是密切相關的。

　　大革命退潮之後，對於北方城市裏的普通人來說，政局的相對穩定使得他們對日常生活的興味更加濃厚了。老舍本人 1924 年赴英，1930 年歸國，無論是北伐還是「4.12」事變，他都沒有親歷。如果說他在英國寫《二馬》的時

候，馬威的形象還多少帶有「五四」影響痕跡的話，他在三十年代初對激進青年與「革命」的描寫就完全浸染、認同於上述俗世的態度了。指出這些，並非要揭示「局限性」或是批判什麼，而是要說明老舍在這個階段的市民化的政治態度。而這種政治態度直接決定了他寫作《離婚》時對主題及立場的選擇：只討論家庭、婚姻與普通人的生存狀態的關係，只取一般意義的文化視角，放棄歷史的縱深感，放棄俯瞰的宏大視角。

老舍持這樣的態度，還有一個原因是：在這十餘年間，中國的大城市——尤其是沿海的大城市，人們的生活方式發生了很大的變化。茅盾《子夜》中對三十年代初上海的描寫集中傳達了這樣的信息，正如李歐梵所概括的：

> 小說的第一頁就透露了一個矛盾的信息：外國資本主義統治下的上海雖然很可怕，但這個港口——在我看來茅盾希圖用他的華麗筆觸來傳達的——熙熙攘攘的景象，還是滲透出了她無窮的能量：LIGHT，HEAT，POWOR！這三個詞（光、熱、力），再加上 NEON（霓虹燈），在中文本中用的是英語，顯然強烈地暗示了另一種「歷史真實」：西方現代性的到來。而且它吞噬性的力量極大地震驚了主人公的父親，使這個傳統中國鄉紳迅速命赴黃泉。〔註32〕

對於本節所要討論的問題來說，李歐梵對《子夜》的解讀還有另外的意義：經濟、社會生活的變化對文化傳統的衝擊，甚至超過了激進的政治運動——「傳統」「命赴黃泉」云云。當然，上海是在這方面走得最快的，但也不是唯一的。天津、青島、哈爾濱、廣州等大城市也是緊跟其後的。風氣、時尚總是由社會上層向下層傳播的。新的富人階層、新的權貴階層接受了西方的洋房、沙發、電影、舞場、美容廳，也同時接受了相應的社交禮儀、生活方式以及家庭觀念，等等。此時，國民政府出臺的一列關於家庭、婚姻的法令，也證明了社會上層的家庭觀念比起「五四」前後已經有了很大的變化。因此，對於家庭、婚姻這個話題，封建批判的意義在城市裏日漸模糊，有錢有勢的人們在西化的同時，追求著「摩登」的生活方式，他們已經從享受人生的角度痛快地拋棄了傳統。而他們的生活方式由於其地位而產生著巨大的示範作用，也影響著政府的政策法令。這些政策法令雖然緩慢卻有力地推動著變革。所以，家庭的話題不再像十年前那樣完全是承擔著使命般的意義，也不再具

〔註32〕李歐梵：《上海摩登——一種新都市文化在中國》，北京大學出版社，2001年，第4～5頁。

有十年前那樣的沉重的意味，而漸漸地與現實生活中的瑣屑事務、與更具普遍性的細節性話題產生了越來越密切的關係。老舍選擇了「老張」與「老李」這樣最為普通最為常見的泛稱，來作筆下兩個主角的稱謂，隱約地也透露著自己這樣的創作意圖。

　　當然，這只是問題的一個側面，「五四」所開始的話題並沒有驟然消失，在另外一些作家的筆下仍在延續，甚至在張揚。只不過新的趨勢出現了，文學中也就有了相應的表現——雖然是不自覺的，老舍由於他是老舍，便適逢其會的承載了這一運勢，於是也就出現了如此表現家庭題材的《離婚》。

第三節　《父親》和《打出幽靈塔》中的亂倫敘事

　　早有研究者指出，中國現代文學中存在「褻瀆父親」這一重要現象〔註33〕。這種「褻瀆」通過兒子的出走、兒子對父親的驅逐以及亂倫等形式表現出來，其中亂倫無疑是最為激烈的「弒父」行為〔註34〕。從語詞定義上看，「亂倫」是指「在法律或風俗習慣不允許的情況下近親屬之間發生性行為」〔註35〕。在本文談及的相關作品中，「亂倫」不止與「兒子佔有父親的女人」這樣的「弒父」衝動有關，而且牽涉更為複雜的社會內容。

　　家族制度是中國古代社會制度的根基。儒家思想作為傳統社會的主流意識形態，重倫常、遵禮教、講孝悌，強調親屬間森嚴的等級、繁複的禮節。在中國古代文學中，亂倫是難登大雅之堂的情節元素，一般出現在注重感官刺激的豔情小說和狹邪小說裏。若是在嚴肅的文學作品中出現，則往往作為個人或家族極其荒淫腐朽的證據，予以隱晦的表達和嚴厲的批判〔註36〕。進入 20 世紀，「五四」新文化運動力圖「以個人本位，易家族本位主義」〔註37〕，

〔註33〕賈植芳、王同坤：《父親雕像的傾斜與頹敗——20世紀中國文學中的「褻瀆父親」母題》，《中國現代文學研究叢刊》1996 年第 3 期。

〔註34〕陳少華：《論中國現代文學父子關係中的「篡弒」主題》，《文學評論》2005 年第 3 期。

〔註35〕見《現代漢語詞典》（第六版），商務印書館，2012 年版。「亂倫」的定義在倫理學、法學、醫學、人類學等學科詞典中均有闡述，其表述略有不同，但都包含「近親屬之間」與「性行為」兩個核心概念。

〔註36〕前者如明代小說《癡婆子傳》，以女主人公與丈夫的兄弟、父親及自己的男性親屬發生性關係為主要情節；後者如《紅樓夢》中關於秦可卿之死的隱晦描寫，焦大醉酒怒罵賈府的不肖子孫「爬灰」、「養小叔子」。

〔註37〕陳獨秀：《東西民族根本思想之差異》，《新青年》1915 年第 1 卷第 4 號。

以新道德取代禮教綱常，傳統社會思想文化的蛻變開始加速。「亂倫」這一在傳統文化中被視爲極其恥辱的行爲，也以一種更爲複雜的面貌進入了新文學文本。

提到中國現代文學中的亂倫敘事，人們很容易想到 30 年代曹禺的名作《雷雨》。而實際上，在《雷雨》之前，20 年代的新文學創作中已經出現了有關亂倫的文學敘事。例如，1923 年《小說世界》發表了署名卓呆的劇作《父親的義務》〔註 38〕，1925 年《小說月報》發表了盧隱的短篇小說《父親》，1928 年魯迅主編的《奔流》月刊發表了白薇的三幕劇《打出幽靈塔》。在此之後，《文學季刊》於 1934 年發表了曹禺的劇作《雷雨》〔註 39〕。這一文本序列跨越了現代文學史敘述通常指認的「文學革命」落潮與「革命文學」勃興的不同階段。在此進程中，亂倫敘事與「啓蒙」話語和「革命」話語呈現出既交融又牴牾的微妙關係。

如果說新文化運動「人的發現」和「婦女的發現」的重要動力之一是對父權制社會中的代際關係和性別關係進行重構的話，那麼，鑒於亂倫敘事同時涉及這兩組關係，因而爲我們提供了從中一窺這兩大發現所達到的水平及其所存在的限度的可能。在此以盧隱、白薇筆下的亂倫敘事爲中心進行探討。

一、「亂倫衝動」書寫與「啓蒙」、「革命」話語的交融

亂倫禁忌的起源在學界尙無定論，但人類學界普遍認爲它伴隨人類由血緣婚向外婚制的轉變而產生。從人類日常生活運行的角度可以說，亂倫實際上是一種制度性的產物，它被視作罪惡的重要原因之一，是因爲這一行爲破壞了家族內部的秩序和界限。新文化運動的核心價值觀念是個性解放，以個人本位取代家族本位，新文學主潮即是對這一社會思潮的反映和書寫；至 20 年代末革命話語興起，青年一代又找到了新的武器來反抗「父親的律法」，此時興起的革命文學常用階級立場的對立來表現個人與家族的矛盾。在這一背景下，盧隱和白薇不約而同在創作中選擇了與家族制度相伴生的亂倫敘事作爲挑戰父權、衝擊家族制度、破壞禮教倫常的突破口，敏銳而又富於戲劇性。

〔註38〕該劇的主要情節爲：妓女大麗花周旋於父親陳錦屏與兒子陳維美之間，最後陳維美與大麗花合謀，騙取了父親的錢財和禮服用於二人的婚禮，直到婚禮現場父親才醒悟自己被騙。劇作者對陳氏父子的荒誕行爲進行了溫和的諷刺與批判。

〔註39〕上述作品中，《父親》和《打出幽靈塔》所描寫的兩性關係均處在止於欲望而未成於行動的階段，故本文將這兩部作品中的相關情節稱之爲「亂倫衝動」。

　　《父親》的情節非常簡單:「我」與兩位男性友人看一本公開出版了的日記作爲午後的消遣,日記記錄的是一位年輕人的愛情故事。主人公單戀只比自己大兩歲的庶母,經過長時間的內心掙扎,送給庶母一束紅玫瑰婉轉地表達心意。庶母因爲發現丈夫原來早已有了妻子,得知自己落入「小妾」的境地而悲憤抑鬱,久之成病。加上這突如其來的愛情表白更增煩惱,竟至一病不起。臨死之前,她向年輕人表達了眞實的愛戀之情以及鼓勵其上進之意。

　　《打出幽靈塔》是一出有著複雜的人物關係和尖銳的矛盾衝突的三幕劇,作品的命運亦頗爲坎坷〔註40〕。地主胡榮生家中有兒子胡巧鳴、小妾鄭少梅以及養女蕭月林。月林與巧鳴相愛,少梅亦對巧鳴有戀慕之情,胡榮生一直試圖將月林據爲己有。少梅厭惡自己的身份和生活,尋求婦聯主席蕭森的幫助,試圖與胡榮生離婚。蕭森在胡榮生家偶遇月林,發現她是自己當年被胡榮生欺騙並強暴生下的女兒。後胡榮生試圖霸佔月林,巧鳴與其搏鬥被槍殺。恰好此時月林與巧鳴共同的朋友、農民協會委員凌俠來訪,於是被誣衊爲殺害巧鳴的兇手並被逮捕。月林受驚過度瀕臨瘋狂,胡榮生利用她神志不清意欲強行與她結婚。蕭森委託胡家賬房貴一營救月林,貴一亦被胡榮生殺死。危急之際,少梅、蕭森趕往胡家救援並揭穿了所有眞相。胡榮生企圖殺死蕭森,月林捨身相救,同時開槍殺死了胡。最終,彌留之際的月林與蕭森母女相認。

　　這兩個文本中,「亂倫衝動」均是情節展開的主要動力。於此我們看到,在古今中外絕大多數文明形態和民族文化裏都被視作禁忌乃至罪惡的「亂倫」,在「五四」的時代語境和文本提供的具體情境中某種程度上獲得了存在的理由。首先,「亂倫衝動」最終因當事人的死亡導致中止,衝動未能轉化爲行動,處於一種「未完成態」。《父親》中,「我」與她雖然互相愛戀,但發乎情止乎禮,二人單獨住在同一屋檐下,卻依舊限於精神的戀愛。《打出幽靈塔》中,少梅對巧鳴的戀慕一直處在隱而不宣的狀態,最直接的一次表達不過是提出想摸摸巧鳴的頭髮,最終也並沒有付諸行動。如此一來,這兩段兒子與庶母之間的「不倫之戀」實際上並沒有觸犯亂倫禁忌之核心——性關係。其次,「五四」戀愛思潮傳播和確立的新的性道德,概括地說即愛倫凱的「戀愛

〔註40〕《打出幽靈塔》於1927年創作完成,不料被某編輯拿走後有去無回。白薇於1928年根據記憶重寫,連載於《奔流》雙月刊1928年第1卷第1至3期。見白薇:《白薇作品選》,湖南人民出版社,1985年,第333頁。

正義論」——「戀愛是道德的，即使沒有經過法律上的結婚；但是沒有戀愛的結婚，是不道德的」〔註41〕。在這一新的性道德觀的審視下，父親與庶母之間無愛的婚姻是不道德的，而「我」對她、少梅對巧鳴出於真誠之心的愛情，則具有了個體生命本能抵抗禮教倫常的正義內涵。

「亂倫」止於「衝動」而未成於行動，依稀透露了盧隱和白薇設計這一情節的真正意圖。故事進程中，雙方關係的確立一再被延宕，其原因不在於當事人需要在對方身上尋找愛情的確證，而在於受到親屬關係的束縛。這顯示出文本敘事的重點並非兩性情慾，而是試圖借個人情愛來表達「反封建」的政治訴求。這也是「五四」愛情敘事中一個比較普遍的模式：一方面，設置一個醜惡腐朽的專制父親形象作為舊倫理道德的代表，藉以揭示禮教反人性反自然的「吃人」本質。例如，《父親》中的「她」和《打出幽靈塔》中的巧鳴雖然輩分不同、性別相殊，但都是「被吃被殺的」、「證明舊文化罪孽」的「死者」。〔註42〕另一方面，用個性解放和新的性道德觀作標尺，對充滿愛與美的兩性關係進行重新定位。比如，兩部文本都極力渲染兒子與庶母情趣和志向上的不謀而合，其中少梅與巧鳴更是互相扶持，為脫離幽靈塔般的家庭付出行動。兩人的關係更多地呈現為同志式的情誼而不是男女間的曖昧。

我們知道，「五四」時期出現了大量以青年男女戀愛為題材的小說，其中既有盧隱、馮沅君、石評梅等留名於文學史的作家的創作，亦有大量不知名作者的創作散見於各種文藝報刊。後者數量雖多，卻並沒有留下具有豐富而生動的細節的愛情敘事。這一現象從一個側面證明，在許多「五四」文學文本裏，戀愛可以是目的，可以是手段，卻並不是戀愛本身——戀愛的自由被剝奪使青年人真切地感受到制度和禮教對人性的禁錮，爭取自由戀愛的權利成為個性解放的核心訴求，這是戀愛之為目的；通過與異性建立戀愛關係，子輩結成同盟，向陳腐的制度和「吃人」的禮教發起挑戰，這是戀愛之為手段。而兩位女作家筆下的「亂倫」即便只是一種衝動，也可以視作「五四」背景下反對制度和禮教最激烈的形式。這是因為，在家族制度下，親屬之間等級森嚴、界限分明，兒子愛上繼母，小妾愛上繼子這樣的「亂倫衝動」，足以構成對家庭倫理秩序和男性家長權威的蔑視。由於這一行為明顯僭越了親

〔註41〕（瑞典）愛倫·凱：《婦人道德》，《婦女雜誌》1922 年 8 卷 7 號。
〔註42〕孟悅、戴錦華：《浮出歷史地表——現代婦女文學研究》，中國人民大學出版社，2010 年，第 9 頁。

屬之間的等級和界限，它對以此爲核心的家族制度和封建禮教的挑戰也就更甚於類似《終身大事》（胡適）那樣的故事中子輩的「出走」。

　　與此同時，兩個文本中的被害者——「她」和巧鳴——的無辜死亡表明，即使擁有長輩（庶母）的名義或是作爲強勢性別（男性）的一員，只要身處父權制等級體系中，依然隨時都有被身體暴力以及精神奴役吞噬的危險。這也是盧隱和白薇這兩個文本超越同時代其它戀愛題材作品的地方。在她們的作品中，成爲「情敵」的不是戀愛題材小說中常見的兩位青年，而是父親和兒子。這樣的人物關係設置同樣暗示了文本敘事重心的位移。前文已經提到，站在兒子的立場上對父權進行顛覆是新文學創作常見的寫作主題。引人矚目的是，命運坎坷的盧隱和白薇於此表現出了比同時代男性作家更爲決絕的姿態。她們通過塑造具有「亂倫衝動」的兒子這樣一種激烈的方式，特定意義上成爲了「謀逆」的女兒，釋放了「五四」時代熱血青年的「弒父」欲望。

　　《父親》的題目已經隱隱地流露出子輩的「宣戰」之意。這是一本「我」的戀愛日記，主人公理當是「我」與她。從情節進展上看，父親顯然不是情節層面上的主人公。那麼，何以「我」將日記題名爲「父親」呢？或可以理解爲，父親才是「我」潛意識裏的對話者。這本日記以及將這一涉及個人和家庭隱私的日記公開出版，是「我」被壓抑的亂倫衝動之宣洩。如此一來，日記便似乎摘下了「戀愛」的面具，露出了「弒父」的本相。日記的第一篇，記錄「我」初次見到庶母的情形。「我」被她的年輕美麗吸引了全部的注意力，由此想起了父親是多麼老而醜。老頭子是「可笑的」，頭上除了白髮，只有「三根五根純黑的頭毛」和不少「半黃半白」的頭髮〔註43〕。「我」由是認爲父親不是配得上她的人。正在此時父親出現了，親吻了年輕美麗的她。於是「我」替她感到不平的情緒轉化成了「悲抑」和「憤怒」。接著「我」引出同父異母的兄弟來批評父親愛聽奉承話，又借兄弟之口嘲笑父親是紙老虎。由對外貌的不屑上升至對性格品質的攻擊，顯然是一個人處在非理性狀態下的行爲，其心理動因往往是深刻的嫉妒。在第二篇日記裏，「我」正面寫下了「父親不配」這樣的字句。可見，在「我」因庶母的經歷處境對她由憐生愛與「我」因嫉妒而產生了搶佔的欲望之間，也許後者更接近於「我」深層心理的眞實。後來父親同意庶母另覓住房單獨居住，又吩咐「我」去和她作伴。在這個只

〔註43〕盧隱：《父親》，《盧隱小說全集‧上》，時代文藝出版社，1997 年。以下該作品引文均出於此。

有「我」和她的短暫的特定時空裏，「我」想像如有生客來時會把她當作「我」的妻子，於是在幻想中完成了對父親的全方位取代——既是她的丈夫，又是一家之主。與此同時，「我」時常陷入這種隱秘欲望被他人洞察的恐懼之中。當她拒絕丈夫留宿的要求時，「我」對她的拒絕本身沒有做出情緒反應，想到的卻是父親「是最多疑，不要以為是我搞的鬼呢」。可見，「我」內心的矛盾衝突更多的是與父親的博弈，而非男女戀愛中的試探與揣測。在最後一則日記裏，「我」吐露了內心的真實：「我本沒有家，父親是我的仇人，我的生命完全被他剝奪淨了。」實際上，在生活的表層，父親並沒有與「我」爭奪過什麼。「我」所怨恨的，是最終未能完成對父親的取代，無法擁有父親所支配的一切。於是，只好出版這本「大逆不道」的日記，在想像中借助「亂倫之戀」發泄「弒父」的隱秘衝動。日記代替死去的「她」，成為「我」可以切實擁有之物。

在《打出幽靈塔》中，巧鳴為自己的「弒父」衝動找到了另一種釋放的途徑。20 年代中後期，革命文學勃興，一直追隨時代主潮的白薇受到了新興話語的感召。階級鬥爭的革命話語對她的創作的影響，突出體現在胡巧鳴的「弒父」動機上。這裡的巧鳴不再如同《父親》中那個長於憂思短於行動的「我」，而是一個與農民站在同一戰線的革命者。從巧鳴處理父親與農民協會之間矛盾的方式上可以看出，胡氏父子的衝突在代際矛盾之外增添了階級對立的因素。巧鳴站在農民的立場上，向父親要求按照協議付給農民工錢，賠償農民損失，並且希望代替父親去鄉下糶穀以維護農民的利益，還時常開放自己的糧倉賑濟窮困者。正是在這樣的情形下，身為地主的胡榮生視胡巧鳴為「叫老子退位的」、時刻準備「父子革命」的敵人；巧鳴亦直接發出了「兒子不是生來就要革老子命的嗎」〔註44〕的宣言，表達了對立的階級認同。然而，巧鳴在父親被農民協會抓走以後從中調解斡旋，使父親得以歸家，後又在得知農民協會的人要前來家中引發暴動時勸父親避禍，又可見出他並沒有完全從情感上與父親切斷關係。推動他進行「父子革命」的，除了作為子輩的無意識生命衝動之外，更為強大的是一種來源於理性的力量，即他清晰明確的階級革命立場。但巧鳴未能推翻父親的統治，而是倒在父親槍下。替他完成「弒父」任務的是他的盟友、胡的養女月林。月林成為了新文學史上罕見的成功「弒殺」肉身之父的女兒。

〔註44〕白薇：《打出幽靈塔》，《白薇作品選》，湖南人民出版社，1985 年。以下該作品引文均出於此。

在作爲亂倫代名詞的俄狄浦斯王悲劇中，殺父是整出劇作的情節推動力。西方神話系統爲弗洛伊德的「俄狄浦斯情結」學說提供了有力的支撐。而在華夏民族古代神話及文學文本中，有著強烈「弒父」衝動的兒子並不多，最終成功的則更爲罕見。只有進入了「重估一切價值」的「五四」時代，「逆子」才有可能取代「孝子」成爲時代舞臺上的主角。當同時代作家多以子輩「出走」或父輩「不在場」表達對「父親」的背離時，盧隱和白薇另闢蹊徑選取了亂倫敘事的方式。無論是「弒父」的欲望還是越界的戀愛，表達的都是對家族制度和禮教的控訴與挑戰，其價值理想和實踐訴求與「五四」文學的主題思想是高度一致的。《打出幽靈塔》雖然同時徵用了階級倫理，但在此主要是作爲一種手段而非新的價值體系，「革命」與「啓蒙」兩種話語由此呈現出相互交融、并行不悖的狀態。

二、性別矛盾在「亂倫衝動」書寫中的凸顯

正如研究者已經指出的，雖然「五四」思想文化先驅對封建父權專制的抨擊集中而猛烈，但「五四」作家對「父親」形象的塑造軟弱而分散〔註45〕；「五四」新文學中的「父親」主要作爲封建父權或古老中國的象徵存在，描繪角度較爲單一，形象感不足。〔註46〕不僅如此，這樣一個作爲文化符號存在的「父親」，往往是無性別的存在，父親作爲成年男子在家庭中承擔的重要倫理角色常被忽略。與此相關，在「五四」文學書寫中，日常生活場景中女人與男人衝突的內涵時或在很大程度上被納入個人與專制家庭之間矛盾的框架。而由亂倫敘事的內涵所決定，無論是代際矛盾還是性別衝突，於此都是難以被化約的。《父親》和《打出幽靈塔》通過「亂倫衝動」，把有關兩種衝突的思考巧妙而自然地糅合在一起。進而，由於作家性別意識的敏感和自覺，「五四」文學文本中時常被代際矛盾所遮蔽的性別衝突在這兩個文本中成爲了表現的中心。

《打出幽靈塔》核心的戲劇衝突，便是父親胡榮生對養女蕭月林生出的「亂倫衝動」。月林尚是十歲孩童時，胡榮生便對她產生了非分之想。他從人販子手中買下月林的目的，就是有朝一日能夠佔有她的身體。在月林長大成

〔註45〕王愛松、何仲明：《中國現代文學中「父親」形象的嬗變及其文化意味》，《首都師範大學學報》（社會科學版）1999 年第 4 期。

〔註46〕陳千里：《凝視「背影」——論 20 世紀中國文學中父親形象的文學塑造與文化想像》，《天津社會科學》2000 年第 3 期。

人的九年間，胡榮生一直在焦灼地等待、窺探月林身體的成熟。這肉體的欲望在多年行為的延宕中發酵膨脹，並在追逐月林的最後一搏中顯得尤為赤裸和不堪。事實上，這個家庭中「父」的統治是與性的暴力結合在一起的，它集中體現在對女人的支配、侵犯和佔有上。胡榮生時常假裝鬼叫恐嚇少梅，試圖從精神上控制她，限制她的人身自由。隱匿在敘事縫隙中的巧鳴的生母、七位姨太太、家中的侍女，她們的身體也無不處在胡榮生的控制、壓迫下。他將姨太太們幽閉在家中，利用錢財籠絡侍女靈香，佔有她的身體。而蕭森以及那位無名的寡婦更是曾遭受胡榮生的強暴。在對女性佔有和掠奪的欲望支配下，甚至血緣親情也被拋棄。胡榮生之所以開槍殺死了親生兒子胡巧鳴，只因為將兒子看做性的競爭者。這顯然是一個「性的暴君」，對性的病態欲望直接轉化為暴力統治。

這一形象具有獨異性。「五四」女作家筆下的父親大都是缺席的。蘇雪林的《棘心》、馮沅君的《旅行》《隔絕》《隔絕之後》、盧隱的《海濱故人》等小說中，母親常常代行父職。男作家筆下出現的是《狂人日記》中的兄長、《長明燈》中的伯父等面目模糊、卻具有偶像般權威的男性家長，或者是胡適《終身大事》中的田父、田漢《獲虎之夜》中的魏福生等缺乏鮮明的個性特徵、大體僅作為女兒愛情的障礙物存在的家長。在這個意義上，《打出幽靈塔》中胡榮生這樣一個龐大而具象、性別身份鮮明的統治者的「在場」，可以說是白薇對新文學的一個貢獻。雖然這個有著父親/男人（代際/性別）蘊涵的形象仍帶有一定的漫畫化傾向，與其相關的情節也不乏邏輯漏洞〔註47〕，但前溯有《紅樓夢》中的賈珍、賈赦，後延有蘇童筆下的陳佐千，在「性的暴君」這一形象序列裏，胡榮生的形象塑造有獨特的價值。

有暴君的統治，便會有被統治者的反抗。《打出幽靈塔》中參與性別反抗的女性具體情況各異，其中有母親一輩的蕭森，年輕一代的少梅和月林，也有胡家的丫頭女僕們。在她們的反抗中，「打出幽靈塔」的追求無關戀愛或革命，而首先是基於個體生命本能以及女性的性別體驗，這也是白薇區別於更早一些的「五四」女作家之處。如果說「出走的娜拉」是追求個性解放的「五

〔註47〕 胡榮生的亂倫行為終未得逞是該劇最大的邏輯漏洞。因為在巧鳴已死、凌俠入獄之後，胡即可毫無顧忌地霸佔月林，根本無須與月林舉行所謂的「結婚」儀式。這一顯而易見的疏漏，固然可以視作白薇的筆力不濟，卻也不排除是她作為一位身體飽受磨難的女性，不忍筆下的女性蒙受暴力而有意為之。

四」年輕女性共同的肖像，那麼少梅從身份上來說是文本中與之最為酷肖的一位。易卜生筆下的娜拉是一位妻子和母親；她所出走的家庭，是丈夫的家而非父母的家。身為人妾的少梅境遇與之相似。她在與蕭森談及離婚理由時坦白道，自己嫁給胡榮生之後「不能說我不喜歡他，但現在是他嫌我了，他別有所愛了」，「與其日後被他丟棄，不如及早自己和他脫離」。這樣的陳述看上去不如「女子也是人」的宣言那樣顯示出「透徹的思想」，不如「我是我自己的」那樣的話語鏗鏘有力，然而卻恰恰表明，少梅從丈夫家的出走，並非受到新文藝的啓蒙或他人的「煽動」。她的自我拯救幾乎沒有浪漫、理想的成分，而是源自隨時有可能被拋棄的切身處境中的生命體驗。而月林，則是以生命為代價，艱難地完成了自我主體和性別主體的雙重確立。〔註48〕

再來看《父親》。青年男性「我」是這部小說的主人公。面對繼母和庶母這兩位異性長輩，「我」對前者嫌惡厭恨，對後者則產生了「亂倫衝動」。這樣的態度表面上截然相反，其實卻同樣源自「我」這個「新青年」與父輩在性別觀念上的一脈相承，以及以「我」為代表的新世界與父輩的舊世界在性別秩序上的同質同構。

作品中的「我」顯然是一位比較有代表性的「五四」新青年：寫白話文日記，讀東西方文藝作品，懂得紅玫瑰的含義，信奉為愛而死美麗且神聖，認識到女人無法自立要倚賴丈夫是很可憐的……看上去有著透澈光明的思想而又性情浪漫。但日記同時卻還記錄了這樣的一個「我」：原先在貴州老家時，聽聞父親又娶了一位年輕的女子，心中「絕不在意」，並不曾想到過她的生活和命運。而當見到這位庶母時，「我」驚訝於她的美麗和年輕，尤其驚訝於她與實際年齡不符的「媚妙的態度」，於是對她一見鍾情。如此心路歷程，透露出「我」日記中寫下的「認識她的魂靈」之語，大可視作新文藝中的一句套話。實際上，「我」對她的欲望不過是對年輕美麗的追逐和佔有，這與「我」所厭棄的父輩的行為觀念並沒有本質的區別。「我」幻想她不是父親的女人，而是「十七八歲青春的處女」，「她的心也從來沒有給過父親」。可見，「我」不但未曾忽略對女性貞潔的渴求，甚至所期待的從身體進一步延及精神。「我」看來，女子不過是一件可以轉贈的對象，所以才想「懇求父親，把她讓給我」。如果說盧隱在她那些最具代表性的作品裏展示了女兒們「幻滅、枯萎」的結

〔註48〕相關論述見孟悅、戴錦華：《浮出歷史地表——現代婦女文學研究》，中國人民大學出版社，2010年。

局，那麼《父親》中「我」與「她」這「未完成的亂倫」，則曲折觸及了這一「幻滅、枯萎」的男權文化根源。

在庶母以物的存在被凝視的同時，形成對照的是「我」對繼母的另一種態度。「我」三歲左右生母病逝，由繼母照顧養育逾二十年。而「我」卻因她曾是暗娼而視之爲「最醜惡的賤女人」，在日記裏稱呼她爲「討厭的老太婆」，還將繼母所生的兒子品質惡劣歸因於她的遺傳。父親離開貴州老家十年，與年輕的新妻子在外地居住，「我」對庶母委身於老而醜的父親感到深深的不平，卻從未想像過繼母獨自在家操持家務照顧老人的艱辛。當繼母來到這個新家庭的時候，「我」看到的是她的尖酸刻薄，難以相處，竟也體諒起父親的苦處。在「我」的眼中，出身卑賤年老色衰的繼母只不過是父親的世界的附屬，而不是「父的罪孽」中的死者、犧牲和證物。可見「女子也是人」這樣一句「五四」青年時常呼喊的口號，其內涵不無可疑之處：究竟什麼樣的女子能夠被視爲「人」？社會位置不同的女人各自會以什麼樣的方式被看見？是否有一些女人依然被遺忘，甚至被仇視？作品給人們留下了思考。

居於權力邊緣的群體常常更爲深刻地體驗著權力的本質。盧隱和白薇雖然年輕、稚拙，卻似乎對歷史有著本能的洞察力。白薇通過塑造一個近乎漫畫的「性的暴君」形象揭示「封建統治不僅是一種殺子統治，而同時是一種性別奴役、性別虐待」〔註 49〕；盧隱則通過呈現新青年對女性的認知和想像指明，至少在「性別」維度裏，子輩們並未能建構出本質上區別於「父的秩序」的新秩序。從審美品質上說，《父親》和《打出幽靈塔》並不能算是兩位作家的上乘之作，但在其創作中卻有著頗爲顯豁之處——作品最直接地表達了關於性別制度的樸素認知。這認知借「幽靈塔」中一位普通女僕之口來說便是：「無怪乎男人家總把中國弄不好的，你們男傢夥都要退位去」。這之中當然不乏調侃意味，道出的也不過是一個簡單粗暴、明顯陷於二元對立的判斷，但它又不無深刻之處：任何形式的父權統治/性別壓迫，都不可能帶來眞正意義上的社會解放。也正是由於性別矛盾在「亂倫衝動」書寫中的凸顯，使兩部作品在與當時的社會思潮和文學話語交融滲透的同時，又有所豐富和游離。

〔註49〕 孟悅、戴錦華：《浮出歷史地表——現代婦女文學研究》，中國人民大學出版社，2010 年，第 156 頁。

三、與《雷雨》中的亂倫敘事相比較

　　1934 年，《文學季刊》發表了曹禺的四幕悲劇《雷雨》，這個標誌著中國話劇走向成熟的劇作同時也是現代文學亂倫敘事最重要的文本。若從人物關係和情節構成上看，《父親》和《打出幽靈塔》十足地像是《雷雨》的「前傳」，兩者所包含的母子相戀、兄妹相愛都同樣出現在曹禺的這部成名作中，並構成了全劇的敘事主線。與此同時，人物的精神氣質亦呈現出相當強的連續性：少梅身上湧動著的抵抗壓抑的生命本能，隱約顯現著繁漪的輪廓；巧鳴對月林愛的表白裏摻雜著對幽閉的家庭的厭倦、對鮮活生命力的渴求，這與周萍對四鳳的感情如出一轍。而《打出幽靈塔》那種過於戲劇化而略顯幼稚的衝突設置，「幽靈塔」的象徵手法以及作品奔放的充滿生命激情的審美風格，與《雷雨》也頗有些神似。當然，《雷雨》雖誕生稍晚，但在藝術上要成熟得多。

　　相較於《父親》和《打出幽靈塔》，《雷雨》構建了更爲複雜的父子關係，也傳達出更爲深刻的文化意蘊。劇作中父親周樸園的形象飽滿而立體。從未被搬上過舞臺的《雷雨》的序幕和尾聲，指明周樸園是在這場颶風般席捲一切的悲劇中唯一沒有被擊垮的人。周樸園近乎冷酷的堅忍，與他的兒子們——周萍的怯懦、周沖的天眞、魯大海的簡單魯莽——相比，形成了十分鮮明的對照。

　　相應的，周萍亦是新文學史上最具典型性的「兒子」形象之一。他將《父親》中「我」佔有父親的女人的欲望變爲現實，以亂倫褻瀆了父親的尊嚴和權威。然而，《雷雨》的故事恰恰從兒子對父親的懺悔開始。周萍「弒父」的悲劇表明，僅僅依靠青春的、生命的以及啓蒙的力量，幾乎不可能將反抗進行到底。周萍與他之前的高覺新（巴金《家》）、他之後的蔣蔚祖（路翎《財主底兒女們》），亦構成了一組具有典型意義的「長子」形象序列。在這三個長子身上，反抗性的「弒父」的意志力逐漸減弱以至於萎靡，向父親皈依的衝動次第增強以至造成自我人格分裂。這一形象序列顯示出實現眞正的個性解放、人格獨立的複雜與艱難。

　　在革命文學勃興初期創作的《打出幽靈塔》中，巧鳴借助階級話語似乎爲子輩同盟找到了更爲有力的反抗武器；而《雷雨》中的魯大海已經直接成爲了無產階級的代表。他領導煤礦工人罷工，在失敗後出走。相對於劇中其它男性形象，魯大海的刻畫是比較粗糙的，這個人物與其養父魯貴、生父周樸園之間的衝突表現得也較爲單薄，從中可見曹禺當時對階級話語雖有所留

意但終還比較隔膜。這一話語到了 30 年代的左翼文學文本中才成為真正的利器。通過對革命倫理的徵用，多多頭（茅盾《農村三部曲》）和立秋（葉紫《豐收》）取代了父親的權威，李傑（蔣光慈《咆哮的土地》）驅逐了地主父親。一批推翻了血緣父親主導地位，吶喊著「我把日來吞了，我把月來吞了」（郭沫若《天狗》）的「人之子」，為自己尋找到了新的「精神之父」，成為了階級之子，人民之子。這一歷史循環在爭取民族解放的時代有其合理性和必然性，同時也映現出個性解放思潮的悄然轉換。

在《父親》以及《打出幽靈塔》中，「我」和胡巧鳴等子輩「弑父」的武器是啟蒙話語和階級倫理。儘管兩者價值取向不同，卻有著共同的前提——對一種簡單化了的社會進化思維的認同，也就是將新的等同於進步的，舊的等同於落後的，進而判定落後的必須被進步的淘汰。如果說《雷雨》中周萍、周沖代表著青春的激情和啟蒙的力量，魯大海代表著樸素的階級倫理，那麼他們的死亡和出走，則昭示了這兩種力量的失敗。儘管《父親》和《打出幽靈塔》通過引入或顯或隱的性別視角揭示了新舊秩序都未能動搖和改變性別壓迫，客觀上構成了對啟蒙話語和革命話語的質詢，但盧隱和白薇都未能擺脫進化論設置的新舊二元對立局限。《雷雨》則顯然溢出了啟蒙和革命的話語框架，試圖深入追尋歷史及人性的複雜性和豐富性。在這一追尋過程中，兒子和父親平等地接受命運的考驗以及來自彼此的挑戰，決定他們生死的並非各自所屬陣營的力量，而是人的性格、心智與意志。兒子並不因其代表著「新」和「進步」而天然正義，父親亦並不因其與「舊」和「落後」聯繫在一起而被簡單判定為惡。面對歷史，《雷雨》中的每一個體都流露出內在的孤獨感。

在《父親》裏，「我」與庶母的愛情一直處在被壓抑狀態，而「亂倫」在《雷雨》的第一幕便已呈現為過去完成時。較之盧隱，曹禺的相關描寫深刻之處在於，他借繁漪和周萍的情慾糾葛揭示了這樣的現實：傳統文化不但擁有指認、判定一段關係為「畸形」的權力，甚至它本身就具備生產這種「畸形」的機制。也就是說，制度不但壓抑「亂倫衝動」，實際上它也生產「亂倫衝動」。與其說繁漪和周萍是基於個人情愛受到壓抑而去挑戰權力，不如說他們是因為感受到壓抑而產生了突破禁忌的愛的需求。這一點，在周萍對四鳳的表白裏得到了充分的證明。他需要愛四鳳，只有這種愛才能夠使他感覺到生命尚未離他而去。通過對亂倫直接而深刻的表現，「暴露大家庭的罪惡」這

一寫作動機雖然被曹禺視爲一種「追認」而非主觀意圖，客觀上卻造成了比《父親》和《打出幽靈塔》都要驚心動魄的效果。

總之，《父親》和《打出幽靈塔》採用的是外部視角，兩位女作家借「亂倫衝動」推動敘事，表達了對制度和禮教的批判，兩部作品大體上可以歸入「社會問題小說/劇」的範疇。《雷雨》則採用內部視角，亂倫敘事關聯著作者對人性之幽深的一種好奇和敬畏。它內涵豐富而複雜，其中社會、性格、命運的作用交錯糾纏、勢均力敵，也因此難以簡單歸類。無論在作品的精神內核還是藝術表達上，較之兩位女作家此前的創作顯然都更爲深邃和精湛。

綜前所述，盧隱的《父親》和白薇的《打出幽靈塔》是現代文學史上亂倫敘事的重要文本，與30年代曹禺的《雷雨》形成了緊密的呼應。以這一敘事所涉及的代際關係、階級關係以及性別關係等維度綜合觀之，兩部作品既與當時的社會思潮及文學話語交融滲透，同時又有所豐富和游離。通過對啓蒙話語和階級倫理的徵用，作品中的「亂倫衝動」在特定意義上獲得了存在的合法性；立足於性別視角，《父親》揭示了新道德新文化的傳播遠未能眞正建立起新的性別秩序之眞相，《打出幽靈塔》洞穿了父權制統治實施性別奴役的暴力本質。儘管亂倫敘事的藝術水準直到曹禺《雷雨》的創作才抵達高峰，但兩位女作家的實踐對於深入理解現代文學的複雜性、特別是性別因素之於文學文本的影響，仍有特殊的意義和價值。

第四節　《生死場》：女性對「家庭」的恐懼與顚覆

蕭紅的《生死場》是一部很獨特的作品，魯迅稱其爲「越軌的筆致」。這個論斷成爲了後人評論這部作品的基調。《生死場》的「越軌」與獨特表現在方方面面，而其中透露出的女性對「家庭」的恐懼性想像，以及強烈的顚覆現行「家庭」的意願，則是在中國古今文學中都十分罕見的。

《生死場》貫穿始終的主題就是題目明確標示著的「生死場」——死的命運與生的掙扎。但是，這個「生死場」的具體內涵有一個由家到國的意義遞進、變遷過程。而從文本的實際構成來看，事件的發生與演進，則大半是在家庭的「平臺」上——全書共分十七節，去掉極短的過渡性的兩節，十五節中有十一節描寫的是家庭中的故事〔註50〕。這部作品的總體結構看似散

〔註50〕只有14、15、16、17四節是例外，而這與主題的發展有關。

漫，實則別有匠心在。貫穿全書的是三個家庭的變遷。開篇與收尾寫二里半與麻面婆的家庭，「套」在結構第二層的是王婆與趙三的家庭，「套」在裏面的一層，則是金枝家庭的故事。全篇首尾呼應，一層套著一層，在三個家庭的空間裏演進著生與死的故事〔註51〕。從這個意義上講，「生死場」的「場」，既可以說就是那塊災難深重的黑土地，也不妨說是那塊土地上的一個個痛苦的家庭。因此，這部作品中的家庭描寫，無論是對於小說創作來說，還是對於「家庭」書寫的研究來說，都是不容忽視的。

一、夫妻關係異化的書寫

　　家庭中夫妻關係的異化是蕭紅特別著力刻畫的，其中最驚心動魄的當屬月英、王婆與金枝的遭際。這些遭際的描述折射出女性對於「家庭」的恐懼性想像。

　　月英原是村子裏最漂亮的女人，作者只用一句話就寫出了她當年的可愛：「生就的一對多情的眼睛，每個人接觸她的眼光，好比落到綿絨中那樣愉快和溫暖。」可是在她久病之後，被丈夫憎厭、虐待，陷入生不如死的絕境。這裡作者的描述是令人倍感恐懼的：

> 晚間他從城裏賣完青菜回來，燒飯自己吃，吃完便睡下，一夜睡到天明。坐在一邊那個受罪的女人一夜呼喚到天明。宛如一個人和一個鬼安放在一起，彼此不相關聯。

> 「你們看看，這是那死鬼給我弄來的磚，他說我快死了！用不著被子了！用磚依住我，我全身一點肉都瘦空。那個沒有天良的，他想法折磨我呀！」

在這個時候，夫妻的感情分毫也不存在，家庭對於這個女人成了真正的地獄。

　　更能正面表現作者對此看法的是圍繞金枝婚前婚後的描寫。全書唯一的柔情描寫是金枝開始戀愛的時候。那時像所有初墮情網的少女一樣，世界忽然變得一片光明，到處蕩漾著春光。「靜靜悄悄地他唱著寂寞的歌；她為歌聲感動了！」「口笛婉轉地從背後的方向透過來；她又將與他接近著了！」「彷彿她是一塊被引的鐵跟住了磁石。」「靜靜的河灣有水濕的氣味，男人等在那裡。」可是作者明確地表示，這一切都是少女自己的感覺，是少女眼中所見、

〔註51〕從結構角度看，小說開頭部分，先後出場的家庭是二里半→王婆→金枝，結尾收場的順序是金枝→趙三→二里半。

耳中所聞。她筆鋒一轉，把敘事角度由金枝轉到一個冷漠的旁觀的「全知」，
整個事情的意味忽然發生了質變：

> 五分鐘過後，姑娘仍和小雞一般，被野獸壓在那裡。男人著了
> 瘋了！他的大手敵意一般地捉緊另一塊肉體，想要吞食那塊肉體，
> 想要破壞那塊熱的肉。盡量的充漲了血管，彷彿他是在一條白的死
> 屍上面跳動，女人赤白的圓形的腿子，不能盤結住他。於是一切音
> 響從兩個貪婪著的怪物身上創造出來。

一切美感不復存在，只有野獸一樣的本能。作者此時採取了「天地不仁，以
萬物為芻狗」的敘事態度，似乎漠然俯視著旋生旋滅的生物界，把人類為自
己披上的文化外衣剝了個乾淨，使其赤裸裸地現出本相。但是，讀到下文，
就會明白作者不但不是漠然，而且是以極其強烈的主觀的態度來觀察，來敘
述。她在這裡所要表達的是為天真的女孩子的惋惜，以及對男人的憎厭與警
覺，更為明顯的是通過小雞與野獸的意象對比，白的死屍、貪婪的怪物等一
系列聯想，強化、渲染了某種女性潛意識中對性行為的不潔之感與恐懼心理。

金枝的婚後生活將女性對於家庭的恐懼想像演繹到極點。結婚沒有幾
天，金枝就感受到「男人是炎涼的人類」。她的丈夫成業不顧她懷孕後身體的
虛弱，不斷地責罵「懶老婆」，而且只顧自己的欲望強行房事，導致了她的早
產。更不可思議地是，當他不斷地把生計的壓力轉移到金枝頭上，不斷地爭
吵罵詈之後，脾氣越來越暴躁，竟然演出了殺子的人間慘劇：

> 成業帶著怒氣回家，看一看還沒有燒菜。他厲聲嚷叫：「啊！像
> 我……該餓死啦連飯也沒得吃……我進城……我進城。」
>
> 孩子在金枝懷中吃奶。他又說：「我還有好的日子嗎？你們累得
> 我，是我做強盜都沒有機會。」……
>
> 「我賣：我摔死她吧！……我賣什麼！」就這樣小生命被截止
> 了。

不能想像這個蠻橫狂野的男人，半年前還是唱著「昨晨落著毛毛雨，……小
姑娘，披蓑衣……小姑娘，……去打魚」的那個溫情脈脈的情郎；不能想像
這個痛苦的母親就是半年前那個沉浸在自己甜蜜夢想中的小姑娘；不能想像
這兩人的結合，就是為了互相拖累，「連做強盜都沒有機會」。而這就是蕭紅
要表達的，就是蕭紅要告訴讀者的。當然，這樣的情境是特定的，是在那個
閉塞、愚昧的「生死場」中發生著的。但是，蕭紅顯然不是想把對家庭、對

夫妻關係的質疑限於這個閉塞的空間，因爲聯繫前文對熱戀中男女感受的不同描寫，聯繫其它幾對夫妻的感情狀況，這個成業就不是被蕭紅設定爲特殊的變態者，而是作爲男性之負心、之不可靠的典型來刻畫的。如同《白居易》的《新樂府・井底引銀瓶》在講述了一個具體的少女悲慘遭遇故事後，唯恐讀者把故事的含義局限了，特意加上了「寄言癡小人家女，愼勿將身輕許人」〔註52〕，從而把意蘊擴大開來使其具有某種普適性。蕭紅也在這段故事前後加了若干感歎性的文字，如：「年青的媽媽過了三天她到亂崗子去看孩子……亂崗子不知曬乾多少悲慘的眼淚？」「小金枝來到人家才夠一個月，就被爹爹摔死了：嬰兒爲什麼來到這樣的人間？」這樣就給個別的事件，賦予了意義輻射的功能。

「婚姻是戀愛的墳墓」道出人類普遍對於婚姻家庭的困擾與疑懼心理，而女性在這方面的感悟往往與對配偶變心的憂慮相關。薄情郎、負心漢一類文本的反覆演繹更多體現了女性角度的認同與訴說。《生死場》中多處情節從敘說男性薄情的角度，透露女性對「家庭」的疑懼，尤其典型的是成業嬸、叔與成業之間的一段對話：

> 嬸嬸遠遠的望見他，走近一點，嬸嬸說：「你和那個姑娘又遇見嗎？她眞是個好姑娘。……唉……唉！」
>
> 嬸嬸像是煩躁一般緊緊靠住籬牆。侄兒向她說：「嬸娘你唉唉什麼呢？我要娶她哩！」
>
> 「唉……唉……」嬸嬸完全悲傷下去，她說：「等你娶過來，她會變樣，她不和原來一樣，她的臉是青白色；你也再不把她放在心上，你會打罵她呀！男人們心上放著女人，也就是你這樣的年紀吧！」
>
> ……
>
> 成業的一些話，叔叔覺得他是喝醉了，往下叔叔沒有說什麼，坐在那裡沉思過一會，他笑著望著他的女人。
>
> 「啊呀……我們從前也是這樣哩！你忘記嗎？那些事情，你忘記了吧！……哈……哈，有趣的呢，回想年青眞有趣的哩。」
>
> 女人過去拉著福發的臂，去撫媚他。但是沒有動，她感到男人的笑臉不是從前的笑臉，她心中被他無數生氣的面孔充塞住，她沒

〔註52〕《白居易集》，中華書局，1979年，卷4。

有動，她笑一下趕忙又把笑臉收了回去。她怕笑得時間長，會要挨
罵。男人叫把酒杯拿過去，女人聽了這話，聽了命令一般把杯子拿
給他。於是丈夫也昏沉的睡在炕上。

蕭紅精心結撰的這一段文字，把成業叔父與嬸娘戀愛、婚姻與家庭的經歷與
成業即將開始的這種經歷聯繫起來，以一段情歌做紐結，強化了嬸娘預言的
說服力，使得女性在這一過程中的悲劇命運塗上強烈的宿命色彩。這樣，站
在人生這條道路起點的侄子與將要到達終點的叔父，彼此之間的語言和態度
交相發明，展示著婚姻與家庭的過去與現在、現在與未來。兩代人的「同臺」
出現，就把時間維度引入了婚姻家庭問題中，明確告訴讀者：一切都是注定
的，一切都是無奈的。熱情終要變得冷淡，親密終要變得疏遠，追求終要變
為壓制，審美終要讓位於實用——這就是當時農民們家庭的實況，也在一定
程度上展示了人類兩性之間「戰爭與和平」的部分真相。作者通過這種類似
實況描寫的文字，來集中表達自己的認識與態度——站在女性立場上的態
度。這一大段描寫可以說是對「家庭」做文學性詮釋的經典文字，如同《詩
經·氓》的「士之耽兮，猶可說也；女之耽也，不可說也。」「桑之落矣，
其黃而隕。」「言既遂矣，至於暴矣。」同樣，「等你娶過來，她會變樣，她
不和原來一樣，她的臉是青白色；你也再不把她放在心上，你會打罵她呀！
男人們心上放著女人，也就是你這樣的年紀吧！」也是可以跨越時空的文字。

　　從遇人不淑、丑陋的性事到家庭暴力，文本中彌漫著女性對「家庭」的
疑懼之情，而對生育的駭人描寫更是將對「家庭」的恐懼性想像發揮到觸目
驚心的地步。蕭紅用了整整一節來集中描寫村子裏女人們生孩子的場面，包
括五姑姑的姐姐、金枝、麻面婆和李二嬸。這樣處理，生育就不再是其它故
事中的一個環節，而是本身成為了直接表現的對象。其實，生育幾乎可以說
是家庭生活的題中必有之義，但在大多數的家庭題材作品中沒有正面的描
寫。比如即使以生育為重要情節的《家》，瑞玨的難產也只是虛寫，讓覺新
隔著一扇門，聽著裏面女人「微弱的呻吟」或是「痛苦的叫喊」。同時，巴
金寫瑞玨生育的真實意圖（或說實際效果）是控訴大家族中的愚昧與殘忍，
並非把生育當作表現的目的。而蕭紅則不然，生育的描寫是她要表現的題旨
的重要支撐。這一點，胡風、葛浩文等先後有所揭示〔註53〕。蕭紅與男性作
家們之間出現這樣明顯的差別，表面上是性別不同造成在場與否的視角問

〔註53〕胡風：《〈生死場〉讀後記》，蕭紅《生死場》，上海文藝出版社，1955年。

題，但那只是表層的原因。真實的深層的原因是對生育本身的感情態度根本
不同。

在男權主導的家庭觀念中，生育是婦女在家庭中的第一天職，母性、母
愛也總是被罩上神聖的光環。而在蕭紅的筆下，生育被賦予了完全不同的意
義。她賦予生育的第一重意義就是完全著眼於生理性、動物性。第六節是這
樣寫的：

> 房後草堆上，狗在那裡生產。大狗四肢在顫動，全身抖擻著。
> 經過一個長時間，小狗生出來。
>
> 暖和的季節，全村忙著生產。大豬帶著成群的小豬喳喳的跑過，
> 也有的母豬肚子那樣大，走路時快要接觸著地面，它多數的乳房有
> 什麼在充實起來。

這當然是扣緊著「生死場」的「生」而安排的，既是把筆下農民們的生存狀
態之惡劣再做強化——和牲口一樣地活著，又是在「萬物芻狗」的意義上觀
照人類的生育。蕭紅唯恐這一意圖被讀者忽略，在此節結尾又贅上一筆：

> 麻面婆的孩子已在土炕上哭著。產婆洗著剛會哭的小孩……窗
> 外牆根下，不知誰家的豬也正在生小豬。

她的這種筆法和前文引述的金枝偷情的動物式性愛描寫一樣，都是對人類生
存、人類家庭的文化裝飾的顛覆。

通過對性交的「獸性化」描繪，以及把生育和牲畜繁殖平行對照（「人和
動物一起忙著生忙著死」），蕭紅實現了這一意圖。另一重意義則是從女性的
感受角度，把生育看作加在女人身上的刑罰。她把第六節徑直標作「刑罰的
日子」，並一再突出這一看法：「刑罰，眼看降臨到金枝的身上」、「很快做媽
媽了，婦人們的刑罰快擒著她」。蕭紅並以在場者的視角，正面描寫了一個分
娩的場面：

> 日間苦痛減輕了些，使她清明了！她流著大汗坐在幔帳中，忽
> 然那個紅臉鬼，又撞進來，什麼也不講，只見他怕人的手中舉起大
> 水盆向著帳子拋來。最後人們拖他出去。
>
> 大肚子的女人，仍漲著肚皮，帶著滿身冷水無言的坐在那裡。
> 她幾乎一動不敢動，她彷彿是在父權下的孩子一般怕著她的男人。
>
> 她又不能再坐住，她受著折磨，產婆給換下她著水的上衣。門
> 響了她又慌張了，要有神經病似的。一點聲音不許她哼叫，受罪的

> 女人，身邊若有洞，她將跳進去！身邊若有毒藥，她將吞下去。她
> 仇視著一切，窗臺要被她踢翻。她願意把自己的腿弄斷，宛如進了
> 蒸籠，全身將被熱力所撕碎一般呀！
>
> ……
>
> 這邊孩子落產了，孩子當時就死去！用人拖著產婦站起來，立
> 刻孩子掉在炕上，像投一塊什麼東西在炕上響著。女人橫在血光中，
> 用肉體來浸著血。

至少在蕭紅之前的中國文學史上，從未有人這樣寫過。在生育的過程中，母體與新生命一起在生死邊緣掙扎。「女人橫在血光中，用肉體來浸著血」，「孩子掉在炕上，像投一塊什麼東西」，這種血淋淋的場景是和她的「刑罰」生育觀緊密聯繫著的。這裡，蕭紅的「越軌」不僅僅是在「筆致」上，更重要的是在觀念上。由於她完全站到了女性的立場上，對生育者的痛苦就不僅是旁觀者，而是有感同身受的體驗，於是就有了追問與不平：這種痛苦究竟是為了什麼？為什麼在家庭中，這樣的刑罰要單單落到女人的頭上？蕭紅通過對比來強化她的詰問，男人的冷漠、無情與女人巨大的痛苦形成了十分強烈的反差。當那個酒醉的男人跡近變態地折磨分娩的老婆時，家庭對於她就成了名副其實地地獄，「受罪的女人，身邊若有洞，她將跳進去！身邊若有毒藥，她將吞下去。她仇視著一切，窗臺要被她踢翻，她願意把自己的腿弄斷。」這是何等強烈的嘶喊，又是何等強烈的控訴！一切被遮蔽的、掩飾的真像在這樣震耳的聲浪中凸顯，一切被天經地義化的價值面臨著重新的審視。當然，蕭紅的態度不無偏頗，但是沒有這樣振聾發聵的聲音，也不可能使人們從習焉不察的麻木中驚醒。

二、對傳統家庭觀念的顛覆

《生死場》不僅彌漫著從女性立場生發的對家庭的恐懼性想像，還隱含有顛覆現行「家庭」觀念的強烈意願，後一方面主要表現在作者對王婆形象的塑造上。小說的獨特敘事方式，使文本顯得彷彿沒有一個中心人物。但深入尋繹，作者筆觸的輕重還是有很大差別的。王婆就是小說落筆最重的一個形象；而作者描寫的最為深入的家庭就是王婆的家庭；作者的家庭觀念，也是在王婆的刻畫中得到淋漓盡致的表現。

　　王婆形象的特點有四個突出的方面：一個是多次的婚姻，一個是旺盛的生命力與堅強的意志，一個是在家庭中的主心骨作用，一個是村子裏婦女們的「無冕」領袖地位。

　　王婆結過三次婚，有過三個家庭。第一個家庭是她自己主動離開的。對於她的第一個男人，作品著墨甚少，只是寫他打老婆，不負責任，把老婆、孩子打跑了，自己也就光棍一個回老家了。可注意的是王婆的態度，面對家庭暴力，到了忍無可忍的時候，自己斷然帶著孩子離開，去開始新的生活，使得村子裏的婦女對此又好奇又「感動」。第二個家庭十分不幸，先是這個姓馮的丈夫病死，繼而王婆帶去的兒子又被官府捉去槍斃。王婆是在丈夫死後不久便離開已經成人的兒女，孤身一人再次改嫁到了趙三的家中。把這樣一個多次主動改嫁的女人作為女主角來寫，並塑造成令人敬佩的形象，這本身就表現出作者對封建傳統觀念的大膽叛逆。而通過王婆三次不同的家庭生活經歷，還流露出蕭紅對於家庭一種深刻的解構態度——這一點，我們留待後面分說。

　　王婆的第二個特點是她旺盛的生命力與堅強的意志。作品裏對這個多次逸出生活常軌的女人情有獨鍾，非常生動地描寫著她的動作、言語和心靈：

　　　　王婆束緊頭上的藍布巾，加快了速度，雪在腳下也相伴而狂速地呼叫。

　　　　王婆宛如一陣風落到平兒的身上；那樣好像山間的野獸要獵食小獸一般兇暴。

　　　　王婆永久歡迎夏天。因為夏天有肥綠的葉子，肥的園林，更有夏夜會喚起王婆詩意的心田，她該開始向著夏夜述說故事。

這實在不像一個鄉村老太婆，或者說不像尋常的老太婆。而更令人難忘的是其死而復生的經歷。當她為兒子死訊而痛不欲生服毒自盡時，所有的人都以為她已經死了，甚至怕她還魂而施以毒手，她卻奇跡般地復活了。這一情節是蕭紅非常在意的，所以特地探詢魯迅的讀後感覺，得到魯迅的首肯後才放下心來。

　　蕭紅也許有意也許無意，在描寫王婆的生命力、意志力的時候，多與其丈夫趙三對比來寫。趙三在作品的諸多男人形象中是一個強悍的角色，但是與王婆的意志較量中卻總是占不到上風，甚至處於劣勢地位。最令人驚心動魄的一段是王婆的復活：

　　　　許多條視線圍著她的時候，她活動著想要起來了！人們驚慌
　　了！女人跑在窗外去了！男人跑去拿挑水的扁擔。說她是死屍還魂。
　　　　喝過酒的趙三勇猛著：
　　　　「若讓她起來，她會抱住小孩死去，或是抱住樹，就是大人她
　　也有力量抱住。」
　　　　趙三用他的大紅手貪婪著把扁擔壓過去。紮實的刀一般的切在
　　王婆的腰間。她的肚子和胸膛突然增漲，像是魚泡似的。她立刻眼
　　睛圓起來，像發著電光。她的黑嘴角也動了起來，好像說話，可是
　　沒有說話，血從口腔直噴，射了趙三的滿單衫。

這一段描寫潛在的意味非常複雜：王婆不肯輕易死去，作為丈夫的趙三卻唯
恐她不乾脆利落地死；趙三「勇猛地」、「貪婪地」要置自己的女人於死地，
而女人不僅沒有被整死，反而頑強地活過來；復活的表現是噴出一口黑血，
這血「射了趙三的滿單衫」。王婆生之意志在與男人的搏鬥中顯現，並最終獲
得了勝利，其中蘊含的象徵意味是蕭紅自己對於人生與家庭深隱的恐懼、執
著與訴求的不自覺流露。

　　小說多次寫到王婆與趙三之間在日常生活小事上的意志較量。如趙三從
一開始就有經商的願望，因進城而誤了打麥場，被王婆狠狠數落了一通；又
如後來抗租失敗只得編雞籠賣，一度也賺了一點錢，於是他就讓王婆也來加
入這椿營生，王婆不僅不肯加入，而且對他掙來的那一點錢也做出很淡漠的
姿態。而最後的結果是王婆勝利：

　　　　趙三自己進城，減價出賣。後來折本賣。最後他也不去了。廚
　　房裏雞籠靠牆高擺起來。這些東西從前會使趙三歡喜，現在會使他
　　生氣。……趙三是受了挫傷！

在家庭裏，不管趙三什麼態度，王婆就是自行其是，旁若無人。當她高興的
時候，儘管趙三父子都不在家裏，她也是興致勃勃地炸魚、烹調，熱氣騰騰
地自己享用；當她對趙三失望，對生活失望的時候，她就把一切家務都拋到
腦後，自顧自地「燒魚，吃酒」，然後一個人在院子裏露宿。

　　但是，王婆絕不是懶婆娘或是悍婦。她無論是在全村的婦女之中，還是
在趙三甚至其它男人們面前，都表現出超眾的見識與能力。她的第三個特點
就是在家庭中的主心骨作用。在暴風雨襲來的時候，她指揮趙三搶救場上的
糧食；在處置家庭重要一筆資產──老馬的時候，也是她來出面。特別是面

臨生死攸關的抗租危機時，她的果決、大膽、機智，都不是尋常農婦所能望其項背的。

王婆形象的第四個特點是她在女性中儼然的「領袖」地位。她的家是婦人們農閒時聚會的「根據地」。這當然是因爲她在自己家裏有地位，但也反映出她在女友中的威信。小說著意寫了她的口才：「王婆領著兩個鄰婦，坐在一條喂豬的槽子上，她們的故事便流水一般地在夜空裏延展開。」「她的講話總是有起有落；關於一條牛，她能有無量的言詞。」所以作者戲稱她做「能言的幽靈」。她豐富的人生經歷也是「領袖群雌」的資本。村子裏有女人難產，她總是到場並果斷地動手來保住母親的生命；當少婦不懂妊娠衛生傷及身體的時候，她就來傳授自我保護的道理。而最爲濃墨重彩的一筆是她對月英的幫助。月英因病被丈夫虐待，狀況慘不忍睹。王婆不避髒臭爲她擦洗，讓這個可憐的女人在生命的終點感受到人間的一絲溫暖。正是因爲她的這些表現，村裏的女人沒事的時候願意聚到她的周圍，有事的時候則到她這裡來討主意。

這樣一個個性鮮明、極具特色的女性形象，除了表現出黑土地上底層民眾「生的堅強和死的掙扎」之外，還傳達出作者顚覆傳統家庭觀念的渴求與努力。

西蒙娜·德·波伏娃指出，婚姻使得女人成爲男人的附庸：

> 在（家庭）這個「聯合企業」中，男人是經濟首腦……女人改用他的姓氏，屬於他的宗教、他的階級、他的圈子；她結合於他的家庭，成爲他的「一半」……依附於她丈夫的世界。

> 女人在家裏的工作並沒有給她帶來自主性……無法贏得做一個完整的人的資格……她終歸是附屬的、次要的、寄生的。

她還認爲，女人從未形成過一個可以和男人對等的群體，而只能通過男人所主導的家庭來體現自己的價值，實現自己的生存[註54]。

這當然都是對於當時家庭狀況的準確的描述。家庭對於女性的意義，很大程度就是如此。

《生死場》中的王婆形象卻對此提出了尖銳的挑戰。在女人和家庭關係的問題上，王婆最突出的意義就在於對「依附性」的徹底顚覆。首先，她的

〔註54〕 （法）西蒙娜·德·波伏娃：《第二性》，陶鐵柱譯，中國書籍出版社，1998年，第488～492頁、第521頁。

三次婚姻經歷就使得家庭不再具有對她畫地爲牢的束縛作用；更何況，在脫離、選擇家庭的過程中，王婆是遵照自己的自由意志行事的。這樣，就把家庭對於女性那些曾被認爲是天經地義的約束力解構掉了。其次，如前文分析的那樣，她在家庭中不僅不甘於被支配的地位，而且實實在在地與丈夫分庭抗禮，甚至在重大事項上發揮著主導的作用。更爲引人注目的是，作者對她的自作主張、任意行事的自由意志，給與了充分的同情，筆墨之間流露出欣賞的、傾慕的態度，這樣就把王婆對家庭的態度和王婆其它優良的品性——剛強、機警、明達等一起，放到了道德制高點上。

這樣一個挑戰傳統家庭觀念的女性，卻是全書感情世界最爲豐富的形象。她自述第一個孩子夭折前後自己的心理變化，看似無情實則令人心酸。她對兒子死訊的強烈反應，對女兒的復仇教育，都是帶有震撼力的情節。這樣一個情感豐富的角色，她對傳統家庭觀念的蔑視與叛離，自然會贏得讀者的同情。

對於女性對家庭的依附性，作品的第四節還通過另外的方式進行了顛覆。這一節主要寫的是女人們之間的友情，中心則是王婆。

> 冬天，女人們像松樹子那樣容易結聚，在王婆家裏滿炕坐著女人。——王婆永久是一陣憂默，一陣歡喜，與鄉村中別的老婦們不同。她的聲音又從廚房打來：「五姑姑編成幾雙麻鞋了？給小丈夫要多多編幾雙呀！」
>
> 五姑姑坐在那裡做出表情來，她說：「哪裏有你這樣的老太婆，快五十歲了，還說這樣話！」
>
> 王婆又莊嚴點說：你們都年青，哪裏懂什麼，多多編幾雙吧！小丈夫才會希罕哩。」
>
> 大家嘩笑著了！但五姑姑不敢笑，心裏笑，垂下頭去，假裝在席上找針。等菱芝嫂把針還給五姑姑的時候，屋子安然下來，廚房裏王婆用刀刮著魚鱗的聲響，和窗外雪擦著窗紙的聲響，混雜在一起了。

這是整部作品中唯一的歡樂場面。如果和女人們在自己家庭中的屈辱、苦悶情景相比較的話，真有天堂與地獄的差別。「像松樹子那樣容易結聚」，「滿炕坐著女人」，表現出女人同性之間的聚合力，也就從反面顯示出家庭中情感的缺乏與彼此的隔膜。正是由於家庭功能的殘缺，才使得女人們暫時地逃離家

庭那狹小空間的束縛，在同性的友情中尋找另外的精神家園。「嘩笑」、「可笑」、「靈活的小鴿子」之類歡樂與輕鬆的字眼，有力地表達出「此地樂，不思蜀」式的心態，與王婆的特立獨行形象呼應著，共謀解構著女人對於家庭的依附性。

　　蕭紅在這一節對女人們的談話做了一個概括，或者說是評價：

　　　　在鄉村永久不曉得，永久體驗不到靈魂，只有物質來充實她們。

這句話向來被看作是一種悲憫式的批評〔註 55〕，但如果顧及整個語境的話，其中還有不盡然的地方。這句話的上下文是女人們開始放肆地談論「性」，不僅「邪昵」地說笑，還要彼此動一動手腳，然後從中感到極大的快樂：

　　　　每個人爲了言詞的引誘，都在幻想著自己，每個人都有些心跳；
　　或是每個人的臉都發燒。就連沒出嫁的五姑姑都感著神秘而不安
　　了！她羞羞迷迷地經過廚房回家去了！只留下婦人們在一起，她們
　　言調更無邊際了！王婆也加入這一群婦人的隊伍，她卻不說什麼，
　　只是幫助著笑。

可見「靈魂」、「物質」云云，在這裡是特指男女之間的關係，「靈魂」指的是城裏人、文化人掛在嘴邊的「愛情」、「戀愛」，「物質」則專指性交。聯繫到小說裏其它地方描寫的性愛場面無不粗野乃至恐怖，這裡的「心跳」、「發燒」、「羞羞迷迷」反而帶有幾分美感了。同性的情誼幾乎要替代組成異性家庭的根基——性愛，家庭對於女性的向心引力在此又一次受到嚴峻挑戰。以王婆爲核心的女人圈子的快樂場景反襯了女人們各自不如意的家庭生活，這樣的筆致有意無意間顛覆著「家庭」的神話。

　　在中國現代文學（1919～1949）三十年中，涉筆家庭的女性作家不在少數，她們對於家庭的書寫都程度不同地融注著女性角度的經驗和想像，同時又呈現出各具特色、異彩紛呈的面貌。比如冰心早期的《兩個家庭》等作品，從可口的菜看到宜人的花草，儒雅的丈夫與賢惠的妻子，處處是理想家庭生活瑣屑而又實在的內容，仿如一個涉世未深的女孩子做的粉紅色的夢；而張愛玲的《金鎖記》、《傾城之戀》等，展示了婚姻家庭中常態與變態的交相爲用，質疑傳統倫常，暴露家庭中赤裸裸的金錢利害；又如蘇青的《結婚十年》，

〔註 55〕如陳琳《對人類生存意義的文化觀照》：「《生死場》中的婦女『永久不曉得，永遠體驗不到靈魂，只有物質來充實她們。』這就是她們可悲的生存狀態。她們的情感世界得不到滿足，只有用『物質』來麻痹自己的靈魂。」（《安徽師大學報》1997 第 4 期）

以半自傳的筆法將平淡的家庭生活寫得別具滋味，揭示了現代女性在當時家庭生活中的種種困境。與這些作品相比，《生死場》表面看似與女作家個體的情感、生活最為疏遠，呈現的是家與國變奏的宏大話語，但細讀之下，就會發現鎔鑄在宏大話語之中的，是蕭紅頑強、獨立的女性視角與經驗，而其中突出體現的女性對「家庭」的恐懼性想像與顛覆意味，可視為中國現代女性文學中最具深度的表述之一；同時，我們也由此聯想到蕭紅本人的坎坷經歷，這一點或許在考量作家與文本間微妙關係的研究中具有特別的意義。

後　記

　　近十多年來，我和在南開大學文學院攻讀博士學位以及在博士後流動站工作的青年學人（而今他們多已進入高校任教）一道，借鑒性別研究的理論方法，圍繞豐富多彩的中國現當代文學文化現象進行探討。這項工作在突出性別視角的同時，從研究對象的實際出發，綜合吸收多樣的理論方法展開分析，以求獲得新的發現和啓迪。本書便是這一實踐所取得成果的一部分。

　　青年學人參與本書撰稿的具體情況如下：第一章：劉堃（第二、三、四節）；第二章：張莉（第二、三節）；第三章：陳千里（第一節）、孫琳（第二、三節）、李振（第四節）；第四章：張淩江（第二、三節）；第五章：劉堃（第一節）、陳千里（第二、四節）、姜瑀（第三節）。其中一部分是師生合作完成。其餘章節的撰稿以及全書加工、統稿工作由本人承擔。

　　與這部著作同時出版的，還有《性別視閾中的當代文學》一書。希望我們的努力有助於促進文學領域性別研究的進一步開展。

　　期待讀者的批評指正。

喬以鋼

2016 年 1 月 28 日